科技大数据
BIG DATA 因你而改变

Big Data of Science and Technology: the Driving Force to Make Great Change

戴国强　赵志耘 / 主编

·北京·

图书在版编目（CIP）数据

科技大数据：因你而改变 / 戴国强，赵志耘主编. —北京：科学技术文献出版社，2018.8
ISBN 978-7-5189-4725-6

Ⅰ.①科⋯　Ⅱ.①戴⋯ ②赵⋯　Ⅲ.①科学技术—数据处理—研究　Ⅳ.① G203

中国版本图书馆 CIP 数据核字（2018）第 174970 号

科技大数据：因你而改变

策划编辑：李 蕊　责任编辑：李 晴　张 红　杨瑞萍　责任校对：文 浩　责任出版：张志平

出 版 者	科学技术文献出版社
地　　址	北京市复兴路15号　　邮编　100038
编 务 部	（010）58882938，58882087（传真）
发 行 部	（010）58882868，58882870（传真）
邮 购 部	（010）58882873
官方网址	www.stdp.com.cn
发 行 者	科学技术文献出版社发行　全国各地新华书店经销
印 刷 者	北京时尚印佳彩色印刷有限公司
版　　次	2018 年 8 月第 1 版　2018 年 8 月第 1 次印刷
开　　本	710×1000　1/16
字　　数	362千
印　　张	28.5
书　　号	ISBN 978-7-5189-4725-6
定　　价	128.00元

版权所有　违法必究

购买本社图书，凡字迹不清、缺页、倒页、脱页者，本社发行部负责调换

《科技大数据：因你而改变》
编写组

主　　编　戴国强　赵志耘

编写人员　戴国强　赵志耘　袁　伟　张英杰　吴　思
　　　　　　常　春　刘　伟　张闪闪　杨代庆　王立学
　　　　　　雷　雪　陈　亮　贾　佳　张均胜　杨　岩
　　　　　　张兆锋　石崇德　何彦青　望俊成　王　政
　　　　　　张玄玄　张爱霞　赵　辉　邢晓昭　许　燕
　　　　　　汪芸辉　张　静　宋培彦　刘　蔚　张志娟
　　　　　　徐　峰　王　勇　李维波　傅俊英　郑　佳
　　　　　　雷孝平　张海超　曹　燕　付鑫金

序 言

钱塘江潮般的大数据浪潮汹涌来袭,紧随其后的却是天际边渐入眼帘的一幅泼墨山水,精彩的画面也徐徐铺展开来。

大数据,因为万事万物皆可量化而精彩。

当我们踏入 21 世纪,扑面而来的社会变革、生产力的急速发展、新技术的迅速产业化,都不及大数据年均 50% 的增长速度那么突出。在信息化 1.0 时代,微电子技术的快速发展实现了模拟声音和图像的数字化;而在信息化 2.0 时代,方兴未艾的新一代信息技术革命则正在加速撬动全球数字化、数据化进程。越来越多原先无法测量的东西能被度量,原先无法跟踪的行为可以被跟踪,原先无法记录的活动被数字化记录。互联网的搜索流水线正源源不断地生产着巨量数据,而物联网又悄然将量化的触角进一步延展到可以追索的极限时间和广袤空间,万物皆可量化的理想之光正在逐步照进现实。

大数据,因为万众徜徉数据海洋而精彩。

受交通大数据分享极大地便利和丰富了大众出行的启发,兼有数据生产者和数据使用者双重身份的普罗大众,对开放共享大数据之意义的认识更加深刻,对开发利用大数据之价值的需求更加迫切,对享受进而陶醉于大数据之便利的实践更加频繁。在这种较为宽松适宜的社会氛围下,数据资源就像深埋于地底、彼此隔绝的万千暗河,快速涌流出地面聚成数据之河,汇成数据海洋,又在旺盛需求的光热作用下升华成诸如政府数据云、消费数据云、医疗数据云、科学数据云、资源数据云等类型多样、伸手可及的共享数据彩云,数据资源的这一华丽转身为全社会谋事创业提供了丰沛甘霖，孕育了无限可能。数据共享应用又源源不断创造出的新数据资源，并不断注入到数据海洋，进一步实现从Share（享有）向Partake（分享）【Part（参与）+Take(获取)】的转变，最终打造出一个可持续的数据循环生态系统。

大数据，因为催生创新雨后春笋而精彩。

由于数字化、网络化、智能化、泛在化和可视化等软硬件技术的持续进步，大数据资源类型不断拓展、存储中心分布更加灵活、数据传输能力越来越大，越来越快，结构化和非结构化数据加快融合统一，开发利用数据的资源和技术约束不断缩小，让创新者将更多精力和智慧投入多维度、宽视角、广领域的数据分析利用和价值创造中。创新越来越多地与大数据紧紧捆绑在一起，全社会研究大数据、挖掘大数据、存储大数据、利用大数据、服务大数据已成蔚然之势，并在科学研究、技术开发、市场应用、产业发展等创新全链条上蓬勃开展。基于大数据的创新范式让创新思维变得更加宽阔，让创新舞台变得空前宽广，让创新的道路变得更加多元。

大数据，因为颠覆传统生活模式而精彩。

曾几何时，随时找到便捷的出行工具，随手携带手机买遍天下，随心所欲地与远方亲朋好友"面对面"聊天，随地买到去往天涯海角的火车票，还是国人心中遥不可及的梦想。如今，这些梦想不仅成真，而且还在不断地颠覆着我们吃、穿、行、游、购、娱等生活的传统模式。在它们鲜亮的外表背后，大数据与大数据技术发挥着默默无闻却又居功至伟的作用。同时，企业、个人思维模式也在发生着巨大改变，消费行为、日常行为等从不可预测而变成大概率可预测，信息、产品获取变得更具个人定制化特征，因果思维更多地被相关性思维所取代。因为大数据传统生活模式、思维模式正在被快速颠覆，我们对世界的认知也得以不断延伸。

大数据的精彩还远未充分呈现，其精彩程度甚至远远超出我们目前的想象，尚隐藏在我们未掌握、未探寻到的所在。问题的关键在于是不是需要我们继续深入挖掘？这还得从当下的世界发展困境说起。在全球化深入发展的今天，相当多的领域都已处于充分竞争状态，传统发展模式下的生产力潜力几乎已发挥殆尽，未来发展之路仍"浮云遮望眼"。尽管"创新者生，守旧者亡""唯改革者进，唯创新者强，唯改革创新者胜"的道理早已为世人所认同，但谁来驱动创新呢？面对新一轮科技革命和产业变革加快涌起的浪潮，看似"条条大路通罗马"，其实因"九曲回肠"而难以"望尽天涯路"！未来潜于史，知古而鉴今。回顾历次工业革命的历程不难发现，每次生产力的巨大跃升，都是由于适应和满足了在当时即将到来的巨大市场需求变化，无论是以珍妮纺织机为代表的标准化制造和机械化、以福特汽车工厂为代表的流水线规模化制造和电气化，还是以工业控制和全球化分工生产为代表的模块化制造和信息化，莫不如此。

未来已走来，唯变为不变。当前，第四次工业革命晨曦乍现，以人工智能、量子信息、移动通信、物联网、大数据与云计算为代表的新一代信息经济，以基因编辑、生物合成、精准医疗、再生医学为代表的生物经济，以3D打印、自主控制系统、机器人、碳纳米管、石墨烯为代表的未来制造经济纷至沓来，新技术、新产品、新服务令人眼花缭乱，新产业、新模式和新业态更是层出不穷，不断冲击着我们对发展的认知。面对战略性新技术引擎"群雄并起"的局面，哪些"新动能"真正能挑起第四次工业革命的大梁呢？若能准确把握未来社会的主流市场需求，问题就能迎刃而解。

未来之动力，大数据为钥。当前，我们的社会正阔步迈向未来。其中，发展动力向更多靠内在动力转型，生产商品向定制化、服务化、绿色化升级，生产模式向网络化、智能化跨越，生产组织向扁平化、虚拟化、融合化推进，创新模式向以大数据驱动为核心的第四范式更新，发展空间加速向虚拟疆域和现实疆域并举转变。这些转变中蕴藏着的精致需求都直接或间接与以大数据为中心的新一代信息技术有着密切关系，为此，习近平总书记将大数据谓之信息化发展的新阶段，大数据是把握并开启未来社会发展的一把钥匙。

相对于变化，找到"不变"更为关键，大数据则使其成为可能。第四次工业革命仍将依靠技术跃迁，人仍将作为支撑"核心"，而支撑引导智能化生产的是丰富多样、可共享和利用的"大数据"，它将成为第四次工业革命的标志。把大数据的潜在能力有效转化为产业需求的数据，赋能于所有参与生产活动、生产组织的新型生产力参与者，我们才有可能在全球新一轮变革与发展的竞争中继续高歌猛奏。

大数据时代，世界既变得更加透明，也越来越神秘。如果数据本身有误或不够全面，即使经过再严谨的逻辑推演、再繁复的模型计算、再高深的知识挖掘，也很难得出一个正确的结论，陷入"Garbage in, Garbage out"的循环。由于大数据的强大赋能，任何决策失误都将带来指数型风险。

以生物医药领域的热点——脑疾病治疗为例。随着人类寿命的延长，越来越多的脑疾病严重影响了人们的生活质量并给他们的家庭带来极大负担。尽管生命科学家和医学专家们通过有氧训练或者认知训练刺激神经元的新生来预防阿尔茨海默病，通过药物来刺激神经元生成从而改善抑郁症状，通过新生神经元修补神经损伤……但长期的努力却并没有取得预期的效果。

问题也因此而产生，以上治疗是否都与新生神经元有关？没有取得进展的科学问题能否归纳为"成人大脑是否存在新生神经元"？

关于这一问题的研究，2018年两家著名刊物——《细胞—干细胞》第四期杂志发表的博尔德里尼团队研究结论与3月《自然》在线发表刊载的索雷尔斯团队论文观点却截然相反。索雷尔斯团队研究发现胎儿和婴儿的大脑中有大量神经元母细胞和新生神经元，但这些细胞的数量自一岁开始急剧减少，至13岁仍能观察到新生神经元，而所有成年个体的脑标本却未发现一例新生神经元。博尔德里尼团队的研究则发现，海马区域的神经元母细胞数量随年龄的增长越来越少，由这些母细胞分化出的神经元却并没有随年龄增长而减少。在研究样本中，即使是老年人，在死亡时海马区域仍然有数以千计的新生神经元。

尽管两个研究团队都以人脑作为研究对象，都是对不同成熟阶段的神经元进行免疫荧光染色并用 DCX 和 PSA-NCAM 标记新生神经元，然而得到的结论却完全相反！

是博尔德里尼团队标记新生神经元时发生污染？还是索雷尔斯团队由于使用传统化学手段保存样本，技术上落后于博尔德里尼团队的大脑急速冰冻法？是 DCX 的表达并不恒定，对处理时间过于敏感？还是某个团队没有对海马区域进行完整检查？如果以上皆非，还有何原因导致两项研究结果迥异？其重要判别点又是什么？

如果以上治疗与新生神经元无关的话，那又是什么影响着治疗的有效性？已有的研究数据积累量显然无法回答这一问题，犹如盲人摸象，由于每个人只摸到了一小部分，导致对这个问题还难以达到认知上的统一。进一步设想一下，如果索雷尔斯团队的研究结果反映了真实情况，即新生神经元在成年人中几乎不存在，那之前的治疗研究、巨量投入、学科建设、人才培养等，是不是都有点南辕北辙？

以上讨论表明，数据样本量不足已成为制约科学研究、技术开发和创新的重大瓶颈因素，从思维、哲学和方法论层面思考科学技术发展的基本问题无可避免。事实上，科学家和工程师们执着探寻的因果关系与相关关系的研究对象，早已由原来的人类世界与物理世界的两极相互作用，扩大到人类世界、物理世界与网络世界的三极交互作用，影响经济和社会发展的因素显著增加。在这种情况下，如果不能首先探寻清楚基本问题，就无法看清事物发展脉络并总结其发展规律，更不要奢谈开展预测和科学决策。而大数据深度分析无疑为研究基本问题并提供解决方案等后续工作提供了一个"金刚钻"和"导航灯"，例如，通过更全面的分析而摸清上述不同研究产生矛盾结果的原因所在，并据此提出新的

研究思路。

如果说过去20年是DNA时代，也就是基于数据（Data）、网络（Net）和自动化（Automatic）的组合，通过发挥"基因"的遗传效应实现全球的高速发展，那么未来将升级到RNA时代，不仅继续发挥遗传效应，而且还将在适者生存和不确定性的前提下复制优秀品质并引导良性变异，推动经济社会继续保持协调、高速、有序发展。这里的RNA实质上概括了大数据时代的三大变化特征。

大数据"赋能"数据资源（Resource）。在大数据时代，数据快速从成果化向资源化、资产化、资本化三位一体转变，即通过深入挖掘使用大数据的潜在价值，实现大数据的保值、增值、赋值能力，即为数据"赋能"。

大数据向正新信息科技转变（Next Generation of Information Science）。在摩尔定律达到极限的今天（晶体管价格在连续50年下降后逆向上涨，若非市场操作，则可判断"摩尔定律"极限将至），传统信息技术所支撑的巨量存储和计算模式将被迫提升到科学存储和智能计算的新篇章，并据此将会源源不断地产生新的科学发现、技术创造、产品创新。

大数据与人工智能（AI）紧密结合。今天人类社会面对的挑战是必须能够完成传统机器和人类自身不愿做、不敢做和做不到的事情。资源和环境的约束要求我们必须在冗余数据和极小数据两种极限情况下也能做出正确处理，这意味着我们必须适应未来的极简需求，呈现于外部的极简，蕴藏于极其复杂的处理与计算，这绝非人类智慧的核心优势所在。多维度关联数据、不断优化的系统算法及不断升级的计算机软硬件将帮助我们更加深入地认识世界、改造世界。本书力求通过知识组织和数据挖掘等工具方法将纷繁的数据进行全面梳理和组织加工，为科学寻踪和发现提供条件；通过结构和非结构化数据存储的科学方法，在大数据的丛林中依靠可靠的路径和定位知识关联；通过机器智能帮助用户按语义提取和处理数据；利用大数据开发出最新的翻译软件，使我们获取

序 言

最新的信息更加便利；利用机器智能解决信息过载问题，实现"人找信息"到"信息找人"的巨大转变；利用大数据公共服务平台及后台技术支撑手段，提供从政府服务、产业服务、企业服务到个人服务的完整服务谱系。数据处理、数据流动、关联与分析、结果动态展示……我们希望借助这些科学的方法和手段展现大数据的潜在精彩。

在过去40年里，中国科学技术信息研究所围绕大数据持续耕耘不辍，本书内容就是长期努力的重要呈现，是对全所大数据研究实践工作的阶段性总结。写作本书的更重要目的是力图增进读者对大数据技术的发展和应用有更全面的了解，对依托大数据开展研究和创新创业的重要性有更深的理解。由于大数据所涉及领域众多，技术本身仍在迅猛发展，我们的研究也在不断深化中，不当之处敬请读者指正。

在第四次工业"革命"中人是最为关键的要素，未来跨越式发展要依靠大数据，更要依靠人类智慧！让我们回归"人定胜天"（人自身安定胜过老天的帮助）的本意，认识并按照规律踏实勤勉工作而不要奢求老天的帮助。大数据的精彩需要我们共同去了解、理解、发现、实现。

因为，有你、有我，大数据才会真的精彩！

戴国强
2018年9月28日
于中国科学技术信息研究所

目　录

第一章　大数据思维与科技大数据 001
1.1　概念辨析：科技大数据的内涵与外延 001
1.1.1　科技大数据基础概念 001
1.1.2　科技大数据基础理论 004
1.2　技术视角："数"领风骚的流派之争 009
1.2.1　大数据技术发展路径 010
1.2.2　大数据技术架构 015
1.3　数据视角：数据今生"岭"与"峰" 022
1.4　管理视角："治理"而非"管理"的能力 024
1.4.1　科技大数据治理现状 024
1.4.2　科技大数据能力需求 026
1.5　服务视角：大数据服务于"四链" 030
1.5.1　服务创新：科技大数据＋创新链 031
1.5.2　服务产业：科技大数据＋产业链 033
1.5.3　服务资金：科技大数据＋资金链 036
1.5.4　服务人才：科技大数据＋人才链 037

第二章　主题词表：规范科技大数据的基石 042
2.1　知识散沙：科技大数据需要结构化 042
2.1.1　科技大数据需要知识单元结构化 042

2.1.2　科技大数据需要语义关联化 043
　2.2　什么是主题词表 044
　　　2.2.1　科技数据组织主题法 044
　　　2.2.2　主题词表及其家族 045
　　　2.2.3　科技术语 047
　　　2.2.4　科技概念 049
　　　2.2.5　主题词表结构 050
　　　2.2.6　主题词表构建方法 051
　　　2.2.7　《汉表》今与昔 056
　2.3　主题词表应用：以新型《汉表》为例 057
　　　2.3.1　使用新型《汉表》进行文本分析 058
　　　2.3.2　智能化的检索：跨语言检索、扩检与缩检 061
　　　2.3.3　知识组织：科技术语聚合与关联 064
　2.4　新时代下主题词表的挑战与展望 066
　　　2.4.1　主题词表面临与存在的挑战 066
　　　2.4.2　主题词表未来的发展方向 068

第三章　元数据：科技大数据知识关联之源 072
　3.1　元数据概览 072
　　　3.1.1　元数据发展脉络 073
　　　3.1.2　元数据的"困境" 074
　3.2　兼容并蓄：多源异构元数据的融合 076
　　　3.2.1　元数据资源掘金 077
　　　3.2.2　海量元数据集成整合 078
　　　3.2.3　元数据语义关联构建 080
　　　3.2.4　案例：元数据集成管理系统 082

目 录

- 3.3 包罗万象：元数据关联挖掘及应用 087
  - 3.3.1 元数据关联 087
  - 3.3.2 关联数据：科技大数据及关联的描述 090
  - 3.3.3 知识链接：科研实体的关联网络 092
  - 3.3.4 科技大数据知识链接服务 095
- 3.4 元数据发展展望 101

第四章 语义信息抽取：计算机理解科技大数据的钥匙 105

- 4.1 计算机为何要理解科技大数据 105
  - 4.1.1 海量数据去粗取精的需要 105
  - 4.1.2 内容深度挖掘的需要 106
  - 4.1.3 知识服务的需要 107
- 4.2 计算机怎样理解科技大数据 108
  - 4.2.1 技术框架：信息抽取 108
  - 4.2.2 关键技术一：命名实体识别 109
  - 4.2.3 关键技术二：实体消歧 112
  - 4.2.4 关键技术三：语义关系抽取 113
- 4.3 信息抽取实践：以美国专利局数据为例 118
  - 4.3.1 专利信息概念模型的建立 118
  - 4.3.2 专利数据集的形成和预处理 119
  - 4.3.3 专利信息的抽取 120
  - 4.3.4 实体语义关系的应用：专利诉讼案中证据专利的识别 127
- 4.4 信息抽取面临的不足和挑战 130

第五章　大数据时代的伯乐：从科技团队创新能力评价看科技评价工作 ... 133

5.1　科技评价：不评价，无优化 ... 133
5.1.1　科技评价的概念、特点及功能 ... 134
5.1.2　科技评价工作的分类 ... 136
5.1.3　常用的科技评价方法 ... 139

5.2　基于文献计量的科技团队创新能力评价 ... 141
5.2.1　科技团队的概念和类型 ... 141
5.2.2　科技团队的生命周期 ... 142
5.2.3　科技团队创新能力评价模型 ... 146
5.2.4　科技团队评价指标体系设计 ... 149
5.2.5　科技评价案例 ... 152

5.3　评价工作：评过去，期未来 ... 158
5.3.1　评价方法的适用性和局限性 ... 158
5.3.2　评价指标的选择原则和依据 ... 159
5.3.3　评价结果的影响和使用 ... 160

5.4　本章小结 ... 161

第六章　创新图谱：基于数据的科技创新决策可视化平台 ... 163

6.1　科技决策的趋势与需求 ... 163
6.1.1　科技决策日益需要科技大数据支撑 ... 163
6.1.2　信息可视化及分析有助于科技决策 ... 165

6.2　科技创新图谱关键技术 ... 168
6.2.1　数据集成与组织 ... 168
6.2.2　数据可视化分析 ... 170

6.3　科技创新图谱系统平台 ... 176
6.3.1　数据要素 ... 176

6.3.2　功能架构 177
　　　6.3.3　城市创新 179
　6.4　科技创新图谱总结与展望 198

第七章　机器翻译：多语言科技大数据智能服务的桥梁 201
　7.1　科技大数据离不开机器翻译 202
　　　7.1.1　跨语言知识挖掘的需求 202
　　　7.1.2　机器翻译发展态势 203
　　　7.1.3　机器翻译的主流方法 205
　7.2　神经机器翻译让机器翻译不再"神经" 208
　　　7.2.1　神经网络 208
　　　7.2.2　神经机器翻译模型 211
　　　7.2.3　神经机器翻译前沿进展 215
　7.3　让科技交流没有语言障碍 216
　　　7.3.1　利用知识组织解决科技机器翻译领域自适应 217
　　　7.3.2　"科信智译"翻译服务 221
　7.4　本章小结 225

第八章　智能问答：塑造大数据时代的新型服务 230
　8.1　智能问答系统发展史 230
　8.2　几种智能问答系统的服务实践 232
　　　8.2.1　Siri 的崭露头角 232
　　　8.2.2　一鸣惊人的沃森 232
　　　8.2.3　基于检索服务开发的智能问答系统 233
　　　8.2.4　京东 JIMI 在零售领域的探索 233
　　　8.2.5　阿尔法小蛋机器人在教育领域的探索 234
　　　8.2.6　小 i 机器人在客服领域的探索 234

8.3 智能问答系统的实现方法 235
　　8.3.1 基于规则的问答系统 235
　　8.3.2 基于知识图谱的问答系统 235
　　8.3.3 基于端到端算法的问答系统 236
8.4 关键技术 237
　　8.4.1 自然语言处理 238
　　8.4.2 知识图谱 240
　　8.4.3 信息检索 241
　　8.4.4 深度学习 242
8.5 "中信所小科"智能问答机器人 244
　　8.5.1 "中信所小科"智能问答机器人是什么 244
　　8.5.2 "中信所小科"智能问答服务的主要架构 245
　　8.5.3 "中信所小科"智能问答服务实践分享 249
8.6 展望 250

第九章 资源平台：知识聚集和共享的枢纽 252

9.1 科技报告：详细记录科研过程和结果的大文本 252
　　9.1.1 什么是科技报告 253
　　9.1.2 国家科技报告大数据管理 257
　　9.1.3 国家科技报告大数据共享服务 265
9.2 科技成果：为大数据时代产学研结合助力 271
　　9.2.1 现状及挑战：科技成果去哪了 271
　　9.2.2 国家科技成果数据库：让成果大数据安身立命 272
　　9.2.3 科技成果成熟度评价：大浪淘沙现珍珠 277
9.3 专利：创新者们的机会和陷阱 285
　　9.3.1 专利分析能带来什么 285

9.3.2 ISTIC-专利分析数据库 288
9.3.3 ISTIC-专利信息检索分析平台建设 292
9.3.4 小结 307

第十章 服务政府：从研发管理到创新服务 309
10.1 科技管理呼唤大数据 309
10.1.1 科技大数据：科技管理的"尖兵"与"耳目" 309
10.1.2 多元化服务：助力科技界"放管服" 314
10.2 科技大数据治理：打通数据孤岛，消除数据鸿沟 316
10.2.1 大数据治理模型 316
10.2.2 数据互联互通 321
10.2.3 科技大数据挖掘 324
10.3 示范应用：全流程、全天候、全景式的大数据服务 326
10.3.1 科技战略监测与辅助决策 326
10.3.2 科技人员发现与信息推荐服务 327
10.3.3 科研诚信管理、监督评估与成果转化 329

第十一章 服务政府：从城市创新评价到地方发展规划 331
11.1 创新型城市支撑创新型国家建设 332
11.1.1 创新型城市的内涵和特征 333
11.1.2 创新型城市建设的意义和定位 334
11.1.3 创新型城市基本情况 335
11.2 创新型城市创新能力评价"摸清"城市创新资源家底 337
11.2.1 城市创新能力评价的方法与指标体系 339
11.2.2 城市创新能力评价助力政府制定科学可持续的发展
规划 342

11.3 创新型城市产业评价 "丈量" 城市产业竞争力差距...344
 11.3.1 城市产业竞争力评价的方法与指标体系...348
 11.3.2 城市产业竞争力评价助力地方精准发力支持重点产业...350

第十二章 服务产业：新旧动能转换的抓手...352

12.1 大数据对产业转型的助力——服务××市...352
 12.1.1 机器人产业大数据集成...353
 12.1.2 基于大数据的技术布局和创新路径分析...355
 12.1.3 大数据支撑产业战略规划...373

12.2 新旧动能转换——大数据的服务功能...375
 12.2.1 面向产业发展的大数据基础设施...375
 12.2.2 寻找产业变革中的经济发展新动能...379
 12.2.3 基于大数据的产业发展战略决策支撑...380
 12.2.4 基于大数据的产业发展动态跟踪监测...382

第十三章 服务中小企业：让大数据来出谋划策...386

13.1 专利许可：科技成果转化的信使...386
 13.1.1 中国科技成果转化的困境...386
 13.1.2 专利许可的含义及相关研究进展...387
 13.1.3 基于专利许可数据的网络演变特征分析方法...389
 13.1.4 案例：中国生物医药领域专利许可网络演变特征研究...391
 13.1.5 缺点与不足...404

13.2 相似专利识别：专利侵权分析的利器...405
 13.2.1 专利侵权判定理论...406
 13.2.2 基于相似专利识别的专利无效分析...409

  13.2.3 案例：以中国专利复审委员会2014年重大无效案件
      ——起重机专利无效为例 413
  13.2.4 本节小结 417
13.3 创新之网：深度协同下的科技查新数据挖掘 418
  13.3.1 查新数据分析对象 418
  13.3.2 从查新数据看中小企业的产学研潜在对象推荐：
      以生物科学与化学工程领域为例 420
  13.3.3 生物科学领域 426

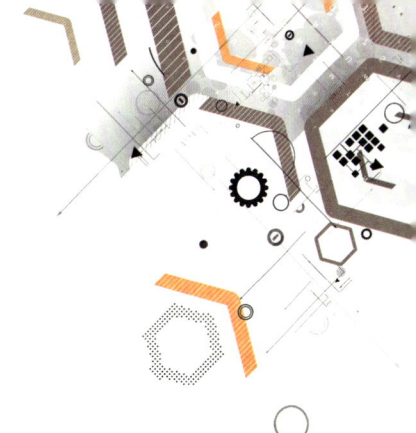

第一章
大数据思维与科技大数据

现阶段，大数据的身影无处不在，大数据产生的变革浪潮将很快覆盖地球的每一个角落。大数据创造了价值，大数据思维触发了新的价值增长。伴随着各种数据的迅速膨胀，人们将越来越多地意识到数据对企业的重要性。数字经济的到来，将物理社会和虚拟社会连接在一起。大数据时代对人类的数据驾驭能力提出了新的挑战，也为人们获得更为深刻、全面的"大数据"提供了前所未有的空间与潜力。哈佛大学社会学教授加里金说："这是一场革命，庞大的数据资源使得各个领域开始了量化进程，无论学术界、商界还是政府，所有领域都将开始这种进程。"

1.1 概念辨析：科技大数据的内涵与外延

1.1.1 科技大数据基础概念

（1）大数据

大数据（Big Data），又称为巨量资料，指的是传统数据处理应用软件不足以处理它们的大或复杂的数据集的术语。在总数据量相同的情况下，与个别分析独立的小型数据集（Data Set）相比，将各个小型数据集合并后进行分析可得出许多额外的信息和数据关系性，可用来察觉商业趋势。大数据本身是一个比较抽象的概念，单从字面上看，它表示数据规模的庞大，但是仅仅数量上的庞大显然无法看出大数据这一概念和以往的海量数据、超大规模数据等概念之间有何区别。尚未赋予大数据一个公认的定义，不同的定义基本上都是从大数据的基本特征出发，通过这些特征的阐述和归纳试图给出其定义。在这些定义中，比较有代表性的是 3 V 定义，即认为大数据需满足 3 个特点：规模性、多样性和高速性。除此之外，还有提出 4 V 定义的，即尝试在 3 V 的基础上增加一个新的特性[1]。关于第 4 个 V 的说法并不统一，国际数据公司认为大数据还应当具有价值性，大数据的价值往往呈现出稀疏性特点。而 IBM 认为大数据必然具有真实性、判定研究质量、避免疾病扩散、打击犯罪或测定即时交通路况等特点。

（2）科学大数据

在科学研究数据与日俱增的今天，我们把与科学相关的大数据称之为科学大数据。科学大数据一般来自于物理世界，内容为科学实验数据或传感数据，特点是有一定的科学规律可循，采集的代价比较高。科学大数据集复杂性、综合性、全球性和信息与通信技术高度集成性等诸多特点融于一身，其研究方法也正在从单一学科向多学科、跨学科方向转变，科学大数据正在使科学世界发生变化，科学研究已经进入一个全新的范式——数据密集型科学范式。

科学大数据是对所研究的客观对象的某些现象的描述。这种描述"一般是指在领域或学科知识指导下"对客观对象进行科学抽象和概念化后，就其中的某些现象进行系统地有目的地观测、调查、实验所形成的实体。

科学大数据从历史上非自动化的"手工采集"的方式，逐渐地过渡到自动化的"机器采集"。非自动化"手工采集"的数据，其产生的速度较慢，数据量与复杂度不高，但数据的价值密度高[2]。而通过大型仪器设备、大科学装置、大规模传感器网络等自动化采集的数字化数据，其产生的速度快，数据量和复杂性高，存在着不确定性和噪声。对这些数据进行存储、分析和应用需要新技术与更强的基础设施环境支持。科学大数据主要是指这种通过"机器"自动化快速采集、规模化存储与分析处理具有较高维度和复杂关联的数据及其衍生产品。

相较于其他类型的大数据,科学大数据除了具有明显的4V特征之外,还具有多层次逐级演化、全生命周期及流水线处理和应用等特征。

(3)科技大数据

在科技水平不断提升的今天,与科技相关的数据与日俱增,我们把与科技相关的大数据统称为科技大数据。科技大数据是科技活动要素与要素之间相关关系组成的多源异构大规模数据。科技大数据是人类科技活动的成果体现,是科技进步、经济发展必不可少的重要资源。

从要素解构的角度来看,科技活动要素包括科技投入(研发投入、科技项目),科技主体(科技机构与人员),科技平台条件(科学仪器设备),科技过程(科学实验数据),科技主题数据(科技主题词表、情感词表等),科技交流(学术会议、科技新闻、科研机构的博客、官方微博、微信公众号及科学家的微博、微信等互联网数据及社会媒体数据),科技产出(论文、专利、报告、科技成果转化等)及科技规划与管理(科技规划、科技政策等),这些要素所反映出的数据及数据之间的关系所形成的整个科技活动生态的相关数据构成了科技大数据的内容。这其中既有传统的科技文献数据,也有各类科学数据。

从数据的结构化程度来看,科技大数据既有结构化数据(如研发投入数据),又有半结构化数据、非结构化数据。从数据的载体格式来划分,可分为数值型数据,文本型数据如论文、专利等,图形图像数据,音频数据与视频数据如科技宣传片、学术会议视频等。从数据详略程度上来讲既包括传统的题录数据,也包括全文内容数据。

在大数据环境下,越来越重视对全文内容的分析与挖掘。科技人员包括科技人员的分布、科技人员的流动、科技人员之间的合作关系,围绕着科技人员的分析与挖掘不仅体现在传统的统计与计量方面,深度分析挖掘、关系类型与强度、人员发展潜力与趋势等也是大数据分析挖掘的重点。项目信息既能反映研究方向与进展，也能反映各国家、各领域的科研投入情况。

科技大数据的重点并不在于以上单方面数据的建立及在此基础上分门别类的统计分析，更重要的是这些不同数据的整合及相互之间关系的分析挖掘，通过分析挖掘形成一些有用的，甚至是新颖的情报服务模式。随着各学科、行业领域科学研究的逐步开展和分析方法的逐步丰富和完善，科技大数据分析的应用场景及应用范围越来越广。

科技大数据的发展背景脉络，如图1.1所示。

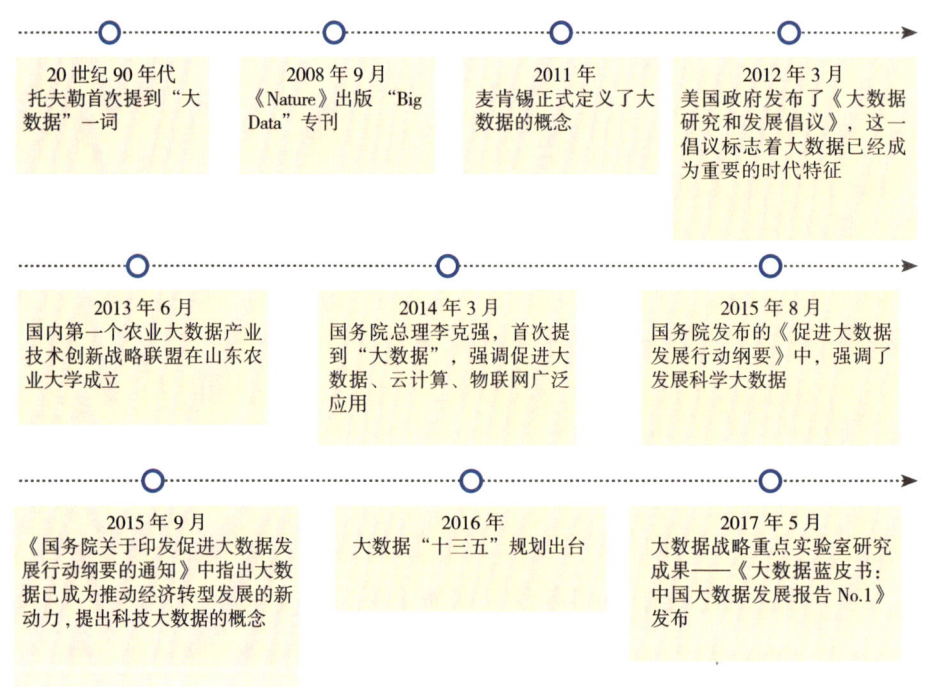

图1.1 科技大数据背景脉络

1.1.2 科技大数据基础理论

科技大数据基础理论，如图1.2所示。

第一章
大数据思维与科技大数据

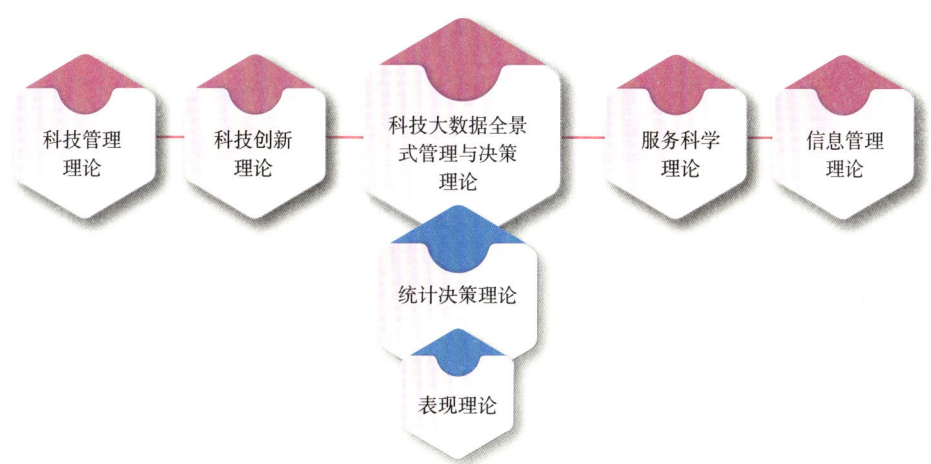

图 1.2　科技大数据基础理论

1.1.2.1　基础理论

（1）表现理论——大数据理论的核心依据

在 1884 年，心理学家威廉·詹姆斯提出了一种特殊的学说，这个学说认为，情绪只不过是对于身体所发生的变化的反应，如果没有了身体变化（如肌肉紧张、心跳加剧）等，也就没有了什么情绪。这种学说我们可以称为表现理论，关于这种理论的正确性我们暂且不论，但是如果我们将这个理论引申一下，就能够得出一个有趣并且极其重要的结论：我们能够通过一个事物所表现出来的特征来认识该事物。然而，这样一个简单的结论却足以颠覆我们的思维模式。因为我们不需要再从原点开始一步一步地分析下去得出结论，如果我们能够收集到足够多的数据，那么这些大量的数据就能够很完整地把该件事物描绘出来，这样最终的结论就显而易见了（图 1.3）[3]。

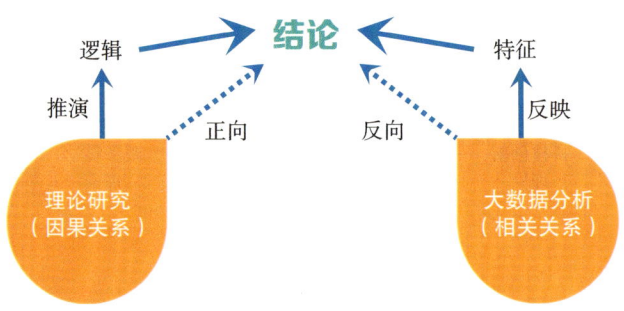

图 1.3　表现理论框架

拥有了足够的海量数据，无论一件事情它有着多么复杂或隐秘的内在规律，但是只要这件事情一旦发生了，它就一定会有所表现，也就是说它会表现出这件事情所拥有的特征。例如，使人感到难过的原因有千种万种，错综复杂，或许我们根本就无法探及。但是不论如何，只要一个人感到难过了，他就一定会表现出难过所拥有的特征，如落泪、一言不发，甚至是独自喝酒等。又如，说这个月浅绿色的衣服突然变得好卖了，这件事情的原因可能非常复杂，但是无论其成因到底是怎样，我们只需要知道浅绿色衣服的销量增加了，接着我们就采购更多的浅绿色衣服就行了。当数据量小的时候，我们总是会寻求因果关系分析，想知道产生这些情况的原因到底是什么，但事实上这可能很难，甚至我们根本连这些现象都未必能发现的了。但是借助于大数据的力量，我们能从无数的例子当中得出：如果一个人落泪了或者是流露出闷闷不乐表情，那么他很有可能是感到难过了。而且浅绿色的衣服销售量猛增，我们也是通过统计全部的数据才得知的。所以大数据理论真正的魅力就是在于它把所有的理论分析全部都屏蔽掉了，我们无须再从构建假设入手、分析、计划、实施，最后印证这样一步步地推演过来，它直接就能够把最终的结果告诉你。因此，大数据理论的核心依据就是表现理论。

（2）统计决策理论——大数据理论的数理内核

统计决策理论是由统计学家 A. 瓦尔德在 1950 年提出的一种数理统

计学的理论，这种理论把数理统计问题看成是统计学家与大自然之间的博弈；用这种观点把各种各样的统计问题统一起来，以对策论的观点来研究。在此以前，人们对数理统计，主要是着眼于其推断的功能，亦即从观测数据出发对总体做出某种论断。至于由此应该采取什么决策或行动，会产生什么后果，则被认为不属于统计的范畴。瓦尔德的理论则把后面这一部分内容也纳入统计的范围之内，这在数理统计学上是一项革新，有较大的实际意义。

在一个统计问题中，统计工作者掌握的资料是样本 $X = (x_1, x_2, \cdots, x_n)$，$X$ 所来自的总体的分布 $F\theta$ 中包含的参数 θ 为未知，而只知道 θ 所属的集合 Θ（Θ 为 θ 所有可能取值的集合，称为参数空间）。但是，采取什么决策最好，则取决于未知的 θ 值。用形象化的说法，θ 是由大自然在参数空间中选定的，人们力图去找到它。大自然掌握了 θ 的秘密，而这个秘密又通过样本泄露出来，统计工作者的任务就是根据样本 X 中所包含的关于 θ 的信息，去做出良好的决策。例如，一家商店根据抽样决定是否接受一批来货，一个工厂根据市场调查的结果决定某种产品生产多少等，希望所采取的行动取得尽可能好的效果，或者说，使"行动不当"所造成的损失尽可能得小。

统计决策三要素包括样本空间 H、行动空间 A 和损失函数 L。可以通过3个要素把一个统计决策问题表达出来。

① 样本空间 H 与样本分布族 $\{F\theta: \theta \in \Theta\}$。这个要素规定了问题的概率模型，样本空间是样本可能的取值范围，而样本分布族是样本所可能遵从的分布的集合。

② 行动空间 A。它是统计工作者可以采取的单纯策略（或称行动）的集合。例如，设 θ 为一维参数，要对 θ 做区间估计，则实轴上任一区间 $[a, b]$ 构成一个单纯策略，这时行动空间为所有 $[a, b]$ 构成的集合，即 $\{[a, b]: -\infty < a \leq b < \infty\}$。若问题是要检验有关 θ 的假设，则行动空间 A 由 a_0（接受假设）和 a_1（拒绝假设）2个元素构成。

③ 损失函数 L。统计决策理论有一个基本出发点：所采取的行动的后果可以数量化。设参数真值为 θ，统计工作者采取的行动为 a，则所遭受的损失可表示为 a 与 θ 的函数 $L(\theta, a)$，称之为损失函数。在一个具体问题中，采取什么损失函数最好，是一个需要进行大量调查研究以至理论工作的问题，这也是在使用决策理论时的一个困难点。

1.1.2.2 科技大数据的特征

相较于其他类型的大数据，科技大数据除了具有明显的 4 V 特征之外，还具有多层次逐级演化、全生命周期及流水线处理和应用等特征。

（1）多层次演化特征

由大型仪器设备、大科学装置和计算模拟等产生的海量原始数据，经过校对、刻度、特征提取等处理形成具有科学意义的实例对象数据，并与相关的数据关联融合，形成知识网络[2]。

（2）全生命周期特征

科技大数据具有明显的涉及"采集与实时分析—存储与处理—发布与共享—再分析与重用—归档与长期保存"全过程的全生命周期特征，主要针对科学实验装置、仪器设备、观测台站等采集的数据，并实现数据的实时筛选、处理和分析，通过采用持久的存储设备，实现海量历史数据的长期保存。

（3）混态多线处理特征

一条流水线通常会涉及数据采集、存储、分析等不同环节。因此，除了需要提供数据分析的支持，还需要考虑数据的采集等管理功能的支持。同时，根据任务的不同特征，会组合用到不同时效性要求的计算框架；也需要多个流水线并行执行。因此，需要考虑 CPU / GPU、内存、存储等资源的共享和分配问题。

（4）支撑的高技术特征

科技大数据具有配置昂贵且复杂的实验设施（设备）协同支撑的特征，如同步辐射光源、全超导托克马克核聚变实验装置、500 米口径球面射电望远镜等国家重大科技基础设施,这对于推动中国科技大数据的积累和发展起到了无可替代的支撑作用。

1.2 技术视角:"数"领风骚的流派之争

大数据领域每年都会涌现出大量新的技术,成为大数据获取、存储、处理分析或可视化的有效手段。大数据技术能够将大规模数据中隐藏的信息和知识挖掘出来,为人类社会经济活动提供依据,提高各个领域的运行效率,甚至整个社会经济的集约化程度(图1.4)。

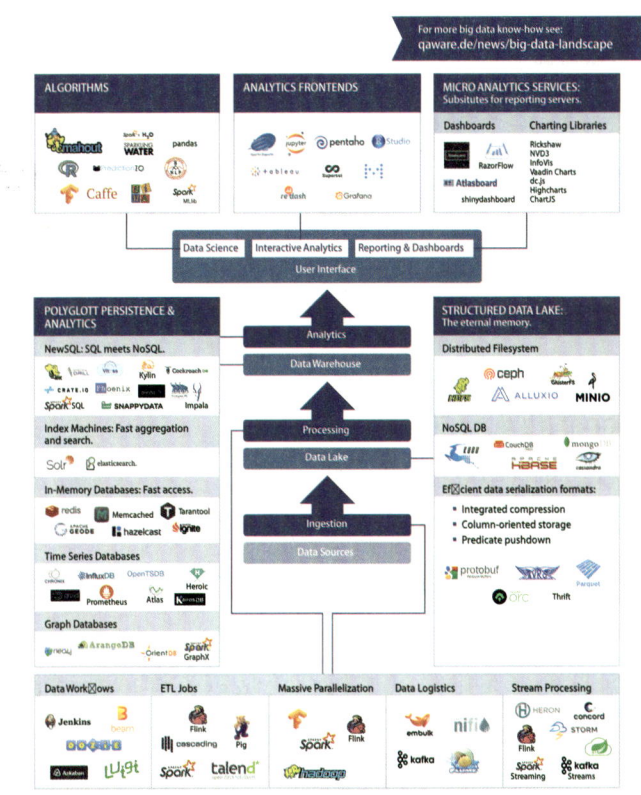

图1.4 2018年大数据产品全景

1.2.1 大数据技术发展路径

大数据技术的发展路径，如图 1.5 所示。

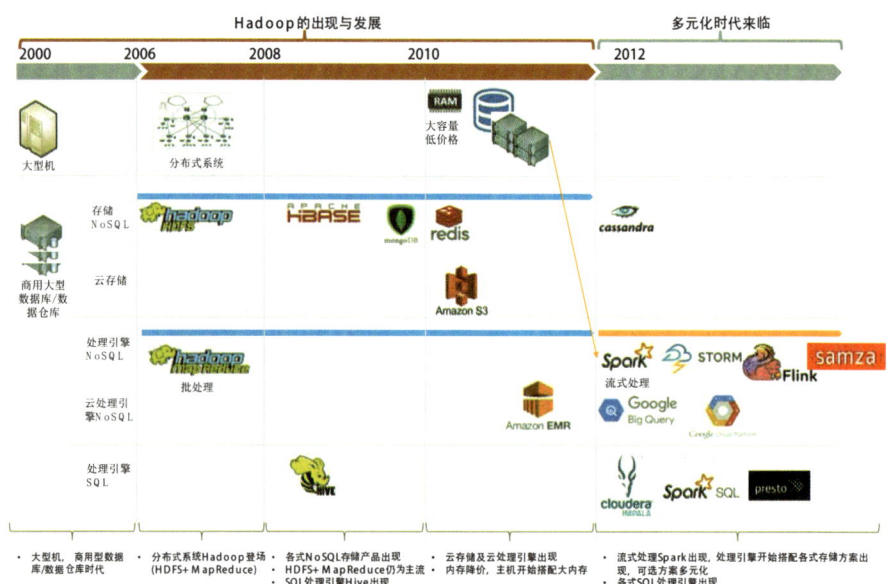

图 1.5　大数据技术发展路径

1.2.1.1　Hadoop 的出现与发展

（1）Hadoop 之前（2003—2006 年）

公元 2000 年之前，数据系统主要由大型机主干系统、商用关系型数据库软件、商用数据仓库等构成，价格非常昂贵。因此，只保存重要且有用的数据是 IT 行业的共识。

当时的数据系统，无论是大型机，还是数据库或数据仓库，都是由存储和处理引擎纵向结合而成，即一个系统由自己的存储和自己的处理引擎组成。基于当时的需求，这种纵向结合是非常有效率的方式。

然而，对于 Google 的检索业务来说，需要寻找一种便宜有效的数据系统，来处理网站内容这种巨大量的非结构化数据。因此，Google 开发了分布式文件系统 Google File System（GFS）和未来成为并行处理基础的 Google MapReduce 算法。

关于这 2 种技术的论文被 Google 发表于 2003 年和 2004 年。当时 Apache 的开源 Web 检索引擎 Apache Nutch 正面临着数据处理能力达到极限的问题，这 2 篇论文正好提供了解决方案。于是基于这 2 篇论文，Apache Nutch 于 2004 年开始使用 Java 来实现这两部分功能，并于 2006 年分离出来成为 Apache Hadoop。

（2）NoSQL 的出现和 Hadoop 的时代（2008—2012 年）

Hadoop 出现的同时，NoSQL 也开始发展。NoSQL 简单来说就是"具有关系型数据库功能的、高性能、可扩展的数据存储系统"。虽然同时需要包含数据处理引擎，以及一部分存储功能，但是最具价值的地方在于"可扩展式数据存储"这一点。许多人错误地理解了 NoSQL，认为今后的时代不再需要 RDBMS 和 SQL 了。其实 NoSQL 仅仅是存储的发展，而并没有带来处理引擎的变化。

这一时代中出现了多种多样的 NoSQL，其中的胜者毫无疑问是 HDFS。原因在于，这一时代中只有一种处理引擎，即 MapReduce。Hadoop 中的 MapReduce（处理引擎）与 HDFS（数据存储）紧密结合，几乎所有的人都认为它们是一体的，HDFS 的胜出变得理所当然。

在这一时代，Hadoop 是大数据应用中的唯一选择。

1.2.1.2　多元化时代来临

进入 2010 年之后，大数据的时代来临，各种各样的用户需求都需要系统可以处理大量的数据。相比设计时用途有限的 Hadoop，为了对应新的用户需求，各种处理引擎和数据存储方案开始出现。于是，古老而好用的 Hadoop，也就是 MapReduce + HDFS 不再是唯一选择。这样的变化与其他几个领域的发展和变化密切相关。

（1）硬件的发展

Hadoop 出现的原因之一是硬件发展的限制。2000 年左右，内存价格很高，CPU 和硬盘的性能有限，构成数据系统的服务器性能几乎达到了极限，因此 Google 的 MapReduce 算法和 GFS 采用了分布式架构。

然而从 2010 年开始，虽然 CPU 的性能没有巨大变化，但是内存相比之前变得更大价格也更便宜。跟过去相比，大内存使集群中单个主机的计算能力得到很大的增幅，也带来更多的架构可能性。

（2）处理引擎的发展

MapReduce 刚出现时，因其概念简单，容易实现，与其他技术相比优势明显。但是随着其他技术的发展，进入 2010 年后，它反倒落后于其他技术方案，变成一种复杂的框架了。另外，MapReduce 是用来实现批处理的框架，只在批处理上可以发挥功效，并不能实现对大数据的实时处理。

为了解决这一课题，Apache Spark 出现了。通过大量使用内存而实现的高速处理，简单易懂的记述形式，可以同时具有被应用于批处理、流式处理及机器学习等广泛用途，让 Spark 从 2012 年面世开始，迅速为大家所关注。到了 2014 年 1.0 版发布时，已经被广泛应用。前面提及的硬件发展，即内存的大容量和低价化也是 Spark 的迅速推广的一个重要原因。

数据系统中非常重要的 SQL 也发生了很大的改变。2008 年，使用 MapReduce 的新型 SQL 引擎 Hive 面世。然而，需求也在发展，大家在寻找既能够处理大量非结构化数据，又能够快速处理既存的 RDBMS 和 DWH 的新型 SQL 引擎。2012 年，Apache Impala 发布之后，各种各样的 SQL 引擎不断出现。

2012 年，以 Google BigQuery 为代表的云端 SQL 处理引擎出现。虽然限定只能使用 Google 的存储，但是按查询次数付费这种崭新的价格体系及其高速性，导致以 GCP（Google Cloud Platform）为代表的服务逐渐广泛普及起来。

随着 MapReduce 以外的处理引擎的不断出现,MapReduce 不再是唯一,而是逐渐变成了众多处理引擎中的一个。

(3)存储的发展

2010 年前半年,虽然处理引擎有多种选择,但是价格低廉的大数据存储系统依然只有 HDFS。以 Amazon S3 为代表的云存储,使用户从存储系统的运维工作中解放出来,而且拥有初期投资低廉、扩展容易等多种优势。但是在 2010 年前后,相对价格还是偏高,而且可靠性偏低,以及缺少案例,导致几乎没有企业把主要存储放在云上。

随着云存储的持续发展,以及可靠性的增长和价格的下降,许多互联网公司开始把企业核心存储放到云端。这些企业不是自己拥有 HDFS,而是以云存储为核心构建企业的数据系统基础。

被存储发展方向的变化所影响,处理引擎也发生了变化。针对用户的这种不想维护 HDFS 但是还想进行数据处理的需求,处理引擎也向着云端化迈进。

Amazon EMR 基于对 Hadoop 的扩展,为用户提供了用 MapReduce 直接处理 S3 上的数据的服务。之后 Apache 快速跟进,也提供了对接 Amazon S3、快速处理数据的功能。

另外,Spark、Impala / Presto 等 SQL 引擎也引入了云端存储,从此开源处理引擎不仅要 HDFS 化,还要兼具云端存储也变成了市场需求的必备内容。

(4)RDBMS 和 DWH 的发展

与此同时,RDBMS 和 DWH 也随着数据系统的需求不断变化和发展。例如,商用 DWH 支持 json 已经是必备功能,支持非结构化数据也提上了日程。在支持对象存储(Object Storage Service,OSS)的 RDBMS 中,PostgreSQL 从 2012 年的 9.2 版开始支持 json,后续版本不断对 json 功能进行强化。另外,RDBMS 和 DWH 支持的数据量也在增加,商用 DWH

支持 1PB 以上的数据量已经成为标配。

DWH 本身也在持续云端化。Amazon Redshift 就是一个很便宜的云服务。以前连 DWH 软件都买不起的企业如今也可以建立自己的云数据仓库了。

（5）现代数据系统

现代数据系统有很多可供使用的处理引擎和存储的组合，需要根据需求来具体问题具体分析。强调处理引擎的人会在确定 Spark 或 BigQuery 的基础上选择存储，强调存储的人首先选定 HDFS 或 S3 然后再选择处理引擎，也可以基于正在使用的应用来选择对应的处理引擎和存储，或者以基础设施为核心，在本地部署、云部署、混合部署中选择。

一般不会是只选择其中之一，而是选择几个组件组合使用。有许多系统同时使用本地 HDFS 和云端 S3 作为存储。使用 Impala 链接 BI 工具，一边使用既存的 MapReduce 作业，一边用 Spark 开发新功能的公司也越来越多了。

不是选择成型数据系统，而是选择处理引擎和存储组合的时代来临了。

1.2.1.3　Hadoop 的时代结束了吗？

Hadoop 是由处理引擎 MapReduce 和存储 HDFS 组成的。这 2 种组件各自沿着不同的方向发展至今。

处理引擎，从批处理 MapReduce，发展到流处理、高速 SQL、机器学习等，已经发展出各种各样的组件。而批处理领域，自从更高速且易编程的框架 Spark 出现后，MapReduce 除了既存程序升级之外已经没什么用了。从 Spark 开始的新型处理引擎，被越来越多地应用于各种各样的数据系统。Hadoop 这个名字所代表的领域，已经从 MapReduce 扩展到 Spark、SQL 引擎，以及 Solr 这样的检索引擎，并且还在持续扩展。

尽管越来越多的组织选择云存储，但 HDFS 作为数据系统的存储依然具有很大的影响力，因为没有其他开源存储系统可以媲美 HDFS 的可

第一章
大数据思维与科技大数据

扩展性和大量案例。如果企业拥有足够的基础设施资源（包括人、财、物），HDFS 将是一个强有力的选择，因为它比使用云存储便宜得多。另外，从本地部署迁移到云端时，如果将 HDFS 原封不动移动，则可以在不修改现有代码资产的情况下进行迁移。因此，它具有与处理引擎一样高的可移植性。鉴于这些优势，HDFS 仍然处于发展时期。

随着包括 Spark 在内的新处理引擎、云的崛起、硬件的发展及 RDBMS 和 DWH 的性能改进，最初的 Hadoop 架构的必要性已经丧失。MapReduce 已经逐步被新型处理引擎所取代，新型处理引擎将会和 HDFS 一起，持续协助 Hadoop 完成进化。Hadoop 的时代还在持续。

1.2.2　大数据技术架构

选择一个正确的架构是所有项目的核心，大数据项目亦是如此。跟其他 IT 项目相比，大数据项目的特别之处在于，这一领域还很年轻，并不存在那种已经使用了很多年的标准架构的存在。

在过去若干年中，出现了一些相对可行的架构方案。它们被应用于各个不同的场景，并在行业内产生了比较大的影响。但是依然没有一种普适性的架构，让大家可以直接使用。因而，比较可行的方法是，在选择大数据架构之前全面深入地了解系统需求，而后参考目前行业中存在的架构来选择正确的产品，从而搭建出最适合自己的大数据架构。

图 1.6 是数据分析（商务智能）和大数据应用都适用的基本分层架构。

图 1.6　大数据应用分层架构

（1）数据来源

为数据分析系统提供数据的系统或其他类型数据元。

(2)数据收集

从其他系统导入数据,供后续的处理分析使用。

(3)数据处理(数据分析)

对收集来的数据进行各种整理和计算,为后续的分析做准备。

(4)结果存储

分析整理好的数据按照一定的规则保存好,供各种数据应用使用。

(5)数据应用

大数据系统外的其他系统、应用或处理,数据的消费方。

1.2.2.1 传统大数据架构

在大数据发展早期,用来分析的大数据主要来自 Log 文件、网络 Content 检索等(图 1.7)。与之后的流式数据相比,数据是相对静态的,主要使用批处理的方式来处理数据。批处理的特点包括如下方面。

①定期执行;

②等待处理的数据要相对完整,并预先保存在存储中;

③在批处理执行的期间内数据保持不变(批处理执行期间变化的数据会在下次批处理才会被处理)。

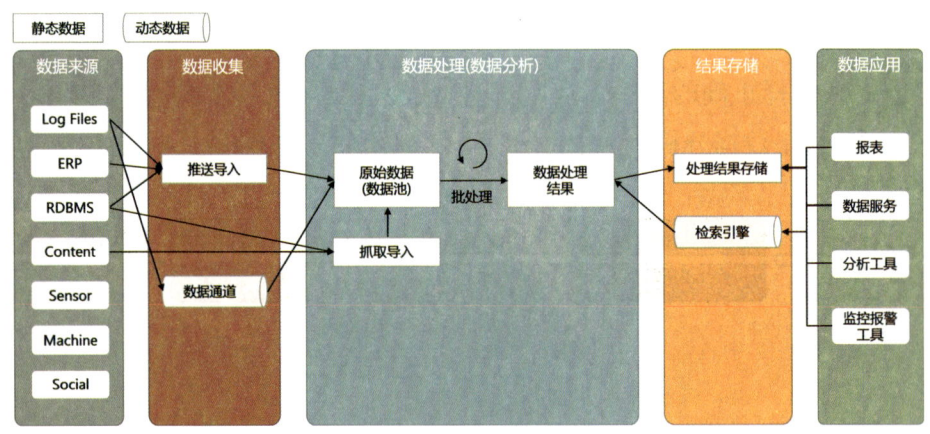

图 1.7 传统大数据处理架构

（1）Hadoop 版架构

Hadoop 版大数据架构是最早出现的，整个架构基于 Hadoop 的 HDFS 文件系统和 MapReduce 并行处理框架。等待处理的数据和处理结果都保存在 HDFS 文件系统中，供后续处理和应用使用（图 1.8）。

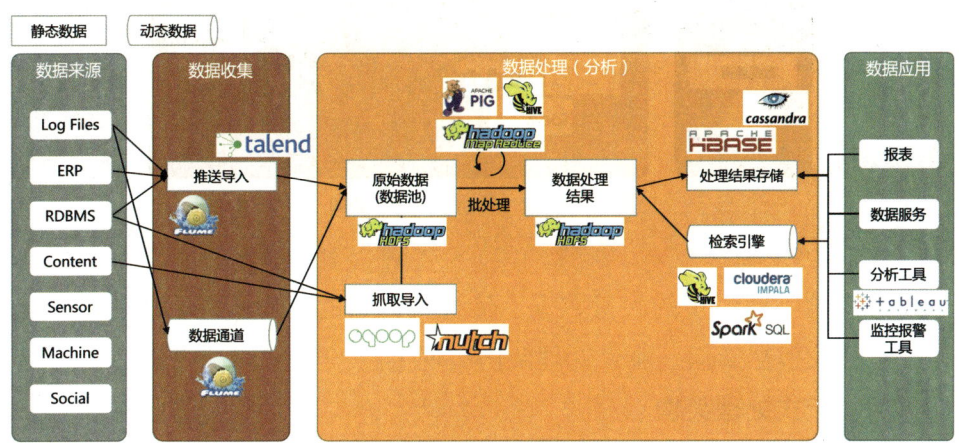

图 1.8　Hadoop 版大数据架构

（2）Spark 版架构

Spark 版大数据架构基于 Spark 的实时数据分析框架，通过内存计算技术，处理速度相比于 Hadoop 有了很大提高（图 1.9）。如前所述，分布式存储一直只有 HDFS 一枝独秀，因此存储依然使用 HDFS。

（3）传统大数据架构的挑战

传统大数据架构主要通过批处理来处理静态数据。随着时代的发展，对处理速度和实时性要求越来越高，以批处理为主要方案的传统大数据架构面临极大的挑战：①批处理架构引入各种延迟；②事情发生后才能做出响应；③基于旧数据做出决策，赶不上变化。

虽然与 Hadoop MapReduce 相比，Spark 更快，但仍属于批处理范畴，仍然需要把相对完整的数据保存后才能处理。对于社交媒体、机器、传

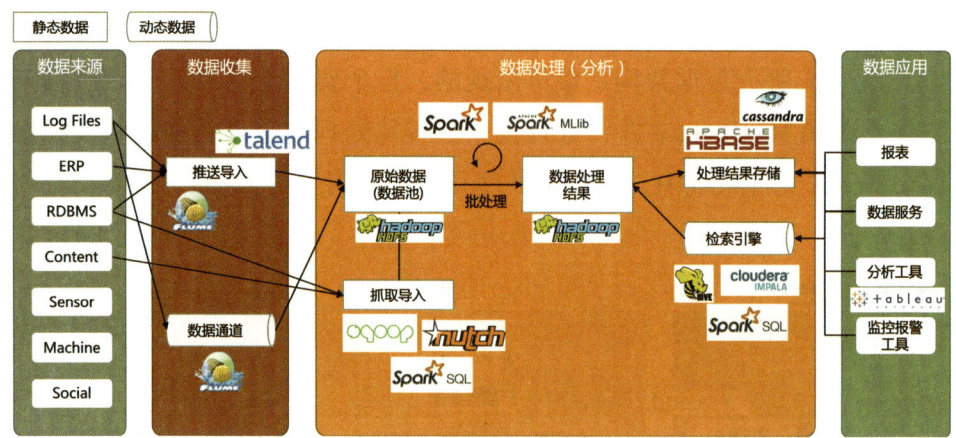

图 1.9 Spark 版大数据架构

感器等源源不断产生的大量数据，传统大数据的架构已经不适用，于是另外一种大数据架构——流式处理架构出现了。

1.2.2.2 流式处理架构

（1）流式处理概念

流式数据处理一般具有如下特征。

① 处理的数据对象源源不断地、没有极限地产生。这种数据被称为流式数据。以 Google 为例，每时每刻用户使用 Google 搜索引擎进行的检索日志，就是流式数据。

② 处理永不停歇。数据对象不断产生，处理也会永远执行下去。如果考虑把数据按照一定时间分块，那么批处理也可以用来处理流式数据。与批处理对应，永不停歇的处理被定义为流式处理。

③ 低延迟、近似的/推测的结果。与批处理相比，流式处理的延迟要少很多。

流式处理是为了处理不间断无限产生的数据而设计的数据处理模型。批处理与流式处理的区别，如表 1.1 所示。

第一章
大数据思维与科技大数据

表 1.1 批处理与流式处理的区别

	批处理	流式处理
启动方式	手动执行/定期执行	一直执行
处理对象	数据存储里保存的数据	无限产生的流式数据
对象数据范围	需要处理的数据收集完整才能开始	随时增加，不影响处理
追加数据	不对应/全部重新执行	随时处理追加数据
处理时间	分~小时	永远
数据量	TBs ~ PBs	Bs ~ KBs（/Event）
耗时	分~小时	毫秒~秒
典型应用	ETL 数据报告 机器学习模型生成	异常状况检测 推荐 可视化
开源产品	MapReduce/Spark	Apache Kafka、Distributed Log 和 Pulaser

由于流式数据会源源不断地持续产生，有时数据会骤增产生一个高峰。另外，在发生故障时为保证消息得到正常处理，需要重复取得之前的消息。为此，流式处理经常会采用在消息总线上临时存储数据的方式。

常用方式为：数据从数据源通过 Socket 发送至消息总线，消息总线收到数据之后将其保存在存储（现在最常用的是 Kafka）中，然后通过 MessageQueue（MQ）的方式，将数据发送给流式处理框架（图 1.10）。

常用产品有 Apache Kafka、Distributed Log 和 Pulsar。常用托管服务有 Amazon Kinesis Stream、Google Cloud PubSub 和 Azure Service Bus。

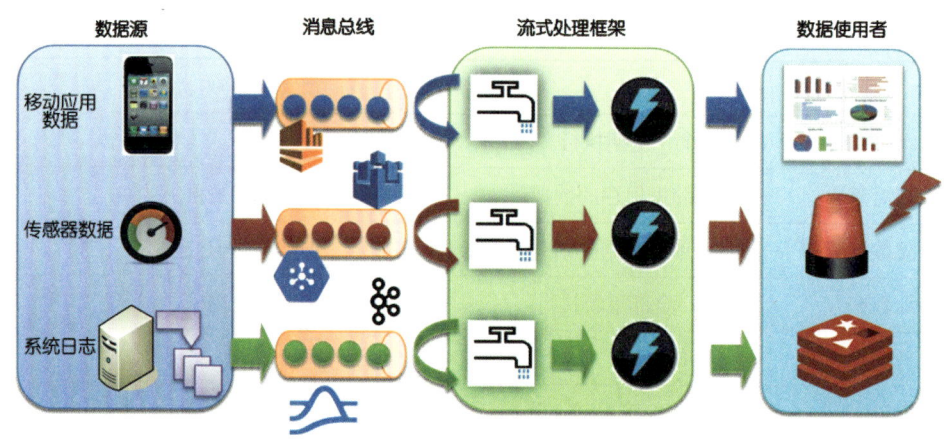

图 1.10　流式处理的构成

（2）Lambda 架构

2011 年出现了第一个流式架构——Lambda 架构。Lambda 架构由 Twitter 提出，是批处理和流式处理的混合模式架构（图 1.11）。

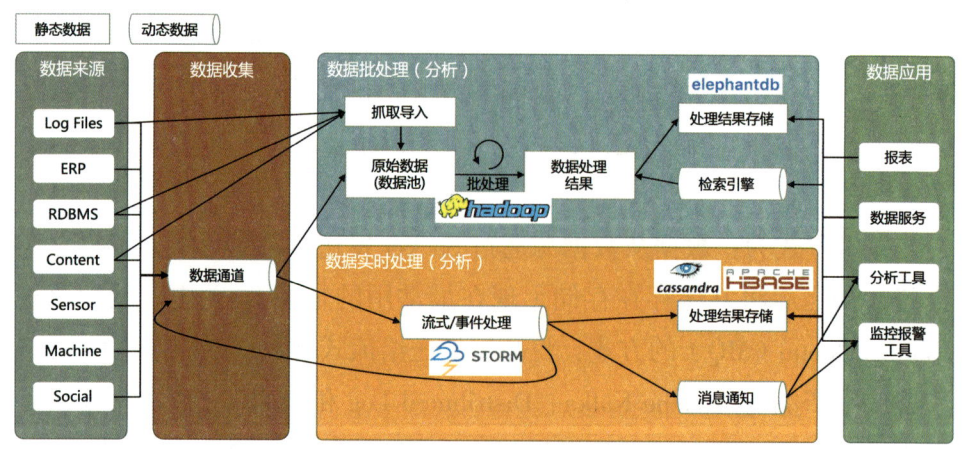

图 1.11　Lambda 架构

Lambda 架构分为批处理层和实时处理层。批处理层负责大数据的高精度处理，实时处理层负责流式数据的实时处理，2 种处理的结果在输出端合并，使处理精度和实时性同时得到了保障。

然而，批处理层依然有处理时间长和数据准备齐全才可开始的缺点。而实时处理层也没有采用后来才出现的流式数据保存架构。更麻烦的是，因为采用批处理+实时处理架构，所有的处理逻辑都得做2份，批处理做一份，实时处理做一份。

（3）Kappa架构

如果把所有的数据都当作流式数据，即把批处理所处理的数据也当作流式数据，这样批处理就变成了流式处理的一种。

2013年，LinkedIn为了解决Lambda架构的复杂性，提出了Kappa架构，也叫作Fast Data架构。Kappa架构去掉了批处理结构，使用单一的流式处理，通过实时处理和连续重新处理的组合，提高了流式处理的处理精度（图1.12）。

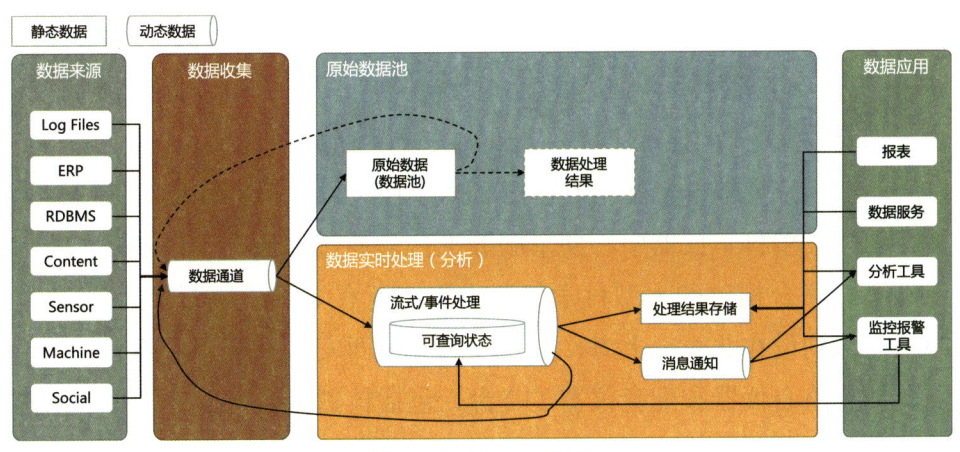

图1.12　Kappa架构

Kappa架构的改进点包括如下方面。

①增加了储存原始数据的功能。原始数据的保留，使得数据的再次处理成为可能。

②流式处理结构中增加了状态存储，使得再次处理可以快速地从特

定位置重新开始。

Kappa 架构并不能完全取代 Lambda 架构，两者各有各的优势。如果批处理和流式处理是完全相同的，那么使用 Kappa 架构可能是最好的解决方案。但是，在某些情况下，当批处理对完整的数据集操作更优时，Lambda 架构可能是更好的方案。

1.3 数据视角：数据今生"岭"与"峰"

根据 IDC（国际数据公司）的监测统计，2011 年全球数据总量已经达到 1.8 ZB，而这个数值还在以每 2 年翻一番的速度增长，预计到 2020 年，全球将总共拥有 35 ZB 的数据量，比 2011 年增长了近 20 倍。换句话说，近 2 年产生的数据总量相当于人类有史以来所有数据量的总和。在这个大背景下，从公司战略到产业生态、从学术研究到生产实践、从城镇管理到国家治理，都将发生本质的变化。国家竞争力将部分体现为一国拥有数据的规模、活性，以及解释、运用数据的能力。

（1）国家大型科学仪器中心共享服务平台

国家大型科学仪器中心共享服务平台是通过跨地区、跨领域、跨部门网络式联合构建的大型科学仪器中心，拥有 16 个国家大型科学仪器中心，分别设在北京、上海、广州、长春、西安、武汉、绵阳等地。目前，拥有核心仪器和配套仪器 112 台，包括核磁共振谱仪、各种质谱谱仪、高分辨电子显微镜、能谱谱仪、中子散射谱仪和 X 射线数字化成像仪等仪器。主要涉及生命科学、环境科学和材料科学等领域。

（2）国家人口与健康科学数据共享平台

国家人口与健康科学数据共享平台源于 2002 年的科技部科学数据共享工程，平台的建设历时 15 年，科学数据总量已达到 67.76 TB，并与 10 多个国家建立了科学数据共享机制，2018 年首次向社会公布大数据资源。本次发布的 237 个数据集（数据量 49.1 TB，2.8 亿条），包括生物医学、基础医学、临床、公共卫生、中医药学、药学、人口与生殖健康七大类数据集。高质量的"数据超市"为大数据服务政府决策、科技创新、企业发展等提供了强力科技支撑。

(3) 中国科学院植物主题数据库

中国科学院植物主题数据库在植物分类数据库建设、植物查询数据库建设、植物药用数据库建设及古代植物文献查询数据库建设等诸多方面数据信息十分丰富和完善,特别是在植物信息综合数据库、植物图片库、化石植物库的建设方面是中国植物数据库的"领头羊",并且已经实现与库内及库外多家植物相关网站和数据库的"无缝衔接",并且可以提供植物图片库的 API 链接查询等,库内数据更新及时、准确,在某种意义上为科研的持续进行及在获取最新数据方面起到了很大的推动作用。在数据库创新方面,中国科学院植物主题数据库也在不断地探索和完善之中,目前其已经实现了植物资源的信息共享和共用,并与中国植物标本馆、中国自然标本馆等实现了网页的互联互通,为数据库的使用者提供了极大的便利,在科研机构数据库建设方面起到了较好的示范作用。

(4) 科技文献大数据——以中国科学技术信息研究所为例

中国科学技术信息研究所作为科技部直属的国家级公益类科技信息研究机构,馆藏的国内外学位论文、会议论文、科技期刊、美国政府四大套报告、两院院士著作等大量文献资源为广大科研工作者开展科学研究提供了有力的支持。创建的《中国科技论文引文数据库》《中国国际科技论文和专利数据库》《全国科技查新事实型数据库》《国际科技创新与决策支撑数据库》《区域科技资源及地方科技发展数据库》《国家科技成果转化项目库》《ISTIC 专利分析数据库》等特色资源数据库,为科技创新和科技决策提供了重要的数据支撑,完成的研究报告多次受到党和国家领导人的批示。提出的以事实型数据为基础,综合集成"事实型数据 + 专用方法工具 + 专家智慧"的科技情报研究方法,已在行业内得到广泛应用和推广。

国家工程技术图书馆主要收集国内外期刊、会议文献、科技报告、科技丛书、学协会出版物、学位论文、检索和参考工具书等类型的科技文献，设有院士著作馆，文献收藏量超过 500 万册，以参考性强、价值高的灰色文献为馆藏特色。同时，采购 40 余种国内外知名的文摘数据库和全文数据库（表 1.2）。

馆藏文献的学科专业以工程技术领域为主，兼顾基础科学领域，以及图书馆学、管理学、经济金融等专业。馆藏重点和优势学科专业为一般工业技术、材料科学、电子电信、电力电工、自动化技术、计算机科学、环境科学、航空航天、能源动力、交通运输、建筑水利、海洋工程、纺织工业、食品工业、造纸工业、军事科学等，以及地球科学、生物工程、图书馆学与情报学、管理科学、经济学、金融学等。收藏的文献以英文为主，占到文献总量的 95%，同时兼顾少量的日文、德文、俄文和法文文献。收藏文献的载体类型主要包括印刷版、电子版（光盘版和网络版）、缩微版（缩微平片和缩微胶卷）及少量的声像资料。

1.4 管理视角："治理"而非"管理"的能力

1.4.1 科技大数据治理现状

科学数据库是最重要的科技资源之一，它们既是科学研究的基础，也是科学研究的成果，在大数据时代，更是一种重要的国家战略资源，同时具有很高的经济价值，应该得到充分地共享和使用。但是，分布在科研院所内部的大量的科学数据库的共享一直是难点，迄今未得到有效解决，严重制约着中国科研和科研经费使用效率的提高。当前，科研机构与市场结合越来越紧密，科研机构需要更多地服务于国家经济发展主战场，科研机构竞争力的加强有赖于通过改进管理提高科技资源的使用

第一章 大数据思维与科技大数据

表1.2 中国科学技术信息研究所科技文献数据列表

馆藏文献特点	普通资源					特色资源			
	中文科技期刊	外文科技期刊	全国性学术会议文献	外文会议文献	美国政府科技报告	国内学位论文	国内科技报告	国家科技计划项目档案	院士著作
收藏开始年份	1977年	20世纪60年代	1984年	20世纪70年代	1958年	1963年	2004年	2004年	2004年
累计	80万册	4300余种	6万余册	28万余册	172万份	355万余册	10万份	11万多卷	1100余位院士捐赠的5000多部著作和10万多篇论文
备注		国内最全				国内最早法定收藏	国家指定管理单位	国内唯一	国内最多

效率得以实现。现在，科研院所内部数据的共享和利用难题已经到了必须要解决的时候。

中国科研机构众多，在物理、地理、化学、数学、机械、电子等理工科，以及人文和社会科学、医学、农学、艺术学等各个方面都有涉及。截至2017年，中国有各大科研机构近1300所，涵盖了中国科研的各个方面，涉及中国的各个省份。在科研机构的数据库建设方面，全国近1300所科研机构，几乎每个科研机构都有自己的专业数据库，只是专业程度、规模、建设层次和水平等有着极大的差异。

在建设规模以及数据库的相互联系等方面，科研机构的数据库在整体上依然是呈现建设速度快、质量欠佳的状态，但这并非全部。在北京、上海、广州等较为发达地区的科研机构整体数据库建设较为完善，数据库的各个数据库中心以及数据联络、数据使用和数据库处理、指令、安全方面都有一定的保证。处于较为偏远地区的科研机构数据库在整体上不如东部发达地区数据库建设，这与当地的经济实力、科研实力、研究人员数量、研究能力等不无关系。

在科研机构数据库的系统架构方面，研究主体不同，系统架构的方式方法也有着较大差异。从整体来看，相似的科研机构数据库的系统架构采取较为详尽的架构模式，在目标建设的选择、数据库平台的建设、数据查询系统的构建等方面有着相同之处，但也存有差异，在建设的完善程度上差异较大。

1.4.2　科技大数据能力需求

科技大数据能力的需求以大数据能力需求为基础，融入了对科技知识域的了解和把握，特别是在科技大数据应用支撑方面，不仅仅需要了解大数据的基础知识，更多需要对当前所从事科技的了解和熟悉。

大数据所涉及的关键技术包括6个方面，分别是数据采集与数据管理、分布式存储和并行计算、大数据应用开发、数据分析与挖掘、大数据前端应用、数据服务和展现。通过表1.3可以看出大数据关键技术与职业角色之间的关系。

表1.3 大数据关键技术与职业角色关系

大数据关键技术		职业角色	未来发展方向
数据采集与数据管理		大数据运维工程师	
分布式存储和并行计算	大数据应用开发	大数据开发工程师（大数据平台研发工程师、大数据云端研发工程师）	大数据平台架构师
数据分析与挖掘		数据分析师、数据挖掘师、算法工程师	数据科学家
大数据前端应用		前端开发工程师	前端架构专家
数据服务和展现		可视化工程师	可视化专家

在数据采集与数据管理技术领域，需要大数据运维工程师，负责搭建大数据平台集群，并对其进行维护、管理、优化；负责平台上的数据采集、数据清洗、数据存储，数据维护及优化。

在分布式存储和并行计算及大数据应用开发技术领域，需要大数据开发工程师，又可以细分为大数据平台研发和大数据云端研发工程师。平台研发工程师主要是围绕大数据系统的平台研发人员，应该掌握设计开发分布式系统的功能扩展、性能改进、故障分析、OLAP（On-Line Analysis Processing，联机分析处理）类型的在线联机分析开发等知识和技能。大数据云端研发工程师是面向业务场景的大数据后台服务开发人员，负责基于大数据的业务应用系统和产品的云端后台服务开发，如广告系统、搜索、个性化推荐及精准营销系统、风险预测、防欺诈系统等。

在上述3个领域中,大数据运维和开发工程师的未来职业发展方向是大数据平台架构师,负责研究与跟踪大数据新技术发展方向,主持制定大数据平台技术发展战略规划,如平台的设计、开发、维护与优化,不断创新,满足上层数据运营体系各项需求,核心数据模型的建立,同时参与应用分析系统的系统分析、设计及实施工作等;负责企业主数据,元数据管理及数据质量;基于数据仓库的业务探索及信息探索的工作。

在数据分析与挖掘技术领域,需要数据分析师、数据挖掘师、算法工程师等多种人才。大数据分析师负责项目的需求调研、数据分析、商业分析和数据挖掘模型等,通过对用户的行为进行分析了解用户的需求;参与业务部临时数据分析需求的调研、分析及实现;参与数据挖掘模型的构建、维护、部署和评估;整理编写商业数据分析报告,及时发现和分析其中隐含的变化和问题,为业务发展提供决策支持。数据挖掘工程师负责具体项目的数据挖掘模型等,通过数据挖掘模型的构建、维护、部署和评估,实现数据处理、分析和挖掘的基础性技术支撑。算法工程师负责对复杂算法实现原理的研究,通过算法的优化在海量数据集中保证算法计算的效率和效果。这几种岗位人才未来可以发展为数据科学家。

在大数据前端应用技术领域,需要大数据前端开发工程师,就是面向业务场景的大数据前端开发人员,负责设计实验良好的人机交互;进行系统优化,设计并完善前端基础服务架构;解决浏览器兼容问题,进行移动应用开发,并与后台技术开发保持良好沟通,快速理解、消化各方需求,最终落实为具体的开发工作。这种岗位人才未来可以发展为前端架构专家。

在数据服务和展现技术领域,需要数据可视化工程师,负责通过极具创造性和想象力的方式展示数据分析及挖掘后的知识发现,帮助用户从大数据洞察中获取直观和感性的知识。这种岗位人才未来可以发展为可视化专家。

根据以上的分析可知，大数据对人才的能力需求包括以下方面。

（1）成熟的数据思维

熟悉大数据技术、常用数据挖掘算法及应用场景；对数据有较好的洞察力；具有互联网大数据应用的工作或项目经验，最好有基于互联网用户数据对用户画像、用户经营分析、用户行为分析、精准营销等大数据应用的实践经验；综合素质好。

（2）熟练的大数据技能

大数据人才需要具备的能力比较全面。理论上计算机专业、信息专业、数学专业、管理专业等都可以进入大数据领域。大数据工程师以技术性工作为主，必须具备JAVA、大数据开发、大数据架构、软件开发工程等技术背景；会用SQL/SPSS/SAS等初级分析工具，了解统计模型相关知识；在一定程度上掌握Python等一类通用型编程语言。熟练操作大数据技能如数据的挖掘、分析预测等工作，参与业务沟通、梳理需求，组织建模解决问题；后期可以为企业内部提供战略意见，提供可靠有效的解决方案。

（3）丰富的跨学科知识

随着大数据向各行业的渗透，大数据从业者往往身兼数职，需要同时掌握数据技术和业务知识。例如，数据分析师，不仅要具备数据分析、数据挖掘和机器学习等能力，还要具备市场营销、商业模式、数据产品等方面的知识和技能。而一个既能做业务数据分析，又懂机器学习和工程开发的分析师就是数据科学家。

（4）自觉的团队协作意识

数据分析往往涉及数据和业务两大部分，单独一个部门无法完成全部工作。而数据团队和业务团队又难免存在沟通壁垒，所以自觉进行团队协作尤为重要，要善于合作，团队意识强。数据团队人员并肩工作，形成紧密合作的伙伴关系才更有利于企业的发展壮大。

（5）强大的业务沟通能力

大数据人才要有较强的沟通协调能力、学习能及推动能力、善于执行和监控能力，有较强的组织和责任意识，还需要有强大的逻辑思维能力、归纳演绎能力帮助理解业务，能快速学习全新领域的商业模式和生态。最后，如何把分析结果可视化、产出可落地方案、让别人信服及管理自己的团队，又考验了沟通表达和管理能力。

1.5 服务视角：大数据服务于"四链"

科技大数据致力于中国科技领域大数据汇聚打通、挖掘分析等技术的创新和应用，它的研究与应用已经在互联网、商业智能、咨询与服务及医疗服务、农业、金融业、通信等行业显现，并产生了巨大的社会价值和产业空间。目前典型的科技大数据应用领域包括如下方面。

①商业智能领域：互联网和网站给各类组织机构通过对科技大数据技术的运用，使大量的产品和客户信息均可以从网站上获取，实现从业务端到决策端的数据处理，自动化、实时并准确地将数据转化为支持决策的信息[4]。

②公共服务领域：一方面，公共机构可以利用科技大数据技术把积累的大量历史数据进行挖掘利用，从而提供更为优质的公共服务，如交通领域的实时路况和交通引导；另一方面，公共机构也可以通过对某些领域的科技大数据的实时分析提高危机的预警能力，为实现更好、更科学的危机响应提供技术基础。例如，在医疗行业，通过科技大数据平台可以整合各种医疗数据，继而对这些资料进行合理安排，然后做出更好的数据背景分析；利用这些分析，可以为患者提供一个更精细、更细致的医疗方案，这就为产业链上游的收集数据方面提供了很大便利，创造了很大的价值。

③政府决策领域：通过对相关科技大数据的挖掘，有效提高政府决策的科学性和时效性。通过对政府网站日志数据的整合集成，为政府相关领导提供可视化的科学决策数据支持服务。

④市场营销领域：提升消费者与企业之间的关系。今天，最大的数据系统是 Web 分析、广告优化等。今天的数字化营销与传统营销最大的区别就是个性化和精准定位。

1.5.1 服务创新：科技大数据 + 创新链

（1）创新链的内涵

创新链是描述一项科技成果从创意的产生到商业化生产销售整个过程的链状结构，主要揭示知识、技术在整个过程中的流动、转化和增值效应，也反映各创新主体在整个过程中的衔接、合作和价值传递关系。

创新链从创新源头开始，经过多级环节、运用多种要素、涉及多个部门、跨越多重时空，直到取得最终成果并实现其价值创造的全过程。它围绕一个或一个以上的核心主体运行，以创新为纽带，把具有互补性的各个节点连接起来。通过分工协作和互联互动，合力实现知识的经济化与创新系统的优化。

（2）创新链的环节

创新链的研究历史不长，在二十多年的研究史中，多数主题集中于创新链的结构、形成和作用机制。Marceau 于 1992 年提出"创新链"概念，认为创新链是主导者（产品制造者）、原材料供应商和终端销售商三方形成的一种密切关系。创新链是由多个参与活动的主体和节点构成的。Timmers 认为创新链由 4 个阶段构成，即基础研究、技术研发、实际运用和产业化与市场化阶段，每个阶段相互影响又彼此独立。随后，Sen 也对创新链结构进行分析，认为创新链是一条包含新思想产生、研究成果转化和创新产品实现的完整链条。Bamfield 从其 2007 年的一项研究中归纳出企业创新链的 5 个阶段：初试研究、技术研发、产品试制、市场活动与营销活动。

国内不少学者在前人基础上对创新链的内容、结构和应用机制做了补充和完善。其中，尹安将创新链与供应链结合起来研究，认为创新活动来源于供应链上的诸多企业，每一个企业节点进行分工不同的创新活动，创新链串联了这些看似分散的创新活动，因而他认为创新链并不是某一个企业的个体活动，而应该是众多企业或组织共同参与的[5]。蔡坚以产业价值创造链式活动为基础，分析产业技术创新活动，构建产业技术创新价值链模型，并解释了该链式活动价值实现的机制和基本条件等[6]。屠建飞分析了技术创新链的结构，认为创新链是在技术创新活动中形成的一项联结客户和企业的系统性工程，并提出了行业技术创新平台建设策[7]。常爱华等则将创新链与价值链结合起来考虑，提出创新链是价值增值的关键，是价值链中的重要角色，科技服务应该强调链式整合，以更好地转化创新活动[8]。王宏起等在设计驱动式创新目标时，针对新兴产业特点，重新构建了产业创新链。纵观创新链发展历程关于创新链结构与定义的研究已经趋于成熟，大多数学者都认同创新链是科技创新成果从产生到商品化一系列过程集合成的链型结构[9]。

创新链的实践研究还在深化中，将创新链与其他产业结合起来分析产业发展轨迹，提出具有实际价值的建议，对提高技术创新成果转化率，加快产业创新升级具有重大意义。

（3）科技大数据 + 创新应用

产品研发大数据化。产品研发存在较高风险。大数据能够精确分析客户需求，降低风险，提高研发成功率。产品研发的主要环节是消费需求分析，产品研发大数据化的关键环节是数据收集、分类整理和分析利用。企业官网的消费者反馈系统、贴吧、论坛、新闻评价体系等是消费者需求信息的主要来源，应注重从中收集数据。同时，可与论坛、贴吧、新闻评价体系合作构建消费者综合服务系统，完善消费者信息反馈机制，实现信息收集大量化、全面化、自动化，为产品研发提供信息源。然后，对收集的非结构化数据进行分类整理，以达到精确分析消费需求、缩短产品研发周期、提高研发效率的目的。产品研发大数据化，可以精准分析消费者需求，提高产品研发质量和效率，使企业在竞争中占据优势。

美国的医疗行业如果能够有效利用不断增长的大数据来提高效率和质量，不断改进技术研发与应用创新环节，那么每年可创造超过 3000 亿美元的额外价值。而且，在欧洲的发达国家中，仅在改进技术研发与应用创新环节一项上，政府行政管理部门就可以利用大数据节省 1000 亿欧元以上的费用。

1.5.2 服务产业：科技大数据 + 产业链

（1）产业链的内涵

产业链是由处于同一产业或不同产业之间的企业，通过技术、经济或社会法律关系链接，能够提高生产效率，并具有价值增值功能的生产服务协作体系[10]。

从中国当前产业链的实践过程来看，产业链更多的是一个资源配置和资源利用的过程。延伸产业链，提高产业链环节的附加值，就是要将资源更加合理地配置到相关的产业部门，通过资本和技术的应用，增强对资源的利用程度，提高产业的创新能力，从而提升产业乃至整个国家的竞争力。

（2）产业链环节

产业链主要环节包括研发与设计—生产与制造—销售与服务，如图 1.13 所示。

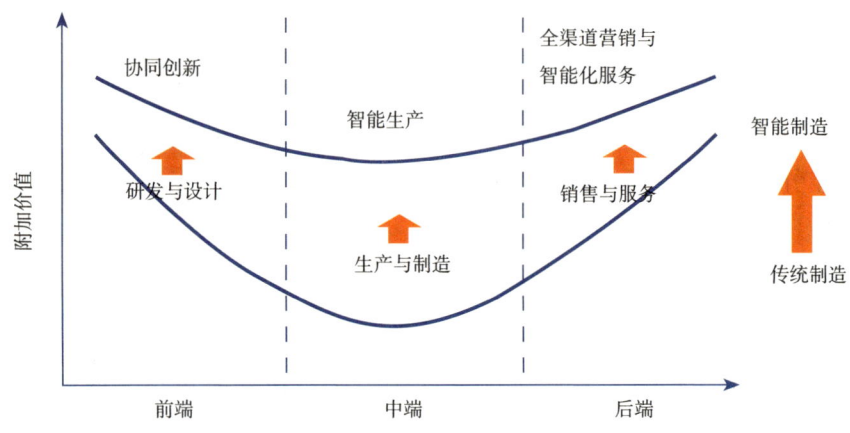

图 1.13　产业链服务环节主要流程

　　产业链包含纵向的链状形态和横向的行业形态 2 个维度。因此，要增强产业链运行的稳定性，提高产业链运行效率和竞争力，就需要从纵向维度和横向维度 2 个方面进行整合。其中，产业链的纵向整合代表了产业链整合的深度，纵向整合产业链越长，产业链的资源加工深度和价值增值就越多，产业链的横向整合代表了产业链整合的宽度，产业链环节的整合宽度越宽，产业链的规模就越大，对产业链发展的影响就越大。产业链的纵向整合体现了企业对产业链资源的控制和整合能力，产业链的横向整合则体现了企业对行业的带动能力、领导作用和市场控制能力。

（3）科技大数据 + 产业链

　　在科技大数据平台中，存在着普通科技大数据平台、技术、硬件、软件、信息等，科技大数据的商业价值是通过产业链具体实现的，其价值是由不同的环节共同作用产生的，所以最为重要的是将产业链全体介入其中。在物联网不断发展的今天，利用科技大数据，可对产业链进行优化，并对链上多种资源、信息、数据进行集成，保证信息共享，进一步完善产业链，从而显著减少交易成本，不断提升工作质量及效率。

第一章
大数据思维与科技大数据

大数据系统从产业链角度可分为基础设施、数据分析和应用3个环节。其中，基础设施包括数据采集、存储和初步处理的相关设备；分析系统则主要完成数据梳理、分析，为实际应用做好准备；大数据应用则涉及多个政府应用及民生应用领域。科技大数据链条同样经过了数据的收集、存储、加工、处理和服务。科技大数据系统从产业链角度可分为科技大数据源拥有者、科技大数据基础设施提供者、科技大数据软件系统提供者、科技大数据应用服务提供者、科技大数据交易市场构建者、科技大数据产业支撑服务提供者，不同产业角色对大数据的价值变现有不同的诉求。

- 科技大数据源拥有者即互联网、物联网、各种智能终端、网关提供商、各种平台服务提供商、政府机构等拥有大量数据的数据源提供商。

- 科技大数据基础设施提供者即硬件基础设施提供商、网络基础设施提供商，电信运营商、BAT等互联网企业。

- 科技大数据软件系统提供者主要包括大数据软件提供商、科技大数据库提供商、科技大数据计算机软件提供商、科技大数据挖掘软件提供商等。

- 科技大数据应用服务提供者主要包括面向企业的日志数据分析类、商业智能类、广告媒体类提供商，面向行业、面向政府公众服务的提供商。

- 科技大数据市场交易构建者包括目前已经成立的部分大数据交易机构。

- 科技大数据产业支撑服务提供者主要包括培训、咨询、运营、广告等服务的提供商。

在以上6种角色中，只有科技大数据应用服务提供者具有独立的科技大数据变现能力，是推动科技大数据开放流通和产业发展的重要力量。科技大数据应用服务提供者以平台运营为主，依托大数据平台为政企客户和个人客户提供多种形态的数据产品，从中获取数据变现收益。

总体上看，大数据产业要持续发展，必须要有业务产生数据、基础设施存储数据、软件处理数据、平台交易数据，四者缺一不可。同时，从目前参与者的定位来看，大部分角色属于产业链的多重角色，这更有助于在产业链角逐中获得更多优势。

1.5.3　服务资金：科技大数据+资金链

（1）资金链的内涵

资金链是指维系企业正常生产经营运转所需要的基本循环资金链条。现金—资产—现金（增值）的循环，是企业经营的过程，企业要维持运转，就必须保持这个循环不断地良性运转。

资本循环就是资本在运动过程中，依次经过购买、生产和销售3个阶段，并相应采取货币资本、生产资本和商品资本3种职能形式，回到原来的出发点并实现价值增值的全过程。

（2）资金链环节

资金链是企业现金流在某一时点上的静态反应，一般包括资金投入链、资金运营链、资金回笼链3个链条。

资金投入链主要与筹资有关，这一环节的安全程度主要与筹资能力相关。

资金运营链是企业资金链的灵魂，是企业业务运营在资金链上的反映。如果资金运营链出现问题，如企业的流动比率、速度比率过低，营运资产不能满足企业经营发展的需要，则企业的资金链就会变得脆弱。

资金回笼链反映了"资产—现金（增值）"的现金流动，是重中之重，如果只出不进，就会出现资金链的断裂。因此，应收账款的顺利回收与否，直接决定着企业资金回笼链的安全程度。

（3）科技大数据+资金链

在金融领域，科技大数据在与创新链上的融合得到了快速发展。例如，招商银行通过大数据分析，识别出招行信用卡价值客户经常出现在星巴克、DQ、麦当劳等场所后，通过在市场营销创新环节中，采用"多倍积分累计""积分店面兑换"等活动吸引优质客户；通过构建客户流失预警模型，对流失率等级前 20% 的客户发售高收益理财产品予以挽留，使得金卡和金葵花卡客户流失率分别降低了 15 个百分点和 7 个百分点；通过对客户交易记录进行分析，有效识别出潜在的小微企业客户，并利用远程银行和云转介平台实施交叉销售，取得了良好成效。当然最典型的应用还是在电子商务领域，每天有数以万计的交易在淘宝网上进行，与此同时相应的交易时间、商品价格、购买数量会被记录，更重要的是，这些数据信息可以与买方和卖方的年龄、性别、地址，甚至兴趣爱好等个人特征信息相匹配。淘宝数据魔方是淘宝平台上的大数据应用方案，通过这一服务，商家可以了解淘宝平台上的行业宏观情况、自己品牌的市场状况、消费者的行为情况等，并可以据此进行生产、库存决策，而与此同时，更多的消费者也能以更优惠的价格买到更心仪的宝贝。而阿里信用贷款则是阿里巴巴通过掌握的企业交易数据，借助大数据技术自动分析判定是否给予企业贷款，全程不会出现人工干预。据透露，截至目前阿里巴巴已经放贷 300 多亿元，坏账率约 0.3%，大大低于商业银行。

1.5.4 服务人才：科技大数据 + 人才链

（1）人才链的内涵

人才链是指通过系统地考虑人才供应与需求，整合人才管理的各个节点，进行协同人才预测、规划及补给管理与柔性管理，实现人才供应链一体化运作的过程，它的最终目标是实现人才队伍建设的动态优化。

一个可持续发展的人才体系是一个系统工程，它既有赖于"选才"的准确、"育才"的科学，又取决于"用才"的智慧，更离不开"选才""育才"及"用才"的有机结合和渗透；既包括人才的培养，又包括人才的成长环境与合理使用。

（2）人才链环节

人才链的主要环节包括人才发现—人才选拔—人才培养—人才使用及考核—人才淘汰。

图1.14为车辆装配保障的人才链[11]。

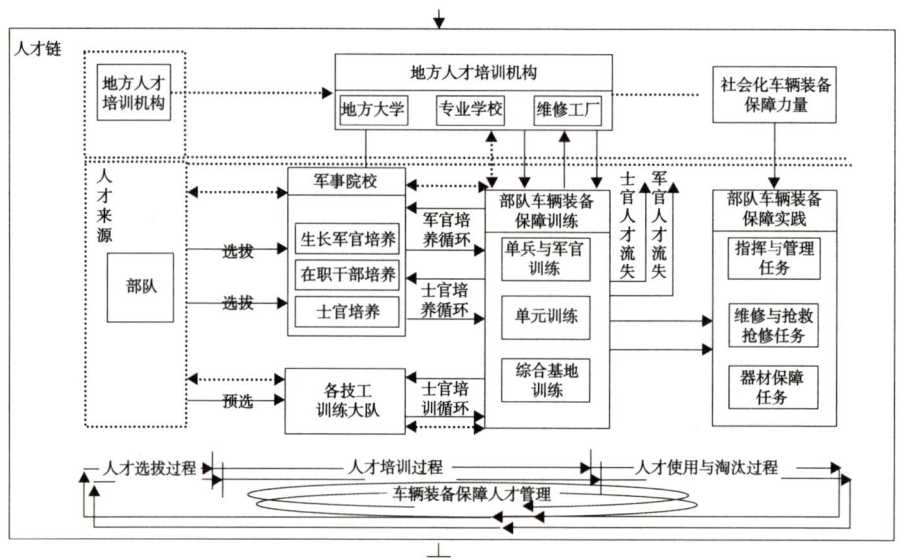

图1.14　车辆装配保障人才链

（3）科技大数据+人才链

正确认识大数据是实现大数据应用的前提。大数据应用不仅仅是对海量规模的数据进行存储、处理和分析，更重要的是采用新的角度去看问题。只有采用新的大数据思维方式、运用大数据技术改进传统的人才决策方式，才有助于形成基于大数据思维的人才决策新范式，实现人才决策科学化。

运用科技大数据辅助人才决策，是对人才决策方式的巨大变革。长久以来在人才工作中，我们更多根据决策者或者诸如面试专家等的主观判断而做出各种人才决策，很少对人才决策过程进行量化分析。大数据技术的发展拓展了数据来源，使我们可以对结构化和非结构化的数据进行全面分析，从而实现人才决策的定量化，减少可能因决策者主观判断带来的失误。

①科技大数据与人才发现：采用大数据技术发现人才。通过大数据技术构建人才发现平台，纳入符合中国新时代发展需要的高端人才，并实行全面动态管理。例如，可以从行业协会、学会公开网站或者国内外著名大学官网搜集相关学者的基本信息及其科研成果、行业评价、科研排名等，丰富完善高级经营管理人才大数据库。采用大数据技术进行人才发现工作，有利于提高人才发现工作效率。

②科技大数据与人才选拔：可以采用大数据技术对人才进行全方位评价，作为人才选拔决策时的参考。例如，我们可以通过科技大数据全方位搜集人才的各种常规数据，以及人才在微信、微博或其他社交媒体留下的"痕迹"，形成人才大数据资料库。在此基础上，通过数据分析专家的结构化建模，从而对人才的相关信息进行分析。又如，我们可以构建一个基于特定需求的人才分析模型，涵盖人才的专业能力、人才的个人兴趣等。根据这些分析，我们会得到涵盖人才性格倾向、团队合作、人际沟通能力、发展潜力等方面的分析报告。

③科技大数据与人才使用及考核：习总书记指出，要"聚天下英才而用之"，可见"聚才"的目的是"用才"。"用才"的关键环节是为人才设定合理的目标、通过考核评价实现人尽其才的目标。科技大数据辅助人才使用决策集中体现在通过大数据技术对人才使用过程中的数据进行挖掘，适时搜集人才绩效实现过程中的各种数据并进行分析，把人才考核工作常态化、实时化，增强人才考核的科学性。在此方面，一些跨国公司走在了前面。这些公司强调经理和员工之间要进行持续的、高质量的沟通和反馈，有的公司甚至规定直线经理每周都要和员工进行绩效沟通，随时了解绩效进展，员工也可以随时征求直线经理的意见。与传

统的事后绩效考核相比较，实时的绩效沟通可以让双方了解绩效实施进展、绩效实施过程中的不足并及时修正错误[12]。

在人才考核中也可以借鉴这个做法。利用大数据技术搭建人才绩效考核系统，将人才的日常工作表现纳入考核范畴，实现人才绩效的实时反馈、及时发现绩效问题、提高人才使用效率。

④科技大数据与人才流动：大数据技术可以通过全面收集人才流动信息，及时掌握人才流动数据并对人才流动趋势进行预测，辅助人才决策。从宏观方面来看，运用大数据技术整合不同渠道人才就业数据，可以及时掌握全国人才流动方向、流动的频次、人才流动中的行业转换或职位转换信息，并结合区域经济社会发展态势进行深入分析，预测未来人才流动趋势，提供给政府部门的宏观管理者作为决策参考，引导人才的合理流动。从微观方面来看，人才流动预测有助于微观用人主体防微杜渐、及时了解人才流动的原因，改进用人单位的人才管理[13]。在此方面，一些企业已经开始进行尝试，例如，根据对员工性别、年龄、工作年限等方面的数据进行收集和分析，来预测员工的离职倾向，并针对员工离职倾向分析结果及时采取相应的保留措施。微观用人主体的人才流动预测有助于优化人力资源管理效果、降低人力资源成本、强化用人主体在人才争夺战中的竞争优势。

（袁　伟　张英杰　吴　思）

参考文献

[1] 孟小峰, 慈祥. 大数据管理：概念、技术与挑战[J]. 计算机研究与发展, 2013, 50（1）: 146-169.

[2] 黎建辉, 沈志宏, 孟小峰. 科学大数据管理：概念、技术与系统[J]. 计算机研究与发展, 2017, 54（2）: 235-247.

[3] 陈俊欢.论大数据理论的基本原理及其价值创造[EB/OL].[2018-04-15]. http://www.docin.com/p-714878917.html%EF%BC%8E.

[4] 赵淑芳,单桂娟.浅谈大数据应用现状及发展趋势[J].商,2015(36):223.

[5] 尹安.在供应链视角下分析从创新链到创新集群[J].价值工程,2009,28(1):64-67.

[6] 蔡坚.产业创新链的内涵与价值实现的机理分析[J].技术经济与管理研究,2009(6):53-55.

[7] 屠建飞,冯志敏.基于创新链的模具产业集群技术创新平台[J].中国软科学,2009(5):179-183.

[8] 常爱华,王希良,梁经纬,等.价值链、创新链与创新服务链:基于服务视角的科技中介系统的理论框架[J].科学管理研究,2011,29(2):30-34.

[9] 王宏起,李力,王珊珊.设计与技术双重驱动下的新兴产业创新链重构研究[J].科技进步与对策,2014,31(4):40-45.

[10] 徐鑫淼,伍宇翔.浅析产业链与地方经济发展[J].北方经济,2011(7):51-52.

[11] 李忠光,张春润,刘亚东,等.基于SSM的部队车辆装备保障人才链培养模式研究[J].物流科技,2010,33(12):125-127.

[12] 王军宏.用大数据思维发现人才评估人才管理人才[N].光明日报,2018.

[13] 丁华明,赵记博,韩涵,等.大数据在金融领域的典型应用研究[EB/OL].[2018-04-15]. https://max.book118.com/html/2018/0331/159532617.shtm.

第二章

主题词表：规范科技大数据的基石

如果把科技大数据看作浩瀚的宇宙，而人类在地球上通过肉眼可以看到的是银河。通过地球卫星、遥感图像，则可以看到地球的整体地貌，也可以逐级放大，精细到一片农田、一座房屋，甚至会发现因为非法盗采而产生的环境污染过程。科技大数据要想实现这样的功能，需要进行知识单元和知识关联的规范化和结构化，而主题词表等知识组织系统是实现这些功能的重要工具。

2.1 知识散沙：科技大数据需要结构化

2.1.1 科技大数据需要知识单元结构化

世界上万事万物都有其结构和组成成分，都有从宏观到微观的认识过程。例如，物理学角度的物质、分子、原子、原子核等存在不断细分的特征，地球上生物圈、种群、生物个体、生命系统、器官、组织、细胞、细胞核、DNA等不断细分，都是一个从宏观到微观的过程。数据、大数据、科技大数据是一个认识过程，到科技大数据，同样需要细分到"物种"级、"细胞"级、"DNA"级别等知识单元水平，只有在细化到不同知识颗粒度级别，科技大数据才能得到不同属性特征的组织和发现，才能实现用户的各种需求。例如，地球遥感图像数据，在整体地球图像级别，可以发现地球臭氧空洞、北极冰雪融化等信息；在海洋陆地级别，可以反映出陆地面积减少、海平面上升的信息；在土地管理图像级别，可以发现非法采挖、私搭乱建等行为。经过人类社会不断的知识组织管理，已经积累了大量的知识组织方法和工具，从主题概念、知识单元角度，使用不同的主题分类工具，可以对科技大数据在不同层面、不同颗粒度基础上进行细化，实现科技大数据的知识单元结构化。

2.1.2 科技大数据需要语义关联化

世界上万事万物是相互联系的，都存在着复杂的关联关系。美国气象学家爱德华·罗伦兹提出的"蝴蝶效应"，可以形象地反映出事物的联系。食物与空间充裕，生物就可以大量繁殖。所有事物的关联可以通过知识的关联去描述和表达。科技大数据，特点是数据量大、涵盖知识多，但都可以通过知识关联，将其知识单元通过语义关联进行描述和联系，从而为人工智能、智能检索等奠定基础。例如，细胞是生物的组成单位，也是生命的基本单位，细胞学的研究是生物学研究的重要内容；如果是研究马、牛、羊、猪、鸡的细胞属性特征，则属于农业领域，是与农业生产经济性状相关的研究；如果是研究人体细胞，又属于医学科学领域，但实质上都是生物细胞，所以生物、农业和医学3个学科有着紧密的联系。通过生物细胞学的研究，外加具有农业生产经济性状的属性特征限制，以及人体属性特征的医学限制，可以很好地描述以细胞概念为单位的3个紧密关联的学科领域。如果建立了这种关联关系，就可以将科技大数据进行不同层面的细分，在分类的基础上实现对科技大数据的利用。

2.2 什么是主题词表

2.2.1 科技数据组织主题法

主题法是人类社会认识世界的重要方法，无论是数据、信息还是知识，当然包括科技数据、科技大数据等，均可以通过主题法进行结构化。主题法是通过规范化的语词或词组，作为概念标识，描述和表达数据信息的核心内容，概念之间通常会存在等同、等级和相关等关系类型特征。主题法是重要的知识组织方法，通过主题词表可以实现知识组织功能。

从历史发展和应用现状看，主题法主要包括以下3种类型。①标题法是通过语词先组的方式，形成比较稳定的概念及概念关系，从而描述和表达相应的概念含义。标题法主要通过标题表实现知识组织的功能，例如，美国国会图书馆编制的国会标题表（LCSH），是世界范围内使用最广泛的标题表。1964年出版的《航空科技资料主题表》，是新中国成立以后编制的第一部标题表[1]。②单元词法是将自然语言拆分成最小的单位，即单元词，每个语言单位表达独立的含义，通过单元词的组配，可以形成大量的新概念，单元词法是通过单元词表实现其功能的，单元词表又称元词表。单元词表用比较少的单元词，通过后组的方式，动态生成用户需要的概念或复合概念。单元词法的代表是20世纪50年代应用于美国的穿孔卡系统。③叙词法是将等同关系的术语归并为概念，概念之间具有等级和相关关系，通过概念描述和表达信息主题。叙词法是在标题法和单元词法的基础上形成的，标题法的主要特点是先组词占比大，造成词表语词数量庞大，而元词法虽然显著降低了语词数量，但元词表主要采用后组的方式形成概念，一些单元词字面匹配后，形成的词条没有实际意义，所以诞生了叙词法。

在国际上，通常也将分类法归入主题法，分类是人类社会认识世界的最常用方法，也是知识组织的基础方法，对于科技大数据，需要通过分类，才能将大数据分解成可规划、可控制、可计算的结构数据。分类是以客观存在为依据，按照人类的需要，以核心内容或使用价值来聚类，分类是认识事物的自然过程，科技大数据的一个重要特点就是"大"，只有通过分类，才能在一个体系下进行不同层次、不同颗粒度的数据管理。分类是主观的，但依据的属性特征是客观的。分类是由2个特征决定的：一是由不同属性特征进行区分；二是由相同属性特征进行聚类。知识经过分类以后，每个类代表一个主题，按照一定的原理和关系形成一个体系，就是分类表。对文献信息的分类，国际上在将事物进行分类的基础上，赋予规范化的类名和类号，按照相应的知识体系，用等级树形结构或分面组配方式，将类进行组织和参照，就形成了用于事物分类和检索的分类表。对于文献信息来说，国际上使用最广泛的是DDC（杜威国际十进分类法），国内图书情报机构使用最多的是《中国图书馆分类法》。

2.2.2 主题词表及其家族

主题法主要包括标题法、单元词法和叙词法，主题法相应的知识组织工具为标题表、单元词表和叙词表，其中单元词表生存比较短暂，但对标题表向叙词表的发展起到了承前启后的作用。在中国，多数学者通常也将叙词表称为主题词表。如果从描述和表达主题出发，术语表也是表达主题概念的一种语言工具，所以，也将术语表进行统一介绍。为了更好地了解主题词表概念，这里首先简要介绍主题词表的上位概念——词表。

（1）词表

词表，从字面上看，可以理解为将一些"词"排列成"表"。词表这个概念是随着时间过渡逐步演化和形成的。随着计算机科学的发展、网络技术的进步、语义网的形成、人工智能的诞生，词表的外延也在不断扩大，早期的词表主要指结构化的词表或受控词表，例如，人类社会使用最广泛的是主题词表和分类表，主题词表以术语概念为单位，颗粒度相对细一些；分类表以类为单位，颗粒度相对粗一些，它们的共同特点是要进行规范化，所以也称结构化词表或受控词表。2005年，美国国家标准根据受控的级别由弱到强将受控词表分为可选词单、同义词环、分类表和主题词表等类型。之后大家继续扩大词表的外延，也包含人名、地名和机构名等实体类名称词典，各领域专业标准术语等，具备详细概念属性定义和属性关系的本体、知识图谱等，都存在使用"词"形成"表"而发挥作用的特点。在当今网络环境下，随着元数据、关联技术等语义网络技术的发展，凡是具备描述和表达URI网址的概念及关系的语义编码值，也可以看作是一种词表，目前，所有这些不同层面的知识组织工具，都统称为"词表"了。

（2）术语表

术语通常是指用于描述和表达事物的语词，一般情况下多用于专业领域。例如，农业术语、计算机术语、大数据术语等。将一个领域的术语，进行系统收集和规范化，对表达同义概念的语词进行归并，用于该领域用户描述、表达和共享规范化的概念，就是术语表。术语表通常覆盖特定的范围或领域，例如，英汉对照的大数据术语表，按英文字顺排列了大数据领域相关的专业术语，A字顺如Aggregation（聚合）、Algorithms（算法）等，B字顺如Big Data（大数据）等，C字顺如Cloud Computing（云计算）等。国内国际上术语表的使用是非常成熟和常见的，国际上如联合国系统等国际组织多有发布和推荐使用的行业术语表；全国科学技术名词审定委员会负责制定我国科技名词工作的方针、政策、原则和规划；负责组织科学技术各学科的名词审定、公布及协调、推广应用工作，每年审定和出版各类名词术语[2]。国家标准每年颁布的行业术语等，都是典型的术语表，均在领域信息组织中起到规范化的作用。

(3) 标题表

LCSH 由美国国会图书馆编制，1909—1914 年编制第 1 版，当时的名称为 "*Subject Headings Used in the Dictionary Catalogues of the Library of Congress*"，1975 年修订为第 8 版，更名为 "*Library of Congress Subject Headings*"。2012 年修订为第 34 版，包含将近 32.9 万个标题概念。美国国立医学图书馆的医学主题词表（Medical Subject Headings，MeSH）是世界范围内使用最广泛的医学标题表，包含 16 种语言，每年都在更新维护。中国医学科学院医学信息研究所对 MeSH 进行了英汉对照编译，1992 年编译英汉对照第 1 版，2002 年编译修订为《医学主题词表注释字顺表》（2002 年版）（上、下册），收录主题词 20 742 个、款目词 21 927 个、副主题词 82 个。在我国图书馆界、医学等领域的信息组织与检索中使用广泛[3]。

(4) 叙词表

叙词表在我国又称为主题词表，主题词表是将文献、标引人员或用户的自然语言转换成规范化语言的一种术语控制工具，主题词表的术语由优选词和非优选词组成。主题词表诞生于 20 世纪 50 年代，是世界范围内使用最广、编制技术最为成熟的主题法知识组织工具，国际上不同组织、不同领域机构，编制和长期维护使用着各自的主题词表，例如，联合国粮食与农业组织（FAO）编制和使用的农业多语种叙词表（AGROVOC），是农业领域国际范围内广泛使用的主题词表，包括中文在内，含有 29 种语言。国内迄今编制了 100 多部主题词表，影响最大、编制修订维护最为规范的代表是《汉语主题词表》（以下简称《汉表》）。

2.2.3 科技术语

我国的科技术语工作，主要对口单位是全国科学技术名词审定委员会,每年公开发布不同领域的科技术语。主办了国内最权威的术语学专业杂志《中国科技术语》,致力于全球华语圈科技术语的规范和统一,每年公布规范科技名词,重点是对科技术语的规范化。主要是将科技术语区分到专业领域概念级别,将"又称""也称"等同义概念进行归并,形成不同领域的科技术语表,服务于相应领域的学术交流,甚至计算机对科技术语的识别与处理。在术语表中,通常对每个术语进行了规范化的定义。

在科技大数据背景下,从语言学角度出发,更多的科技术语工作是计算机将文本自动处理到语词水平,再通过领域识别,自动区分出科技术语,从而实现将没有语义信息的文本信息,转化为计算机对其科技术语可识别、组织和加工,为科技大数据自由文本的结构化奠定基础。

从主题词表构建角度来看,科技术语是概念描述与表达的重要词汇语料,科技术语定义既可以对术语的内涵和外延进行限定,使科技术语含义规范统一,便于人和机器的交流和信息共享。同时,用于解释概念定义的文本信息,通常包含大量的语义信息或知识关联,也可以成为机器获取语义关系的结构化语料。例如,在图书情术语表中,术语"叙词",其英文名称为"Descriptor",定义为:"叙词,也叫优选词、正式主题词等,是一种主题词,它是在文献标引和检索中用以表达文献的主题而规范化的词。"通过计算机模式识别程序,设定自动识别"又称""也称"等模式标识,计算机自动切分和识别前后的科技术语,就可通过模式识别获取同义概念。例如,在以上概念定义中,计算机可以获取"叙词"有2个同义词:一个为"优选词",另一个为"正式主题词"。通过设定程序,也可以将"标引"和"检索"2个术语按具备语义关联自动提取,提取以后由主题词表专家与专业领域研究专家共同确定关系类型。总之,定义文本蕴含着非常丰富的语义关系,不同程序可以自动提取的关系程度不同。

2.2.4 科技概念

首先介绍一下概念的定义,在主题词表国际标准 ISO 25964-1 中,对概念(Concept)的定义为:"概念是思想的单元(unit of thought)。"[4] 如果使用解释性的描述语言,概念的定义可以表达为:概念是某一具体事物或抽象事物在人类思维中的总体反映,是一类事物在人脑中的概括总结,通过对"概念"的理解可以在思维中还原具体事物或抽象事物[5]。科技概念,顾名思义,是指在科学技术领域使用的概念,也可以描述为属于科学技术领域的思想单元。例如,大飞机是一个概念,人们提到大飞机,在脑海里就会有飞机的形象,能乘坐几百人的客机,特指载人数量多、起飞重量大、航程远、科技含量高的大型运输机和民用客机。科技概念通常使用语言标签进行描述和交流,不同国家、地区、民族可以使用不同语言标签,但概念是相同的,例如,中文"大飞机"和英文"Big Airplane"的概念是相同的。

科技概念是通过其具备的属性特征进行内涵外延限定的,这些属性特征首先是人可以理解的,在大数据人工智能时代,人们试图让机器也能识别概念的属性特征,从而理解概念的含义。也可以使用人类能读懂的机器语言,描述概念的属性特征,记录概念之间的关系,从而实现对科技知识的组织与检索。属性特征可以分为两类:一类是数值类属性特征,例如,大飞机最大起飞重量要超过 100 吨,飞行高度、航程距离等都是数值型属性特征。而大飞机可以载人、大飞机可以运货、大飞机由哪些部件组成等,均属于关系型属性特征。主题词表、本体可以在不同程度上描述和表达概念的属性特征,通过不同知识组织工具组合记录不同类型的概念属性特征,可以实现科技大数据结构化。

在自然语言人工交流中,科技人员使用科技概念进行交流、共享、科研、生产等,科技概念存在于人的脑海里,在科技文献资料记录文本中，是通过不同的语言标签进行表述的。在科技大数据人工智能时代，科研人员关注更多的是如何通过机器在无结构化的自然语言中自动获取科技概念，或者说获取科技术语。在这一科研领域，与计算机科学研究相关的机构，与语言学研究相关的单位，合作研究取得了重要进展，例如，中国科学院分词系统NLPIR可以很好地将自然语言切分到术语级别。中国科学技术信息研究所在新型《汉表》修订和编制中，研究和使用了通用概念和专业概念的分类识别方法[5]。科技概念是用来描述和表达科技主题的，无论是人工还是机器，可以使用科技概念，将科技信息进行结构化，转化为知识库，实现对科技知识的组织和检索。科技概念是主题词表及其词表家族的基本构成单位。

2.2.5 主题词表结构

主题词表是一种知识组织工具，也是一种知识组织系统，具有基本的结构。传统主题词表主要表现形态为纸本工具书，或者将工具书内容存储到关系型数据库中，再进一步有计算机可以显示主题词表管理使用的系统或平台。到网络时代，实现了在网络环境下对主题词表的使用，其结构和功能也可以在网络环境中体现。这样，网络主题词表的结构源于传统主题词表的结构，在计算机技术和网络技术的发展下，网络主题词表可以发挥更加强大的作用。主题词表有着通用的结构，传统《汉表》的结构可以分为宏观结构和微观结构。在网络环境下，主题词表实现了从宏观结构到微观结构的"无级变速"，也即大到主表附表、中到字顺表、小到概念词族，以及关系属性特征，均可进行动态可视化及数据关联应用。这里以传统的《汉表》为例，介绍主题词表的结构。

《汉表》宏观结构主要包括字顺系统和逻辑系统，字顺系统包含字顺表（主表）、附表、索引表；逻辑系统包含范畴索引和词族索引。字顺表（主表）包含了《汉表》收录的所有正式主题词和非正式主题词，按照汉语拼音方案对语词（款目词）进行排序，每个款目词的全部属性特征及词间关系构成了主题词表的微观结构。1980年版的《汉表》，第3卷编排了附表，主要包括"世界各国区域名称""自然地理区划名称""组织机构"和"人物"等比较重要的名称，共计8200余条，是类似于本体的重要实体类术语。鉴于这些人名、地名、机构名可以使用通用的国际标准、国家标准，所以，多数主题词表一般不再单独进行规范化，推荐直接使用相关的术语标准。索引表的功能是通过各种可能的排序查找主题词表的概念及关系，一般包括字顺索引、入口词索引、英汉对照索引和轮排索引。范畴索引和词族索引属于逻辑系统部分，分别从概念的学科分类角度、概念等等级关系角度表达概念间的关系。随着主题词表的应用场景转为计算机化，网络版主题词表索引功能更加强大，所以，2014年版印刷本《汉表（工程技术卷）》，取消了所有索引，所有索引功能都在网络版汉语主题词表服务系统中提供。

主题词表的微观结构，主要包括每个主题词所具备的属性特征与语义关系。分别包括正式主题词和非正式主题词2种类型。正式主题词的微观结构包含2种类型的属性特征：一种是语义关系类型，包括等同关系、等级关系和相关关系；另一种是属性值类特征，如英文对照、范畴号、汉语拼音等。非正式主题词的微观结构比较简单，语义关系直接等同于同义的正式主题词。属性值类型属性同样包含对照英文、范畴号、汉语拼音等。鉴于主题词表语义关系复杂，印刷版词表很难呈现复杂的网状相关关系。因此，完整的语义关系在网络版主题词表中可视化效果更好，检索和展示更简单容易。

2.2.6 主题词表构建方法

（1）主题词表构建的总体规划

主题词表的构建是一项智力密集型大型项目协作工作。一部主题词表的构建，需要投入巨大的人力、物力、财力，花费几年的智力劳动时间。项目立项之前，应该有明确的总体规划与目标，能够清楚知道构建的主题词表是给谁用的，这样的主题词表应该由什么机构构建，该机构是否具备相应的数据资源、专业人才和信息技术人才，以及是否有大型项目组织、策划与运行的能力与地位等[6]。例如，只有中国科学技术信息研究所这样的国家级专业情报机构，才能承担起《汉表》修订和重新编制的工作任务。《汉表》工程技术卷和自然科学卷的修订和重新编制用了将近10年的时间，也正是由于主题词表构建工作量大、知识密集等特点，决定了在构建之初，需要对主题词表结构特征进行确定，遵循国际标准中的哪些原则，对哪些属性特征有所取舍等，如主要是为机器使用还是人工使用、采用SKOS数据格式还是其他格式等，这些特征的确定直接与工作量大小相关。

机构已具备的资源评估也非常重要，例如，是否具备了大项目协作的组织与领导能力，人才资源方面是否有相关的科技术语收集分类专家、词表构建专家、开发词表编制平台的计算机技术人才、具备领域知识的专业人员，以及通过怎样的机制体制能使这些专业人员朝着共同的利益进行科学有效地协作，这些人才资源缺一不可。另外，就是数据资源基础，是否具有规范化、结构化的科技术语资源储备，如具备相关领域的关键词、术语表、百科全书词汇、专业词典、用户检索词等术语资源。《汉表》修订工程离不开前期建立的包含400万条海量术语的基础词库。有无可利用的主题词表基础，是否有可利用的主题词表，如果有部分主题词表概念可以利用，要比从零开始容易一些，当然这种方式需要解决版权问题。还有就是需要建立主题词表构建团队，同时负责词表应用和维护工作。

有了项目专项资金，有了专业人才，具备了数据术语资源，还需要选择或开发构建软件或编制平台。随着互联网的发展及科技大数据的应用，主题词表构建软件发生了快速的变革，尤其是在词表逻辑错误检

第二章
主题词表：规范科技大数据的基石

查、网络异地实时编表和建立关系等功能方面发展很快。如果有可行的编制软件能够满足编表要求，那用现成的更好；如果没有直接可用的软件，也可以折中使用一些通用的编制软件；如果无法实现项目的构建要求，也可以自己开发相关的构建平台。例如，《汉表》的修订，就是自己开发的编制平台，实现了不同地区的编制人员分布式地完成词族建立、词间关系建立等。《汉表》平台高峰使用期间，经常是上海、南京、长春和北京等多个地区的词表编制人员共同实时开展词表构建工作，使用网络协同操作技术代替了传统单机词表编制方法。

（2）构建主题词表

首先，为了构建主题词表而对基础词库进行分析与加工。如果计划构建主题词表，前期资源准备工作需要收集所有可收集到的术语资源，如已经出版的相关主题词表、关键词、术语表、标准术语、同义词表、百科词条、用户检索词等，将这些语词资源以来源词表为单位，建立基础词库。在基础词库的基础上，利用计算语言学相关的技术，对基础词库语词进行分析、加工、标注等处理，例如，对术语按专业进行分类：将"水库"分入水利水电领域，将"甲醛"分入化学领域。另一重要属性调研就是基于可能使用的场景进行词频统计，使每个术语都具有最新的词频信息，作为术语遴选的重要依据。基础词库需要具备来源词表的自动更新机制与实现能力，也需要具有不同专业、不同词频的筛选功能。基础词库还应该具备初步的语义关系推荐能力，例如，同义词的推荐与归并，通过前方一致、后方一致等技术推荐等级关系，通过共现、聚类等技术推荐相关关系等。

其次，在具备适合的主题词表构建平台，准备好了基础词库的概念及关系语料后，在解决好版权的基础上或不触碰版权的前提下，选择可以找到的几部最相关的主题词表，只使用它们的概念及关系，将全部概念输入词表编制平台，进行概念同义归并，等级关系、相关关系的梳理。在此基础上，将来自于基础词库的概念语料、词间关系语料输入平台,再次进行概念归并与遴选、词间关系重构等工作,所有这些工作,根据词表编制方式,采用不同的组织模式。例如,新型《汉表》的构建,这个阶段就是在全国范围内分布式联网、实时操作,共同完成相关的构建任务的。语义关系是主题词表构建中的重要环节,也是主题词表区别于术语表、专业词典的重要特点。第一,进行同义词归并,将含义相同相近的候选语词,进行归并形成概念,在这一组同义语词中,推荐一个规范化的术语,规定为优选词,作为概念的术语代号或标签。第二,建立等级关系,可以是从上到下、先总体后细分的顺序,也可以是从小到大、从局部到整体的考虑,2种可以同时进行,重要的是期望通过等级关系将所有的概念均匀客观地分布在词族和等级结构中。第三,建立相关关系,首先是领域专家确定候选词表中携带的相关关系,然后再确认从基础词库中推荐的相关关系。如果是构建的多语种主题词表,还需要考虑概念语种对应问题。

(3)主题词表的发布与推广

不同历史阶段,主题词表的呈现方式是不一样的,传统的词表主要是印刷版的图书文献标引与检索工具书,给外界的感觉就是厚重的大部词典类工具书;鉴于主题词表的诞生是为计算机可以理解和使用的,随后又出现了电子版、光盘版和现在网络版的主题词表。例如,《汉表》,1980年版是典型的印刷版主题词表,1991年版算是电子版的主题词表,到2014修订和重新编制的新型《汉表》,除了印刷版以外,主要推广的是网络版,甚至是可连接到数据库自动标引和检索的汉语主题词表服务系统[7]。主题词表发布时,需要进行明确完整的介绍,包括由谁构建的,构建的目的是什么,涵盖哪些主题,遵循什么样的国际和国家标准,使用什么样的数据格式标准,主题词数量,等同率、参照度大小,包含语种,使用方法,更新维护策略等。

主题词表构建完成以后,需要提交给使用者进行知识组织与检索应用。用户可以分两类:一类为词表构建机构,同时也是重要的信息处理

第二章
主题词表：规范科技大数据的基石

加工服务机构，如许多国际上著名的主题词表，首先是这些机构自身在使用这样的主题词表，如联合国粮食与农业组织（FAO）开发的农业多语种主题词表 AGROVOC，主要是 FAO 在开发、维护和使用。另一类为机构自身以外的用户。如果是一部综合性的、应用广泛、知识覆盖全面、生命周期长、持续进行更新维护、得到领域专家认同的主题词表，则除了自身机构使用外，更多的用户是机构自身以外的用户，如世界范围内广泛使用的 MeSH 医学主题词表、在全国范围内广泛推广应用的《汉表》等。关于构建与应用，可以打个比方，构建等同于造车，车造好了以后，造车者自己可以使用，更多的是卖给购车的用户作为交通工具使用。造车者除了设计和生产出轿车以外，还需要向用户介绍产品的性能及如何使用。也即，词表构建单位除了构建工作以外，也需要进行推广应用及维护保养等工作。

主题词表在推广和应用中，维护更新至关重要，维护更新是主题词表的生命。一部高级轿车生产出来以后，放到生产车库而不上路行驶，几年过后就会部件老化无法上路了。所以主题词表要在不断地使用、持续地更新维护中发展。在主题词表构建完成以前，就需要考虑和布局将来的更新维护工作，尤其是在测试使用初期，可以使用规范的维护更新机制，对主题词表的概念属性、语义关系等进行及时修正。维护的主要内容包括对主题词表的概念术语及其语义关系的增删改，修订依据包括基于用户使用原则、信息主题覆盖的词频原则、学科发展原则等。维护更新的一个重要工作就是增加重要的新概念，概念是由术语体现的，所以发现新词、发现新术语是更新维护的重要手段。发现新词以后，再依据主题词表构建原则，确定将其归入一个已经有的概念，还是设立一个新概念。

2.2.7 《汉表》今与昔

1974年，我国立项国家级项目"汉字信息处理系统工程"（"748"工程）。1975年，《汉表》作为该项工程的配套项目，开始了其编纂工作，全国先后有505个单位、1378位专业工作者参与了编表工作，以及更多的单位和个人参与了编审工作，1979年完成，1980年6月正式出版。主编单位为中国科学技术情报研究所和北京图书馆，出版单位是科学技术文献出版社。共计3卷10个分册，共收词108 568条，其中正式主题词91 158条、非正式主题词17 410条[8]。在当时，《汉表》成为国际上收词量大、完整涵盖自然科学和社会科学两大领域的大型中文叙词表，此项工作是国内主题词表编制和研究的里程碑，是图书情报界集体智慧的结晶，为国内主题词表的编制培养了大批专业人才，为我国大规模计算机信息存储与检索奠定了基础。

1980年《汉表》的出版，推动了全国范围内文献信息主题标引工作的开展，促进了计算机文献数据库的建立，以及在专业主题词表的编制和应用方面都发挥了极为重要的作用，鉴于这些成就，1985年《汉表》荣获国家科学技术进步二等奖。20世纪80年代末到90年代初，计算机在主题词表的编制中得到进一步的应用，数据存储、词间关系逻辑错误检查、输出版式等环节部分实现了计算机化。1991年，中国科学技术情报研究所对《汉表》自然科学部分进行了修订，增补新词8221条，删除不适用的词5434条，修订出版《汉表》（自然科学增订本），修订后共收录主题词81 198条，其中，包括正式主题词68 823条、非正式主题词12 375条；包括字顺表、词族范畴索引、英汉对照索引共4册出版；主编单位为中国科学技术情报研究所，出版单位是科学技术文献出版社。增订本《汉表》保持了原表的体系结构、基本词汇、范畴划分及族系关系的核心知识[9]。1996年，由中国科学技术信息研究所情报检索语言研究室与中国索引学会索引技术和索引标准研究室，编辑出版了《汉表》的第 5 分册轮排索引。

21 世纪初，随着互联网的普及，以关键词搜索为基础的网络搜索引擎存在查全和查准问题，科技文献需要进行规范的数据库文献标引与检索及论文主题词的查询与标注等。从 2009 年开始，由中国科学技术信息研究所牵头，联合国内十几家工程技术领域图书情报机构的上百名专家，分领域修订和重新编制了《汉表（工程技术卷）》，修订后共收录优选词 19.6 万条，非优选词 16.4 万条，总术语达到 36 万条，等同率（又称入口率）为 0.84（非优选词/优选词），按专业分 13 册于 2014 年公开出版。《汉表（工程技术卷）》的修订和重新编制出版，是网络环境下主题词表编制和发展的又一里程碑式的成果，是新时代我国图书情报界全国大协作工程的成果。主编单位为中国科学技术信息研究所，出版单位为科学技术文献出版社[10]。从 2014—2018 年，中国科学技术信息研究所又完成了《汉表（自然科学卷）》的修订和重新编制，为网络时代科技大数据的语义化和结构化提供了重要支撑。

2.3　主题词表应用：以新型《汉表》为例

主题词表的最初目的在于从语义角度而不是从字面角度让用户检索到所需要的文献，因此，它属于知识组织系统中的轻量级的概念语义工具。主题词表从出现以来得到了广泛的应用：EI 主题词表用于 Engineering Village 文献平台的检索、浏览，还有在农业方面得到广泛应用的 AGROVOC 主题词表，以及美国航空航天领域的 NASA 主题词表。《汉表》作为我国主题词表的典型代表，在传统的文献信息组织中扮演了重要的角色，并起到了非常关键的作用，但传统《汉表》语义组织结构相对简单，难以让计算机自动化利用，这就制约了《汉表》在语义网环境下的应用。因此，新型《汉表》进行重构，克服了这个缺陷，实现了自动化在线语义服务，借助浏览器、在线服务及 APP 等方式进行访问，形成简单易用、机器可自动理解的特点，用于大数据的标引、浏览、检索与导航等。

目前，新型《汉表》在国家工程数字图书馆已经得到了很好的应用，大大提高了国家工程数字图书馆科技文献检索服务的质量。此外，新型《汉表》服务平台也即将上线，除了为用户提供术语检索服务外，还将为用户提供文本分析、智能检索和知识组织服务，全方位展示国内知识组织系统的典型代表——新型《汉表》的强大服务功能。

2.3.1 使用新型《汉表》进行文本分析

中文文本的自动分析包括对文本的分词、对文本的主题标引和对文本的聚类等，对一般中文文本的自动分析已经能够达到比较理想的效果了，但是对科技文献仍然存在不足与困难，因为科学技术领域的文本要求准确理解词汇的含义。首先，词汇普遍存在多义、同义现象。多义是指一个词语可能对应两个甚至更多的含义，例如，"疲劳"在生物医学领域是指人或动物疲乏无力的不适感，而在工程领域，如汽车轮胎，"疲劳"则指橡胶老化的现象。同义是指两个或多个词汇都对应相同的含义，如"乙醇"和"酒精"。这就使得对文本分析时，造成语义上的误解。其次，各领域新术语不断涌现，而目前出现的新术语中，主要的一类是组合术语，即由 2 个或多个已有的术语组合形成，如"深度学习"是由"深度"和"学习"2 个术语组合形成，如果按 2 个术语对待，就可能会产生错误的理解。因此，必须使用新型《汉表》这样有力的知识组织工具，对文本进行准确的理解及处理。

（1）对文本的分词

对文本的分词是将汉语句子切分成一个一个词的过程。分词可以用词典来分，也可以通过统计来分。第 1 种方法借助于分词词典，对文本按照某种特定的次序进行扫描，匹配出词典中的最长词汇。这种方法的优点是分词精度高、速度快，而且易于实现，是分词系统普遍采用的方法。它的缺点也很明显，就是严重依赖于分词词典的质量。第 2 种方法主要通过统计，利用词汇联合出现的概率作为分词的判断依据。这种方法的优点是不局限于处理文本的学科领域限制，缺点是需要大量的训练文本用以建立模型的参数且计算量非常大。

使用新型《汉表》对文本进行分词属于第 1 种方法，由于将新型《汉表》作为高质量的分词词典，可以弥补第 1 种方法的弊端，准确快速地对大规模文本进行分词。使用新型《汉表》进行文本分词时，采用效率最高最大匹配法，并通过两个方面的技术手段来保证分词的准确性。一方面，新型《汉表》收录了各学科领域规范标准的术语，保证了术语的单义性，特别是在每个学科下确保了一词一义；另一方面，新型《汉表》在编制完成后，自动定期收集各学科出现的新术语，经过专家严格筛选才能登入，使新术语不会被切分错误或被切分成更细的粒度。这样，使用新型《汉表》对文本进行分词避免了词汇歧义和组合术语的问题，特别是对科技文献中的文本能够达到快速准确的目标。

（2）对文本的主题标引

主题标引是指从文本中（一般包含题名、摘要、正文等部分）中抽取若干词汇来表达文本的主题，并进一步根据主题词汇确定文本所属的学科领域。主题标引的主要作用是使用少量的词汇来表达像科技文献这样长文本的主题。目前，各类科技文献均呈海量式增长，人工标引的方式已逐渐被淘汰，因此，主题标引一般是利用计算机技术自动地完成，与人工标引相比，自动的主题标引具有速度快、一致性好、稳定、成本低等诸多优点，但也存在标引的准确度不如人工标引高的缺陷。导致这种缺陷的原因，是因为目前的自动标引是从文本自身中抽取词汇作为主题词，无法从学科领域角度保证主题词的规范性和严谨性，例如，2 篇文本分别是对"脚踏车"和"单车"的描述，事实上都应以"自行车"作为主题词更为合适，这就需要像新型《汉表》这样的知识组织工具来实现了。

使用新型《汉表》进行主题标引是在前一步正确文本分词的基础上实现的。利用新型《汉表》将同义的术语合并规范化，如将"脚踏车"和"单车"统一规范成"自行车"，得到若干词汇作为主题词的候选，最后通过严格的评估和筛选得到 3～5 个最有代表性的词汇表达文本的主题，这样得到的主题词不仅能够准确表达文本的主题，而且主题词会更严谨规范。进一步，通过对主题词的分析，判断文本属于哪个学科领域，这是由于新型《汉表》中的每个术语具有学科分类号，这样主题词也通过新型《汉表》获得了学科分类号，根据主题词的权重及学科分类号的频次就可以非常容易地实现对文本的学科分类了。

（3）对文本的分类聚类

如果人们要从大量在组织上无序的文本中获取所需的全部信息往往要花费大量的时间和精力。通过分类聚类则可以对文本按照主题进行有效的归类和组织，从而对信息检索系统性能的改善将起到很大的帮助作用。而且，过去我们都是通过人工的方法进行分类聚类，这项工作需要耗费专业人员大量的时间和精力去完成。并且由于人存在主观性的原因，有可能在花费了大量的人力物力后，分类聚类的结果还是不尽人意。因此，利用计算机进行文本的自动分类聚类将是一个行之有效的办法。文本分类是按照事先定义的类别来决定一篇文本的归属过程，被称为文本分类。其类别可以通过概念进行定义得到。文本聚类是指将文本的集合分组成为在某些特征上类似的文本组成的多个类别的过程被称为文本聚类。这些文本与同一个类中的文本在主题上彼此相似，与其他类中的文本主题有较大的区别。无论是文本的分类还是聚类，都需要计算文本之间的语义相似度或者语义距离，以判断文本应属于哪个类别，但目前的文本分类和聚类技术，要么只能简单地根据文本匹配的情况来计算语义相似度，要么需要大量的文本进行训练。采用复杂的语义模型或统计模型进行学习，都存在效率或准确性上的局限性，而使用新型《汉表》则可以快速准确地完成语义相似度的计算，克服了目前相关技术上的局限性。

新型《汉表》中准确地表达了术语之间的语义关系，形成了层级结构的概念树。使用新型《汉表》进行文本的分类聚类，在对每个文本主题标引的基础上，利用不同文本的主题词在概念树中的语义关系和语义距离，综合权衡出文本之间的语义相似度，这样就避免了简单文本匹配导致的语义相似度计算错误。例如，一篇以"脚踏车"为主题的文本和一篇以"自行车"为主题的文本，从主题词的字面上并不具备语义相似性，无法正确地分在或聚在同一个类别下。但通过新型《汉表》可以快速判断出这 2 篇文本有共同的概念主题，因此，事实上具有较高的语义相似度。又如都是以"疲劳"为主题的 2 篇文本，却是分别表达人体疲劳和材料疲劳不同的概念，在字面上容易误归为一个类别。在新型《汉表》中利用对两个不同的"疲劳"进行学科限定，从而可以快速准确地区分。

2.3.2　智能化的检索：跨语言检索、扩检与缩检

互联网时代信息过载、信息迷向等问题日趋严重。然而，目前通过字面匹配的检索方式是大多信息检索系统的主流，是用户检索的主要方式。字面匹配的检索没有从语义角度去匹配用户的检索与所需的文献，这就使得返回大量的结果，其中大部分并不是用户真正需要的，而用户真正需要的却并不在其中，或者被排序放在了检索结果的后面。究其原因，一方面，是因为单纯的字面匹配的方式会导致错误匹配和虚假匹配，也就是检索出大量冗余信息、貌合神离的信息、误导和欺骗用户的信息；同时由于用户理解差异的存在，会导致检索得不到任何有用的信

息。另一方面，用户在有些情况下不能说清楚他真正想要检索信息是什么，只能提交几个含义模糊的检索词，需要检索系统帮助用户进一步明确他的检索需求。可见，仅通过字面匹配的检索方式不仅效率低，而且结果显然不能满足用户的实际需求。

构建智能检索系统实现对信息的高质量和高精度检索，已成为信息检索，特别是科技文献信息检索的必然发展方向。智能检索引入了语义匹配的机制，对用户的检索关键词进行准确的语义分析，推测挖掘用户真正想要检索的信息。智能检索也称为语义检索，这是一种建立在文献信息的语义关联基础上的检索机制。因此，要实现智能检索，从字面匹配提高到语义匹配，必然需要知识组织工具作为有力的支撑，而新型《汉表》则正好能够扮演这一角色。智能检索主要通过跨语言检索、扩检与缩检3种方式来实现。

（1）跨语言检索

用户在进行信息检索时经常需要了解国内外的最新进展，因此，不再满足于只在中文文献中进行检索，可能要求检索英文甚至更多语种的文献。用户不可能把自己的检索需求翻译成不同的语言，而是希望输入单一语种的检索关键词，从而能够获取到不同语种的文献信息。这就要求信息检索系统把用户的检索关键词，从概念角度等义地转换为其他语种的检索关键词。众所周知，一词多义现象在各个语种中都是普遍存在的，这必然使得不同语种之间的翻译往往是多对多的映射，因而给实现用户检索的等义地转换带来巨大的挑战。目前，大部分的信息检索系统主要是通用词典对关键词进行翻译来实现跨语言检索。通用词典收录的以通用词汇为主，而且其中的专业词汇也不能保证术语所要求的单义性。因此，很难达到等义翻译的目标，这样就导致了跨语言检索时，大量无效的文献出现在检索结果中，严重影响了用户的体验，也增加了信息检索系统的负担。

在新型《汉表》中，每一个概念都有对应同义的英文概念，而且绝大部分都保证了在概念所属的学科领域中，中文概念和英文概念是相同含义的关系。当用户提交中文的检索关键词时，将中文关键词转换成相同含义的英文概念。反过来，新型《汉表》也同样可以把英文关键词转换成等义的中文概念。这种方式实现简单，翻译准确，而且执行效率高，非常适用于大量用户同时访问的信息检索系统。

（2）扩检与缩检

用户在查找文献时，都希望能把想要的文献全部找到，但是面对海量繁杂的文献，准确地表达出自己的检索需求实际上是很难的。扩检和缩检是检索文献信息时，为了帮助用户查得更准、查得更全而采用的2种手段。扩检是通过减少检索关键词或者增加"或"关系的检索关键词的方法扩大检索范围，而缩检则是用增加"与"关系的检索关键词的方法来缩小检索范围。用户在实际的检索过程中产生扩检与缩检需求的情况通常有2种：一是因检索关键词选择不当，或是检索关键词之间关系选择不当，造成检索失误；二是通过对当前检索结果浏览，有时又有新的想法，进而产生进一步检索的要求。这2种情况都要求在原来检索结果的基础上进行扩检或缩检，使检索结果尽可能达到用户当前的期望。扩检，如用户检索"自行车"相关的文献，事实上"脚踏车"和"单车"相关的文献应该也是用户所需要的，可以增加"脚踏车"和"单车"这2个关键词，达到扩检的目的。缩检，如用户检索"疲劳"相关的文献，"疲劳"具有人体疲劳和材料疲劳2种含义，事实上用户只会关心其中一种含义，这样可以通过学科限定来帮助用户达到缩检的目的。

信息检索系统可以利用新型《汉表》获取用户检索关键词的上一级概念、下一级概念及相同含义的关键词，以"或"关系加入用户检索式中，实现对用户当前的检索进行扩检。同样的方式，信息检索系统可以利用新型《汉表》中的"参"这种语义关系获取用户检索关键词的相关词，以"和"关系加入用户检索式中，实现对用户当前的检索进行缩检。另外，新型《汉表》中每个概念都有学科分类，利用概念的学科分类同样可以达到缩检的目的，如上面以"疲劳"为例所举的缩检的例子。考虑到用户不一定需要将这些补充关键词都加入进来，可以推荐的方式，允许用户选择性地加入部分的补充关键词，避免检出过多无用的文献。

2.3.3　知识组织：科技术语聚合与关联

虽然国内外有许多成熟的知识组织系统，如国内的新型《汉表》和国外的 EI 主题词表等，但对于小的学科领域，专业人员仍然缺少他们所需要的、具有针对性的、专业性强的主题词表或者本体等其他形式的知识组织系统。众所周知，知识组织系统构建必须要保证知识表达的规范性及知识关联的准确性，主要以人工为主，这样必然导致昂贵的人工成本和较长的构建周期。大数据时代使得各个学科领域处理海量信息的需求越来越迫切，同时随着语义网、本体、关联数据等方面的应用越来越普及，使得领域知识组织系统的构建受到了越来越多的关注。新型《汉表》涵盖了工程技术（已经完成）、自然科学（已经完成）、生命科学（正在完成）和社会科学（规划中）四大领域，包含了海量的规范概念及丰富而准确的概念间语义关系，将极大地方便学科领域的专业人员和图情领域的专业人员构建轻量级的专业主题词表。

主题词表的编制人员都会知道，专业主题词表的构建并非一蹴而就，一般来说，需要包括学科术语的采集、术语的聚合及规范化、概念间关系的关联等几个重要的步骤。如果按照传统构建方案，组织学科领域专家或语言学专家主要以人工方式构建的话，每一个步骤都会是人工和时间成本高昂的过程。借助于新型《汉表》将会使得这些步骤变得便捷，对每一个步骤都会与传统方式有根本性的不同，并且以自动化的方式为主，小规模轻量级的专业主题词表会在较短的时间周期内构建起来，或至少能达到雏形，只需人工在此基础上进一步做少量的检查修正就够了。具体来说，使用新型《汉表》构建轻量级的专业主题词表应按照以下的步骤实施。

（1）术语的采集

术语是主题词表的基石，术语的采集则是构建主题词表的第一步。利用新型《汉表》，用户可以选择以下2种方式，来采集构建本领域专业主题词表所需的术语。第1种方式即用户提供属于一批他们学科领域的专业词汇，由新型《汉表》清除其中无用的噪声词汇，来筛选出其中规范标准的词汇作为术语。这种方式可以采集到质量较高的术语，但同时也要求用户非常熟悉自己的学科领域，并能够收集到足够多的专业词汇。一般情况下，这对用户来说要求高了一些，因此，也可以采用第2种方式来实现术语的采集，即用户只需提供足够的本学科领域的专业文献，由新型《汉表》来抽取出其中的专业术语，并进一步筛选出符合用户学科领域的专业术语。整个采集过程不但快捷，而且基本不需要专家的人工参与，只是进行少量抽查以确保最终术语采集的质量就可以达到目的了。

（2）术语到概念的规范化

术语到概念的规范化是将术语转化为概念的过程，其目的是为了把同义术语合并为一个概念，例如，"脚踏车""单车"和"自行车"这3个术语其实都是一个含义，指的是同一个概念，这就需要在建立概念之间的语义关联之前，合并为一个概念，并选取其中一个术语作为概念的正式名称。这一步按照传统方式需要专家以人工方式做同义术语的匹配，并根据专家自己的经验选出可以作为概念正式名称的术语，如选择学科领域较通用的学名或全称这样的术语。这样的方式不仅效率低，而且由于各位专家的知识背景差异，也无法保证聚合结果的一致性。利用新型《汉表》中同义术语之间的用"代"类型的语义关系，就可以快速准确地将采集到的术语中同义术语聚合在一起，并指定其中的优选词作为概念的正式名称。将大量术语到规范概念这个烦琐易错的过程就可以完全以自动化的方式实现。

（3）概念间关系的关联

在形成了概念之后，关键的步骤是将离散的概念建立语义关联，这无论是主题词表还是本体等知识组织系统中最核心的内容。假设有10 000个概念，那么需要考察任意2个概念之间是否存在某种语义关系，这将是一个巨大的工作量，构建知识组织系统的人工成本主要就是被占用在语义关系的建立上，而使用新型《汉表》就可以利用其中丰富的已经准确建立的用、代、属、分、参等已经成为标准规范的语义关系，直接对上一步聚合好的概念建立语义关联，用户只需在此基础上根据自身的需要进行增减。

此外，用户经常难以提供全面涵盖整个学科领域的概念，会导致知识组织系统不够完整。新型《汉表》还可以根据聚合得到的概念，为用户提供新的候选概念作为补充，丰富主题词表中概念及语义关系。例如，为"自行车"补充上位概念"交通工具"及下位概念"运动自行车""折叠自行车"等。

2.4 新时代下主题词表的挑战与展望

主题词表是情报检索语言发展历史中的一个里程碑，曾经和现在为情报信息事业发挥着举足轻重的作用。特别是《汉表》在我国情报检索语言发展历史中产生了巨大的影响，是理论研究与实践应用相结合的重要结晶。在互联网时代，特别是大数据时代，主题词表的建设和应用都不可避免地遇到了来自外在和内在的挑战，但同时这也是主题词表一个新的发展机遇。

2.4.1 主题词表面临与存在的挑战

主题词表面临与存在的挑战可以从外在的客观因素和内在的主观因

第二章
主题词表：规范科技大数据的基石

素2个方面来看待。

从20世纪90年代起，随着互联网在世界范围内的普及和推广、全文检索技术的发展及基于关键词索引的信息检索方式的出现，使得全文索引的自动化程度得以提高，可以自动处理海量的数据，基本不需要人工标引，用户无须培训就可以非常容易地操作使用。相比之下，建立数据库如果使用主题词表进行人工标引，会费力、费工、费时，增加大量数据加工费用，需要专业培训。我国图书情报公益事业受到经济发展环境制约，文献资源建设、数据加工等基础工作都受到极大影响，在图书情报事业整体萧条的情况下，多数情报机构不得不减少使用主题词表进行规范标引工作，甚至为了降低成本，基本停止使用主题词表的人工标引工作，更无经费投入到主题词表的更新维护及其研制上。而当谷歌、百度等网络搜索引擎得到广泛使用时，一时间人们更遗忘了主题词表应有的作用，造成主题词表整体发展缓慢，甚至停顿，在此大环境下，主题词表的应用和发展也受到了限制。

对于主题词表的应用和发展而言，也存在着一些内在问题，造成了其一段时间的停滞状态。主要表现在主题词表维护和更新缓慢，增收术语和术语间关系的增删没有跟上时代的发展。例如，以旧版《汉表》与国际工程技术领域的EI主题词表对比为例，旧版《汉表》存在明显差距，旧版《汉表》的等同率为0.18，概念聚合点比例为0.56%，横向关联点比例为24.5%，横向关联点的相关词数量为1.8个；相对比的EI主题词表，等同率达到0.37，概念聚合点比例达到17%，横向关联点比例为60.6%，横向关联点链接的相关词为4.76个，这些微观结构对比说明，旧版《汉表》在体系结构、术语概念、术语间关系等各个方面，都存在需要改进和创新的地方。国际上一些著名的主题词表，保持着持续的更新维护，开发出网络版的主题词表，用户在网络上可以直接使用主题词表进行信息检索。从内在结构和信息技术的应用角度看，旧版《汉表》亟须修订，甚至是需要进行适应网络环境下的重新编制。

2.4.2　主题词表未来的发展方向

随着大数据时代信息资源呈指数增加，用户往往要像大浪淘沙一样从海量信息中寻找想得到的信息。而传统的基于文本匹配的信息检索技术造成检索出来的信息良莠不齐、冗余度高，导致对科技信息的检索不全（检全率低）和检索不准（检准率低）等方面的问题越来越突出，难以满足用户的需求，很多有价值的信息被淹没在海量的信息之中，让用户面对海量的信息有种"近在咫尺、远在天涯"的无奈感。在此背景下，利用主题词表来解决这一问题成为科技信息检索的重要发展方向之一，人们又反思主题词表在信息检全和检准方面不可忽视和不可替代作用。经过半个多世纪的发展和完善的主题法，其基本功能和核心原理就是全面解决检全检准问题，借助现代信息技术的发展、自动标引技术的进步、智能检索的实现，网络时代的主题法有望解决网络搜索引擎的检全检准问题，为此，主题词表又获得重新发展的历史机遇。人们又开始重新审视一些相关的研究，包括网络时代《汉表》如何重新发挥其检索的重要作用，《汉表》修订和重新编制的策略和方法，可视化等信息技术对《汉表》促进和提高，网络、网格、云计算等信息技术的发展如何给《汉表》的检索功能带来机遇等，所有这些领域都将成为主题词表在科技大数据时代检索功能相关的重要发展领域。

主题词表是在计算机技术、数据库技术基础上诞生的，伴随着这些技术的发展，在20世纪80年代发展到巅峰时期，大数据和深度学习等革命性新技术的出现，又将带来主题词表的发展。目前，旧版《汉表》的修订和重新编制具备了一些新的基础条件。①有数量可观的专业主题词表资源可供利用：从《汉表》诞生以后，我国陆续编制了上百部不同领域的主题词表，这些词表在不同层面上得到了推广和应用，《汉表》的修订和重新编制，已经完全不像初版那样白手起家，也不必另起炉灶，

第二章
主题词表：规范科技大数据的基石

可以按照建立"国家叙词库"的思路，在统一标准下，在词汇选用、词间关系建立等方面对所有主题词表进行借鉴和利用。②有海量的数字语料基础词库：目前，编制工作不仅可以基于各类不同的巨型专业数据库语料，而且，整个互联网就是一个取之不尽、用之不竭的语料信息库。③有成熟可利用的信息技术：通过汉语分词工具、词频统计、词间关系自动或半自动获取、可视化技术等方面的研究和实践，为《汉表》的修订和重新编制提供了科学依据和实现途径。④有专业成熟的数字编表工具可供利用：无论是主题词表的诞生，还是主题词表的应用，都直接与计算机相关，图书情报信息技术专业人员，一直致力于计算机在主题词表编制和应用各个环节中的利用。现在已有多种成熟的、商业化的主题词表编制软件可供利用。所有这些直接的、间接的基础条件和技术，都为《汉表》的修订和重新编制提供了强大的支持。

从语言层面出发，随着我国科技的发展、经济实力的增强、国际影响力的提高，汉语在世界范围内产生了重要的影响力。周边国家有着传统的汉语学习和使用需求；汉语已经成为美国第二大外语；截至2009年2月，全世界已经启动建设了314所孔子学院或课堂，分布于81个国家和地区；汉语的使用在世界范围内得到升温。互联网的普及、数字地球村的形成，汉语在全世界的传播，决定了《汉表》的应用前景。从1998年起，中国互联网络信息中心（CNNIC），每年1月和7月分别发布一次《中国互联网络发展状况统计报告》，最近的第41次发展状况统计报告中报道，到2017年12月31日，中国网民规模达到7.72亿人，普及率达到55.8%，继2008年6月中国网民规模超过美国成为全球第一之后，中国互联网的普及再次实现飞跃，超过了全球平均水平。汉语网络用户的增加昭示着网络环境中汉语重要性的增加，新的语言环境具有对《汉表》的使用需求。

在网络环境下，不仅存在检全检准的信息组织和信息检索需求，而且存在知识服务的推动力。随着语义网络的出现，跨语言检索、知识组织、知识挖掘、知识导航、知识服务、个性化服务等多种图书情报活动，都迫切需要新型《汉表》这样的知识组织系统做底层支持，来推进用户知识体验的知识服务工作。随着我国的国力不断增强，作为公益性的图书情报机构，研究经费相对充盈、人才队伍不断完善之后，为推进从信息服务走向知识服务，也有了足够人力、物力、财力来推进旧版《汉表》的修订和重新编制。近年来，情报检索语言研究的逐步升温，词表编制和应用开发人才队伍的重新壮大，行业内的知识分享和交流的增加，都迫切需求对旧版《汉表》进行全面修订和重新编制。

（常 春 刘 伟）

参考文献

[1] 张琪玉，丘峰，翟凤岐. 情报检索语言论文选 [M]. 北京：书目文献出版社，1990.

[2] 全国科学技术名词审定委员会. 委员会简介 [EB/OL]. [2018-09-01]. http://www.cnctst.cn/.

[3] 中国医学科学院医学信息研究所，中国协和医科大学医学信息研究所. 医学主题词注释字顺表（2002年版）[M]. 北京：中国计量出版社，2002.

[4] ISO 25964.1—2011. Information and documentation–Thesauri and interoperability with other vocabularies–Part 1：Thesauri for information retrieval [S/OL]. (2011–08–15) [2018–09–01]. http：//www.iso.org/iso/catalogue_detail.htm?csnumber=53657.

[5] 常春. 网络环境下叙词表编制与发展 [M]. 北京：科学技术文献出版社，2015.

[6] GB/T 13190.1—2015 信息与文献 叙词表及与其他词表的互操作 第1部分：用于信息检索的叙词表 [S]. 北京：中国标准出版社，2015.

[7] 汉语主题词表服务系统 [DB/OL]. [2018-08-13]. http://ct.istic.ac.cn.

[8] 中国科学技术情报研究所，北京图书馆. 汉语主题词表 [M]. 北京：科学技术文献出版社，1980.

[9] 中国科学技术情报研究所. 汉语主题词表（自然科学增订本）[M]. 北京：科学技术文献出版社，1991.

[10] 中国科学技术情报研究所. 汉语主题词表（工程技术卷）[M]. 北京：科学技术文献出版社，2014.

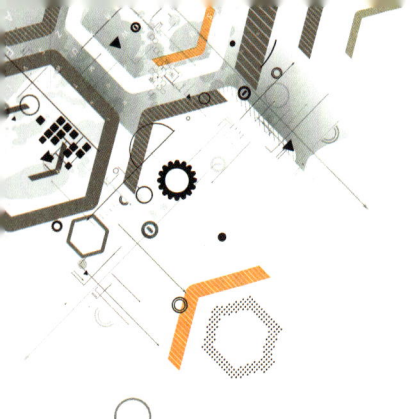

第三章
元数据：科技大数据知识关联之源

元数据是数据管控的基本手段。多源异构科技文献资源的共建共享、多粒度数据分析和文本挖掘、情报分析及科研实体评价等应用都对元数据资源的建设规模、字段精度提出了更高要求。元数据不仅可以识别、描述、定位物理资源，而且可以搜寻、评估和选择数字资源，更可以关联、计算和挖掘其中的知识资源。基于元数据，中国科学技术信息研究所推出了知识服务系统、中国科学引文索引（CSCI）数据库、学术资源发现服务平台等服务，获得了良好的用户认可。科技大数据时代，我国科技信息服务机构需大力提倡元数据先行战略，以全面释放信息资源的价值。

3.1 元数据概览

技术变革催生新经济形态的加速形成，移动互联网、云计算、大数据、物联网、人工智能等新一轮科技革命和产业变革席卷全球，网络信息技术与社会各领域深度融合，AlphaGo、Libratus、无人驾驶汽车等新技术应用是集云数据、大数据与人工智能等信息技术的知识产物。人工智能的发展需要大量人力对非结构数据进行加工，在智能时代的滚滚巨轮之下，一批批用于"人脸识别""自动驾驶""自然语言处理"的标注

第三章
元数据：科技大数据知识关联之源

好的数据，正是出自于"人工智能背后的人工"。据悉，中国全职的"数据标注者"已达到10万人，兼职人群的规模则接近100万人。科技大数据从不同角度对科研实体进行关联和分析的需要，首当其冲的就是对科技文献的组织提出了更高的要求，一方面将各类数据资源逐渐聚合成更大的规模；另一方面逐渐以更微小的内容单元呈现，并能够根据内容、需求更加自由地组合。对海量科技大数据的加工是使非结构化数据变得结构化，使多源异构资源变得更加规范化；数据标注能够提炼资源主题、规范数据内容，使数据更易被关联和被发现。数据加工、数据标注是保证大数据时代科技大数据资源得到更充分利用的保障，在这一背景下，既能够描述数据对象的内容和位置的数据元素集，又能够描述科技大数据资源使用环境、管理、加工、保存和使用的元数据（Metadata）受到了普遍关注。

3.1.1 元数据发展脉络

元数据是"关于数据的数据"，是描述信息资源或数据等对象的数据。它是数字信息组织和处理的基本工具，为不同形式的数字化信息单元和资源集合提供规范、普遍的描述基准和方法，在数字化网络化时代中，为识别资源、评价资源、追踪资源变化、管理资源发挥着日益重要的作用。

随着环境及技术的不断变化，元数据经历了卡片目录元数据、机读目录元数据和电子目录元数据3个阶段。①文献编目——书本式目录、卡片目录元数据。该时期始于中国发明造纸术，至18世纪末，欧洲开始出现卡片目录，由于卡片目录本身检索点较多，可在一道工序中印刷几套目录所需的款目，便于更新替换，所以卡片目录在20世纪前半期取代书本式目录，在图书馆系统中占据了目录载体的主导地位。②MARC——机读目录元数据。随着计算机的出现，计算机编目也开始走上舞台。1965年年底，美国图书馆资源委员会拨款资助国会图书馆进行"机器可读目录"试验计划。MARC开始在全世界范围内使用，此种格式下，用户可以通过本地微机或终端系统，利用著者、书名、ISBN、ISSN、主题、分类、出版时间、资料类型、语种及系统控制号检索编目记录，查出中心馆MARC数据库中本馆所需的记录并下载，也可将MARC记录格式转换成自己馆的机读目录格式，并按照自己的要求对数据做必要的增加、修改、编辑工作，成为本馆的编目数据。③ Dublin Core——电子目录元数据。由于MARC格式不易处理动态多媒体数据等。随着互联网的飞速发展以及用户需求的不断变化，1995年3月，Dublin Core（DC，都柏林核心）诞生，它是为描述网络资源、支持网络检索而建立的元数据模式。DC元数据由15个基本元素和44个限定词的元素集构成，具有简单性、灵活性、易于理解、可扩展、能与其他元数据形式进行连接等特性，能够较好地解决网络资源的发现、控制和管理问题，使之成为较好的网络资源描述元数据集，现今在网络中得到广泛承认和应用。

3.1.2 元数据的"困境"

依据管理对象和管理目标的不同，元数据有不同的类别和形态。既有业务元数据、技术元数据和管理元数据，又有描述元数据、语义元数据和用户元数据，还有版权元数据、保存元数据和使用元数据等；元数据的管理功能不仅在于识别、描述、定位物理资源，而且在于搜寻、评估和选择数字资源，更多地在于关联、计算和挖掘知识间关联关系，整合多来源资源，使其适应新时代用户的多元化、个性化需求。数字环境所带来的元数据种类、层级、来源、渠道、形态和格式不同，下面从多源异构元数据融合和元数据关联挖掘与应用两个方面来探讨元数据的"困境"。

（1）多源异构元数据的融合问题

大数据时代，数据资源来源广泛、结构和表现方式也复杂多样，大量网页开放数据的形式变化多样，同时伴随着第四范式的到来，对科学大数据的融合、治理提出了更高的要求。元数据的融合过程中也面临着诸多挑战，首先，数据来源丰富多样，数据格式不统一，不仅有各种期刊、文献等规范的元数据，还有开放的网页数据、科学数据、在线学习数据等，目前部分数据库已经开始尝试开发软件，用于对文献大数据的挖掘，如 Sciencescape 平台、SciMiner 工具、Citespace 软件等；其次，对元数据的集成整合，对多来源异构元资源进行合理集成，提供知识的有效获取与利用，形成具有一致性的大数据仓储，从而实现知识的共享，对多源异构元数据的清洗、转换等数据整合工作是保证资源合理使用的基础；最后，关联关系的构建，海量文献资源的知识元数据抽取与集成，乃至后期知识服务的形成均有赖于有效的元数据知识组织，如何在规范、可控的概念语义体系与自然语言术语体系之间建立映射关系，通过实体辨识、概念标注、语义知识关联与耦合对抽象的知识单元进行规范化、关联化描述，从而实现大规模聚合信息资源，形成结构清晰的语义层面知识，实现知识发现是元数据发展中的关键问题。

（2）元数据关联挖掘与应用问题

元数据关联促使学科知识之间越来越多的交叉和渗透。通过建立元数据之间的关联，一方面可以聚合大量处于离散状态的知识单元，消除知识内容之间的重复性和离散性；另一方面，依据各个知识单元在属性、层次和关系上的纵向关联，按照一定的属分关系和逻辑关系融合各类知识内容，使知识更加具有层次性和结构性。科技大数据从不同角度展示科研实体及其关联关系，同时也对科技文献的组织提出了更高的要求，其中期刊、论文、专利、作者、机构、基金等都可以通过知识之间的关联，构建科研实体，进而进行关联关系挖掘。

在知识关联、关联数据、数据链接的进一步发展中，人们的信息需求、科研创新环境、生活方式等都发生了深刻的变化，对知识关联、元数据关联挖掘、元数据应用都提出了更高的要求。在这一变化过程中，如何构建统一的元数据集成整合系统，对不同渠道来源的元数据进行映射集成、整合规范，实现元数据从采集、识别、整理、组织，到规范、审计、评估、保存和服务的全生命周期管理，对书目元数据、文摘元数据、语义元数据、渠道来源及其权益元数据等进行分层次地整合处理，挖掘元数据关联，提升元数据的整体质量，实现元数据互操作，扩宽元数据应用，进而形成集引文索引检索、知识服务、学术资源发现等功能于一体的科技大数据知识链接服务系统，支持用户情景敏感的资源多途径获取是新环境下元数据发展不得不面对的问题。

3.2　兼容并蓄：多源异构元数据的融合

元数据是对客观事物（客观事物既包括客观实体，也包括虚拟对象）本身进行描述的数据。事物具有多样性，这决定了元数据也具有不同的特征和内容。例如，对人和物的描述显然不同。不仅于此，同样的事物，很可能由于应用场景的不同，需要从不同侧重角度描述事物。又如，对描述人来说，医院场景，侧重描述人的生理特征数据；而学校场景，则更侧重于描述人的学习特征数据。此外，表示同一特征的元数据的方式也各不相同。再如，对温度的表示既可以采用摄氏度，也可以采用华氏度、开尔文温标，甚至是自定义。因此，元数据的来源是多种多样的，元数据的结构和表示方式也各不相同。每一组元数据都是对客观事物某一个侧面的描述和展示，但这种描述既可能是真实的描述、也可能是虚假和错误的描述。当前科学研究已经进入数据驱动创新的第四范式阶段，基于大数据的规律发现和客观认识对多来源异构元数据的融合、治理、去伪存真提出了更高要求。下面将对基于大数据的挖掘应用、数据清洗、关联和管理进行论述介绍。

3.2.1 元数据资源掘金

基于海量元数据集成融合，在国内外有众多应用。以全球知名的 Web of Science 数据库（简称 WoS）为例，其实质就是一个多来源的文献大数据仓储，它通过对每年来自不同国家的期刊、会议录、图书的数百万条元数据进行规范整合后，形成学术文献大数据仓储，并在此基础上推出了一系列应用。例如，通过 WoS 大数据的分析，可以提供发现科学研究的前沿主题、研究团队识别等，其每年发布的诺贝尔奖获奖学者预测，也正是基于 WoS 大数据分析得到。不仅 WoS，还有诸如 Elsevier 公司的 Scopus 数据库、美国国家医学图书馆的 Pubmed 医学数据库等都是基于多来源的文献大数据仓储。

基于这些文献大数据仓储，伴随着一系列的智能挖掘算法的应用，产生了一批商业或开源工具，正在被广泛应用于文献大数据挖掘的方方面面。

（1）知识图谱挖掘潜在规律

Mathieu Jacomy 团队开发的 Sciencescape 平台采用自然语言处理技术和先进的内容识别算法，基于文献大数据仓储建立了超过 5000 万个分类（包括特定主题、研究者、基因、疾病、蛋白、杂志等），组织了一系列的论文，从而更加方便专业学者细读和跟进，并提供对关键词和作者网络关联分析的可视化知识图谱展示、提供论文热度分析等[1]。

德雷塞尔大学的陈超美教授开发的 Citespace 软件则可以对 WoS 等数据从主题、被引、作者、突发探测等方面分析科学论文数据中蕴含的潜在知识、结构、规律和分布，并形成"科学知识图谱"[2]。

（2）颠覆性技术预测

由美国情报机构支持的"科学博览会的预见和理解"（FUSE）项

目，帮助美国政府关注"颠覆性技术"，并预测预测 3 ~ 5 年后的成功技术。FUSE 通过挖掘整篇论文和专利，完成了对历史数据超过 200 万次的分析和挑选，从论文作者合著、论文的表达方式等多个角度提出了几百个指标，开展技术预测。该项目在过去预测的颠覆性技术包括纳米技术和信息技术，在手机中使用全球定位系统以允许跟踪个人的行动等[3]。

（3）生物及化学物质分析评估

SciMiner 是一个基于网络的文献挖掘和功能分析工具，使用 MEDLINE 摘要和全文的特定上下文分析来识别基因和蛋白质。用户输入自由文本或 PubMed 标识符列表，SciMiner 可通过正则表达式、基因符号字典等多种方式来对用户输入的内容和检索结果进行推荐和消歧。同时提供增强分析功能来对检索结果中相关度高的对象（如基因和蛋白质、MeSH 医学主题词表术语等）进行对比分析[4]。

英国剑桥大学开发的 CRAB，是一种基于文献元数据集成的挖掘工具，主要用于化学物质对健康风险的评估。它能够自动抽取文献中的科学数据并进行分类，具有很高的准确性，适用于评估和研究与化学品相关的健康风险（如癌症、过敏、哮喘、生殖疾病等）[5]。

不列颠哥伦比亚大学和亚利桑那州立大学通过 NeuroElectro 项目从现有文献中提取关于不同神经元类型的电生理特性［如静息膜电位（resting membrane potentials）和膜时间常数（membrane time constants）］的信息，并通过对数据的组织和规范在异构资源之间进行整合，支持神经元到神经元关系的发现，以帮助科研人员更好地理解功能多样性在神经元类型中的作用[6]。

3.2.2 海量元数据集成整合

对海量元数据进行集成整合，形成具有一致性的大数据仓储是元数据掘金的基础。元数据集成整合是指用一定的方式和手段，对多来源、相对独立的元数据源进行去重、类聚、融合，使其成为一个有机整体。

（1）元数据整合遵循的原则

①规范性。多来源的元数据类型多种多样，因此，在元数据整合及互操作过程中，必须贯彻规范性原则。规范统一的元数据能够保证用户检索的准确性，也有利于对元数据再加工提供增值服务。

②扩展性。科技资源的类型、传播方式、整合技术等日新月异，所整合的元数据资源类型多样，不但有传统的文献元数据，也包括了大量非传统类型的资源。因此，元数据整合应遵循扩展性原则，以包容未来可能出现的变化。

（2）海量元数据集成整合的步骤

海量元数据集成整合主要包括从多个数据源收集元数据，形成元数据统一仓储后，对多源元数据进行清洗、转换等工作，最终构建规范统一的元数据仓储。

①原始数据存储。它是指对收集到的多来源元数据的存储，因为元数据格式多样、语义也有所差异，需要制定统一的可扩展的元数据规范，以存储多来源的海量元数据。

②数据集成整合。由于元数据类型多种多样，元数据格式有很大差异。因此，需要对元数据进行整合，主要包括制定统一元数据结构、元数据转换及清洗、元数据规范控制等过程。

a. 制定统一元数据结构。元数据统一结构的制定依赖于前期对每个数据库字段的分析。统一结构既要能涵盖所有数据库的字段，又不能过于繁杂。因此，对统一元数据结构的设计通常分成两个部分：一个是关键属性集，主要用于存储重要的描述信息，这些信息具有检索的功能，如名称、责任者、关键词等。另一个是扩展属性集，用于兼顾不同类型资源的特性，如期刊论文的基金信息、学位论文的授予单位、图书的丛书信息等。

b. 元数据转换及清洗。元数据转换及清洗是元数据仓储建设的另一大难题,在进行元数据转换及清洗时,以用户便利性与损失最小化为原则,即为方便用户可以在异构资源中更加准确、便利地发现所需的信息资源,对有检索功能的字段进行对应转换。同时,以保留原始数据的原貌为原则,尽量保持原始信息的完整性。

c. 元数据规范控制。元数据规范控制包括名称规范、主题规范等。实现方式可采取人工与机器相结合,将已完成规范控制的元数据作为基础,利用文本自动分析技术对其他元数据进行自动挂接,由领域专家进行疑难问题的判断及自动挂接结果的审核。

3.2.3　元数据语义关联构建

海量文献资源的知识元数据抽取与集成,乃至后期知识服务的形成均有赖于有效的元数据知识组织。基于领域本体、主题词表、术语表等知识组织工具,在规范、可控的概念语义体系与自然语言术语体系之间建立映射关系,通过实体辨识、概念标注、语义知识关联与耦合对抽象的知识单元进行规范化、关联化描述,从而实现大规模聚合信息资源,形成结构清晰的语义层面知识,实现知识发现(图3.1)。

(1)概念标注

人类理解自然语言的过程是一个语义概念的联想和关联的过程,建立基于概念的文本表征模型是实现基于语义的文本内容处理的途径。一般来说,概念标注方法主要分为手工和自动两大类。手工概念识别主要依靠专家实现,存在时间和人工成本比较高的弊端,难以适应大规模科技文献资源的概念识别。因此,通常采用"机器为主,人工辅助"的方式进行概念标注,以领域本体及其表达概念为基础,自动标注科技信息中包含的相关概念及其语义形式。

(2)实体元数据辨识

科研实体包含作者、机构、基金、主题、论文及引文等,系统辨识

第三章
元数据：科技大数据知识关联之源

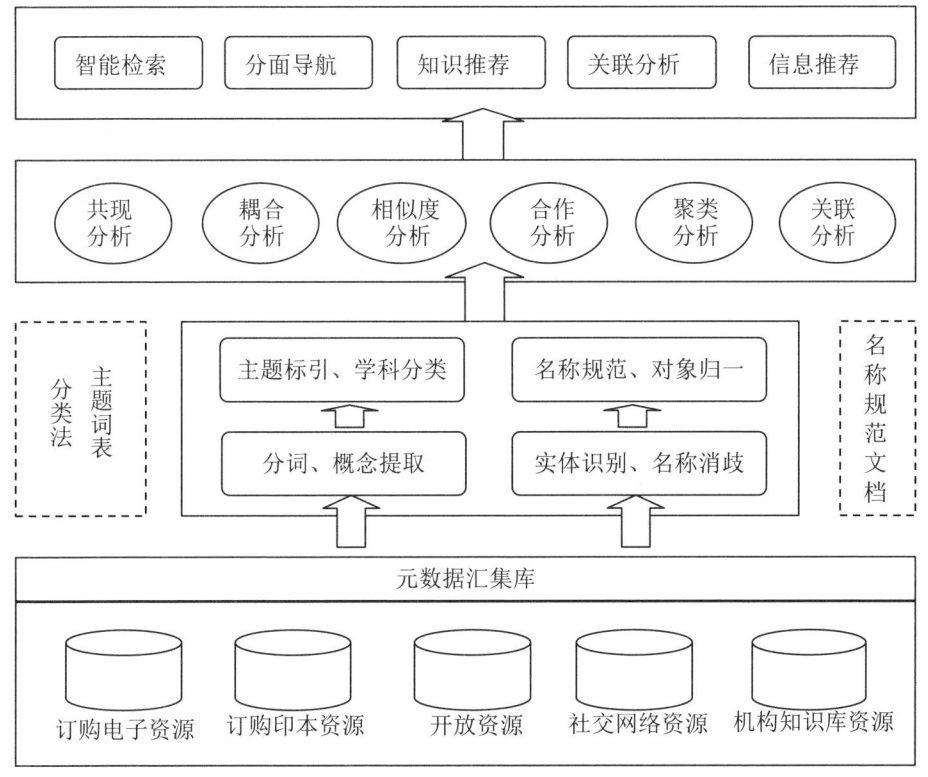

图 3.1　元数据语义关联框架

科研实体的准确性有赖于建设各类科研实体的规范文档，细分为期刊论文与引文库、期刊名称库、作者专家库、机构名称库、基金项目库等，围绕着期刊论文数据，论文主题、作者、作者机构、期刊和基金等科研实体相互关联。基于统一的规范文档，通过相关论文题名、作品主题范围、标识符（ISBN 和 ISSN），以及作者、合著者等匹配确认实体归属。

（3）元数据语义关联

实现真正意义上的"资源发现"，不仅要解决异构资源间的互操作问题，实现多媒体多类型资源的多维度、多脉络揭示，更要实现基于语义关联的文献推荐及知识发现。因此，需要在抽取概念和实体等知识单元的基础上，通过知识的语义关联与引证耦合，应用关联数据、语义技术等，从语义层面进行科技信息资源的组织和聚合，实现真正意义上的知识关联和知识发现。

①构建文献关联关系。以文献资源中抽取的知识单元为基础，按照不同学科领域，利用不同领域本体、主题词表等知识组织工具进行数据映射与链接，建立和扩展更为丰富的知识关联，并与书目数据对应的对象相匹配，进行资源聚类和分面，扩展知识发现范围。

②揭示科研实体关系。通过元数据规范化处理和语义关系揭示，提取文献资源中的科研实体和实体间关系，形成"机构—人员—科研成果"关系图，将大规模文献资源中所隐含的科研合作关系、机构合作主题等知识内容充分揭示出来，从而实现资源的深层次聚合和专家团队识别。

③计算共现耦合关系。科技文献中存在相互引用的耦合关系、关键词共现关系、作者合作关系、主题相似关系和学科交叉关系等，利用耦合分析、关联分析、相似性算法、聚类分析和共现分析方法，可以分析科技文献中作者、期刊、论文、机构和主题间的关联关系，从而为分面导航提供相应维度的分类层级，为知识推荐提供交叉关联关系。

3.2.4 案例：元数据集成管理系统

多来源异构元数据的融合工作，需要一套功能完备的系统平台来实现，元数据集成管理系统的功能是将分布在不同来源的文献元数据，按照统一规范的规则集成起来，通过对文献资源深度整合来实现不同的来源、载体形态、文献类型，以及具有不同物理或逻辑特征的异构资源的有机集成，将不同业务环节所产生的元数据进行有序挂接关联，为知识发现和数据挖掘提供数据准备、为用户获取方式多样化提供可能。下面将以中国科学技术信息研究所自主研发的ISTIC-元数据集成管理系统来说明相应的功能（图3.2）。

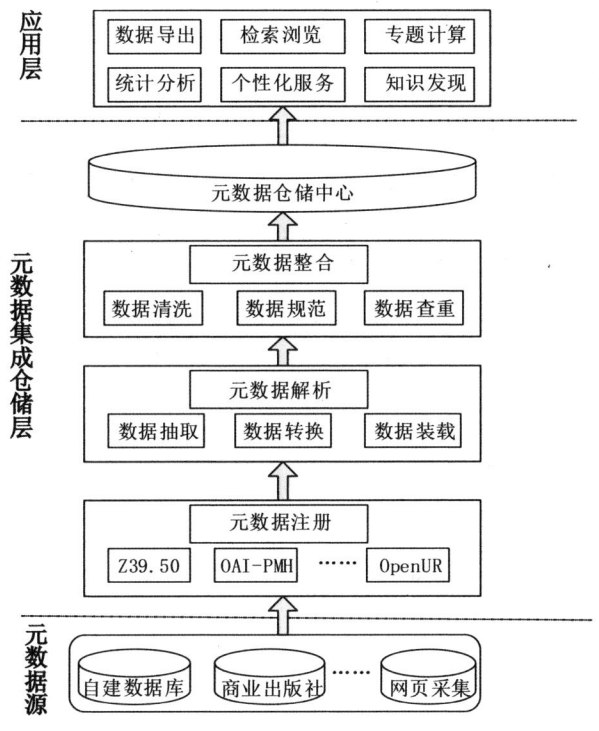

图 3.2 文献资源元数据集成管理系统的基本框架

3.2.4.1 海量元数据收集层

目前，ISTIC-元数据集成管理系统的元数据收集层主要由出版社（如 Wiley、Elsevier、Taylor & Francis、OUP 等九大出版社），集成商（如 Clarivate Analysis 的 Web of Science 等），以及从 1000 多个开放获取平台的 6000 种期刊组成。这些不同来源的元数据格式在字段命名、字段结构、字段内容表达方面的规则千差万别，在元数据字段厚度方面也参差不齐。因此，ISTIC-元数据集成管理系统在遵循期刊文章标签集（Journal Article Tag Suite，JATS）等国际标准的前提下，建立起统一的元数据框架，并与各来源元数据标准建立映射关系，确保元数据在格式上统一。在字段内容层面，通过建立各种类型的名称规范文档，对出版社名称、期刊名称、作者机构名称等在不同来源中的不同表达方式进行规范（图 3.3）。

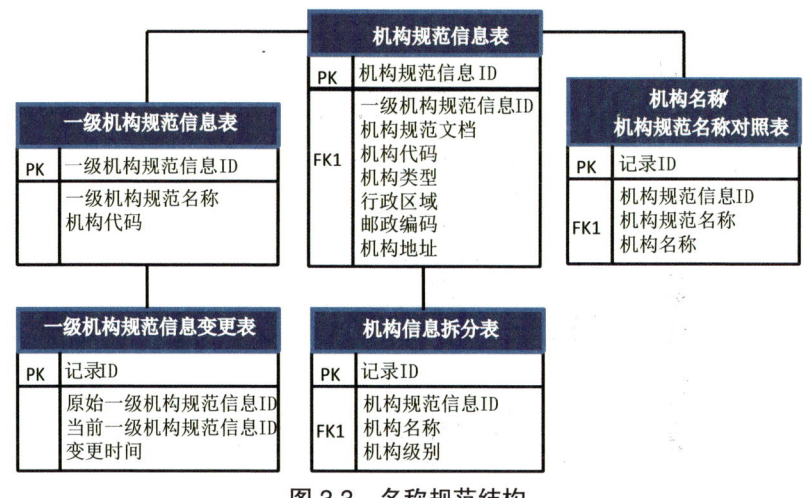

图 3.3 名称规范结构

3.2.4.2 海量元数据集成仓储层

（1）元数据注册

ISTIC-元数据集成管理系统建立了一个可靠、可扩展的文献元数据规范的登记管理机制。元数据注册模块将不同元数据标准、格式按照统一的数据模型进行描述和管理，建立相应的映射体系。对于不同来源的元数据，首先在 ISTIC-元数据集成管理系统的元数据注册模块申请调用相关的元数据规范，如果元数据注册模块中没有其元数据标准规范则先在元数据注册模块进行注册后，才可以向 ISTIC-元数据集成管理系统提交元数据。通过元数据注册模块中汇聚各种元数据标准规范，可以支持网络环境中元数据规范的发现、识别、解析、调用，为科技文献元数据标准规范的统一化奠定基础。

（2）元数据集成

标准各异的元数据在导入 ISTIC-元数据集成管理系统之前，首先，需要根据前期来源渠道的元数据标准管理信息，按照系统设定的规则与统一的元数据标准进行字段映射和格式转换，使之按照统一标准格式描述资源信息。其次，数据转换后进行数据逻辑验证，任何一步验证失败都会被退回，经过机器和人工修正后再次进行校验，直至完全通过。最后，校验数据在系统内嵌的各类型规范文档的作用下，通过名称识别归一、重名别名判断、繁简转换、名称演变等，将不同形式的表达统一映射和指向同一对象。

不同类型的文献资源具有不同的描述粒度，其中以期刊的粒度层级最为丰富，自上而下包含母体、卷期和篇级元数据3个层面，同时多来源渠道成为期刊元数据的另一个重要标识。因此，需要从母体、卷期、篇级元数据和来源渠道4个方面对元数据进行查重、归并，操作界面如图3.4所示。其他文献资源类型的查重体系与期刊基本类似。

图 3.4 ISTIC-元数据集成管理系统界面示例

①母体层级：通过校验和修正的数据可根据不同类型资源的查重规则，通过机器算法自动筛选出疑似重复的母体资源；根据机器筛选的结果进行人工比对，对重复资源进行母体合并、编辑，对不重复而相似资

源进行人工标记,用于再次疑似重复的排查参考。

②卷期层级:系统自动对冲突母体的卷期信息及卷期下设篇级信息进行冲突合并,对于不同卷期表述的情况则需要人工进行核实和判断。

③篇级层级:对同一母体、同一卷期下篇级元数据进行查重和冲突处理,根据查重规则,当 DOI 不为空时,同一母体下相同 DOI 且年卷期、起始页码、总页数、文摘任意一组完全一致即视为重复冲突;DOI 为空时,同一母体下元数据标题进行左右匹配且起始页码、总页数完全一致视为重复冲突。机器自动筛查后,以人工方式再次进行比较判断,确定是否为同一篇级信息并进行相应操作。

④来源渠道层级:来源渠道随篇级元数据一同进行删除或合并,并根据版权规定和使用约定、来源渠道可信任程度、数据质量进行优先级排序。

3.2.4.3 海量元数据应用层

(1)数据导出

ISTIC-元数据集成管理系统可以支持元数据的导出功能,调用元数据注册模块的映射关系,可以将整合过的元数据按照不同格式导出,如 XML、Excel、Access 等。

(2)检索查询

ISTIC-元数据集成管理系统支持以目录导航的方式进行浏览,支持检索查询、数据分析 API 接口,可以提供精确检索、扩展检索。扩展检索的范围可以定制化。例如,检索结果只有文献资源相关信息,或检索结果既有文献资源又评价指标的相关信息等。

(3)专题计算

ISTIC-元数据集成管理系统中的元数据,可以为某个特定文献资源的项目或课题提供数据支持和技术支撑,为设定专题计算内容进行深度数据分析及数据挖掘。

（4）统计分析

根据元数据仓储中心所建立的中心索引，可以从不同维度，最小统计颗粒度统计元数据集成管理系统中元数据的收录情况。例如，仓储中文献类型数量，每个文献类型书目元数据、文章级元数据的数量，每个文章级元数据包含全文链接及来源的数量，载体形态的种类、数量及馆藏覆盖情况等。

（5）知识发现

领域专家的参与对 ISTIC – 元数据集成管理系统中现存的信息源及知识中存在的隐性知识进行挖掘，对有关事物的运动和规则进行揭示。对于用户隐性内容在现在信息服务中以专家指导为基础进行引导，将知识显性化。

3.3 包罗万象：元数据关联挖掘及应用

大数据是信息时代最重要的生产资料，谁拥有了数据，谁就将拥有了未来。多源异构元数据的融合为科技大数据提供了数据基础，而对元数据关联的发掘、描述和应用，则为科技大数据的各种应用提供了更多可能。

3.3.1 元数据关联

从广义上来看，经过精心组织的元数据是科技大数据的主要知识来源，元数据关联的特性也同样符合知识关联的特性。从科学逻辑上看，知识关联具有同一、隶属和相关3种主要表现形式。同一性，是指各个分散于不同载体的知识元，他们的主题或概念中在含义、特征、形象、属性和关系等方面具有一定程度的相同或相似之处。同一性关联可以聚合大量处于离散状态的知识单元，可以消除知识内容之间的重复性和离散性。隶属性关联是指构成某知识节点的每一个知识单元或知识单元集合总是隶属于某一主题、范畴和类别。依据各个知识单元之间在属性、层次和关系上的纵向关联,按照一定的属分关系和逻辑,从一般、特殊和个别3个维度,将具有隶属关系的知识单元进行关联。相关性关联是指知识单元之间所具有的相互依存又相互作用的关系,如因果、引用和应用等。相关性关联可以从横向维度构建起知识单元之间的关联系统,从而实现知识的创新。因此,它直接促使了学科知识之间越来越多的交叉和渗透。

不同类型的知识关联需要采用相应的方法来获取。相关性关联的主要获取方法之一是共现分析,就是将存在某种联系的事物或情形在不同维度或场景中的共同出现加以揭示和分析,这是建立知识关联的重要客观依据。共现分析既可以在不同维度上开展,也可以在不同层级之间进行。以科技文献分析为例,常用的共现关系有词共现,论文共现(共被引、参考文献耦合等),学者共现(合著、共被引、学位指导等)等,在分析维度和层级上适当扩展即可开展非相关文献知识发现、领域研究前沿识别、学者学术关系网络构建或研究团队分析等应用。同样地,同一性和隶属性也可以借助共现分析来获取,但还需要辅以叙词表等工具和语义分析等方法,以便从纷杂的关联关系中识别同一性和隶属性。

(1)科技大数据知识关联内容

科技大数据从多种角度对科研实体进行关联和分析的需要,对科技文献的组织提出了更高的要求。例如,论文中的题名、作者、机构、引文、核心主题、仪器、参数等各科研实体都必须准确、规范,而重名作者、机构变迁、期刊更名或变迁、主题演进、参数指标升级等多种现象也需要梳理清楚等。以科技文献为例,其中可用于构建知识关联的科研实体主要包括如下方面。

①期刊:规范名称(常用名、简称、译名等),历史沿革,语种,主管/主办机构,期刊编委,编辑部信息,ISSN,出版周期,刊物级别,所

属领域，期刊统计指标（影响因子、即年指标、发文量、被引量等）等。

②论文：作者，机构，摘要，关键词，分类号，所属学科或领域，核心主题词，论文类型，参考文献，引用内容，施引文献，资助基金，致谢，来源信息（期刊、会议等），年、卷/期、页码，语种，收稿时间，录用时间，刊出时间，作者贡献等。

③专利：日期、名称、发明人、专利权人、专利分类、同族专利、核心主题、新颖性、权利要求、引文、国别、转让信息等。

④作者：姓名（译名、曾用名等），性别，出生年月，籍贯，单位沿革，职称沿革，职务沿革，学位沿革，专业，研究方向，电子邮件，导师/学生，同门/同学，合著者，同事等。

⑤机构：规范名称（常用名、简称、译名等），国别，城市，地址，邮编，机构级别，上下级隶属关系，历史沿革及时间，重要事件，所属行业或领域，机构性质，重要人物等。

⑥基金：基金规范名称（常用名、简称、译名），级别（国家级、省部级等），历史沿革及时间，项目类型（普通、重点、青年等），项目隶属关系（总/子课题），名称和编号，主持人和参与人信息（工作量、成果署名对应等），经费数额，起止年限，主管机构，承担机构等。

⑦会议：会议规范名称，届次，召开时间，地点，主办/承办机构，会议常用名和简称、历次会议简况等。

（2）科技大数据知识关联分析

科技大数据中存在着多种多样的科研实体，从数量、时间、内容、领域、结构、交叉性、引用、地域等不同维度和不同层面上来考察，会得到极其丰富的科研实体之间的知识关联（表3.1）。表中简要列出了从不同角度对科研实体进行考察所获得的知识关联的典型应用。

表 3.1 知识关联分析示例

	数量	时间	内容	领域	交叉性	引用
主题	研究热点	沿革及趋势	内涵与外延	背景及关联	知识体系	参照关系
关联关系	关联强度	知识演变	语义、相关等关系	知识结构	领域融合	知识链接、领域交叉
论文	产出能力	趋势、热点、发文时滞	主题或内容分析	领域分析	相似性度量	影响力评估、知识链接、相关文献发现等
专利	研发能力	研发热点	研发重点	布局分析	组合分析	相关专利
作者	研究活跃度	个人信息变化	研究兴趣点分布	相关（合作/竞争等）人员/机构、领域关注度	研究者单位变迁	影响力评估、相关研究者识别等
机构	研究群体	机构沿革	科研布局、优势方向			
基金	关注度	科研布局、研究重点、学科交叉、研究前沿等及其演变		战略布局、领域分布、多学科性	相关基金	影响力评估、相关基金识别
期刊	活跃度	期刊沿革	主题分布、相关期刊	领域交叉	相关期刊	核心期刊或影响力评估、相关期刊识别等

3.3.2 关联数据：科技大数据及关联的描述

科技大数据正向着 2 个方向同时发展：一个是各类数据资源逐渐聚合成更大的规模；另一个是各类数据资源逐渐以更微小的内容单元呈现，并根据内容和需求更加自由地组合。随着各类应用的深化，多源异构数据融合所形成的科技大数据的组织逐渐暴露出种种缺陷，如数据不完整、数据质量难以保证、数据管理困难等。因此，大数据越来越需要稳定的、统一和整合的、贯穿数据整个生命周期的组织和管理。在这一背景下，既能够描述微小的内容单元，又便于数据资源大规模聚合的关联数据（Linked Data）受到了大家的关注。

关联数据是一种由国际互联网协会（W3C）推荐的数据规范，用来连接和发布各类数据、信息和知识，使互联网上的服务器能够基于内容进行检索而不是简单的全文检索。关联数据由 Tim Berners-Lee 于 2006 年首次提出。作为一种语义网表达形式，它以资源描述框架（Resource Description Framework，RDF）作为数据模型，使用三元组（Triple）形式存储数据：主（Subject）—谓（Predicate）—宾（Object）；利用 URI 命名数据实体来发布和部署实例数据和类数据；支持内部（局域）标识符体系（如 DOI）的映射，支持海量 RDF 数据的处理（主要是 RDF/XML）；通过 HTTP 协议揭示并获取这些数据，同时强调数据的相互关联和语境信息[7]。从本质上看，关联数据是将超文本链接（即文件之间的链接）转变成为超数据链接（事物之间的链接），是实现数据网络（Data Web）的关键技术。

关联数据中的数据具有特定的上下文关联或明确的元数据描述，能够被计算机所处理。任何一个事物、人物、机构、场所、事件、概念等都可以描述为一条关联数据。将大数据发布成关联数据，可以在相当大的程度上弥补大数据的一些不足[8]：①弥补数据的完整性，提供整合（互操作）方式。借助本体来提供统一的应用模型或作为相互关联的概念词表，使系统内或跨系统的应用能够具有基本的语义互操作性。②提高数据质量。包含 3 个方面：数据是否正确，主要是名称的准确性；数据是否完整，是否缺少必备字段；数据是否为最新数据。③提供数据管理手段和数据复本，支持数据迁移，提供数据安全及访问控制。关联数据可以为大数据的术语和属性添加规范名称，进行规范控制，通过发布或复用领域本体，为各类实体建立起本体联系，进而能够使语义联系遍布于整个互联网。关联数据不仅提供微观数据之间的链接，还提供宏观层面的本体映射，因而能够赋予商务智能新的附加价值。

关联数据支撑大数据的一个典型应用案例是英国广播公司（BBC）

基于关联数据对多媒体资源所进行的内容组织与服务。该公司拥有多个电视和电台频道，每天制作的 1000 多档各类节目基本上都使用各自独立的内容管理系统，积累了难以想象的文本、图片、音视频等材料和素材，管理、关联、发现、重用和开放这些资源成为巨大的挑战。为此，BBC 公司采用 MusicBrainz 作为受控词表，利用关联数据构建了 BBC 本体、核心概念本体、商业新闻本体、艺术作品本体、食品本体、记者本体、节目本体、体育本体、野生动物本体、故事情节本体、出处本体等十余个本体[9]，实现与 DBpedia 映射性链接并增添了来自其他 LOD 云图中数据，为每集节目、每个知识单元及每个网页都建立结构化描述和永久地址[10]，从而令其网站和数据的可用性得到大大增强，用户的体验得到巨大提升，搜索引擎的查询效果得到优化，资源的可查找性、可点击性和可传播性都得到很大提高。

3.3.3 知识链接：科研实体的关联网络

知识链接是对知识关联进行分析、揭示和应用的过程、方法和技术，既可以通过关联准确获取信息，又能够通过对特定行业或机构内外部资源的关联来构建知识应用环境。知识链接的对象非常丰富，既包括论文、专利、标准等各类科技文献，以及题名、作者等文献外部特征，还涵盖主题、参数等各种科研实体及科技文献的内容特征。从关联的对象来看，知识链接可以分为多种类型，如以 SCI、万方等为代表的引文和文献链接，以 URI、URL、DOI 等标识符为特征的参考链接，与实验、参数等科研活动相关的科研实体链接，以及关联知识元和学术行为的智能知识链接等。目前，知识链接系统主要侧重于整合数字资源、多角度揭示科技文献、计量评价科研主体、挖掘和发现知识内容等功能，后续还会逐步在科研环境、用户分析、语义理解等方向不断深入。

（1）知识链接的关联类型

知识链接是知识与知识之间以某一中介为纽带所建立起来的具有参

考价值的知识关联关系。作为一种信息组织构架方法,知识链接可以通过知识概念、引证关系、科学实体等关联来建立,常用于构建知识链接的关联主要有引文链接、主题链接、行为关系链接、本体链接、属性链接及推理链接等。

引文链接利用的是学术文献间的引用关系,不但可用于揭示知识关联,还可用于潜在的知识发现。主题链接以知识内容中的主题词或关键词作为链接纽带,可实现基于内容相似度的关联文献链接、相关词语关联推荐等功能。行为关系链接是通过用户获取知识行为的分析而建立起来的针对用户行为的连续性和关联性预测。本体链接主要是利用知识关联中的种属关联、实例关联和部分整体关联来构建起概念知识体系,进而实现科技大数据知识关联。属性链接是利用不同知识之间所附带的相同属性来加以关联,如不同论文可能会有相同的作者、相同的使用群体等,这些相同的属性可以用作链接不同知识的媒介。推理链接是以问题为起点、通过逐层推理来链接相关解决问题的知识的链接方式,可以实现由一个问题到多种解决方案再到更多个知识单元的链接。

(2)知识链接的构建过程及方法

构建知识链接需要多个必备条件和过程,具体包括规范文档建设、科研实体词典构建、概念关系体系构建、参考链接机制构建、知识关系揭示和科研关系网络构建等。

①规范文档建设。规范文档是规范记录的集合,内含经过规范的作者姓名、机构名称、文献题录等信息检索所需的多种元数据信息。为了支持从内容、领域、结构、交叉性等多角度进行关联和分析,知识链接所需的规范文档要能够满足对核心知识点及其特征的主题标引、关联分析等操作。

②科研实体词典构建。知识链接不但要对期刊名称、作者名称、作者机构名称、资助基金名称等文献外部特征进行规范,还需要对文本内容中的核心主题、实验方法、仪器设备、技术性能等科研实体进行抽

取，根据特定体系进行分类，遵照特定规范进行概念和属性描述，最终编制成科研实体词典和索引。以机构词典为例，构建过程就涉及一级单位、二级单位的选择，学科、行业、地域等机构属性的确定，以及机构内部关系和机构外部关系的梳理。

③概念关系体系构建。确立概念关系体系，即明确知识之间的关联关系及关联方式，是知识链接首先要解决的问题[11]。知识关联类型多样、特点各异，需要综合运用书目、词表、词库、本体等工具和词汇共现、模式匹配、语义分析等方法来识别和抽取文献中的技术项目、参数指标等知识要素，关联知识元，构建知识关联体系，揭示知识结构及文献内各知识元与知识结构之间的链接关系。

④参考链接机制构建。采用超文本链接技术，通过唯一标识符的指向，对文献实体及它们之间的关联进行定位和表达，是运用各种参考链接技术创建知识链接的核心要点。参考链接技术标准有多种，如使用永久标识符体系的 DOI、CrossRef，采用 OperURL 开放协议进行动态链接的 SFX，表达文档间单向或多向复杂链接且支持多向扩展链接的 XLink（动态链接）等。

⑤知识关系揭示。知识关系的主要来源有共现关联、概念关联、书目关联、关联规则等。常见的共现关系有共同署名（合作）、关键词共现、引用关系（共被引等）共现等。概念关联，即计算知识单元之间的语义相似度，具体计算可以采用字词相似度、概念距离、概念属性等。关联规则是对已知现象共性的归纳，书目关系则来自图书文献编目时对著录信息（如 FRBR）的精心组织。

⑥科研关系网络构建。论文、专利、科技报告等各类科技文献中涉及科研主体（作者、机构等），科研活动（研究主题、方法、实验等），科研条件（仪器设备、科研环境等），科研产出（科研创新、技术参数、论文引用等）等科研实体，科研实体之间也存在着多重联系。基于多种关系构建起来的多维、多层次科研关系网络，有助于更好地揭示各类科

研实体,以及科研主题的评估、评价。

3.3.4 科技大数据知识链接服务

(1)知识服务系统

知识服务系统[12](网址:ks.istic.ac.cn)是中国科学技术信息研究所基于中文期刊知识链接平台推出的带有学术评价功能的服务平台,系统能够即时统计刊物、文章、作者、地区等文献计量指标,并且将论文、期刊、作者、引文之间的链接呈现给用户。使用知识服务系统,编辑部可以直观获取刊物被引等统计情况,作者可以了解其论文的被引详情,机构则能够获得本机构各学者的发文及其被引用情况。系统界面如图3.5和图3.6所示,主要有4项功能:作者分析,可以模糊检索获得所有匹配的作者姓名,可以进一步查看同名作者的详细信息,然后选择符合条件的作者查看载文情况和被引情况。作者机构分析,可以模糊检索获得一级机构的名称,并能够显示该机构的详细信息,然后查看该机构的载文及被引情况。期刊分析,可以模糊检索获得所需刊物,可以同时提供刊物各项出版信息,可查看该刊物的载文情况和被引情况、期刊的5年被引情况及图示。基金分析,可以模糊检索基金项目名称,并能够显示该基金的详细信息,然后查看该基金所资助的论文情况。

(2)中国科学引文索引(CSCI)

《中国科学引文索引(CSCI)》[13](网址:csci.istic.ac.cn)是由中国科学技术信息研究所推出的基于期刊引用的检索评价工具,囊括了自2000年以来我国出版的科技类和部分社科类学术期刊约1万种、文摘及PDF全文数据4000余万条、引文记录约2亿条,是目前最完备的中文论文引文库。

中国科学引文索引的数据基本覆盖国内四大引文索引数据库(表3.2),并且可以提供按照各个引文索引数据库的收录范围统计出的被引频次。

图 3.5　ISTIC-知识服务系统界面

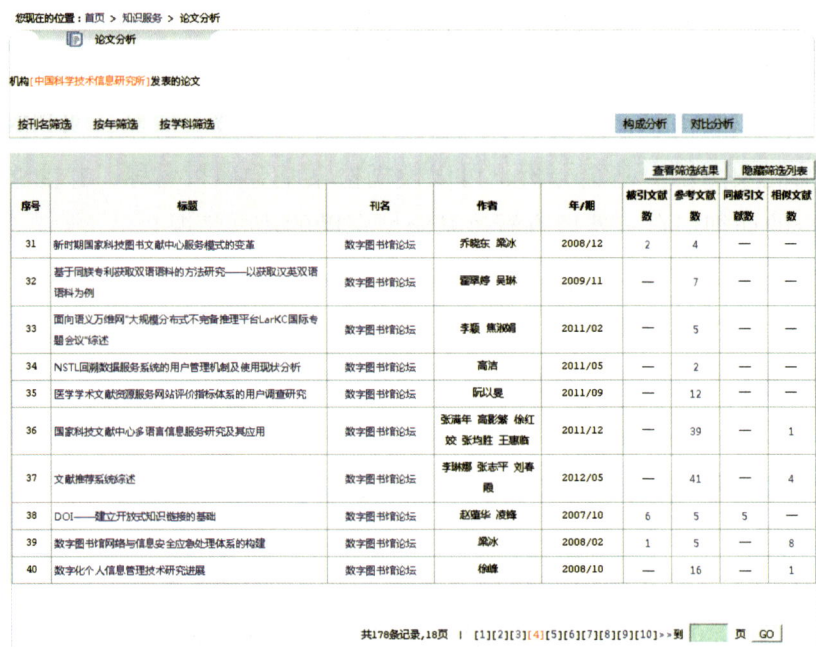

图 3.6　ISTIC-知识服务系统检索示例

表 3.2　中国科学引文索引与国内期刊引文库的对比

数据库名称	期刊数量 / 种	覆盖率	学科范围
中国科技论文与引文数据库（CSTPCD）	2453	100.0%	自然科学，自 2015 版开始包含社会科学
中文社会科学引文索引（CSSCI）	533	99.7%	社会科学
中国科学引文数据库（CSCD）	1229	96.7%	自然科学
中国人文社会科学引文数据库（CHSSCD）	733	98.0%	社会科学

同时，中国科学引文索引不但具有引文数据，而且还收录有全文数据。该系统利用中国科学技术信息研究所编制的汉语主题词表进行主题词标引，集本地全文下载与多来源全文发现功能于一体，可以面向全国用户提供原文传递服务。具体收录范围与国内三大中文期刊数据库的对比如表 3.3 表示。

表 3.3　中国科学引文索引与国内期刊论文库的对比

数据库名称	期刊数量 / 种	论文条数 / 万	收录起始年代
万方数据	7600	3600	1998 年
维普	14 000	6000	1989 年
知网	8000	4800	1915 年
中国科学引文索引	10 000	4000	1950 年

中国科学引文索引提供来源文献、被引文献的多入口检索，具有二次检索、施引文献链接功能，还提供按数据库筛选检索结果的功能。论文检索与引文检索的结果基本相同，除了包含该论文的标题、作者、作者机构、期刊名称、关键词（中英文）、摘要（中英文）、分类号、基金

项目等字段外，还包括该论文的参考文献（由论文引文关系表即时检索得出）、被引情况（被引的所有论文）、相关文章（同引文献）、同被引文献。这些信息由即时检索从论文引文关系表中得出，包括检索条数及相关信息。其中，标题、作者、作者机构、期刊名称、关键词、基金项目等还可以做超链接。检索结果界面及主要功能如图 3.7 所示。

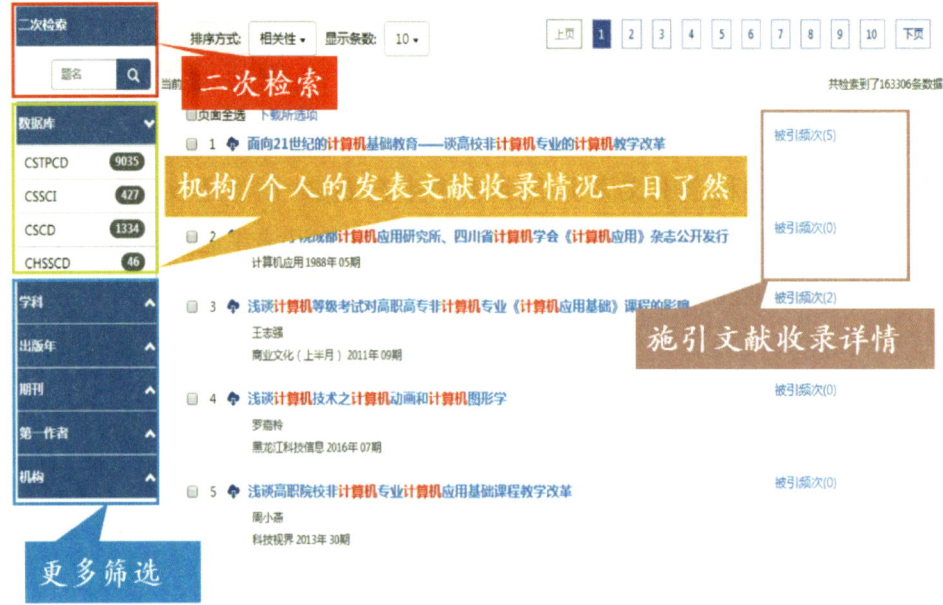

图 3.7　中国科学引文索引数据库引文检索示例

另外，中国科学引文索引还将《中国期刊引证报告（扩刊版）》的期刊统计数据予以公布，可查看数据库中收录的国内各期刊发文量、被引量、影响因子等统计指标，界面如图 3.8 所示。

第三章
元数据：科技大数据知识关联之源

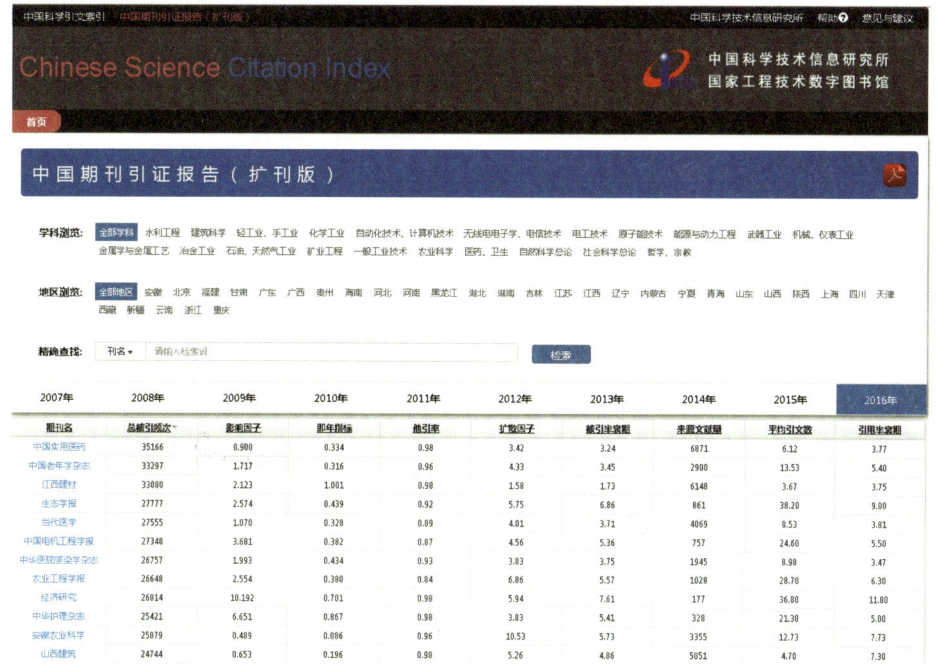

图 3.8　中国科学引文索引数据库期刊统计指标

（3）学术资源发现服务平台

各类科技文献是科技大数据的重要组成部分，受版权的限制，许多文献的题录信息或者全文内容会被一个或者少数几个数据库收录，进而被按学科或者按时间打包出售访问权限。这导致本应是科学研究基础设施的科技文献资源成了数据服务商割据的"战场"，更重要的是，在多个数据库之间的反复试探和检索不但浪费了用户的时间，也为数据获取增设了许多障碍。

为此，中国科学技术信息研究所推出了"学术资源发现服务平台"[14]（网址：discovery.istic.ac.cn），可以实现30余个中外文科技文献数据库的跨库检索和资源集成，平台服务界面如图3.9所示。

图 3.9　ISTIC– 学术资源发现服务平台检索转化界面

以检索"科技大数据"为例,学术资源发现服务平台反馈的检索结果如图 3.10 所示。可以看到,检索结果中既包含论文、学位论文、图书等多种文献类型,又汇聚了万方、维普等多个中外文数据库的检索结果。这一平台的推出,让用户只需一次检索即可获得全面的结果,并且一站式地实现了检索、浏览和全文下载。

第三章
元数据：科技大数据知识关联之源

图 3.10　ISTIC– 学术资源发现服务平台检索示例

3.4　元数据发展展望

　　元数据是数据管控的基本手段。数字出版物规模快速扩大，特别是开放获取出版模式的出现，文献机构亟须通过集成元数据指引用户获取全文，以实现多来源科技文献资源的共建共享；在日益发展的数据分析、文本挖掘技术支撑下，用户对基于海量元数据资源的情报分析、趋势分析、科研实体评价等分析型服务需求也日渐旺盛，这对元数据资源的建设规模、字段精度均提出了更高要求。随着数字资源的快速发展和用户需求的日益增长，元数据的类型、层级和功能也在不断拓展和深化，既有业务元数据、技术元数据和管理元数据，又有描述元数据、语义元数据和用户元数据,还有版权元数据、保存元数据和使用元数据等;文献资源的揭示粒度也从书目层级逐步深化到篇章级乃至文章内部的图表、实体、公式等层级;元数据的管理功能不仅在于识别、描述、定位物理资源,而且在于搜寻、评估和选择数字资源,更多地在于关联、计算和挖掘其中的知识资源[15]。

中国科学技术信息研究所自主研发并已投入使用的知识服务系统、中国科学引文索引(CSCI)、学术资源发现服务平台等能够即时统计多种文献计量指标,呈现科研实体之间的链接关系,并在此基础上提供趋势预测、学术评价等深层知识服务。自主研发并不断完善的ISTIC-元数据集成管理系统目的是对不同渠道来源的元数据进行映射集成、整合规范,实现元数据从采集、识别、整理、组织,到规范、审计、评估、保存和服务的全生命周期管理。进一步的,拟推进基于语义的国家科技信息发现服务体系研究,既包括多渠道、多媒体、多类型海量元数据的集成与聚合,又包括用户体验的多层次、多模式服务功能的一站式融合,还包括资源采集、编目、流通、原文传递,以及用户认证和用户管理等相关系统的一体化对接[16]。

在科技大数据时代,我国科技信息服务机构需大力提倡元数据先行战略,构建统一的元数据体系,主张元数据权益,整合元数据资源,实现多来源元数据的集成管理。在此基础上,进行元数据层面的知识关联揭示,提供大数据分析所需要的专业数据服务,并吸纳社会元数据资源,实现馆藏元数据资源与社会资源关联,推进馆藏元数据的开放服务,以全面释放信息资源的价值。

(张闪闪　杨代庆　王立学　雷雪)

参考文献

[1] Science scape[EB/OL]. [2018-04-10]. http://tools.medialab.sciences-po.fr/sciencescape/.

[2] Emerging trends in regenerative medicine: a scientometric analysis in CiteSpace[EB/OL]. [2018-04-11]. http://cluster.ischool.drexel.edu/~cchen/papers/2012/EOBT2012.pdf.

[3] Text-mining offers clues to success [EB/OL]. [2018-04-11]. https://www.nature.com/news/text-mining-offers-clues-to-success-1.15263.

[4] SciMiner:Web-based literature mining tool for target identification and functional enrichment analysis[EB/OL]. [2018-04-11]. https://www.researchgate.net/publication/23972295_SciMiner_Web-based_literature_mining_tool_for_target_identification_and_functional_enrichment_analysis.

[5] Text mining for literature review and knowledge discovery in cancer risk assessment and research [EB/OL]. [2018-04-09]. http://journals.plos.org/plosone/article?id=10.1371/journal.pone.0033427.

[6] NeuroElectro: organizing information on cellular neurophysiology[EB/OL]. [2018-04-11]. https://www.neuroelectro.org/.

[7] 关联数据：RDF[EB/OL].（2012-11-02）[2018-03-27]. http://www.52ml.net/1599.html.

[8] 刘炜，夏翠娟，张春景. 大数据与关联数据：正在到来的数据技术革命 [J]. 现代图书情报技术，2013（4）：2-9.

[9] BBC ontologies[EB/OL]. [2018-04-09]. https://www.bbc.co.uk/ontologies.

[10] KOBILAROV G，SCOTT T，RAIMOND Y，et al. Media meets semantic web：How the BBC uses DBpedia and Linked data to make connections[C] // Aroyo L. The semantic web: research and applications. Berlin: Springer，2009：723-737.

[11] 曾建勋. 知识链接及其服务研究 [M]. 北京：科学技术文献出版社，2012：88.

[12] 中国科学技术信息研究所. 知识服务平台 [EB/OL]. [2018-03-26]. http://ks.istic.ac.cn/.

[13] 中国科学技术信息研究所. 中国科学引文索引 [EB/OL]. [2018-03-26]. http://csci.istic.ac.cn.

[14] 中国科学技术信息研究所. 学术资源发现服务平台 [EB/OL]. [2018-03-26]. http://discovery.istic.ac.cn.

[15] 曾建勋. 资源建设需要推进元数据战略 [J]. 数字图书馆论坛，2017（11）：1.

[16] 曾建勋，丁遒劲. 基于语义的国家科技信息发现服务体系研究 [J]. 中国图书馆学报，2017（4）：51-62.

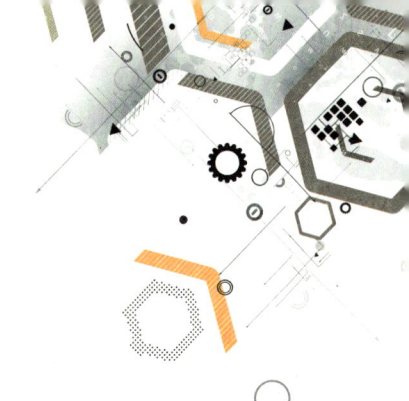

第四章
语义信息抽取：计算机理解科技大数据的钥匙

当前企业、科研院所等技术创新主体对科技情报的迫切需求，突出体现需要在理解科技文献内容的基础上，直接为其科研工作提供决策支持服务。传统通过人工阅读来理解科技文献内容的方式，在大数据时代缺点愈发明显，诸如耗时耗力、效率低下、难以移植和复用，而作为计算机理解文本内容之根基的语义信息抽取技术，则因其难以估量的研究价值和应用前景，成为学术界和产业界内研究和应用的热门话题。

4.1 计算机为何要理解科技大数据

4.1.1 海量数据去粗取精的需要

当前科技数据存量庞大，增量屡创新高，据《中国国际科技论文统计结果2017》显示，SCI论文库2016年世界科技论文总数为189.67万篇，比2015年增加了4.4%，《国家知识产权局专利统计年报2016》的数据显示，2015年的国内外专利申请受理量为2 639 446件，2016年国内外专利申请受理量为3 305 225件，增幅达到25.22%。虽然海量的科技数据为科技战略决策提供了丰富的素材和资源，但是如何在这些信息中去伪存真、去粗取精则成为有效利用科技数据的关键。除传统人工筛选手段之外，语义信息抽取可以通过理解科技大数据，来快速搜集和梳理可靠的信息和资源。

在科技大数据中去粗取精的典型应用就是追踪科技前沿热点。在传统的科技前沿热点遴选中，线索往往来源于特定专家或组织，对科技领域的选择依赖于现有指标，分析结果不仅容易受到专家本身知识范围、观察视角的限制，而且由于度量指标本身的局限性，最终导致科技前沿热点分析挂一漏万；而利用信息抽取技术，可以有效从科技大数据中识别出相关内容，从而克服信息内容体量巨大、良莠不齐和真伪莫辨的缺点，帮助提升分析报告质量。

4.1.2 内容深度挖掘的需要

当前企业、科研院所等技术创新主体对科技情报的需求不仅包括宏观数据统计，更需要在理解科技大数据内容的基础上，直接为其科研工作提供风险规避、机会发现、路线选择等决策支持服务。传统通过人工阅读来理解科技文献内容的方式，受制于稀缺的专家资源，耗时耗力、效率低下，计算机理解文本内容之根基的信息抽取技术，则凸显出重要的研究价值和广阔的应用前景。

采用信息抽取技术进行科技数据内容深度挖掘的典型方式是从中抽取出实体、属性信息及实体间的关系，进而将分散在各个数据源、文件、记录中零碎、冗余、无序的信息组织成为结构化的实体知识，进而探索更加深入、广泛和完整的知识体系，为用户提供超出个体观察、理解范围以外的知识发现。

现代信息抽取技术对科技大数据内容深度挖掘的意义不仅在于将隐藏的实体及其关系显现出来，更重要的是能够实现知识重新组织和利用，信息抽取技术所产生的实体语义关系特别适用于解决与实体相关的智能问答，由此创造出一种更为便捷的信息服务模式。

4.1.3 知识服务的需要

知识服务的本质是通过对海量信息的处理，针对用户的问题，提供有效解决问题的知识。科技大数据让用户面临着信息过载的困境，知识服务的作用是为用户从海量信息中挑选出有价值的信息，这其中包含着计算机对科技大数据进行理解、分析基础上筛选出的用户需要的信息，从而提供精准的知识服务。相比人类，机器具有跨学科、跨语言、信息处理能力强、处理速度快、定制化能力强等优势。可以预想，未来的知识服务将越来越多地借助人工智能和大数据技术来实现。

首先，在科技大数据的协助下，用户特征得以凸显，从而使为其打造个性化知识服务成为可能。在采集用户科技领域、层次水平、目标需求的基础上，利用大数据技术来统计分析用户的统计学特征、社交关系及其网络行为等，有助于实现定制化的知识服务。

其次，智能交互技术可以根据受众的反馈随时做出调整。这种互动设计使得知识服务具备了游戏化的特征，通过设置问题及由之而来的竞争和奖惩制度使用户更深度地参与到知识服务的过程中，从而将互动性和个性化更好地结合在一起。

最后，未来的智能交互技术还可以为用户提供动态化的场景适配。"场景"在移动互联网时代有着至关重要的意义，"对环境的感知和对信息的适配"是移动传播中的核心要素。用户在不同时段、地区和终端使用知识服务时，会伴随着对知识服务的不同期待，算法可以根据庞大的数据资源对用户在特定场景中的需求做出预测，生产出相应的服务内容并进行推送。

4.2 计算机怎样理解科技大数据

4.2.1 技术框架：信息抽取

谷歌高级副总裁艾米特·辛格说过："构成这个世界的是实体，而非字符串。"一语道破计算机理解科技大数据的意义所在，即从科技大数据中进行信息抽取，进而将其还原为现实世界的实体语义关系，从而在理解用户意图和科技数据内容的基础上为用户提供精准服务。

信息抽取旨在将自由文本转化结构化语义信息，其主要流程包括：①根据领域词表、人工规则和命名实体标注信息，从科技文献中识别命名实体；②结合命名实体、知识库及科技题录信息，进行实体消歧；③利用实体、知识库中的语义关系、科技文本中的上下文特征进行语义关系抽取；④集成实体、语义关系，形成实体语义关系网络，为实际应用提供数据基础。具体技术框架如图 4.1 所示。

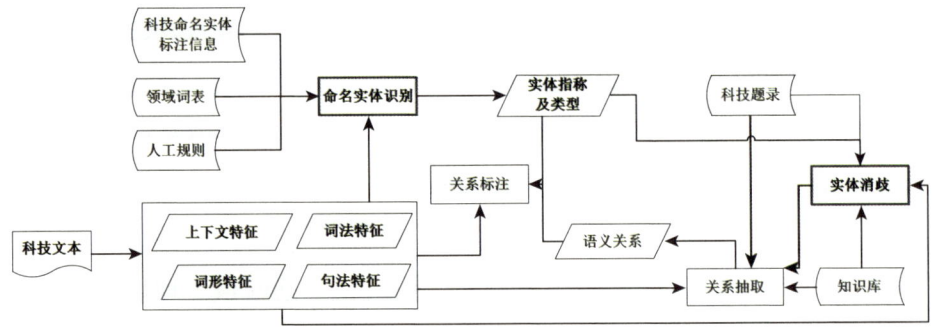

图 4.1 语义信息抽取技术框架

4.2.2 关键技术一：命名实体识别

命名实体（Named Entity）是真实世界中具有相应名称的对象，诸如人名、地点、机构、产品等[1]，而命名实体识别，就是从自由文本中确定这些命名实体的边界和类别[2]。

（1）词典规则方法

早期命名实体识别的方法是组合使用词表和正则表达式来识别命名实体。利用这种方法，只需要编写一些基本的有关大写和数字的规则，然后与词表（这些词表包含诸如常见姓名、地名、时间等）混合使用即可识别命名实体。该方法虽然较为简单但十分脆弱，主要原因包括：①表的维护人工消耗大且不灵活；②切换到其他语言或领域可能涉及大量重复工作；③难以处理一词多义和同义词现象；④规则方式难以对文档内实体之间的依赖关系建模。该方法在早期命名实体识别系统研究中十分流行，当前主要在数据规则较为突出的情况下使用，或者和其他方法共同使用以提升命名实体识别效果。

（2）概率图模型

概率图模型即概率分布的图形表示[3]，其由节点和节点之间的链接组成，每个节点表示一个随机变量（或一组随机变量），链接表示这些变量之间的概率关系，由概率图描述的联合概率分布可以分解成一组因子的乘积形式，而每个因子只依赖于全部随机变量的一个子集，因此，大大降低了参数估计的计算负担。经典的命名实体识别概率图模型包括隐马尔可夫模型（Hidden Markov Model）、线性链条件随机场（Linear Chain Conditional Random Fields）和最大熵马尔科夫模型（Maximum Entropy Markov Model），这里对最常用的线性链条件随机场加以介绍。

简单来说，基于概率图模型的命名实体识别方法，要进行以下步骤。首先，获取文档中每个词汇的词形、词性、句法特征，如图4.2所示。

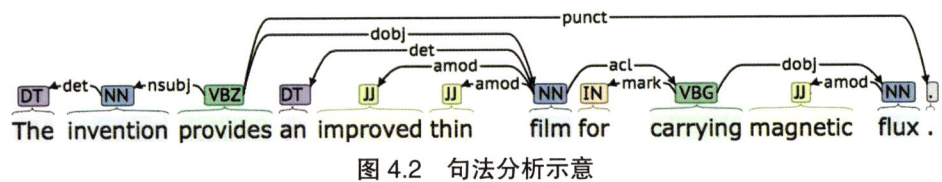

图 4.2 句法分析示意

其次，将该句子的特征转化为列表形式，如表 4.1 所示。

表 4.1 句子常用特征

词汇位置	词汇	词性	依赖关系	依赖关系前项的位置	命名实体标签
1	The	DT	Det	2	O
2	invention	NN	Nsubj	3	O
3	provides	VBZ	Root	0	O
4	an	DT	Det	7	O
5	improved	JJ	Amod	7	O
6	thin	JJ	Amod	7	I-component
7	film	NN	Dobj	3	B-component
8	for	IN	Mark	0	O
9	carrying	VBG	Acl	7	O
10	magnetic	JJ	Amod	11	I-energyFlow
11	flux	NN	Dobj	9	B-energyFlow
12	.	.	Punct	3	O

而命名实体识别，即转化为根据词形、词性、句法依赖关系等特征，来预测这个句子中每个词汇的命名实体标签，即序列标注。

在线性链条件随机场中，只考虑影响词汇标注的 2 类主要因素：其一是词汇本身特征，如英文中单词的词性、首字母大小写、以"s"结尾等，其二是前后词汇特征，如 York 前面词汇是 New，那么为 York 添加地点标签的概率就大大增加。之后在模型训练中，基于此 2 类因素计算所有可能序列标记的得分，并使真实序列标记的得分最高。

（3）深度神经网络

伴随着深度神经网络在语音和图像上取得的突破性进展，将深度神经网络应用于自然语言任务在学术圈和工业界蔚然成风，就命名实体识别而言，深度神经网络取得了当今模型的最优效果，通过近2年数据竞赛结果观察发现，除一贯表现优异的英文文本，深度神经网络在中文专业文本（如电子病例）上的命名实体识别结果F1值也超过91%[4]。

就原理而言，深度神经网络首先将词汇转化为低维稠密向量输入神经元，经处理后转化为该词汇在所有标签类别上的概率分布，取概率值最大的标签作为当前词汇的命名实体标签，即完成命名实体识别任务，以深度神经网络LSTM为例，其网络结构如图4.3所示。

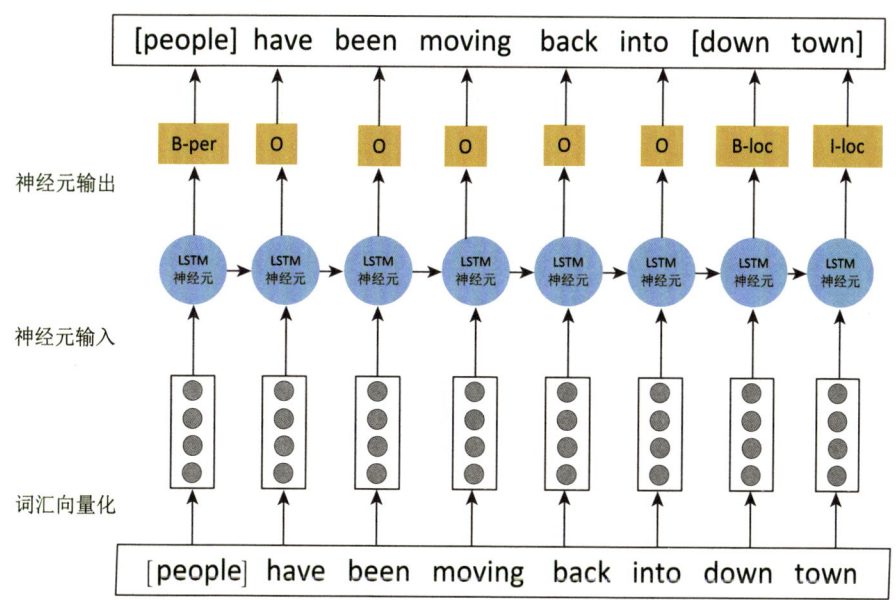

图4.3 LSTM在命名实体识别上的应用

相比传统概率图模型基于词汇、句法特征的命名实体识别方法，深度神经网络提供了一种崭新的端到端方法来实现命名实体识别，不仅整体处理流程大大简化，而且有效避免概率图模型的方法在特征工程中引入错误的放大效应。因此，深度神经网络是一种简单、高效、易拓展的命名实体识别方法。

4.2.3 关键技术二：实体消歧

不同环境下同一个实体指称可能对应不同实体，例如，"苹果"可能指某种水果、某个著名IT公司，也可能是一部电影，这种一词多义或者歧义问题普遍存在于自然语言中，将文档中出现的名字连接到特定实体上，就是实体消歧。实体消歧的主要做法包括2类：其一是充分利用实体指称出现的上下文，分析不同实体可能出现在该处的概率；其二是利用本体知识，如实体的分类体系和关联架构，来消除歧义。相关方法包括有监督机器学习、随机记录链接（Stochastic Record Linkage）和社会网络方法，下面简要介绍一下相关研究成果。

（1）有监督学习方法

该方法利用词汇层面的消歧特征来计算实体指称的相似度，其消歧特征主要有局部特征、局部词性、局部共现等。该方法的基本思想是，同一个实体的实体指称具有一定程度的上下文相似性，给定一个命名实体及其上下文，该命名实体可以由其上下文文本组成的向量表示出来，当2个命名实体的上下文向量距离越近时，其指向同一实体概念的可能性越高。因此，我们通过计算命名实体向量之间的相似度进行实体消歧。

（2）随机记录链接

与普通实体消歧不同，随机记录链接更侧重从不同数据来源（如数据文件、书籍、网页、数据库等）中找到同一实体的对应记录。最简单的记录链接的方法被称为判别式记录链接或者基于规则的记录链接，即通过简单比对2条记录的所有标记或者部分标记，来判断它们是否指向同一实体，该方法对数据集质量要求较高，所有实体对应特征均需经过规范化处理，因此应用范围比较受限。与此不同，随机记录链接（也被称为模糊记录链接)将统计学习方法纳入进来,它通过集成了一系列分类器,并依据每个分类器的消歧能力为其赋予相应权重,来计算2条待消歧记录在各个分类器上的权重累加,并规范化为概率形式来进行实体消歧,在随机记录链接中,常用的统计学习方法包括朴素贝叶斯和单层感知机。

(3)社会网络方法

该模型更重视语义间的联系中包含的重要信息,而不仅仅只关注上下文的词汇特征。但是若要获取实体间的语义联系,需要使用到作为背景知识的知识库,因此,该方法使用指称项相关联的实体来确定其指向的实体概念。该消歧模型通过构建社会网络,并将命名实体表示成社会网络中的一个节点,使得之间的依存关系将关联的命名实体相互链接。当2个实体间的距离通过随机漫步算法得出的值低于某个阈值时,则可以认为指向同一个概念。

4.2.4 关键技术三:语义关系抽取

所谓语义关系抽取,即从自然语言文本中提取2个命名实体之间所存在的语义关系,目前语义关系抽取主要针对同一句子内的2个实体之间的语义关系进行,当一个句子包含2个以上实体时,就枚举出这些实体之间的任意两两组合并判断其间语义关系。从标引数据产生方式来说,语义关系抽取方法可分为有监督学习方法和远程监督方法,就常见实现方式而言,有监督学习方法以线性模型、低维稠密向量模型和深度学习模型为主;远程监督方法以概率图模型为主,近3年来也有研究者从深度学习模型和注意力机制结合角度展开相关研究。下面分别展开叙述。

(1)线性模型

该模型引入一个k类别函数作为语义关系分类器,这个k类别判别函数由k个线性函数组成,形式如式(4.1)所示:

$$y_k(x) = w_k^T x + w_{k0}。 \tag{4.1}$$

然后对于点 x，如果对于所有的 $j \neq k$ 都有 $y_k(x) > y_j(x)$，那么就把它分到 C_k，于是类别 C_k 和 C_j 的决策面是 $y_k(x)=y_j(x)$，并且对应一个（D–1）维超平面，形式如式（4.2）所示：

$$(w_k - w_j)^T x + (w_{k0} - w_{j0}) = 0。 \qquad (4.2)$$

参数求解方法一般使用 Fisher 判别线性函数方法。

（2）概率图模型

此类方法的典型代表为：条件随机场和主题模型。① 条件随机场模型通常考虑 4 种影响实体对之间关系类型的因素：其一是偏差因素，即条件随机场模型整体相对某一关系类型所存在的偏差；其二是指称因素，即语义关系本身与其在文本中呈现方式之间的相关性；其三是选择偏爱（Selectional Preference），即实体类型与实体所在语义关系之间的相关性；其四是配对因素，即不同语义关系和不同实体之间的相容性，进而在模型训练中，基于此 4 类因素计算句子中某一个实体对在所有关系类型上的得分，并使真实关系类型所对应的得分最高。② 主题模型将语义关系类型作为隐藏变量，以 Rel-LDA 为例，其所对应概率图模型如图 4.4 所示，该模型假定每个文档对应一个关系类型的概率分布，为产生一

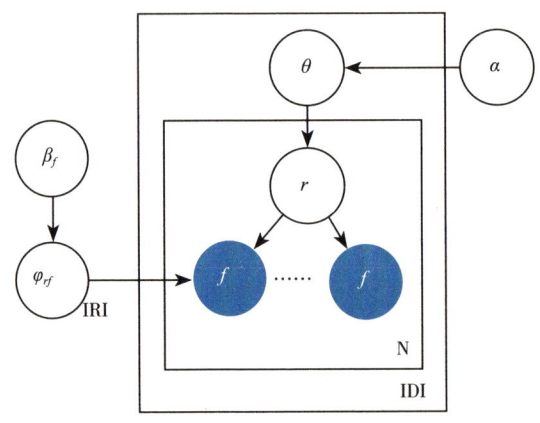

图 4.4　Rel-LDA 模型

个关系三元组,我们首先从该关系类型概率分布中抽取一个关系类型,进而从该关系类型所对应的不同特征的概率分布中,以采样方式才产生各种特征。通常我们通过期望最大化算法即可以对该模型进行参数估计,进而预测新文档的语义关系。

(3)知识表示向量方法

受词汇向量化的启发,知识表示学习方法利用优化函数的方法训练出实体和关系的低维稠密向量表示,从而将语义关系识别转化成实体向量之间的简单运算。以经典 transE 模型[5]为例,在该模型中语义关系采用三元组(实体1,语义关系,实体2)来表示,其中实体1、2对应向量为 h、t,语义关系对应向量为 r,我们的目标是让所有语义关系尽量满足 $h+t=r$,即将 $h+t=r$ 作为目标函数,以训练集中标记的语义关系样本作为正向样本,以随机组合方式产生非语义关系样本作为负向样本进行模型训练,最后输出实体向量和语义关系向量,其示意图如图4.5所示。

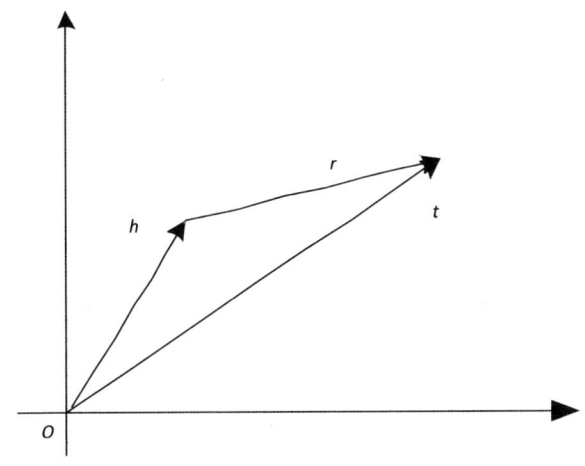

图 4.5　TransE 模型基本思路

transE 之后,不断有研究者在其思想框架下进行改良和拓展,产生了 tranH[6]、transR[7]、PtransE[8] 等一系列知识表示模型,评测结果[8]及数据竞赛优胜方案[9]均表明此类算法是目前性能最好的关系抽取算法之一。其不足之处在于所提假设无法较好处理关系类型与关系实例之间的一对多、多对一、多对多关系[10]。该类算法的代码实现可从 github 上免费获取，详见参考文献 [11]。

（4）深度神经网络

语义关系抽取中应用深度神经网络的基本思想是：对句子中每一个待判断语义关系的实体对，计算出其在句子中的相对位置并将该位置向量化，之后将位置向量和词汇向量连接、转化并形成该实体对在当前句子中的一个向量表示，将该向量表示放入分类器中训练后即产生一个语义关系抽取器。当然在实际应用中为提升语义关系提升效果，实践者往往会在深度神经网络中集成更多特征如词形、词性、句法依赖关系及实体类型。

下面通过一个简单示例来说明其实现过程，假设有一个句子"People have been moved to down town"，2个实体分别是"people"和"down town"，预测该实体对之间语义关系的步骤如图4.6所示，具体来说包括如下。

①词汇向量化：从预训练的词汇向量词典中，获取句中每个单词对应的词汇向量 WF。

②词汇位置向量化：产生句子中每个词汇与2个实体的相对位置，假设当前词汇为"moved"，其与"people"和"down town"的相对位置就是3和-3，从位置向量词典中找到3和-3对应的向量 $d1$ 和 $d2$，合并后形成"moved"对应的位置向量 $PF=[d1, d2]$。

③积卷操作：将每个词汇表示成 $[WF, PF]$ 并形成句子对应矩阵 X，通过积卷操作进行特征探测和提取，具体运算如式（4.3）所示：

$$Z=W_1*X。 \quad (4.3)$$

其中，$Z \in R^{n_1 \times t}$，$W_1 \in R^{n_1 \times n_0}$，$X \in R^{n_0 \times t}$，$Z$ 是积卷操作后产生的新矩阵，W_1 是积卷操作的对应矩阵，t 是句子中的单词数量，n_0 是 $[WF, PF]$ 的长度，

n_1 是积卷产生的每个词汇的新维度数量。

④池化操作：池化操作用于从 Z 的每个行向量中选择出最有用的特征，具体操作有最大池化、平均池化、累加池化 3 种，这里选择最大池化，即获取 Z 中每个行向量的最大值，从而用一个长度为 n_1 的新向量 m 来表示句子。

⑤非线性转化：将非线性激活函数应用于向量 m 上，其目的在于为深度神经网络引入非线性模拟能力以应对样本数据中线性不可分的情况，这里激活函数选择 Tanh 函数，将 m 转化为新向量 f。

⑥分类：使用 Softmax 函数判别 f 的类别，最终完成语义关系抽取。

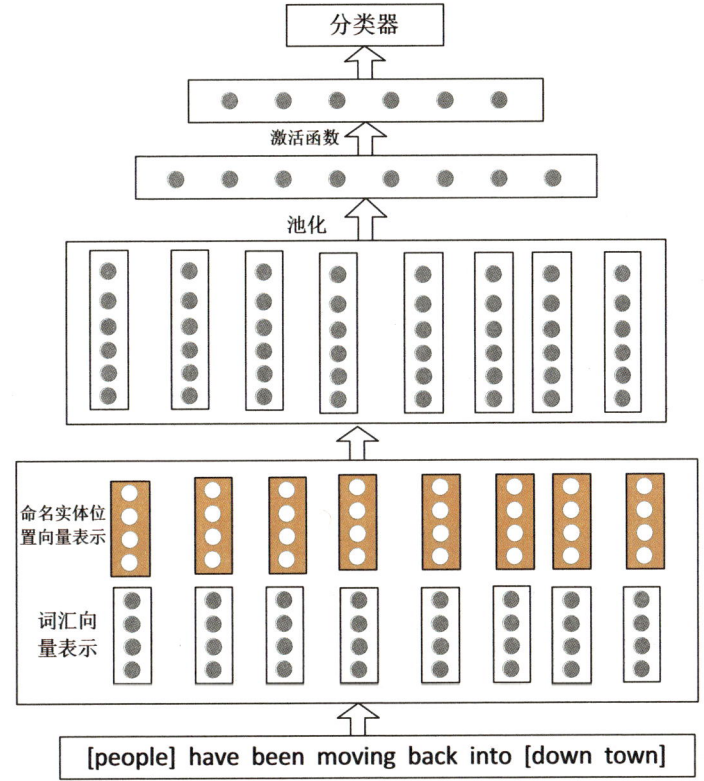

图 4.6　深度学习在语义关系抽取上的应用

4.3 信息抽取实践：以美国专利局数据为例

当前企业、科研院所等技术创新主体对专利情报的需求不仅包括宏观数据统计，更需要在理解专利内容的基础上，直接为其提供专利侵权风险规避、技术机会发现、技术路线选择等决策支持服务。传统通过人工阅读来理解专利内容的方式，受制于稀缺的专家资源，耗时耗力、效率低下，而作为计算机理解文本内容之根基的信息抽取技术，则凸显出重要的研究价值和广阔的应用前景。

中国科学技术信息研究所具有权威、丰富、完整的专利数据资源，当前深度整合了全球主要科技国家和组织机构的专利数据资源，形成了具有自主知识产权的全球专利数据库，并由专家对专利信息的清洗整合过程进行质量控制和数据确认，确保了数据的完整性、可靠性和一致性。在这些数据资源的基础上，中国科学技术信息研究所跳出传统专利分析局限于题录数据统计和文本检索的不足，在专利全文信息抽取上展开一系列探索发掘工作，从机器学习和自然语言处理角度为基于专利数据的决策支持服务提供了新的思路。

4.3.1 专利信息概念模型的建立

专利文本包含着对发明创新及其技术背景、实现细节和权利要求等内容的描述，常见的自然语言概念模型，如将实体划分为7种类型（包括地址、人物、机构、货币、百分数、日期、时间）[12-13]，难以用来反映发明创新的组成结构和运行原理，因此，建立概念模型是专利实体关系抽取的首要任务。经过广泛调研和分析，我们提出了一套针对专利文本的命名实体和语义关系类型（表4.2）。

表 4.2 预定义命名实体和语义关系说明

类型	分类
命名实体	1.物理流；2.信息流；3.能量流；4.测度单位；5.测度值；6.方位、方向；7.状态；8.技术功能、效果；9.操作、工艺；10.形状；11.零部件；12.属性；13.系统；14.原材料；15.科学概念；16.后果、结果；17.其他
语义关系	1.缩写关系；2.制成关系；3.邻接关系；4.包含关系；5.其他关系；6.方式描述（如以45°角焊接，让底板处于30℃左右，黏结剂以毛细血管效应填充空间）；7.行为操作（某物产生其他物体如仪器产生信号，某物产生某个功能如磁转换可用于磁记录，某流程产生某物体如剥离制造法制造非磁隙材料）；8.使动关系（如薄膜磁头组件加热底板，电流穿过线圈）；9.形成关系（如某行为产生磁场，某行为产生空隙）；10.isA关系

4.3.2 专利数据集的形成和预处理

选择 1976—2013 年共 37 年间硬盘驱动器领域的薄膜磁头技术相关专利作为样本数据，文本选用专利摘要，专利时间选择专利申请时间，专利分类体系选择国际专利分类，简称 IPC（International Patent Classification）。为提高检索精度，采用关键词和专利引文相结合的检索策略，并辅以人工判读，具体检索过程如下。

①以 ABST/"thin film head" AND APD/1/1/1976->31/12/2013 作为检索式，得到专利 137 个。

②搜索 1976—2003 年与这 137 个专利存在引用或者被引关系的专利，得到专利 2048 个，之后结合美国专利分类体系 USPC（United States Patent Classification）将与磁头技术不相关专利剔除，最终得到总专利 1921 个。

③分析 1921 个专利所形成的专利引文网络，得到 12 个独立子网，其中最大子网包含专利 1874 个，经初步判读知其反映了薄膜磁头领域的主要技术，将这 1874 个专利作为实验数据集。

4.3.3 专利信息的抽取

4.3.3.1 专利命名实体识别

在获取专利数据集的全文文本并预处理后,我们使用开源工具 Gensim 训练出词向量,之后使用 BiLSTM 模型进行专利命名实体识别。所谓 BiLSTM,即双向 LSTM 模型,相比普通 LSTM 模型,BiLSTM 的优势在于不仅考虑到在先词汇对当前词汇命名实体标签的影响,同时考虑到后继词汇的影响,因而效果更加优异。在命名实体识别任务中,BiLSTM 的网络结构如图 4.7 所示。

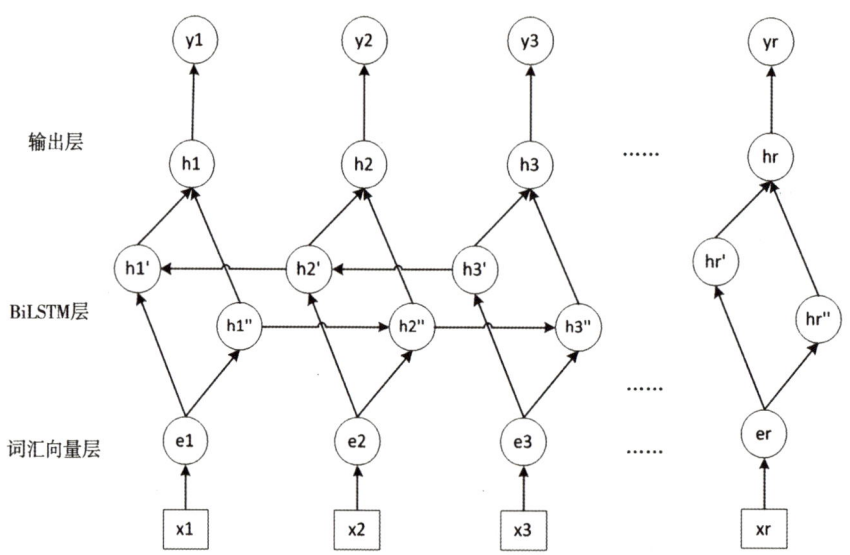

图 4.7　BiLSTM 在专利命名实体识别上的应用

我们使用标引工具 Brat 1.3[14],对专利数据集中 1050 篇摘要文档按照预定义命名实体类型进行人工标引,标引界面如图 4.8 所示。在模型训练时,我们选择其中 900 篇文档作为训练集、100 篇文档作为验证集、

50篇文档作为测试集。除词向量外,我们提取词汇大小写和是否数值这2类特征并将其向量化,对于不在词典中的词汇,我们设立"UNKNOWN"标记并将其向量化。经过10轮次训练后,在实体级别上命名实体识别结果的平均准确率为85%、平均召回率为86%、平均F1值为85%。

在本案例中,深度神经网络对专利命名实体的识别能力并不惊艳,仅处于可接受水平,相比普通文本中命名实体识别的一般水平低约5%,其主要原因在于定义的命名实体类别较多(18种),为每个词汇赋命名实体标签均需37选1,从而造成评测结果不佳。在我们另外一项针对专利附图标签的命名实体识别研究中,由于只需要识别专利文本中的单词或词组是否是专利附图标签,每个单词的命名实体标签是3选1,我们得到的命名实体识别平均准确率、召回率和F1值均在94%以上。

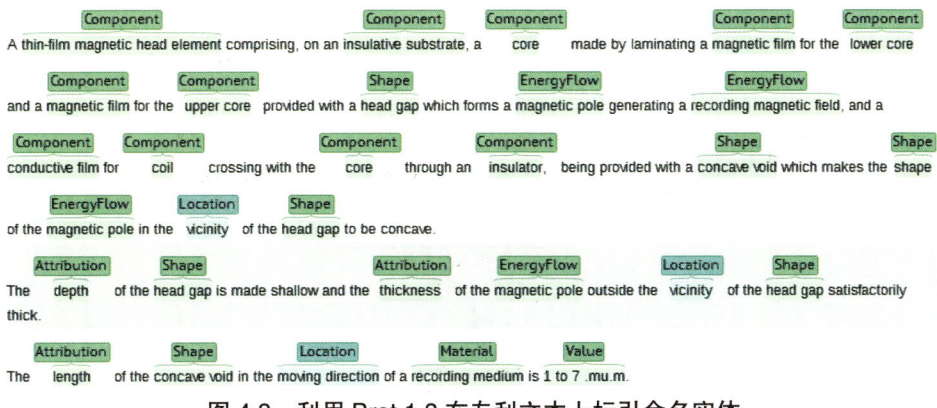

图4.8 利用Brat 1.3在专利文本上标引命名实体

4.3.3.2 专利实体消歧

本小节将聚焦于专利发明人的实体消歧工作。众所周知,专利发明人信息是一种重要的竞争情报信息分析来源,它可用于发明人及其机构技术评估、技术人才迁移、创新经济发展和创新合作网络影响力分析,进而支持国家人才政策的制定。然而在海量专利数据中,由于专利发明人同名或者由于名称缩写、中间名省略、拼写错误重名而带来的重名问题，为专利数据应用带来了严重阻碍。

我们根据美国专利商标局在 2015 年 PatentsView 专利发明人消歧研讨会上提供的 24.8 万条原始专利发明人信息，并从相关专利数据库中提取出发明人实体的一系列特征，诸如专利发明人地址、专利申请人、技术分类、扩展专利家族等信息，进而将发明人实体消歧转化为根据实体特征判断 2 个实体指称是否指向同一实体的二分类问题；对于构建两两实体对带来的组合爆炸问题，我们使用信息增益结合人工规则实现数据集划块（Blocking），即利用自动和人工方式找到能够判断 2 个原始专利发明人不是同一自然人的关键特征，然后根据这些特征将候选实体集合划分为多个子集合，通过仅对比同一子集合内的候选实体来降低比较次数，详情如图 4.9 所示。

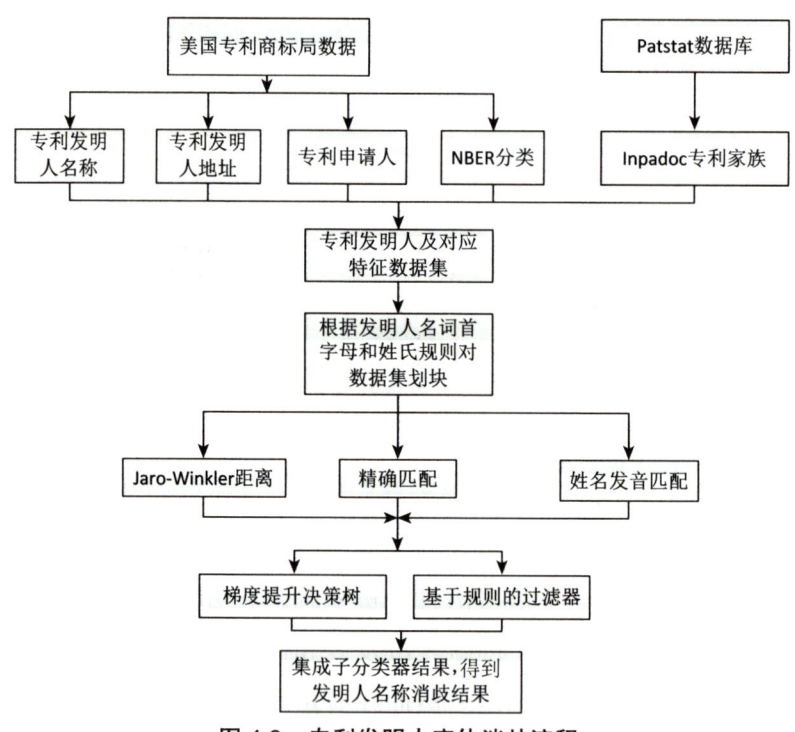

图 4.9　专利发明人实体消歧流程

最终准确率为 0.998488，召回率为 0.883155，F1 值为 0.937287，所用数据集、算法运行和人名消歧效果更多细节参见文献[15]。

4.3.3.3 专利语义关系抽取

我们提取实体指称之间的关联规则网络，并以它为桥梁建立起知识库实体与专利文本集外实体之间的关联，进而通过建立模型，为远程监督方法提供了对包含新鲜实体的语义关系的抽取能力。该方法包括基础模型和增强模型 2 个部分，具体如图 4.10 所示，其中基础模型采用线性加权方法，得到一个由关系指称 RM 指向关系类别 R 的基线关系分类器，增强模型通过关联规则建立起关系指称中的实体指称（包括 H、T）与知识库实体（hc_i、tc_i）的关联关系，进而通过存在于 hc_i、tc_i 之间的语义关系为判断 R 的类型提供启发信息，将这些启发信息和基础模型中的

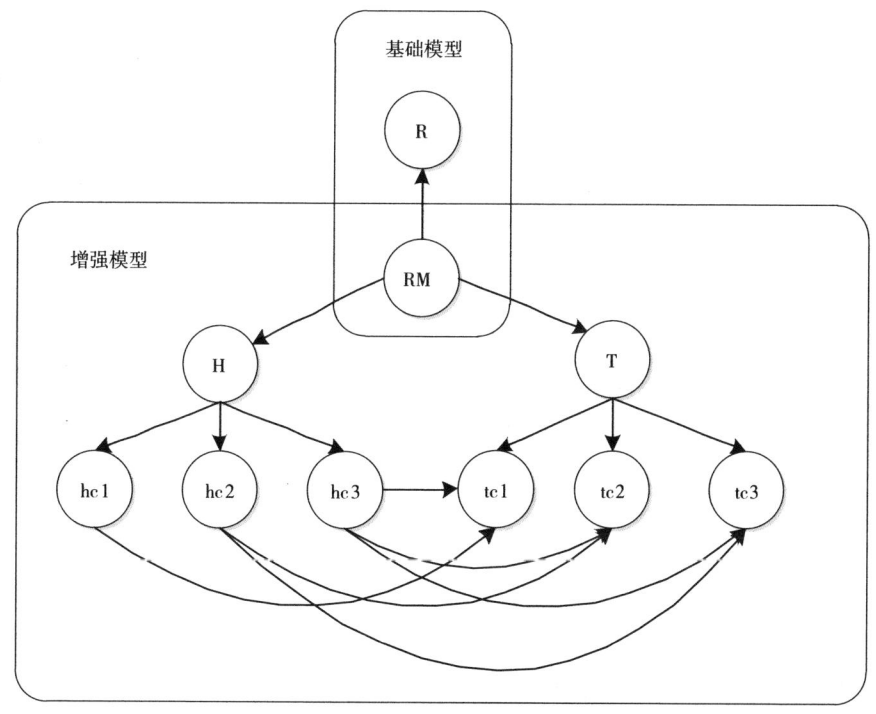

图 4.10　专利语义关系抽取方法框架

判断结果集成后,我们就可以将存在于实体指称与知识库实体之间的词形相似特征、词频共现特征提取出来,并将其融入到关系指称中抽取的实体类型、实体间词汇串及其词性、句法依赖路径等特征中间,来提升关系抽取效果。

在基础模型中我们使用的特征情况如表 4.3 所示。

表 4.3　特征说明

特征名称	备注
实体指称	包括 2 类特征:其一是 words: surface__surface=1.0;其二是 word_arg0: surface=1.0,word_arg1: surface=1.0
实体指称的类型	arg1type=1_and_arg2type=1=1.0
依赖关系路径	dependency_path_lowlevel: dep-> <-dep =1.0
依赖关系路径上的词汇	
依赖关系路径上词汇的词性	NN_NN_IN_CD_DT_CC_JJR_,_NN_TO_NN_,_IN_DT_NN_CC_DT_JJ_VBG_=1.0
实体指称之间的实体	
解析树路径	NN <- X -> NN

需要说明的是,关系抽取的特征中存在较多的序列特征,如依赖关系路径、解析树路径等,在线性模型中我们采用的特征函数定义方式是,对每类特征统计其在训练集中的出现频次,然后将高于某阈值的特征汇集成一个特征集合,将不同类型特征的特征集合合并成总特征集合,它所包含的特征数量就是输入向量 X 的大小;对于一个训练样本来说,如果它包含的特征在总特征集合中出现,那么 X 向量中对应的元素为 1,否则为 0。

最终方法总体流程如图 4.11 所示。

第四章
语义信息抽取：计算机理解科技大数据的钥匙

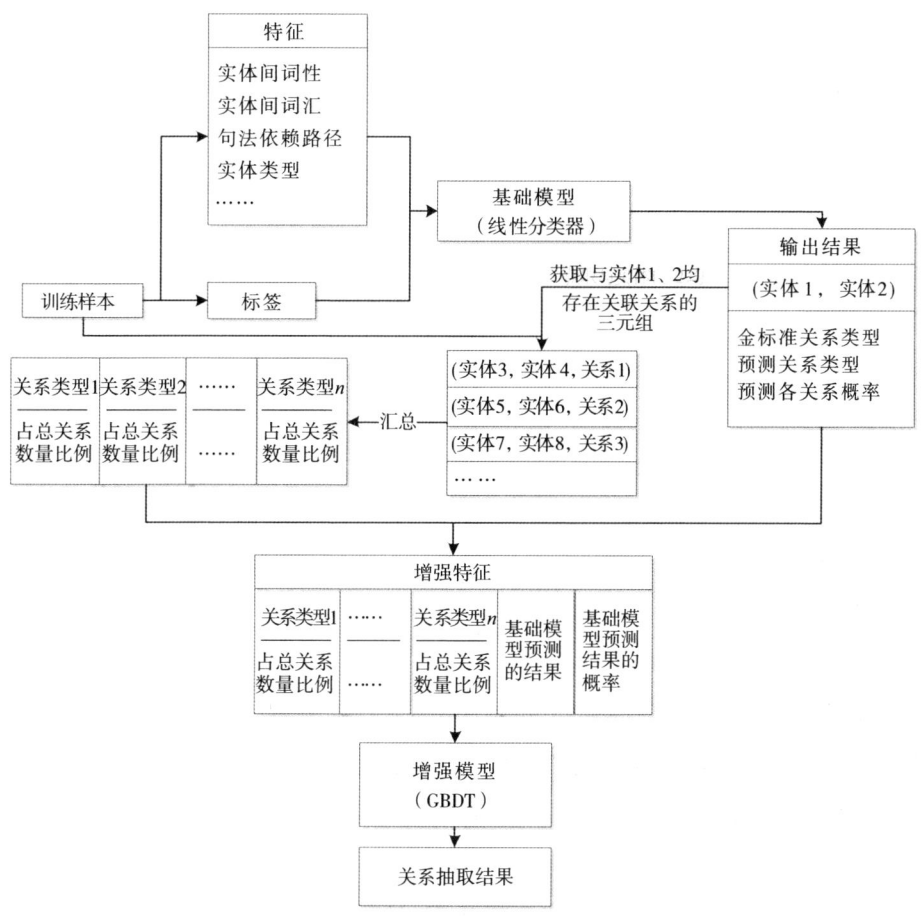

图 4.11 专利语义关系抽取流程

最终结果如表 4.4 所示。

表 4.4 专利语义关系抽取结果

标签	正确数量	预测数量	实际数量	准确率	召回率	F1 值
1	0	0	0	0	0	0
2	11	11	13	100.0	84.6	91.7

125

续表

标签	正确数量	预测数量	实际数量	准确率	召回率	F1 值
3	36	46	47	78.2	76.6	77.4
4	53	70	74	75.7	71.6	73.6
5	0	0	0	0	0	0
6	4	4	6	100.0	66.7	80.0
7	0	10	0	0	0	0
8	13	14	13	92.9	100.0	96.3
9	7	7	13	100.0	53.8	70.0
10	0	3	0	0	0	0
_NR	558	585	584	95.3	95.5	95.5
Total	124	165	166	75.1	74.7	74.9

从表 4.4 可见，关系抽取准确率很高（没有样本的 1 类，5 类关系除外），在准确率最低的关系类型 4 上也达到 75.7%，但召回率就差强人意，范围在 53.8% ~ 100%（_NR 类型表示 2 个实体间不存在任何语义关系，该关系类型的召回率 95.5% 忽略不计），平均召回率为 74.7%，究其原因，在于线性分类器中训练样本的产生方式，本项目在句子级别上进行关系抽取，实体对的产生方式是找出同一句子的所有命名实体，然后将其两两组合后来判断每个实体对之间的语义关系，这样就导致大量无意义实体对的产生，从而使训练集出现严重的样本不平衡现象，以表 4.4 为例，_NR 关系对应的样本量相比其他 10 种关系对应样本量之和，高出 6 倍，这样的训练集产生的分类器不可避免地偏好产生 _NR 的判断结果。

4.3.4 实体语义关系的应用：专利诉讼案中证据专利的识别

专利分析的一个关键应用是专利诉讼中证据专利的识别，目前主要识别方法是人工判别，虽然有研究使用 SAO 方法进行尝试，但验证实验数据量较小，结论不易推广。本书尝试将基于 Knowledge Graph 的专利表示方法应用于证据专利的识别，其基本思想是如果 2 家公司的专利较为相似，往往意味着这 2 家公司的技术产品类似，它们就有很大可能性去诉讼对方专利侵权，而证据专利就从这些高度相似的专利中抽取出来，从而将证据专利的识别问题转化为专利相似度比较问题，当前最具代表性的专利相似度计算方法是文本相似度计算，本书以该计算方法作为基线，通过对比分析证明基于 Knowledge Graph 的专利表示方法的有效性。

（1）数据采集

鉴于 IT 硬件领域诉讼案件较多，相关企业对知识产权极为重视，本书选择该领域的硬盘驱动器专利进行实证研究。2011 年 8 月，美国 Guzik 公司状告西部数据公司（Western Digital Corporation，WDC）的产品对其专利构成侵权，案件诉讼号为 5:2011cv03786，本书选择这 2 家公司的专利进行相似度对比，进而推断可能用到的证据专利。根据美国专利商标局官方网站的专利检索结果，截至 2012 年 1 月 1 日，西部数据公司拥有专利 1886 项，Guzik 公司体量较小，拥有专利 58 项，获取这些专利的专利号码和摘要信息后，通过一系列文本预处理操作对其进行清洗。

（2）建立 Knowledge Graph

Knowledge Graph 是将专利转化为图结构的基础数据，本书选择 1976—2016 年共 40 年间的硬盘驱动器领域相关专利作为样本数据构建 Knowledge Graph，具体过程是，通过术语识别技术从专利文献中抽取候选术语，并通过基于闭频繁项集的关联规则挖掘方法建立候选术语关联网络，进而对候选术语进行归并和标准化，具体技术细节参阅陈亮等的研究结果，最终基于标准化术语形成了一个包含 44 个节点和 57 条关系的硬盘 Knowledge Graph 原型，为方便展示起见，Knowledge Graph 的节点和语义关系采用中文展示如图 4.12 所示。

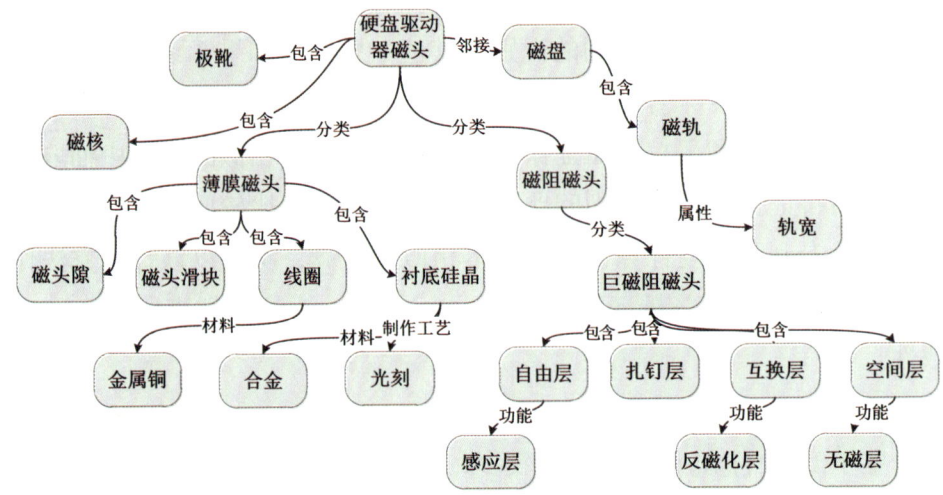

图 4.12　硬盘驱动器磁头 Knowledge Graph（部分）

建立好 Knowledge Graph 后，即可按照上述方法流程，将专利转化为 Knowledge Graph 上的片段，以美国专利商标局中专利号 4044394 为例，其转化过程如图 4.13 所示，其中白色节点是显式实体，深色节点是隐式实体。

（3）方法效果评价

为寻找诉讼西部数据公司的证据专利，对 Guzik 中每个专利，我们求得其与西部数据公司中的最相似专利的相似度，并将此相似度作为该 Guzik 专利与西部数据公司技术的相似度，按序排列后即可得到 Guzik 公司潜在证据专利的优先顺序。

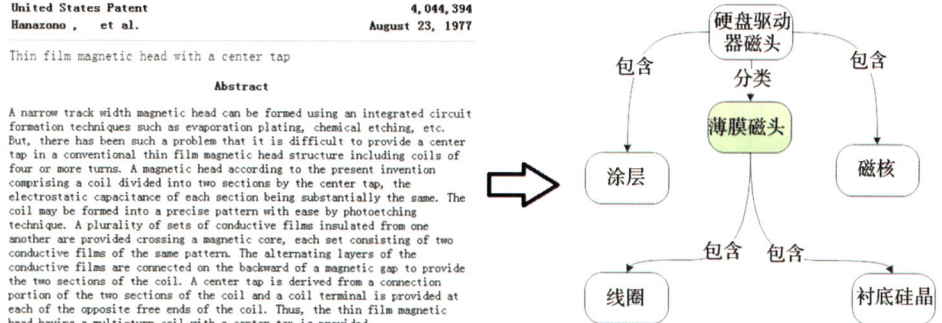

图 4.13 专利转化为 Knowledge Graph 子图图示

为对比分析效果，我们首先使用最常用的专利相似度度量方法，即文本相似度，在 Guzik 公司诉讼文案所列举的 2 个证据专利中，6785085 号专利与西部数据公司技术的相似度为 0.808，在 58 个 Guzik 专利中排名第 9 位；6023145 号专利与西部数据公司技术的相似度为 0.679，排序为第 37 位。

在基于 Knowledge Graph 的专利表示方法中，我们使用图编辑距离（Graph Edit Distance）来度量 2 个专利的相似度，所谓图编辑距离即编辑距离在图结构上的推广，其基本思想是求得将一个图转换为另一个图的最小操作次数（共有 3 类操作，即增加、删除、交换），将该次数规范化（用交换次数除以这 2 个图的平均节点数）后作为这 2 个图的距离度量。实验结果显示，6785085 号专利与西部数据公司技术的图编辑距离为 1.5，排在第 10 位；6023145 号专利与西部数据公司技术的图编辑距离为 1.2，排在第 7 位，总体来说较基线方法有明显提升。

4.4　信息抽取面临的不足和挑战

信息抽取的优势在于从非结构化文本中提炼出实体和语义关系，从而使自然语言处理更加接近真实理解其中的语义信息。当前信息抽取研究在语料的加工与选择、理论模型的改进与创新、应用范围的拓展等方面都取得了一定进展。特别是近年来，社会化网络、电子商务应用的迅猛发展，带动信息抽取的研究与应用取得了相应进步。但整体来看，信息抽取的一些深层次研究与应用仍有较大提升空间，主要面临以下几方面问题。

① 语言文本的内在结构并理解文本单元是句子从句或段落间的语义关系，篇章分析技术在信息抽取的模板生成阶段将发挥重要作用，相对于句子级别语义关系抽取技术，篇章分析研究的发展并不充分。

② 大数据时代带来的挑战。大数据意味着信息抽取对象的海量性，传统的面向特定领域、特定数量的文本信息抽取方法在大数据中应用时可能会出现各种不适应的问题。这是一个较为紧迫的课题，应引起研究者的注意。

③ 跨语言处理能力不足。随着人类交流活动的日益广泛与深入，会出现越来越多的包含有多种语言的文本，这对信息抽取在处理跨语言文本方面提出了更高要求。目前在这方面的研究还较少，研究成果也不太显著。

④ 通用性较差。前面已经提及，当前信息抽取研究主要还是面向特定领域的文本进行，个别研究成果也仅能在相关 1~2 个领域内进行抽取，这说明信息抽取系统的通用性还处于较低层次，从而影响了信息抽取应用的普及。

⑤ 应用领域的扩展。任何一种学术研究的价值最终都要体现到实际

应用中。随着信息抽取理论研究的不断发展与成熟，其研究成果将越来越多地应用到不同的实际领域中，并在这一过程中得到进一步完善。

（陈　亮）

参考文献

[1] Wikipedia. Named entity[EB/OL]. [2017-02-28]. https://en.wikipedia.org/wiki/Namedentity.

[2] 宗成庆.统计自然语言处理[M].北京：清华大学出版社，2013.

[3] BISHOP C M. Pattern recognition and machine learning [M]. New York: Springer，2011.

[4] Public 排行榜 – CCKS 2017 评测二 [EB/OL] . [2017-02-28]. https://biendata.com/competition/CCKS2017_2/leaderboard/.

[5] BISHOP A，USUNIER N，GARCIA-DURAN A，et al. Translating embeddings for modeling multi-relational data[J]. Advances in Neural Information Processing Systems，2013：2787-2795.

[6] WANG Z, ZHANG J, FENG J，et al. Knowledge graph embedding by translating on hyperplanes[C]// Twenty-eighth AAAI conference on artificial intelligence（AAAI 14）. Palo Alto: AAAI Press，2014：1112-1119.

[7] LIN Y，LIU Z，SUN M，et al. Learning entity and relation embeddings for knowledge graph completion[C]//Twenty-Ninth AAAI conference on artificial intelligence. Palo Alto: AAAI Press，2015：2181-2187.

[8] LIN Y，LIU Z，LUAN H，et al. Modeling relation paths for representation learning of knowledge bases[C]// Conference on empirical methods in natural language processing（EMNLP 2015）. DBLP，2015：705-714.

[9] Data and services [EB/OL]. [2017-02-28]. http://ccks2016.cn/ccks-ch/tasks/.

[10] 刘知远.表示学习与知识获取 [EB/OL]. [2017-02-28]. https://pan.baidu.com/s/1geGqeFx.

[11] Thunlp/KB2E [EB/OL]. [2017-02-28]. https://github.com/thunlp/KB2E.

[12] Standford named entity recognizer (NEk) [EB/OL]. [2017-02-28]. http://nlp.stanford.edu/software/CRF-NER.shtml.

[13] GRANT I, THOMAS M, ANDREW F, et al. 驾驭文本：文本的发现、组织和处理 [M]. 王斌, 译. 北京：电子工业出版社, 2015.

[14] Brat rapid annotation tool[EB/OL]. [2017-02-28]. http://brat.nlplab.org/.

[15] PatentsView inventor disambiguation workshop [EB/OL]. [2017-02-28]. https://www.uspto.gov/about-us/organiza-tional-offices/office-policy-and-international-affairs/patentsview-inventor.

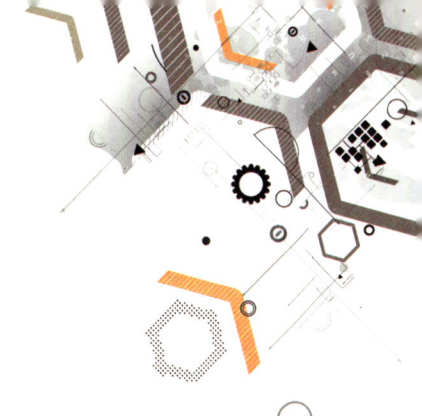

第五章

大数据时代的伯乐：从科技团队创新能力评价看科技评价工作

创新是一个民族进步的灵魂，是国家兴旺发达的不竭动力。随着科学技术创新对国家经济和社会发展贡献率的不断提高，增强自主创新能力，建设科学、完善的国家创新体系，已成为我国建设创新型国家的战略基点。而科技评价作为科技管理中的重要一环，在科技创新能力评估、创新团队发现与培育中具有举足轻重的作用。本章试图从科技团队评价的角度来揭示科技团队的人员构成及组织管理、科技团队的基本特征、组建原则及意义、制约科技团队发展的因素、科技团队的能力与效能评价和科技团队的判定标准与培育。如果您对科技团队的遴选方法和支持标准有疑问或困惑，本章也许会为您带来一些启发。

5.1 科技评价：不评价，无优化

科技评价是科技管理的工具，是对科学技术活动进行监测、调控、管理的手段，它具备判断、预测、选择和导向的功能。通过科技评价，科研管理部门能够掌握本单位的学科背景、科研能力、优势方向和竞争环境等方面的情况。科技评价是科技管理工作的重要组成部分，是推动国家科技事业持续健康发展、促进科技资源优化配置、提高科技管理水平的重要手段和保障。合理、有效的科技评价体系能够更好地激发科技人员的创新潜力，营造科技创新环境，促进我国科学技术研究开发与国际接轨，推进国家科技创新体系的建立和发展；能够正确引导科学技术工作健康发展，增强我国的科学技术持续创新能力，提高我国科学技术的实力和水平，推动科技产业化，促进科学技术持续健康发展；有利于高素质科技人才队伍的成长与发展；有利于提高政府对科学技术的管理水平，促进全社会对科技的重视和支持[1]。

一个学科、行业领域或者企业的科技研究开发活动作为科技创新过程的前端，其投入数量和投入强度对科技创新的产出结果和产出效率有着直接影响。但研发活动的创新实力、经济效益和社会效益需要经过复杂的中间过程，有时甚至要经过较长时间才能充分显现，而且很多产出影响具有不可测度性。对于这些学科或行业企业的科技团队进行评价，能够识别有创新能力的团队，判断和挖掘某个团队是否具备资助或扶持的价值和潜力。对人员的评价能够向研究开发人员提供正确的支持意见和改进建议，为研究开发人员的工作创造一个宽松稳定的环境，激励研究开发人员进行更有成效的研究开发活动，避免导致急功近利的短期行为。

5.1.1 科技评价的概念、特点及功能

科技评价，又称科学技术评价或科技评估。2003年国家科学技术部发布的《科学技术评价办法（试行）》对此给出了官方解释："科学技术评价是指受托方根据委托方明确的目的，按照规定的原则、程序和标准，运用科学、可行的方法对科学技术活动及与科学技术活动相关的事项所进行的论证、评审、评议、评估、验收等活动。"科技，是指科学和技术；评价是指从人类活动行为中发现行为的意义与价值，揭示价值内涵的一种根本方法与手段。而评价的实质是指人把握被评价对象对人类

第五章
大数据时代的伯乐：从科技团队创新能力评价看科技评价工作

社会发展、经济发展及人类生存环境的改善等方面产生的意义与价值的这样一种观念性活动。由此可以推断出：科技评价就是要对某一项科技活动对人类社会发展、经济发展及人类生存环境改善等方面所产生的意义和价值做出一种观念性的判断。

科技评价的主要特点是：第一，由社会需求推动；第二，综合应用了多个学科的知识和技能；第三，侧重于实践活动和改变世界；第四，受到科技评价委托方和评估者的价值观制约。科技评价主要是针对国家或地方重大科学技术计划的设立和实施效果进行评价，为改进科学技术计划的决策与管理、优化资源配置提供依据。科技评价应以满足科学技术、经济、社会发展和国家安全的战略需求为导向，以促进国民经济和社会发展中重大的科学技术问题及科学技术前沿重大问题的突破和解决为评价重点。

随着科技评价的广泛展开，科技评价的对象也日趋广泛，包括期刊、科技人员、研究团队、研究机构与大学、研究领域、学科、研究项目、研究计划、科技政策及科技竞争力、科技奖励等。科技评价的基本程序是：评价准备、评价设计、信息获取、评价分析与综合、撰写评价报告。

科技评价的功能主要包括以下几点。

①判断功能：评价的基本功能是判断，也就是判断客体所具有的价值及其对主体的满足程度。在评价中，判断主要表现为2种类型：一是要做出是否有价值的判断，二是要做出有关价值大小和满足程度的判断。

②选择功能：选择功能主要表现为要根据主题要求，对若干个客体所具有的价值在满足主体要求的程度进行比较、排出顺序或选择出满足程度最高者。在一些竞争性评选（如院士评选、科技奖励、科技项目招标等）中，评价的选择功能表现得尤为突出。

③预测功能：评价的第3个功能就是预测功能，即通过评价活动预测经过某种努力可能获得的价值。例如，在科技计划与项目的管理过程

中，都需要利用评价的预测功能，在立项前要预测根据计划中的投资、技术路线、研究团队、研究条件、应用前景等进行估计，预测原定目标是否能够实现，在过程评估中也要根据项目已经完成的情况和外部因素变化情况，对项目目标能否实现做出预测。

④导向功能：评价是一种管理工具，评价活动的目的不仅仅是描述和判断实践活动的价值，而且也是对被评价者的一种引导，使之向着符合价值主体目标的方向发展。在实践中，管理者常常通过评价活动本身，通过在评价中使用的指标、指标的增删及其权重的选择，向被评价者发出引导性信号。因此，导向功能也是评价活动的最基本、最重要的功能之一。

5.1.2 科技评价工作的分类

科技评价的分类方法，概括起来有 4 种方式。按评价阶段可分为事前评价、事中评价和事后评价；按评价对象可分为计划评价、竞争力评价、期刊评价、项目评价、机构评价、人员评价和成果评价等；按照评价方法可分为定性评价（同行评议、问卷调查等），半定量评价（案例研究、回溯法等）和定量评价；按照评价比较方式，可分为横向评价和纵向评价[2]。

（1）科技计划评价

为了促进企业创新和提高国家竞争力，各国政府纷纷通过制订各种科技计划、政策和法规来支持研发和技术创新活动。政府科技计划不仅强调提高国家竞争力的科技储备和国家创新体系建设，而且通过贯彻政府对科技发展战略及目标的宏观引导意图，实施关系国家利益、发展目标和产业发展的前瞻性重大科技研究与开发项目，以充分体现国家科技发展战略。另外，政府科技计划和研发投入是一种竞争性很强的稀缺资源，对这一资源的获取和占有是许多研究机构生存和发展的基础。因此，各国都非常重视科技计划的评价。

科技计划评价应满足以科学技术、经济、社会发展和国家安全的战略需求为导向，以促进国民经济和社会发展中重大的科技问题及科技前沿重大问题的突破和解决为评价重点。

（2）科技竞争力评价

科技竞争力是国际竞争力的重要组成部分，是国际竞争力发展的动力。国家（地区）科技竞争力是指在一定的科技支撑环境下，通过研发、技术扩散等科技活动，反映出科技活动主体的创新效率及科技促进经济发展和推动社会可持续发展的能力。

科技竞争力评价是人们正确认识一个国家或地区科技活动的本质和科技竞争力的构成要素、全面了解科技竞争的优势和弱点的重要基础，也是政府对科技活动进行宏观调控、正确地制定科技发展规划和科技政策的重要依据。

（3）科技期刊评价

科技期刊作为知识传播的一种特定媒体，其使命就是反映科学研究的产出成果，推动科技的交流和发展，促进自主创新。这就决定了科技期刊的服务对象是广大的科技创新主体和应用主体，出版发行与我国科技实力相当的科技期刊是我国科技界专家学者的一致目标。而科技期刊评价正是实现上述目标的工具。通过科技期刊评价，建立一个稳定、规划的期刊评价体系，能够对科技期刊在科学活动和文献交流中所起的作用及其质量的优劣做出客观、全面的评价，以使期刊得到改进和完善。

（4）科技项目评价

根据项目的不同特点，科技项目评价选择合理的评价程序、评价标准和方法，注重评价实效。

重大项目实行全程评价，一般项目侧重立项评审和结题验收。战略性基础研究项目评价应以解决经济、社会、国家安全及科学自身发展中的重大基础科学问题为导向，以科学前沿的原始性创新和集成性创新、对国家重大需求的潜在贡献及优秀人才培养为评价重点。应用研究项目评价应紧密结合经济建设和社会发展的需求，以技术推动和市场牵引为导向，以技术理论、关键技术和核心高技术的创新与集成水平、自主知识产权的产出、潜在的经济效益、社会效益等要素作为评价重点。产业化项目评价以建立成果转化和产业化机制、发展高新技术产业、优化产业结构为导向，以培育具有自主创新能力的高新技术企业作为评价重点。

（5）科研机构评价

科研机构评价是科技宏观管理的重要环节，对推动科学研究事业具有非常重要的作用，是国家和政府管理部门掌握科研机构基本情况、制定科研管理政策、提高科技投入效益的重要手段。通过对科研机构进行评价能够提高和增加科技管理工作的科学性、公正性及透明度。通过对科研机构评价引入竞争机制，可以实现人力、资金和科研项目等资源的优化配置，从而最大限度地维护公众的利益。科研机构评价已成为现代科技管理的必要手段和科学决策的重要依据，受到各国政府科技管理部门的高度重视。

（6）科技人员评价

科技人员评价以促进形成"公平、公开"的竞争与合作机制和优秀人才脱颖而出为导向，以其代表性产出和业绩、创新潜力和职业道德等为评价重点。根据科技人员所从事的工作性质和岗位，确定相应的评价标准，对其进行分类评价。

对从事基础研究工作的人员评价应重点考察其创新研究能力和潜力、学术水平、工作业绩、学术影响等。

对从事应用研究工作的人员评价应重点考察其对核心技术、关键技术的创新与集成能力和潜力、工作业绩、获得的自主知识产权等。

对从事科技成果转化与产业化工作的人员评价应以市场评价为主，重点考察其推动科技成果转化和产业化的能力及取得的经济效益和社会效益等，一般不以学术论文发表作为主要评价指标。

对从事保障与实验技术工作的人员评价应重点考察其作为研究与发展活动提供服务的能力和水平、工作质量、工作责任心、服务的满意度等，一般不以发表学术论文或获得成果、专利为主要评价指标。

（7）科技成果评价

科技成果评价以鼓励创新，加快人才培养，促进科技成果转化和产业化，增进科技和经济、社会发展密切结合为导向，以科学价值或者技术水平、市场前景作为评价重点。

基础性研究成果应以在基础研究领域阐明自然现象、特征和规律，做出重大发现和重大创新，以及新发现、新理论等的科学水平、科学价值为评价重点。在国内外有影响力的学术期刊上发表的代表性论文及被引用情况应作为评价的重要参考指标。

应用技术成果应以运用科学技术知识在科学研究、技术开发、后续开发和应用推广中取得新技术、新产品，获得自主知识产权，促进生产力水平提高，实现经济和社会效益为评价重点。应用技术成果的技术指标、投入产出比和潜在的市场经济价值等应作为评价的重要参考指标。

软科学研究成果应以研究成果的科学价值和意义，观点、方法和理论的创新性及对决策科学化和管理现代化的作用和影响作为评价重点。软科学研究成果的研究难度和复杂程度、经济效益和社会效益等应作为评价的重要参考指标。

5.1.3 常用的科技评价方法

为准确、客观、有效地进行科技评价，多年来世界各国进行了大量探索，目前采用较多的科技评价方法主要包括以下几种。

（1）同行评议法

同行评议法是充分依靠科学家群体对科学技术活动（包括科研活动、科研资助、科研管理等）进行民主管理的一种方法（或制度），是指某一领域或与其邻近领域的专家采用同一种评价标准,共同对涉及相关领域的某一事项进行独立的价值评议的过程,其评价结果为有关部门的决策提供依据。同行评议法广泛应用于科学出版物(论文、著作等)的评审,学位、荣誉和职称评定,科研项目评审,科研成果的验收与评奖,科研机构评价,科技政策和科技计划评价等各类科技评价活动中。

(2)案例与回溯评价法

案例与回溯评价法的优势是可以清晰地描绘研究工作的关键事件及其价值,以及内外因素对研究工作的影响;而此方法的不足之处是评价结果难以反映整体,结论不具有普适性,且成本高、研究周期长。一般适用于投资周期长、投资强度大的重大科技计划(项目)、大科学工程及科研机构的评价等。

(3)文献计量评价法

文献计量评价法是利用科学产出的文献计量指标的定量数据,采用数学和统计学方法,对科学活动规律及其影响进行研究与分析的一种方法。文献计量评价法利用各种数据库,采取论文指标、引文指标、专利引文指标等从宏观层面研究国家的科学能力、科学前沿发展趋势、科学活动的水平及影响,具有统计学意义上的合理性和可信度,对国家宏观科技政策和科技管理具有一定的参考价值。在微观层面上,例如,在评价科研人员或某一个具体项目时,文献计量指标存在诸多局限性,如指标的单一性、学科间的不可比较性、科学价值的不可表征性等,导致其客观性大打折扣。

(4)经济计量评价法

经济计量评价法是基于投入—产出模型或生产函数模型对科技活动效率或效益进行评估的一种方法。由于其产出指标主要采取生产要素和经济效益指标,该方法一般仅适用于开发类研究活动或科技产业化的评价,不适合基础研究和应用研究。针对宏观层面的基础研究和应用研究的绩效评估,有时可以采用投入产出统计指标来测度科研活动的投入产出效率，如单位投入产出的论文数、引文数、专利数、获奖数等，或产出单位论文数、引文数、专利数、获奖数所需的投入成本。

（5）定标比超法

定标比超法（Bench Marking）是经济活动领域中应用最广、影响力最大的竞争情报方法之一。开展学科领域的国际定标比超评价时，一般要回答3个问题：①本国在该领域相对于其他国家和地区处于什么样的地位？②影响本国在该领域的研究绩效是什么？③基于现在的发展趋势，本国在近期和远期会处于什么样的相对位置？定标比超法一般多应用于学科领域的国际比较及科研机构的诊断和战略性评价。

5.2 基于文献计量的科技团队创新能力评价

基于文献计量的科技团队创新能力评价，是以科技团队的创新能力为评价目标，以科技团队产出的文献为评价对象，根据科技团队产出的文献与其创新能力的关联，依据文献计量与科技团队创新能力评价的关系，通过构建基于文献计量的科技团队创新能力评价模型，设计基于文献计量的科技团队创新能力评价指标体系，采用专家调查方法评估评价指标体系的合理性，并对各项指标的权重进行设置。在此基础上，通过实证检验评价指标体系的可行性和适用性。

基于文献计量的科技团队创新能力评价研究建立的假设条件是，"文献计量评价法确有局限性，但在某些层面上可以反映团队的创新能力，在一定条件下可以用于科技团队创新能力的评价"。

5.2.1 科技团队的概念和类型

科技团队是众多团队生产形式中的一种。其在组成模式上、运行制度和内外部条件上，既与其他团队存在诸多共性特征，又与其他团队在某些个性特点上存在差异。总结各种文献和研究报告中对科技团队的定义，本章为科技团队给出这样的定义：科技团队是由核心带头人将多个相关学科的研究者聚集在一起，为了特定的研究方向和目标，以团队生产的方式协作开展科学研究与发展工作，向社会同时输出科技创新成果和创新人才，在相关领域具有一定学术成就和优势的团队组织。科技团队一般具有下列特征[3]：①具有特定的研究方向。②具有互补性的成员关系。③具有较为明确的组织边界。④以突出的科研人才为核心。⑤以项目和人才建设为导向。

总体上，科技团队的类型和规模不拘一格，可以根据学科发展或科研项目需要实事求是地组织而成。从宏观角度来看，科技团队成员都是以科技创新活动这一共同目标为核心，彼此凝聚在一起。从微观角度来看，团队每一个成员都因其与某一个具体的具有焦点性质的人或事物发生了情感上和利益上联系而产生了组织的凝聚效应。

团队类型的差异会影响到文献的产出。不同类型的科技团队，具有不同的团队目标，侧重点存在差异，产出的文献也有所不同，有些类型的科技团队较少生产文献，有些类型的团队则以文献为唯一创新成果。一般情况，以技术、产品等为创新目标的团队，更重视实际的"硬"成果，这样对于文献的生产可能没有那么重视。而对于以软科学为研究对象和创新目标的团队，其创新成果主要以文献的形式体现。在这个层面上，团队生产的文献与团队的类型具有一定的相关性。

为此，在构建评价模型时，设定了这样的条件，即基于文献计量的创新能力评价与团队类型具有相关性。团队类型作为重要因素，影响基于文献计量进行团队创新能力评价的权重值。

5.2.2 科技团队的生命周期

团队具有生命周期，团队的创新能力相应地发生变化。

第五章
大数据时代的伯乐：从科技团队创新能力评价看科技评价工作

团队是一种组织形式，团队的生命周期是指团队从组建到终结的时间过程。组织生命周期思想认为，团队组织同人一样具有生命周期，是一个连续的自然过程，有它的童年、青年、壮年和老年时期。团队的生命周期一般可以划分为形成、成长、成熟和终结阶段。科研创新团队因任务存在而存在，因任务结束而解散。然而，由于其任务的独特性和知识、技术的密集性，团队成员只能被阶段性地使用，一方面，随着工作的进展，人员的组成在团队生命周期内会不断发生变化，尤其是对于那种技术构成复杂、生命周期较长的团队，只有很少人员能够始终留在团队；另一方面，科研项目一般分为许多个阶段，在每一阶段团队成员所承担的任务功能并不都相同。因此，科技创新团队是一种柔性的组织，其成员具有高动态性。另外，创新具有非线性、随机性和不确定性。创新的来源与创新机会的产生是不可预测的，因而动态创新团队的组成也是不确定的。科研创新是一个动态发展的过程，在各个阶段需要不同角色的参与。因此，在组建团队时不必将所需要的人员在同一时间全部集中起来，应根据任务的需要，合理安排出与进，构建面向创新目标的团队[4]。

①形成阶段。这是指团队形成前到团队正式形成的一个阶段，是选择合适的成员组成团队的时期。从项目团队成立的目的来看，它一般是为了开发一种新产品或者提供一项新的服务，因此，对成员的知识技能要求较高，需要成员具有较高的技术水平和知识储备及不断学习和创新的能力。同时，成立项目团队，意在发挥团队快速响应和凝聚集体智慧的优势，更加需要团队成员间的相互合作、相互支持，所以需要较为系统地考核成员的协调合作能力，包括对团队其他成员工作任务的认识、口头交流、个人成长、问题解决、责任承担、领导技能等。因此，在选择项目团队成员的时候，通过对被选者专业技能、基本素质当然也包括过去的工作经历和背景等各方面的考核，最终确定较为合适的人选。

②成长阶段。这是团队正式形成之后，团队工作逐渐步入正轨，团

队成员开始通过个人努力和彼此的合作共同在所研究的项目上获得初步的成就。团队成立之初，成员合作的意识还没有形成，工作的独立性较强，此时的重点是营造一种信任、关怀、相互支持的合作氛围，注重团队的整体效率，共同开发团队能力。同时，还需要提高团队成员对自己团队的自豪感和所有感，并不断提高其认同感和归属感。

③成熟阶段。进入成熟阶段，团队工作进展顺利，项目取得关键性的突破，团队成员自由沟通，合作意识加强。这一阶段是出成绩的阶段，团队的创新能力体现在包含文献在内的各种创新成果的产出。成熟团队的首要任务是推动工作进展，以保证最终成果的实现。由于既有的工作方式已经基本形成，合作沟通的氛围已经建立。合作和交流是团队的基本工作手段，项目及时高效地完成才是项目团队的存在目的。在为共同愿景奋斗的进程中，成员的工作技巧得以培养，工作经验逐渐积累，责任心和团队精神日益增强，逐渐成为一支真正具有战斗力的优秀团队。

④终结阶段。项目目标已经基本实现，团队即将解散，此时需要对整个项目团队做一个综合的评估。进入衰退期，一方面需要通过对项目团队的整体绩效做出评估，以考核项目的完成过程中的能力；另一方面，也需要对团队成员的能力做出公正科学的总结。能力评价的重点主要是个人的综合绩效及团队的产出。项目团队任务明确，业绩是团队成立的最终目的，因此，在项目团队解散之际，需要对目标的实现情况做一个综合评估，以此判断项目的成功与否。对个人也需要做一个总体的评价，尤其是产出和能力的评估，作为以后项目团队选择成员的重要根据。

随着团队沿着生命周期4个阶段的演化，团队的结构、人员、创新和目标等都可能发生变化。由于团队的发展变化，团队的创新能力相应也是发展变化的。即团队创新能力与团队当前所处的生命周期之间存在对应关系，团队有形成发展终结的过程，团队的创新能力也有相应的形成发展终结过程,可以理解为创新能力是随时间变化的。因此,对团队创新能力的评价,是对团队在某一个时间段或在某个项目中表现出来的创新能力状况进行评价。团队及成员的创新潜力与创新能力演化如图 5.1 所示。

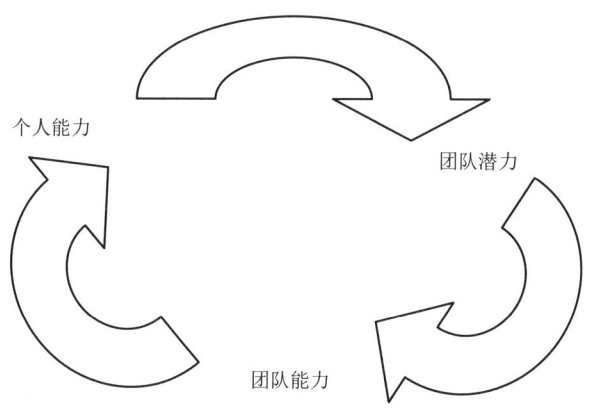

图 5.1　个人与团队能力演化示意

按照文献生产的一般规律,通常在团队的组建和终结阶段,团队生产的文献较少,对基于文献计量的团队创新能力评价而言,此时反映的创新能力较弱;在成长及成熟阶段,伴随着创新成果的不断涌现,相关文献也不断推出,对基于文献计量的团队创新能力评价而言,此时反映的创新能力较强。

在团队形成阶段,构成团队的各成员通常具有之前的文献生产背景,对于个人而言,是其创新能力在文献方面的体现;对于其参与的团队而言,则是构成了团队的创新潜力。成员之前的文献背景,可以作为选择适合成员的重要依据。任何团队都是由个体成员构成的,然而不是所有个体都适合成为团队的成员。因为团队是有目标的,与目标相悖个体的存在将极大地降低团队的效能。因此,在团队建立初期、发展过程中一直存在着团队成员的选择问题。对于成员的选择,所看重的不仅是其受教育背景、综合素质，还要考虑候选人所具备的对团队所从事事业的热忱度、新知识的学习能力和一定的逻辑分析能力，同时候选人个人性格的开放性与协作性也是受考察的重点。

在团队成长阶段，团队成员的创新潜力逐步成长为团队的现实创新能力。随着成员之间工作关系的理顺、相互信任的建立、工作程序和各种制度的建立，团队逐步成长，从组织意义上的团队成长为真正科技创新的团队，此时团队已经确立共同愿景。在一个群体中，只有共同的愿景才能使团队的成员知道自己明确的角色和任务，从而真正组成一个高效的群体，把工作上相互联系、相互依存的人们团结起来，使之产生1+1>2的合力，以便更有效地达成个人、部门和组织的目标。团队的愿景与成员目前的最关键需求之间，必须产生必然的、令人信服的联系，否则团队愿景只会成为谁都不相信的口号。

在团队成熟阶段，随着团队的成熟，团队优势得以发挥，创新能力不断增强。在团队终结阶段，团队的创新能力部分转化为成员的能力，构成下一个团队生命周期开始的潜力。

5.2.3　科技团队创新能力评价模型

基于文献计量的科技团队创新能力评价要素由文献规模、文献成果生产力、文献成果影响力、团队成员文献计量情况等构成。具体包括本研究领域生产的文献成果的数量、文献成果的学术水平、团队的学术活跃程度、学术合作情况、文献成果的生产率、文献下载量、文献引用情况等要素。通过对这些要素的计量、统计、分析，对从文献计量角度体现出来的科技团队的创新能力进行评价。

科技团队创新成果、文献计量与文献计量角度的科技团队创新能力之间的逻辑关系是：各种类型的创新成果中都涉及或包含文献，都可以作为科技团队的文献创新成果。通过对这些文献创新成果进行计量分

第五章
大数据时代的伯乐：从科技团队创新能力评价看科技评价工作

析，可以得出文献规模、文献成果生产力、文献成果的影响力、团队成员的文献生产情况等。这几方面的结果由更为具体的文献计量指标支撑，如本领域的文献量、学术水平、文献生产量、文献下载、文献引用等。这些指标构成了文献计量角度的科技团队创新能力。

文献计量角度的科技团队创新能力评价要素如图 5.2 所示。

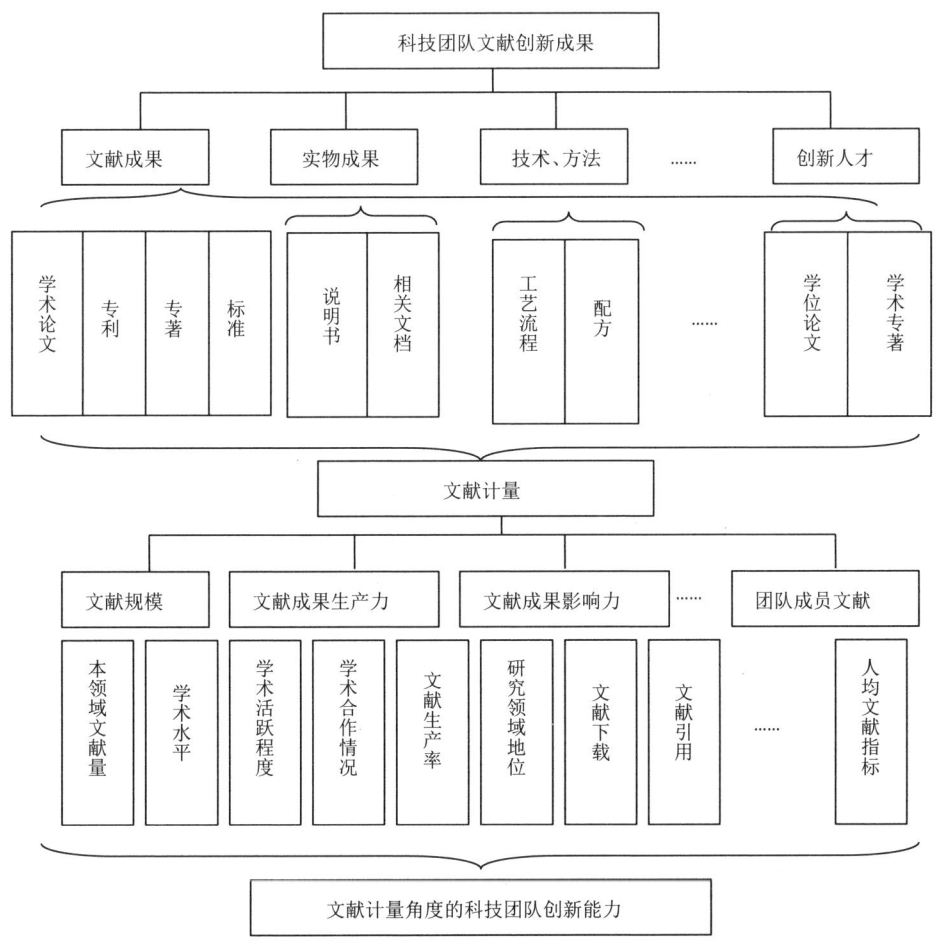

图 5.2　基于文献计量的科技团队创新能力评价要素

①科技团队的创新能力随着时间和空间的变化而变化，团队生命周

期和团队类型对创新能力的结果有着重要影响。

团队产出的文献体现其创新能力,团队具有生命周期,基于文献计量的科技团队创新能力是随着时间和文献的发展变化而变化的。也就是说,在基于文献计量的科技团队创新能力评价中,随着时间和文献的变化,团队的创新能力是发展变化的。随着团队的成长,采用基于文献计量的方法评价得出的科技团队创新能力结果是动态的。这体现了团队的生命周期,以及以文献形式表现出来的团队创新能力。

团队生命周期阶段与基于文献计量的团队创新能力变化示意图如图 5.3 所示。在团队形成阶段,主要表现为创新潜力;在成长阶段,潜力比较迅速地向实际创新能力转化;在成熟阶段,创新能力处于较高水平的增长期,增长速度可能会比成长阶段慢,但创新能力却高于成长阶段;在终结阶段,团队的创新能力停留在团队终结之时之处。

该团队的创新能力影响存在于团队成员之中,并在这些成员参与其他团队之时,成为该团队的创新潜力,并在适当条件下向该团队的创新能力转化。

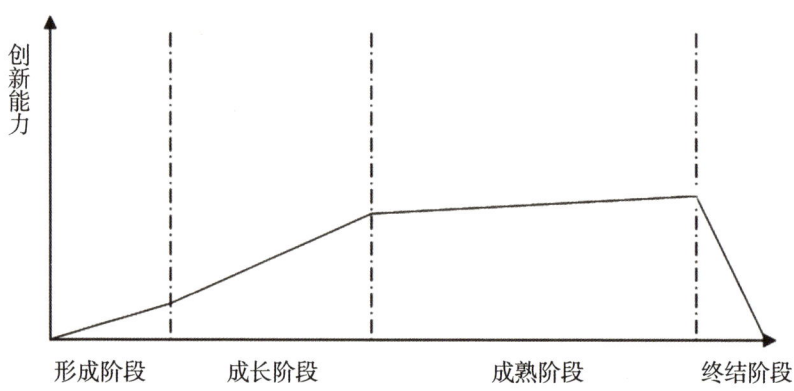

图 5.3 团队生命周期阶段与基于文献计量的团队创新能力示意

②基于文献计量的科技团队创新能力由各项文献计量要素代表的创新能力组合构成。

基于文献计量的科技团队创新能力是各项文献计量要素代表的团队创新能力的组合。在本模型中，基于文献计量的团队创新能力主要考虑团队产出的文献规模、团队文献的生产效率、文献成果的影响力等要素，即基于文献计量的团队创新能力是团队文献规模 × 权重、团队文献生产的效率 × 权重、文献成果的影响力 × 权重的组合。团队文献规模主要考虑团队产出的各种文献；文献生产能力主要考虑团队的文献产出效率；文献成果的影响力主要考虑文献的下载、引用等情况。

5.2.4 科技团队评价指标体系设计

指标的本意是计划中规定达到的目标。评价指标既是评价的标准又是要实现的管理目标。基于文献计量对科技团队创新能力进行评价的意义在于，通过评价发现当前科技团队创新活动中的规律和特点，以及存在的不足之处，找出可以改进的重点，作为科研团队管理的依据和参照。基于文献计量的科技团队创新能力评价指标设计的主要依据如下。

①组织结构健全，有不同层次的人参与其中，如博士、硕士、学术带头人、（访问学者）等，这样在研究中所涉及的不同层次的工作（数据收集、数据分析、研究概念设计、组织实施等）都会有不同层次的人来完成，一是不会浪费人才资源；二是每个人都做自己力所能及的事，能让人的能力通过科技团队的运作得到提升。

②研究方向合理。第一，科技团队具有特定的研究方向。而且科技团队一般是经过多年积淀而处于领先地位的优势学科的发展前沿问题，科技团队在合作研发进程中会根据实际需要逐步调整方向。第二，科技团队大都是以项目和人才建设为导向，是科研组织所拥有的一系列科研项目和科研人才的集合，这些项目大都有着共同的科研战略目标，这些

人在共同有限的资源支撑下相互合作、相互促进。

③有创新性成果。科技团队的创新能力主要表现形式包括以下3个方面：一是科技团队创新活动所取得的新思想、新方法和新成果。二是科技团队创新行为。这类创新行为是指在实现科技团队目标的过程中，团队成员所发生的一系列具有创造性的行为活动。它们通过科技团队成员在进行科研任务的过程中表现出来。三是科技团队创新成果。这里的创新成果是指在科研期间团队创新所出的成果。这3种创新能力之间是一种相辅相成的关系。这种关系具体通过以下两个方面表现出来：一方面，科技团队较强的创新行为和创新能力能够产生出数量较多、质量较优的科研成果；另一方面，科技团队发生的创新行为和创新思想在考核过程中往往会出现识别比较困难的问题。因此，本部分主要针对科技团队的科研成果进行评价，继而从这一角度折射出科技团队的创新能力。此处指的科研成果是指科研团队进行科研活动的过程中，各种受到外界认可的产出的表现形式。主要包括学术论文、专著、专利3个方面。这3个方面都是科技团队创新成果的结果性指标，专著、论文等科研成果都是由国家或国际统一的期刊或出版社等公开出版和发表的，这些成果都通过了相关机构的评审程序，具有较高的认可程度和价值。

基于文献计量的科技团队创新能力进行评价是多层次决策问题，采用专家调查法是较为现实可行的获取评价数据的手段。因此，通过征询专家的方法意见设计了"基于文献计量的科技团队创新能力评价指标体系"，第1轮征询意见是对评价指标体系设置的合理性进行调查，以此为基础对各项指标进行修订。第2轮征询意见旨在修正第1轮调查结果的指标体系中各项评价指标的权重设置。

通过对全部有效问卷的调查数据进行统计分析可以看出，此次基于文献计量的科技团队创新能力评价指标体系的设计是具有可行性的，如表5.1所示。

第五章
大数据时代的伯乐：从科技团队创新能力评价看科技评价工作

表 5.1 基于文献计量的科技团队创新能力评价指标体系

目标	一级指标	二级指标	三级指标
基于文献计量的科技团队创新能力	团队文献产出量	论文	三大数据库收录论文
			国内核心期刊论文数
			H 指数
			论文下载数
		专著	独著或第一著者
			其他著者
		专利	申请发明专利数（国际）
			申请发明专利数（国内）
			授权发明专利数（国际）
			授权发明专利数（国内）
		标准	标准数量（国际）
			标准数量（国内）
			产品标准
			方法标准
	团队文献产出效率	团队产出效率	总体文献产出率
			基金资助论文比
			人均发文周期
			人均发文数量
		团队合作效率	合著强度
			协作有效性
	团队研究成果影响力	中文成果学术影响力	团队成员国内论文被引次数
			发表论文期刊影响因子
		外文成果学术影响力	团队成员国际论文被引次数
			Q1 论文比例

5.2.5 科技评价案例

（1）评价对象的选取

选取国家自然科学奖、国家科技发明奖和国家科技进步奖一等奖、二等奖各2支获奖团队，使用前面构建的基于文献计量的科技团队创新能力评价指标体系，以表5.2中12支团队为研究对象进行实证。

表5.2 获得国家各类科技奖项的团队概况

奖项	级别	学科	团队
自然科学奖	一等奖	化学	A 团队
		材料科学	B 团队
	二等奖	化学	C 团队
		化学	D 团队
技术发明奖	一等奖	电子与通信科学技术	E 团队
		材料科学技术	F 团队
	二等奖	农业科学技术	G 团队
		矿山科学技术	H 团队
科技进步奖	一等奖	临床医学	I 团队
		预防医学与卫生学	J 团队
	二等奖	农业科学技术	K 团队
		农业科学技术	L 团队

（2）数据源的选取

入选团队的国内论文、国际论文及专利数据来自于以下数据源。

国内论文：国内论文数据来源为CSTPCD（《中国科技论文与引文

数据库》)。CSTPCD 是在中国科学技术信息研究所历年开展科技论文统计分析工作的基础上,由万方数据开发的一个具有特殊功能的数据库,分成论文统计与引文分析 2 个部分。全部数据来源于国内科技类核心期刊,以及国家科技部年度发布的科技论文与引文的统计结果。该数据库集文献检索与论文统计分析于一体,有助于科技人员查找重要科技论文及有关参考文献,帮助各级科技管理部门和各科研机构、高等院校掌握全国和各单位及部门科技论文的发表情况,了解历年来我国科技论文统计分析与排序结果,开展科技论文的引文分析。

国际论文:国际论文的数据来源为国际重要检索系统——SCI、EI 和 CPCI-S。

SCI(Science Citation Index,科学引文索引)是世界上最具权威性的通过引文检索评价论文及期刊质量的检索数据库。收录内容涉及数、理、化、农、林、医、生命科学、天文、地理、环境、材料、工程技术等学科,本章统计数据依据的是 SCI 网络版。

El(Engineer Index,工程索引)是世界上久负盛名的工程技术类综合性大型文献检索工具。1884 年创刊,现由美国工程信息研究所编辑出版。EI 主要收录工程技术领域各个学科及其相关学科的文献,内容涉及机械、土木工程、环境工程、电工电子、材料科学、结构学、固体物理和超导、生物工程、水利交通运输等。资料来源于世界 50 多个国家的 5000 多种期刊、会议录、科技报告等有关出版物,涉及近 30 个语种。

CPCI-S(Conference Proceedings Citation Index – Science,科技会议引文索引)CPCI-S 收录的学科几乎包括了科学与工程方面的各个领域:数学、物理学、化学、农业、医学、药学、环境科学、材料、工程、计算机科学等,资料来源于世界上著名的会议、座谈、研究会和专题讨论会等多种学术会议的会议录文献。目前 CPCI-S 数据已并入科睿唯安公司 Web of Science 数据库中。

专利数据来自于中国国家知识产权局和德文特(Derwent)专利数

据库。

专著数据来自于国家图书馆的"文津"搜索系统,该系统是国家图书馆在网络环境和数字环境下推出的新应用,是国家数字图书馆的资源搜索门户,也是数字资源服务利用的集中体现。该系统整合了国家图书馆和地方图书馆的众多数字资源,汇聚了60多个资源库,近2亿条数据的海量文献信息。

(3) 实证研究的步骤

实证研究的主要步骤如下:选取国家自然科学奖、技术发明奖和科技进步奖获得一、二等奖的团队各2支。利用国内论文、国际论文及专利数据库,取得入选团队的文献产出情况数据。运用前面设计的基于文献计量的科技团队创新能力评价指标体系,对各入选团队进行评价,得出每个团队的评价结果。将基于文献计量的评价结果与团队获得国家自然科学奖的情况进行对比,据此判断和检验基于文献计量的科技团队创新能力评价的合理性与适用性。

(4) 结果分析

各团队文献产出量如表5.3所示。

表5.3 各团队文献产出量对比

奖项	级别	团队	人均英文论文数量/篇	人均中文核心论文数量/篇	H指数	人均论文下载数/次	专著/本	专利数量/项
自然科学奖	一等奖	A团队	24	11.6	2.0	126.2	3	1
		B团队	11	11.6	3.2	75.8	2	14
	二等奖	C团队	59	3.6	4.0	381.4	1	6
		D团队	36	12.2	7.4	482.6	8	45
技术发明奖	一等奖	E团队	20	8.3	4.0	239.0	0	117
		F团队	12	6.3	3.7	449.0	0	352
	二等奖	G团队	8	16.8	10.7	293.6	7	54
		H团队	6	11.0	3.7	221.3	8	65

续表

奖项	级别	团队	人均英文论文数量/篇	人均中文核心论文数量/篇	H指数	人均论文下载数/次	专著/本	专利数量/项
科技进步奖	一等奖	I团队	31	29.0	9.4	172.0	4	64
		J团队	26	11.3	6.5	228.6	5	130
	二等奖	K团队	13	15.4	4.1	197.2	3	12
		L团队	5	7.8	5.1	200.5	1	3

团队文献产出效率如表5.4所示。

表5.4 各团队文献产出效率对比

奖项	级别	团队	文献产出效率	基金论文比	人均发文周期/年	合著强度
自然科学奖	一等奖	A团队	4.0	0.6	0.62	0.4
		B团队	4.0	0.5	0.50	0.8
	二等奖	C团队	3.6	0.7	0.71	0.3
		D团队	3.0	0.5	0.68	0.6
技术发明奖	一等奖	E团队	5.0	0.4	0.40	0.5
		F团队	4.6	0.5	0.50	0.6
	二等奖	G团队	3.8	0.4	0.70	0.8
		H团队	3.0	0.3	0.80	0.3
科技进步奖	一等奖	I团队	6.0	0.6	0.40	0.7
		J团队	4.0	0.5	0.36	0.4
	二等奖	K团队	2.5	0.3	0.64	0.3
		L团队	1.0	0.3	0.78	0.6

团队研究成果影响力如表 5.5 所示。

表 5.5　各团队研究成果影响力情况对比

奖项	级别	团队	人均国际论文被引次数/次	发表论文期刊影响因子	人均国内论文被引次数/次
自然科学奖	一等奖	A 团队	101	3.06	76.0
		B 团队	68	2.85	52.0
	二等奖	C 团队	30	2.30	57.4
		D 团队	19	3.00	211.0
技术发明奖	一等奖	E 团队	80	3.51	146.0
		F 团队	65	2.98	170.0
	二等奖	G 团队	20	2.02	90.0
		H 团队	25	1.98	58.0
科技进步奖	一等奖	I 团队	120	4.10	542.0
		J 团队	87	2.75	301.0
	二等奖	K 团队	18	1.86	198.0
		L 团队	10	1.30	120.0

（5）实证研究的结论

基于以上数据的统计，按照基于文献计量的科技团队创新能力评价指标体系的权重分配对每支团队进行计算，把计算出的结果与团队实际获得奖项的等级进行对比，以检验基于文献计量的科技团队创新能力评价指标体系的合理性，得出结果如表 5.6 所示。

第五章
大数据时代的伯乐：从科技团队创新能力评价看科技评价工作

表5.6 基于文献计量的科技团队创新能力评价结果与团队实际获奖情况对比

奖项	团队	基于文献计量的评价结果	团队实际获奖结果	对比说明
自然科学奖	A团队	87	一等奖	相符
	B团队	79	一等奖	相符
	C团队	75	二等奖	相符
	D团队	88	二等奖	略高
技术发明奖	E团队	83	一等奖	相符
	F团队	74	一等奖	相符
	G团队	80	二等奖	相符
	H团队	70	二等奖	相符
科技进步奖	I团队	90	一等奖	相符
	J团队	82	一等奖	相符
	K团队	73	二等奖	相符
	L团队	68	二等奖	相符

结论1：基于文献计量的科技团队创新能力评价结果与国家三大科技奖项评价指标体系得出的结果基本一致。获得一等奖的团队基本得分高于二等奖团队，而在二等奖团队中，获奖排名靠前的团队相对得分也较高。

结论2：国家自然科学奖获奖团队的论文数量略高于技术发明奖的团队，而技术发明奖团队的专利数量远高于其他2个奖项。这说明科技论文可以从不同层面反映我国在基础研究、应用研究等方面开展的工作，对科技论文优先权的承认也是科学研究的前沿性和创新性的重要保证。专利代表技术发明活动的产出，专利指标数据能够分析国家的发明活动、技术发展水平、技术变革的速度和方向及科技竞争力。在基础研究领域，科技论文是主要的产出成果，应用技术研究领域专利则更多地代表了科技研究的创新性成果。

结论3：据查阅资料对以上各团队信息的了解，国家科技进步奖对获奖团队的评价更多地着眼于直接经济效益和间接经济效益，包括主要完成单位已经通过技术转让、增收节支、提高效益、降低成本获得的新增利润、税收的金额及他人由于使用该项技术而产生的经济收益，以及项目技术水平提高的幅度，对实现高新技术产业化，解决行业、区域发展的重点、难点和关键问题，推动产业结构调整和优化升级，提高企业和相关行业竞争能力，实现行业技术跨越和技术进步的作用。

结论4：在搜集数据及调查过程中发现，以上团队中除了个别团队构成是由博士生导师及其学生组成外，大多数团队成员是在同一单位，目前仍在合作当中，团队成员的合著成果也多分布于团队组建后的成熟阶段，说明在团队初组阶段，成员需要一段时间的磨合及知识经验的分享过程，在团队合作的成熟期产出的文献数量相对较多。

5.3 评价工作：评过去，期未来

5.3.1 评价方法的适用性和局限性

科学技术评价要坚持以国家目标或科技自身发展目标为导向，要针对计划、项目、机构、人员等不同对象，根据国家、部门、地方等不同层次，基础研究、应用研究、科技产业化等不同类型科学技术活动的特点，确定不同的评价目标、内容和标准，采用不同的评价方法和指标，避免简单化、"一刀切"。

战略性基础研究的评价要以社会经济发展和国家安全中重大基础科学问题为导向，突出国家目标与科学发展目标的有机结合，以科学技术前沿的原始性创新和集成性创新、解决国家重大需求的实质性贡献及优秀人才培养为主要评价标准。自由探索性基础研究的评价要以科学发展目标为导向，主要以新发现、新概念、新理论和新方法等原始创新性成果和创新性人才的培养为评价标准，注重原始性创新和科研人员的创新潜力，鼓励探索，宽容失败。科技条件工作的评价要以给科技、经济与社会发展和国家安全等提供支撑和服务为导向，以基础数据、资料、资源的准确性、权威性、系统性、连续性、共享性和处理手段的先进性，大科学设备的使用率和使用效果，以及对决策的咨询与服务效果等为主要评价标准，要把对国民经济、社会和科学技术可持续发展的贡献作为评价重点，注重整合、共享与服务。应用研究的评价应紧密结合经济建设和社会发展的需求，以技术推动和市场牵引为导向。以技术理论、关键技术、共性技术和核心高技术的创新与集成水平，自主知识产权（专利、版权、标准、专有技术等）的产出，潜在的经济效益、社会效益等要素为主要评价标准。科技产业化的评价以建立企业为主体的科技成果转化与产业化机制、发展高新技术产业、优化调整产业结构为导向，以培育具有自主创新能力的高新技术企业为评价重点，以产品的技术先进性和创新性及其未来的产业化水平和发展前景为主要评价标准。这类科学技术活动要以市场评价为主，对这类科学技术活动的评价应注意吸收经济学家、管理专家及产业界人士的意见。

5.3.2 评价指标的选择原则和依据

科技评价中需要区别不同评价对象，根据不同评价目标选用不同评价体系。如果评价分类不够明确，在实际评价活动中，用同一标准评价不同类型的对象，就不能客观、真实、准确地反映实际情况。

同行评议制度决定了高水平的期刊上聚集了高水平的论文。但高水平期刊不等于高水平论文。在国际期刊上发表论文，意味着达到了在某个刊物上正式发表的水平，而收录标准与科研评价标准之间还存在很大的差距。

某些文献计量评价指标可能会引起负面动机。单独使用文献计量，缺乏能够充分体现科技团队创新能力的其他信息，有可能造成一个不完善的结果。仅仅使用文献数量作为一个评价指标，可能会造成只注重创作更多论文的动机，却忽略了对新知识的探索。

5.3.3 评价结果的影响和使用

我们要充分利用文献计量评价的科学性、适用性，发挥文献计量学在科学研究、管理、评价上的积极作用。文献计量学指标并不是要取代专家，而是为了能够对研究工作进行观察和评论，从而使专家能掌握足够的信息，形成根据更充分的意见，并在更高的信息集成水平上更具权威性。

在科技评价体系中过分强调论文数量的作用是目前我国科技评价管理中亟待解决的问题。一些大学、科研单位在评价中不恰当地将论文数量与科研人员的切身利益挂钩，在科技评价中过分强调论文数量的作用及其引发的论文数量"成为提级、提职的依据"等问题，在某种程度上助长了急功近利、浮躁浮夸等不良学术风气，已造成不良影响，应引起社会各界的广泛关注。在基于文献计量的评价中，反对单纯以论文发表数量评价个人学术水平和贡献的做法，提倡科学论文内在价值的判断，强调论文的被引用情况，并根据不同学科领域区别对待，避免绝对化。

论文认可的滞后、作者自引、合著、高被引、引用及述评的引用情况等，在对科学家和科学成果进行评价时均面临着各种各样的质疑。而这些质疑的根本因其实并不在于这些文献计量方法本身，而是在于实际应用这些方法时因一些主观因素而造成的人为偏差。

5.4 本章小结

本章从文献计量的角度探讨科技团队创新能力评价问题，通过辨析文献与创新能力评价的关系，尝试构建基于文献计量的科技团队创新能力评价模型、依据模型设计评价指标体系，通过进行专家调查对各项评价指标赋予权重。评价指标体系由团队产出的文献规模、文献的产出效率、文献成果的影响力3个方面构成，每个评价方面反映了科技团队不同的创新能力要素：文献规模反映了文献计量角度体现的科技团队在整个研究领域中的地位；文献产出效率体现了团队的科技生产力；文献成果的影响力体现了团队文献成果的贡献与影响，包括文献成果的影响范围、影响持续时间等。在此基础上，对评价指标体系进行实证分析，选取了获得国家自然科学、国家技术发明奖和国家科技进步奖一、二等奖的12个团队，对每个团队产出的文献进行统计。对文献按照本书设计的评价指标体系进行打分，所得评价结果与获奖情况进行对比。实证的结果证明本章设计的基于文献计量的科技团队创新能力评价指标体系是较为合理可行的，在一定条件下，可以用于对科技团队的创新能力进行评价。

（贾　佳）

参考文献

[1] 潘云涛.科技评价理论、方法及实证[M].北京：科学技术文献出版社，2008.

[2] 谈毅，全允桓.中国科技评价体系的特点、模式及发展[J].科学学与科学技术管理，2004（5）：15-18.

[3] 路萍,吴斌.层次分析法在高等院校科技评价系统中的应用[J].北京工业大学学报,2002(9):358-362.

[4] 覃丽.不同生命阶段科技创新团队的动态功能匹配初探[J].大众科技,2006(1):184-185.

第六章

创新图谱：基于数据的科技创新决策可视化平台

世界科技发展日新月异，国际科技竞争日趋激烈，科技创新决策事关科技未来发展的成败，甚至对国家安全有重要影响。正确的科技创新决策是保持科技创新竞争中成功的关键，需要决定什么时间、做什么、谁来做、如何做等一系列问题，然而做出正确的科技创新决策需要建立在对科技信息全面了解、获得准确科技情报的基础上。科技信息数据资源的长时间积累，加上当前数据不断快速产生，海量数据已经可以为科技创新决策提供全面的数据支撑。如何从海量的科技大数据中寻找恰当的信息、分析出科技情报是科技决策迫切需要的。快速分析挖掘科技大数据中的价值，需要建立可视化、交互式的科技决策支持系统平台，辅助科技创新决策管理者做出科学合理的决策。

6.1 科技决策的趋势与需求

6.1.1 科技决策日益需要科技大数据支撑

大数据对人类社会发展已经产生了深远的影响。大数据不仅改变了人类的生产生活方式，还深刻影响并改变了人类的思维方式。大数据中蕴含着巨大的价值,如何认识、理解和运用大数据并产生更大的价值,成为学术界和产业界共同关心的问题。从海量数据中发现知识,寻找隐藏在大数据中的模式、趋势和相关性,揭示各种社会现象与社会发展规律,都需要具有更好的数据洞察力。大数据对科学研究和科技发展也产生了深远影响。科学研究已经进入数据密集型时代[1],不仅自然科学研究面对大数据的分析与计算,社会科学研究、政策和创新研究等也越来越依赖大数据作为分析和决策的基础。此外,工业企业选择技术与产业发展方向、制定路线,都离不开对相关技术及产品大数据的分析。

创新驱动发展已经成为国家战略,科技创新对建设创新型国家具有重要意义,如何利用大数据支撑科技创新管理与决策成为重要的研究课题并且极具应用价值。城市作为科技创新的主要阵地,建设创新型城市是建成创新型国家的关键。创新型城市是指以科技进步为动力,以自主创新为主导,以创新文化为基础,主要依靠科技、知识、人力、文化、体制等创新要素驱动发展的城市。创新型城市主要由创新资源、城市创新载体、城市创新平台、城市创新服务、城市创新环境和城市创新通道等要素构成[2]。城市创新资源包括创新人才、创新企业、科研机构、大学教育、金融投资、中介机构、政府机构等。城市科技创新资源的分布与流动、科技创新成果的转移转化与交易等与科技创新活动有关的多源异构数据共同组成了城市科技创新大数据。对创新型城市建设而言,创新资源的管理及创新决策都需要大数据的支撑。如何利用科技信息大数据支撑科技管理与决策,成为科研工作者、管理决策者、企业家及风险投资人等共同面临的问题。

总之,创新决策面临的问题日益复杂,基于事实证据的科学决策已经成为发展趋势。从宏观的国家创新管理与决策,到中观的行业、产业发展管理与决策,再到微观机构组织乃至个人的科研管理与决策,都有大数据支持决策的强烈需求,如何通过可视化、交互直观地了解科技创新状况,利用科技创新大数据发现规律和存在的问题,对于科技创新发

第六章
创新图谱：基于数据的科技创新决策可视化平台

展有重要的支撑作用。

6.1.2 信息可视化及分析有助于科技决策

在信息分析与管理决策过程中，数据是重要的依据和基础，而正确地解读数据则是关键。进入大数据时代，可视化技术日益发挥了重要的作用。可视化技术通过计算技术和图形图像技术，使隐含于数据之中不可见的现象成为可见，为洞察数据的内涵、理解数据蕴藏的规律、找到数据之间的关联及发现隐藏在数据背后的知识提供了重要的手段。

科技创新决策所依赖的可视化技术中，科学知识图谱（Mapping Knowledge Domains）是其中非常重要的一项。科学知识图谱可以作为宏观层面跟踪科技前沿、选择科研方向、预测学科发展、开展知识管理与辅助决策的有效工具。科学知识图谱兴起于20世纪末期，其发展过程可以划分为3个阶段：第一阶段（2000年以前），主要是研究人员基于自身兴趣展开的自由探索，其开发的工具普遍具有功能单一、界面简单等特征；第二阶段（2000—2005年），研究机构和信息服务企业开始重视和投资开发功能全面、界面友好、兼容性强的软件工具；第三阶段（2010年以后），随着科学知识图谱和可视化技术成为信息科学的研究热点，集成数据清洗、数据分析、数据挖掘、知识可视化等多领域技术进步成果的大型综合性软件工具开始出现。

世界各主要国家和地区，特别是传统科技强国，都在科学知识图谱和可视化技术方面开展了研究工作。通过科学知识图谱和可视化技术开发与应用研究，为研究机构、企业、政府等提供从技术到内容、从开发到分析、从设计到传播的全面信息支持服务，利用可视化工具设计出很多面向经济和科学决策、科普等方面的精美知识图谱。这些科学知识图谱和可视化技术方面的成果和活动已经产生了巨大的社会影响。

随着数据挖掘技术、科学计量学、信息计量学和计算机技术的不断发展和进步，科学知识图谱和可视化技术的应用范围在不断扩展，呈现从知识组织展示，到发展规律分析，再到技术预见与决策支持的发展路径。传统的科学知识图谱是以科学计量学原理为基础，通过简单图表直观地表达一些科学统计结果。主要应用范围集中在知识组织呈现，如利用文献共词、共引和耦合、合作网络分析等基础理论，研究知识或文献的组织规律和发展脉络。进入20世纪以来，随着数据挖掘领域的进展和高性能数据计算能力的提高，科学知识图谱和可视化技术的应用扩展到对科学发展规律的分析，在研究某学科的全球发展结构，分析科技人才队伍结构和协作情况，检测科技产出与影响力分析、发展趋势跟踪等方面也发挥重要作用。例如，2005年通过可视化技术发现并展示了生物化学和生物工程稳步地进入化学领域，并对化学领域的知识基础产生影响。近年来，在技术预见和宏观决策支持领域中，科学知识图谱和可视化技术已经开始发挥重要作用[3]。

除了科研机构进行科学知识图谱研究外，传统的科技信息服务公司基于海量文献信息数据库也不断推出可视化分析产品与服务。汤森路透和爱思唯尔集团在各自研发大型文献数据库的基础上，重点研发和推出了集成数据分析、数据挖掘、知识可视化等多领域技术的大型综合性软件工具平台。其中，汤森路透推出的InCites工具，能够帮助政府和学术研究机构中的决策者、科研管理人员分析本机构的学术表现和影响力，并针对全球同行的研究成果进行比较。爱思唯尔研发的SciVal从可视化视角衡量一个机构多年来在科学领域的研究表现，将各个专题领域的总体规模进行量化，使机构能了解其研究的重要性和市场份额，以及在领域内的竞争排名。

在大数据时代下的科技管理与决策，需要决策机构具备"智慧决策"的能力，即对海量数据的挖掘和分析能力、对抽象和复杂体系的模拟发展预测能力，以及对潜在风险和机会的识别和管理能力。科学知识图谱和可视化技术的发展，正是从这几个方面提供了更多工具和方法，将科学发展的全貌进行整合、分析，从中提炼出最具意义的信息，以多视

第六章
创新图谱：基于数据的科技创新决策可视化平台

角、精确、易读、深刻的形式展现。科学知识图谱和可视化技术的发展是信息科学和相关领域技术进步的综合体现，其中融合了数理统计与分析、系统分析与数据库技术开发、高性能计算与建模、复杂软件系统架构、专用硬件系统开发、创新图表设计等众多领域的研究成果与突破，以事实数据为基础，结合专家智慧，支持科技管理决策部门更加深刻和确切地掌握科技事业发展规律与进展态势，为科技规划、科技决策等提供支撑，助力科技管理实现"智慧决策"。

基于海量文献信息数据库基础的科学知识图谱分析软件工具的发展方向，一是分析学科主题与领域发展状况和规律，构建一个学科主题按时间维度发展的图谱，反映学科的衍生、发展、成熟和衰退状态。同时，可利用关键词共现网络的分布，识别学科热点和发现研究前沿。二是分析科学家、研究团队、机构、国家的产出分布、合作和相互关系，展现国家、机构、团队、科学家等不同层次的科研合作网络，定位空间和时间分布情况。三是表现科技投入与科技产出的关系，将科技投入与产出的状况和关系在一起集中展示，直观地展示科技投入效果与效率。这些应用都为政府和管理部门制定科技规划和布局提供了有效的决策支持。

近年来，中国科学技术信息研究所开展中国科技创新图谱研究、开发与应用，基于海量、多源的科技创新要素数据，利用大数据分析方法与技术，特别是可视化技术，在时间、空间及创新专题等维度，呈现中国的科技创新发展状况，辅助科技创新管理与决策。目前，中国科技创新图谱研究主要结合创新城市科技监测与评估开展研究与应用，从宏观的世界和国家层面，到中观的区域省市，再到微观的组织机构乃至个体科研工作者，展现中国城市科技创新的发展状况，创新要素的分布和流动，分析预测发展趋势与规律，支撑创新城市的建设，特别是城市科技创新的管理与决策。

6.2 科技创新图谱关键技术

6.2.1 数据集成与组织

大数据时代的数据呈现多源异构的特征。从规范化程度来看，有结构化数据、半结构化数据、非结构化数据；从表现形式看，有文本、图形图像、音频、视频数据。实现基于大数据的有效分析，需要首先进行多源异构数据的集成融合。多源数据集成融合是大数据分析处理的关键环节，也是目前该领域的重要研究方向。通过多源异构数据集成融合，可以实现多源数据的关联、综合分析，有利于进一步挖掘数据的价值，提升分析的效益；通过多源信息的交叉印证，也可以减少信息的错误和疏漏，避免决策失误。

科技创新图谱建设需要科技大数据的支撑。科技大数据包括科技政策、人才、论文、专利、企业、项目、高校、孵化器、众创空间等创新链中的各类创新资源和创新主体。为了实现科技大数据的关联与全面分析，需要实现数据的有效关联、集成、融合和组织。知识图谱的理论和技术为实现科技大数据的关联提供理论指导和方法支持。

知识图谱（Knowledge Graph）是由 Google 公司于 2012 年提出的概念。知识图谱由知识及知识之间的关系组成。知识之间的关系通过两个实体之间相连接的边来表示。本质上，知识图谱是一种揭示实体之间关系的语义网络，可以对现实世界的事物及其相互关系进行形式化的描述。现在的知识图谱已被用来泛指各种大规模的知识库。三元组是知识图谱的一种通用表示方式，即 $G=(E, R, S)$，其中 $E=\{e1, e2, \cdots, e|E|\}$ 是知识库中的实体集合，共包含 $|E|$ 种不同实体；$R=\{r1, r2, \cdots, r|R|\}$ 是知识库中的关系集合，共包含 $|R|$ 种不同关系；$S \subseteq E \times R \times E$ 代表知识库中的三元组集合。三元组的基本形式主要包括实体 $e1$、关系、

实体 $e2$ 和概念、属性、属性值等,实体是知识图谱中的最基本元素,不同的实体间存在不同的关系。

知识图谱的构建方法通常有自顶向下和自底向上两种。所谓自顶向下的方法是指先构建知识图谱的本体,即从行业领域、百科类网站及其他高质量的数据源中,提取本体和模式信息,添加到知识库中;而自底向上的方法是指从实体层开始,借助于一定的技术手段,对实体进行归纳组织、实体对齐和实体链接等,并提取出具有较高置信度的新模式,经人工审核后,加入知识图谱中。然而,在实际的构建过程中,并不是两种方法孤立单独使用,而是两种方法交替结合的过程。在构建多数据源的知识图谱时通常结合两种方法,首先采用自顶向下的方式来构建本体库,然后采用自底向上的方式进行提取知识来扩展知识图谱。

基于多种数据源的融合技术,构建相应的知识图谱,具体过程如图 6.1 所示。图 6.1 中是从多种不同的数据源,如不同领域中的结构化、半

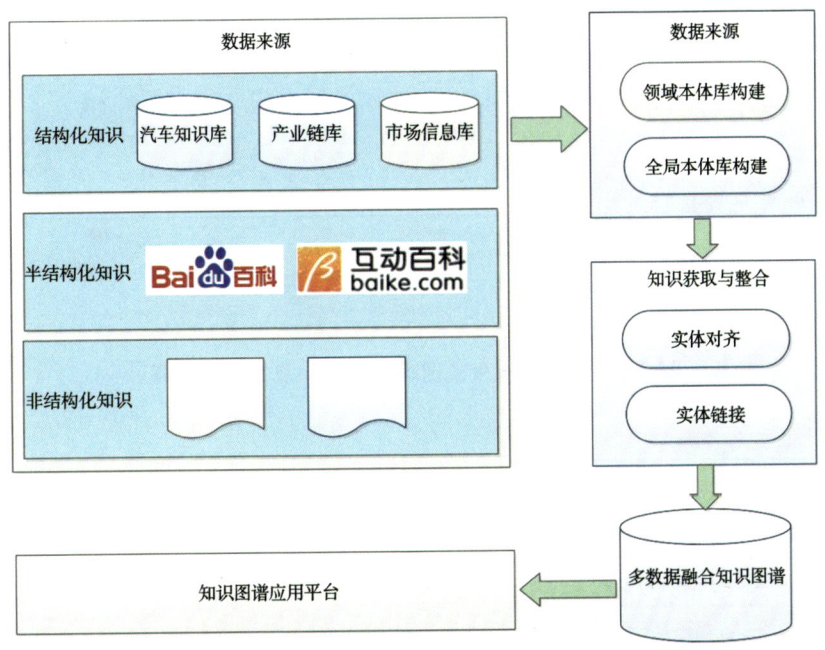

图 6.1 知识图谱构建过程

结构化和非结构化数据，构建相应的领域本体库，然后将它们映射为全局本体库，接着对这些领域知识图谱通过知识获取和数据融合构造知识图谱，最后通过搭建相应的应用平台，方便对知识图谱进行查询与更新。

根据机构、人才等创新主体和创新资源所在城市的空间信息，构建科技创新图谱平台的数据结构和知识图谱。在基础数据库之上，建立不同实体之间的语义关联关系，形成中国科技创新知识图谱。图 6.2 显示了在中国城市科技创新图谱中不同实体之间的语义关联关系。通过异构关联关系网络可以实现相关科技信息资源的关联展示与分析。

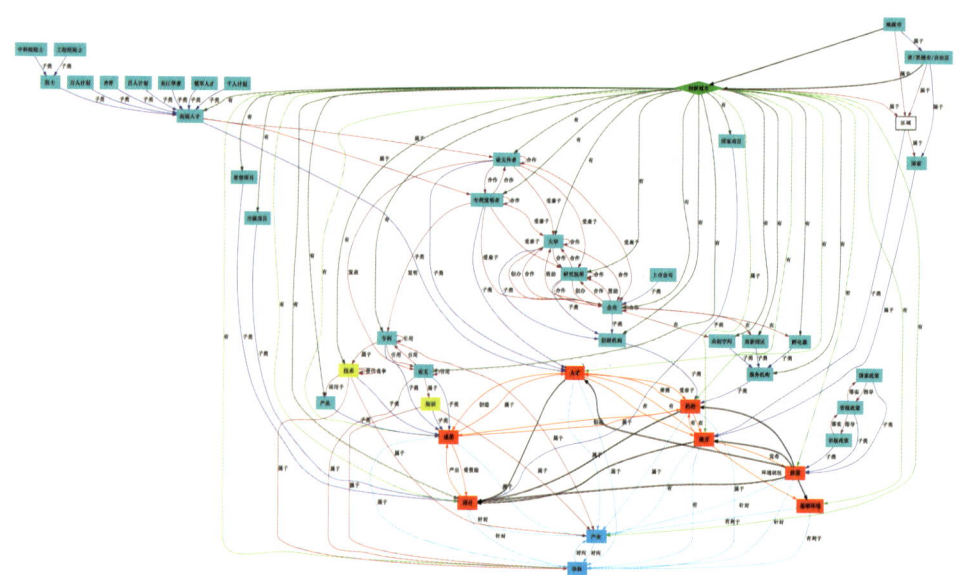

图 6.2　中国城市科技创新图谱要素及其语义关联

6.2.2　数据可视化分析

6.2.2.1　数据可视化分析的基本概念

数据可视化是关于数据视觉表现形式的科学技术研究，同时是一个处于不断演变之中的概念[4]。数据可视化主要指的是技术上较为高级的一些方法，而这些技术方法利用图形、图像，通过用户界面，对数据加以可视化表达或解释[5]。数据可视化的主要载体为图形，为了有效地传达信息、表达思想观念、展示结果，相应的美学形式与功能同等重要，通过直观地传达关键的信息与特征，从而实现对于复杂数据集的深入洞察。数据可视化与信息图形、信息可视化、科学可视化及统计图形密切相关。当前，在研究、教学和开发领域，数据可视化是一个极为活跃的研究领域。"数据可视化"这条术语实现了成熟的科学可视化领域与较年轻的信息可视化领域的统一。

数据可视化已经提出了许多方法，这些方法根据其可视化原理的不同可以划分为基于几何的技术、面向像素技术、基于图标的技术、基于层次的技术、基于图像的技术和分布式技术等。数据可视化技术的基本思想是将数据库中每一个数据项作为单个图元元素表示，大量的数据集构成数据图像，同时将数据的各个属性值以多维数据的形式表示，可以从不同的维度观察数据，从而对数据进行更深入的观察和分析[6]。

6.2.2.2 数据可视化分析的特点

大数据可视化，将结构或非结构数据转换成适当的可视化图表，然后将隐藏在数据中的信息直接展现于人们面前。

①相较于传统的表格和文字，数据可视化方法可能将数据以更为直观的方式表现出来，使结果更为形象，从而使结果显得更加客观、更具说服力。在传统格式的文件中，所使用的图表大多简捷直观，但缺乏视觉冲击力，在突出显示数据的重要性方面有所不足。而现在的可视化数据表达和分析工具在表现形式方面有其突出的特点，其图表的类型更加丰富多样。除了办公软件（如 Excel，WPS 等）常用的饼状图、柱状图、K 线图等之外，现在随着数据表达技术的发展，还增加了词云图、漏斗图、桑基图等个性化、专业化的图形，如图6.3和图6.4所示。此外，与地理信息系统（Geographic Information System，GIS）相结合，也可以进

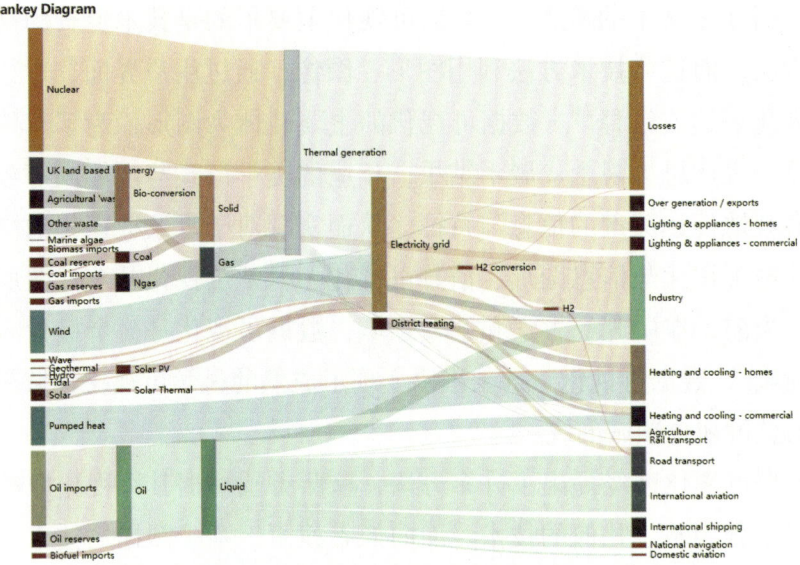

图 6.3 基于 ECharts 的分类桑基图

来源：http://echarts.baidu.com/examples/editor.html?c=sankey-energy。

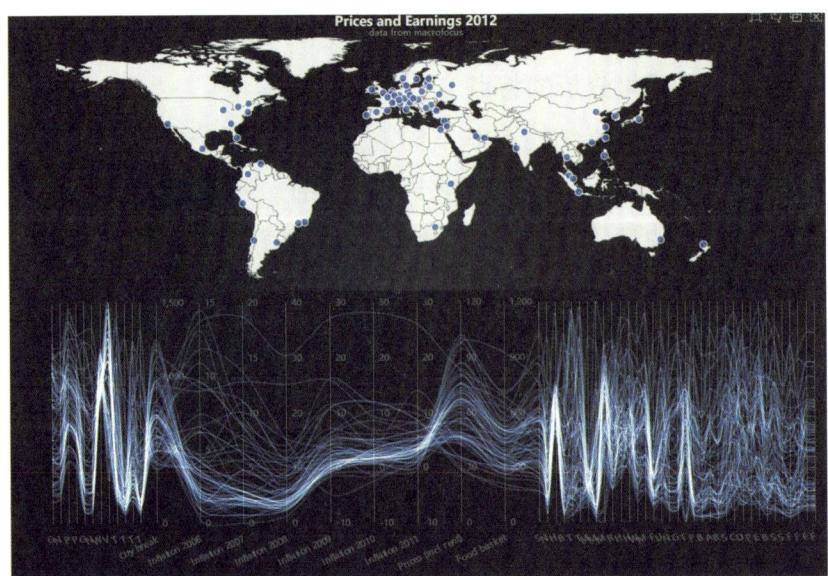

图 6.4 基于 ECharts 的时空结合可视化地图

来源：http://echarts.baidu.com/examples/editor.html?c=map-parallel-prices。

行数据的空间表达，配合时间变化则可进行时空数据的展示和分析。

②数据的价值如果没有分析人员的收集、分析、整理、挖掘，是无法得到体现的。在海量大数据冲击的背景下，数据可视化工具需要与其他数据分析模块一同进行应用。数据可视化分析工具往往作为数据组织的前台界面，数据分析与决策系统后台包括大数据收集、存储平台和数据分析模型。面向大数据，将上述多个部分相结合才能真正发挥数据可视化分析工具的作用。

③现有的数据可视化工具也在不断发展中。随着 Web 技术、开源编程技术的发展及专业用户的广泛参与，正在呈现新的特点。首先是易用性，现有的开源平台，如 ECharts，D3.js 等可视化分析工具，可供用户快速搭建相关的平台，保证可视化效果的即用即得。其次是可扩展性，现有的开源平台，可根据专业用户的需要和业务特点，进行专业化的定制和组织，形成多视角、多维度的可视化分析平台，其可扩展性进一步得到了加强。

6.2.2.3 时空结合的数据可视化

时空数据是指具有时间属性，并随时间变化而变化，且具有空间属性的数据，是描述地球环境中地物要素信息的一种表达方式。时空数据涉及各种各样的数据，如地球环境地物要素的数量、形状、纹理、空间分布特征、内在联系及规律等的数字、文本、图形和图像等，不仅具有明显的空间分布特征，而且具有数据量庞大、非线性及时变等特征[7]。

传统地理信息系统只描述了研究对象的一个瞬时信息，没有对时态数据做专门的处理，因而是静态的，只能反映对象的当前状态，无法反映对象的历史状态，更无法预测未来发展趋势。传统的可视化信息，则往往由于业务层的需要，脱离了地学信息，因此只有属性类型业务的表达，却没有与空间数据相结合。针对上述问题，现有的时空数据可视化将属性信息与空间信息相结合，同时与变化维度相结合进行时空展示[8]。

时空数据静态可视化，一般是以二维地图上叠加可以描述时间变化的要素，来描述时空属性数据与空间范围内的变化特征。这些用于表达时空属性数据的要素可以通过不同的符号、注记、标绘符号、统计图表等多种方式来表达，也可以将多个时间的专题地图同时展示进行对比。将时空数据在动态变化的地图或三维场景中呈现出来，可以直观生动地表示各种空间信息的变化过程。与时间、空间信息相结合的信息表达对于业务数据而言更为直观，便于数据分析人员根据空间分布和历史变化，探求业务层的规律，达到丰富数据表达辅助决策分析的目的[9]。

6.2.2.4　常用的可视化工具

（1）ECharts 可视化工具

ECharts 是一个使用 JavaScript 实现的开源可视化库，可以流畅地运行在 PC 和移动设备上，兼容当前绝大部分浏览器（如 IE8/9/10/11、Chrome、Firefox、Safari 等），底层依赖轻量级的矢量图形库 ZRender，提供直观、交互丰富、可高度个性化定制的数据可视化图表工具[10]。

ECharts 提供了常规的折线图、柱状图、散点图、饼图、K 线图，用于统计的盒形图，用于地理数据可视化的地图、热力图、线图，用于关系数据可视化的关系图、树形图、旭日图，多维数据可视化的平行坐标，还有用于商务智能的漏斗图、仪表盘，并且支持图与图之间的混搭。

此外，除了已经内置的包含丰富功能的图表，ECharts 还提供了自定义系列，只需要传入一个 RenderItem 函数，就可以从数据映射到任何你想要的图形，这些都还能和已有的交互组件结合使用而不需要担心其他事情。为了配合大数据量的展现，ECharts 还支持输入 TypedArray 格式的数据，TypedArray 在大数据量的存储中可以占用更少的内存，其对 GC 友好等特性也可以大幅提升可视化应用的性能。

（2）DataV 可视化工具

相比于传统图表与数据仪表盘，如今的数据可视化致力于用更生动、更友好的形式，即时呈现隐藏在瞬息万变且庞杂数据背后的业务洞察[11]。无论在零售、物流、电力、水利、环保，还是交通领域，通过交互式实时数据可视化视屏墙来帮助业务人员发现、诊断业务问题，越来越成为大数据解决方案中不可或缺的一环。数据可视化的设计难点不在于图表类型的多种多样，而在于如何能在简单的一页之内让人读懂数据之间的层次与关联，这就关系到色彩、布局、图表的综合运用。DataV 提供指挥中心、地理分析、实时监控、汇报展示等多种场景模版，即便没有设计师，生成的可视化作品也能显现出较高的设计水准。除针对业务展示优化过的常规图表外，还能够绘制包括海量数据的地理轨迹、地理飞线、热力分布、地域区块、3D 地图、3D 地球，以及地理数据的多层叠加。此外，DataV 还有拓扑关系、树图等异形图表供用户自由搭配。能够接入包括阿里云分析型数据库、关系型数据库、本地 CSV 上传和在线 API，且支持动态请求。同时，还可以满足各类大数据实时计算与监控需求，充分发挥大数据计算的能力。提供多种的业务模块级而非图表组件的 Widget，采用所见即所得的配置方式，无须编程能力，只需要通过拖拽，即可创造出专业的可视化应用。

（3）D3.js 可视化工具

D3（或 D3.js）是一个使用 Web 标准做数据可视化的 JavaScript 库，D3 帮助用户使用 SVG、Canvas 和 HTML 技术让数据生动有趣[12]。D3 将强大的可视化、动态交互和数据驱动的 DOM 操作方法完美结合，让开发人员可以充分发挥现代浏览器的功能，自由地设计正确的可视化界面。结合 HTML、SVG、CSS，D3 可以图形化、生动地展现数据。D3 是目前较为流行的数据可视化库，在 GitHub 上前端库排名第二（仅次于 Bootstrap）。比 Processing 这样的底层绘图库更简单，比 ECharts 这样高度封装的图表库更自由。D3 基于开源协议 BSD-3-Clause3，可以免费用于商业项目。源码托管在 GitHub 上，Star 数已达 50 000 多次，有大量用户和丰富友好的案例。

6.3 科技创新图谱系统平台

中国科学技术信息研究所结合城市创新监测与评价工作开展了中国科技创新图谱研究，从城市科技创新的监测与评估入手，研究中国区域乃至国家的创新发展。中国科技创新图谱平台综合利用文本分析、信息组织、数据挖掘与可视化等关键技术，面向科技管理与决策需求，实现中国科技创新信息数据的动态、交互、可视化展示，用于分析国家、区域、省、市等多个层面的科技创新发展状况，发现蕴含的科技创新规律，预测未来科技创新发展趋势，支持国家、区域、省、市乃至创新主体等多个层面的科技创新管理与决策。

中国科技创新图谱系统秉承开放、集成、大数据、交互、可视化的设计理念。由于科技创新的监测与评估涉及多来源、多类型的数据，只有开放和集成才能实现综合科技创新数据并进行分析的目标。科技创新活动活跃，经过多年积累的海量数据与正在生成的科技信息数据形成了科技大数据，是科技管理和决策的数据基础。通过交互式访问、可视化呈现有助于管理决策者快速直观地了解所需的数据和信息，促进科技管理决策的科学化。

6.3.1 数据要素

科技创新图谱系统平台需要多种科技创新资源数据的支撑。数据涉及创新链条的整个环节，包括科技相关政策（国家级、省级、城市级），高端人才（两院院士、"千人计划"人才、长江学者、领军人才等），论文（国内论文、Scopus、Web of Science），专利（发明、实用新型、外观专利），创新主体（高校、研究院所、企业），创新服务机构（创新园区、孵化器、众创空间等）。

第六章
创新图谱：基于数据的科技创新决策可视化平台

6.3.2 功能架构

为了对中国城市科技创新状况进行了解和分析，需要开发中国城市科技创新图谱平台，可视化展示城市创新现状，并进行各个方面的创新数据分析。

中国城市科技创新图谱平台完成了系统功能架构设计、基础平台软件架构设计、基础数据库系统设计及图谱平台物理部署设计。图6.5显

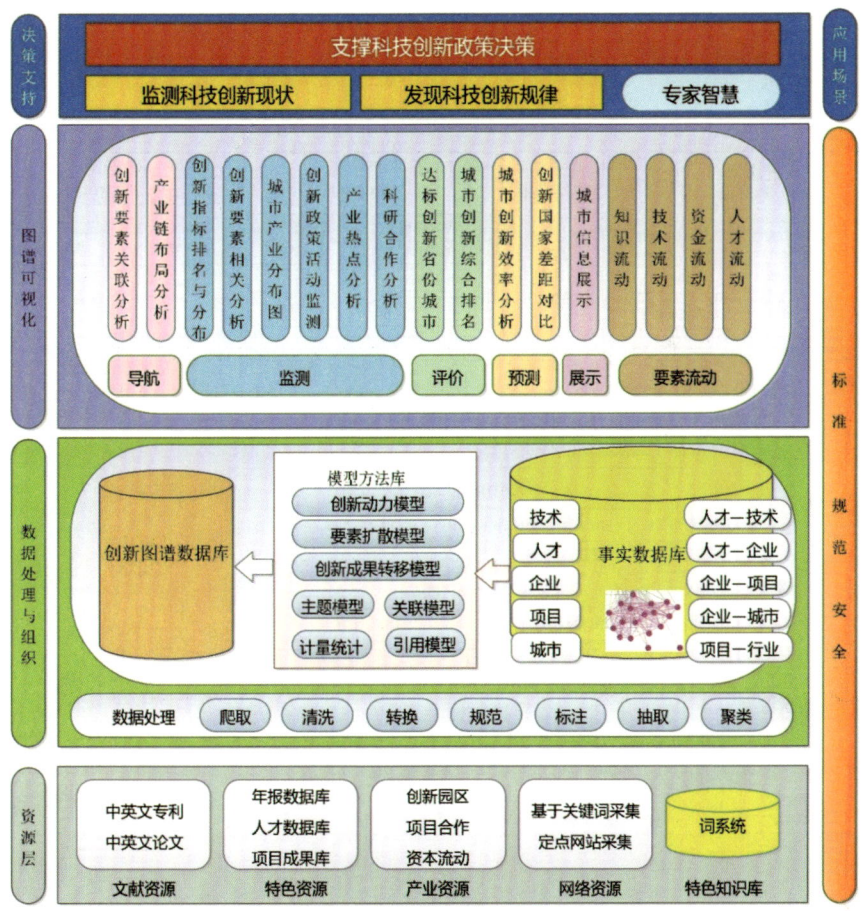

图6.5　系统功能架构设计

177

示了中国城市创新图谱平台的系统功能架构,从各种信息资源收集、加工开始,利用信息处理技术处理数据、分析文本,对数据库进行抽取,建立实体之间的关联。基于不同实体之间的关联,展示不同的信息资源,监测科技创新的现状,评价与预测创新达标情况,以及研究创新要素在不同城市之间的流动。基于科技创新图谱平台实现对科技创新现状的展示,通过可视化分析工具辅助发现创新规律,辅助专家智慧进行科技创新决策。

图6.6显示了中国城市科技创新图谱平台的基础平台软件架构。由于涉及多种科技信息资源,并且数据量较大,需要借助于大数据存储、并行处理与分析技术,而且区分不同的用户角色,为不同角色的用户提

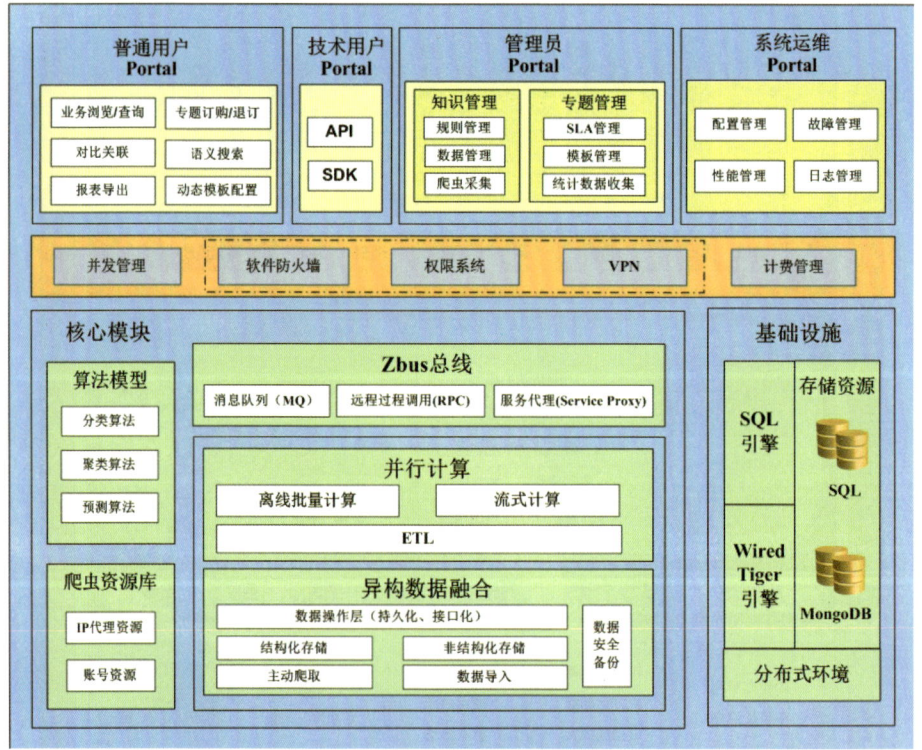

图6.6 基础平台软件架构

供不同的服务。

中国城市科技创新图谱的研究成果应用场景之一是丰富国家科技管理信息系统的信息服务和情报分析功能。国家科技信息管理系统建成后，将包括大量综合、权威性的中国科技信息，中国城市科技创新图谱将调用国家科技管理信息系统中的数据，展示中国不同城市的创新现状，辅助发现科技创新规律。根据需要，可以进一步对国家区域科技创新的展示和研究提供信息系统支持，实现城市、区域乃至国家不同层面的科技创新现状展示与分析。结合中国科学技术信息研究所决策剧场建设，中国城市科技创新图谱系统将作为"决策剧本"之一在决策剧场中辅助中国科技决策支持。

6.3.3 城市创新

6.3.3.1 城市创新监测指标体系

（1）创新型城市建设背景

在创新驱动的国际背景下，经济区域化特征越来越明显，同时创新意识不断增强，科技创新已经成为各个国家、区域、城市乃至企业之间竞争的核心所在[13]。创新决定城市未来，创新引领未来城市。创新型城市是以科技创新为经济社会发展的核心驱动力，拥有丰富的创新资源、充满活力的创新主体、高效的创新服务和政府治理、良好的创新创业环境，对建设创新型省份和国家发挥显著支撑引领作用的城市。世界主要的科技型创新城市和区域，如印度班加罗尔、美国硅谷、加拿大渥太华等，主要出现在20世纪末21世纪初，其城市创新发展的战略与内容，突出体现科技集成和科技创新[14]。科技创新型城市一般依托国际一流的大学和研究机构，形成雄厚的科技实力、较强的创新能力与明显的科技产业优势。其通过大力发展先进科技生产力，在协调推进城市经济、社会、文化、生态发展的同时，为世界各国经济社会发展提供大量的高新技术和高科技产品,成为推动全球科技进步的动力源[15]。

建设创新型城市是加快实施创新驱动发展战略,完善国家创新体系和构建创新型国家核心支点的必然要求;是培育新动能、发展新经济,引领经济发展新常态的内在需要;是贯彻落实国家区域发展战略,推动区域协调发展的重要支撑;是破解城市经济社会发展系列问题,完善城市创新发展内涵和理念的重要举措[16]。

(2)创新型城市内涵及特点

创新型城市建设一直是世界上许多国家广泛关注的重大问题。创新型城市的内涵也十分丰富,它并不是单指城市经济的发展,而是关注城市的可持续发展。创新型城市主要是指城市在当地政府的引导下,通过提高城市的整体创新意识,充分利用城市的各项创新资源,高效发挥城市的创新作用,提高创新效率,创造出具有创新性的高科技成果,促进城市的经济发展。创新型城市是以自主创新为核心驱动力的一种城市发展模式,是知识经济和城市经济融合的一种城市演变形态,是涵盖观念创新、理论创新、文化创新、科技创新、制度创新、人才创新、管理创新等全社会资源环境创新的一个综合创新体系。创新型城市的主要特征如下。

① 拥有良好的创新基础环境。从国内外的创新型城市发展建设可以看出,创新基础环境是城市创新的重要支撑,基础条件主要包括一个城市的经济基础、环境质量、文化教育、信息化建设等。一个城市的基础条件和环境是创新型城市建设的支撑,只有具备良好的创新环境及基础条件的支撑,才能促进城市创新能力的提升。

② 拥有完善的创新管理服务体系。创新体系主要包括系统科学的创新管理体系、多元化的创新要素投入体系、区域特色的创新服务体系、制度化的创新人才保障体系、法制化的知识产权保护体系、完善的创新成果认定评价体系等。

③ 拥有高水平多元化的创新型人才队伍。人才在创新型城市发展建

设过程中起着至关重要的作用，创新的根本是人才。一个城市要想成为真正的创新型城市，就需要有较大规模、较高质量的创新型人才队伍。

在此基础上，成为创新型城市的一个重要条件就是具有较高的创新综合指数，也就是说，创新型城市在创新基础、创新投入、创新效益和创新环境等方面都要拥有优势。只有当一个城市具有丰富的创新资源、良好的创新能力、高效的创新成果转化能力，才有可能成为创新型城市。

（3）创新型城市指标评价体系

城市创新指标的确定需要分析国际创新评价指标体系的特点及应用情况，运用统计的方法确定核心指标。本书通过对 GII 全球创新指数[17]、欧盟创新记分牌指数[18]等国际创新评价指标体系的分析，确定 R&D 投入、人力资源、专利产出及高技术产业等相关指标作为评价创新的核心指标。同时，参照国家统计局及各地区、各行业的创新评价体系，确定相应的分析指标。主要对科技部《创新型城市建设监测评价指标》进行剖析[19]，同时，借鉴杭州市[20]、合肥市[21]、深圳市[22]地方创新指标的分析，进行整理，确定相关指标。综合上述情况，中国科技创新图谱从创新基础、创新投入、创新产出和创新绩效 4 个方面，提出了一套城市创新指数监测指标体系，如表 6.1 所示。

表 6.1 城市创新监测指标体系

一级指标	二级指标
创新基础	普通高校学生数 / 人
	人均 GDP/（万元 / 人）
	万人互联网用户数 /（户 / 万人）
	高等院校数量 / 家
	高新技术企业数量 / 家
	科研机构数量 / 家

续表

一级指标	二级指标
创新投入	R&D 占 GDP 比重 /%
	规上企业 R&D 投入占主营收入比重 /%
	每万名就业人员中 R&D 人员全时当量 /（人年 / 万人）
	地方科技支出占财政支出比重 /%
创新产出	万人发明专利拥有量 /（件 / 万人）
	万人核心期刊论文发文量 /（篇 / 万人）
	技术交易成交额占 GDP 比重 /%
	万人发明专利申请量 /（件 / 万人）
创新绩效	高技术产品出口额占商品出口比重 /%
	规上企业新产品销售收入占 GDP 比重 /%
	万元 GDP 综合能耗 /（吨标准煤 / 万元）
	服务业占 GDP 比重 /%

6.3.3.2　国家城市创新专题分析

创新驱动发展已经成为国家战略。创新有多种类型，包括工业创新、服务创新、科技创新、市场创新、政府创新、文化创新、协同创新等。科技创新驱动发展是创新驱动发展的重要组成部分，而且科技创新活动不断改变着世界经济版图。科技创新有不同的层次，从宏观到微观可以分为国家创新、区域创新和城市创新。城市集中了大多数的科技研发机构，科技研发机构作为创新主体集聚了主要的科技创新人才。因此，城市可以作为科技创新对比的微观行政单元，了解科技创新的发展现状。城市的科技创新水平进一步决定了区域乃至国家的创新水平，是对科技创新主体和科技人才进行研究的较合适的行政区域单位。

科技创新图谱工作是在科技创新驱动发展的大背景下开展的研究工

第六章
创新图谱：基于数据的科技创新决策可视化平台

作，恰逢大数据和可视化、知识图谱和人工智能等研究与应用的兴起，但创新图谱是一个新的概念，是对自然科学（表现为量化的统计数据）和社会科学特别是经济学的融合尝试，用于在决策过程中进行定性和定量的结合。

中国城市科技创新图谱的目的是基于多年积累的科技信息资源，利用大数据分析和可视化技术，展现科技创新现状、发现创新规律、预测科技创新发展趋势、辅助科技政策制定，以期影响科技创新要素及科技创新绩效的变化，支撑科技决策，促进科技创新发展和经济发展。主要需要开展如下工作：① 展示创新现状：城市创新要素和创新绩效的现状，创新要素在城市的分布情况，不同城市之间的创新状况对比，城市的优劣势学科、产业、行业及对比。② 创新发展趋势：在时间维度上展现创新要素和创新绩效成果的变化；在空间维度上展现创新要素（如资金和人才）和创新成果（如知识和技术）的流动情况。③ 挖掘创新规律：创新要素在不同城市之间的流动，不同创新要素流动之间的关联关系，城市创新发展趋势对比。

（1）创新政策

政策文献的量化统计研究是将文献计量学、复杂网络、知识图谱等相关理论方法融入政策的分析中，从大量的样本数据中发现政策制定和执行过程中潜在的规律，为政策制定者和研究者提供客观、可靠的研究结论，从而获知政策演化和发展趋势。政策文献的量化分析必须基于科学规范的方法和过程才能获得有效的结论。

中国创新图谱专题从全国88个省级科技厅或市级科技局的公开网站收集科技创新政策文件11 687份。根据政策文件内容，提取标题、发文字号、发文机关、发文城市、网页发文日期、文件发布日期、实施日期、参照政策、政策类型、政策主题、网页URL作为指标分析元素。进行了基于可视化技术的分析，以创新政策的主题分类为例，其效果如图6.7所示。

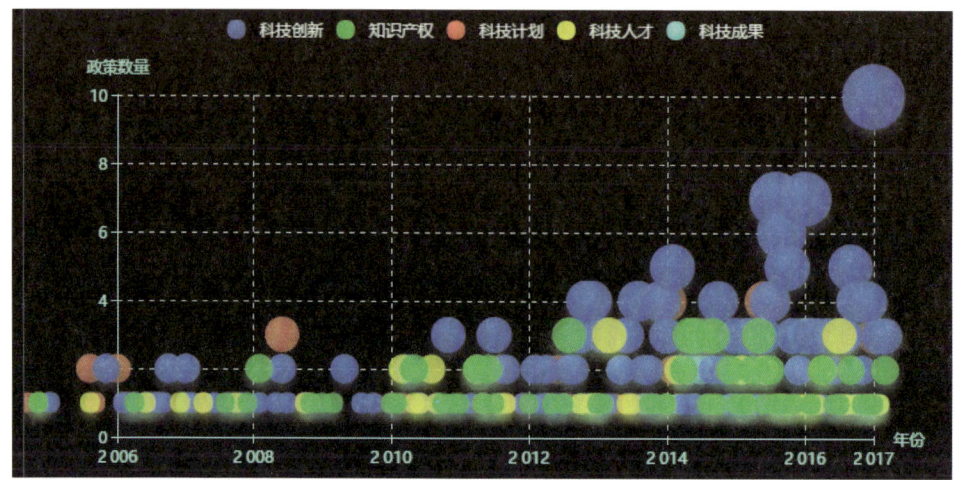

图6.7 科技政策热点主题演化图谱

（2）创新主体

自国家实施创新驱动发展战略以来，以企业为主体、市场为导向，产学研相结合的创新体系建设越来越受到重视。可以说，作为创新主体的企业在高水平国家创新体系建设中占有重要地位。同样，对于城市创新体系建设而言，企业更是城市创新活动开展和地区经济发展的重要参与者和主要驱动力量。尤其对于上市公司而言，其生存发展更是影响着区域经济命脉。因此，从城市的代表性企业——上市公司的视角展开城市创新知识图谱的研究，通过多角度的研究洞悉不同类型城市的创新活动特征。

以上市公司为研究样本，以城市为研究单元，从城市创新基础指标统计、城市供应链网络分析和城市技术与产业发展匹配度3个方面反映城市创新活动的主要特征，具体内容包括：①创新基础指标统计：一方面，通过统计城市上市公司的数量及增量反映城市创新活动的基础资源及创新活力；另一方面，通过计算各城市上市公司的无形资产总量及其占总资产的比例反映城市知识资产存量及知识密集程度。②创新供应链

第六章
创新图谱：基于数据的科技创新决策可视化平台

网络分析：一方面，通过对上市公司注册地和销售地的清洗和统计，构造城市创新供应链网络，借助社会网络分析（SNA）方法，分别从整体网络指标和核心网络结构两方面对城市创新供应链网络结构特征进行分析；另一方面，通过选取典型城市进行具体分析，对比不同城市供应链关联特征的共性和差异。③城市技术与产业发展匹配度分析：主要通过对比不同城市专利技术分类映射产业及其实际产业结构，计算城市技术与产业发展匹配度，洞悉不同城市技术对于其产业发展的实际支撑作用。

图6.8展示了中国大陆上市公司数量居前100位的城市分布情况。由图6.8可知，国内上市公司主要分布在东南沿海城市及内陆省会城市。其中，北京、上海和深圳3个城市的上市公司分布最为密集。

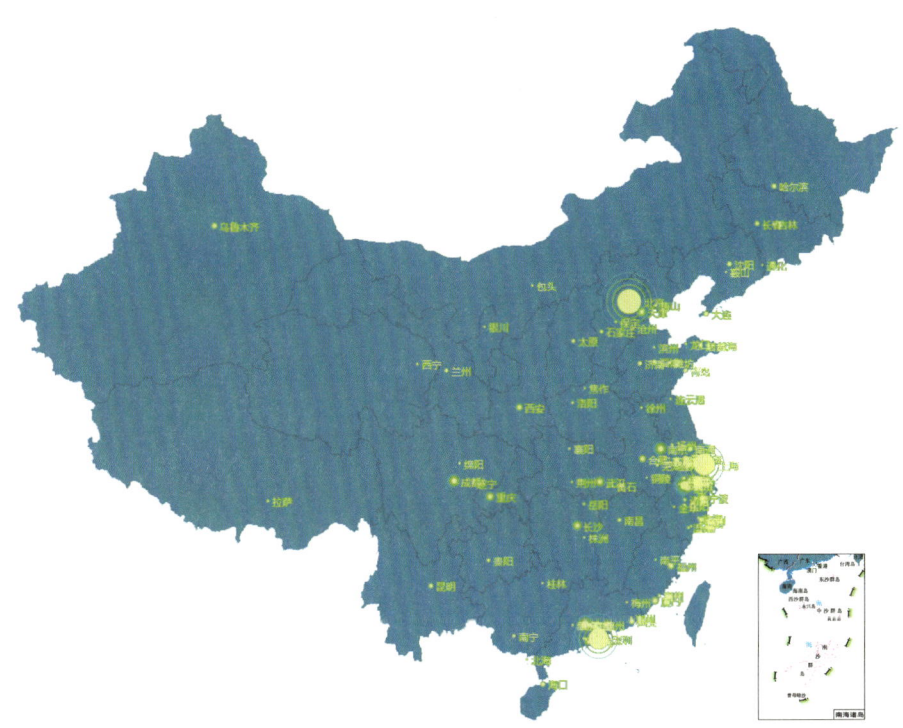

图6.8　中国大陆主要城市上市公司数量分布情况

注：本图仅做软件功能展示，不做版图范围展示，下同。

如图6.9所示,通过对城市的产业多样性和知识密集程度做散点图,横轴为城市产业多样性,纵轴为城市知识密集程度。可以发现,图中各城市的产业多样性和知识密集程度呈现较明显的两极分化现象。以北京、上海、深圳为代表的一线城市产业较为多样,同时知识密集程度也较低;而产业类型相对较单一的二线城市分布则相对较分散。值得注意的是,以合肥、西安、武汉、成都为代表的城市,其知识密集程度明显高于大连、宁波等城市,而产业多样性较为接近的杭州、广州和南京3个城市的知识密集程度差别也较大,这可能与上述城市知识密集型产业的分布有关。

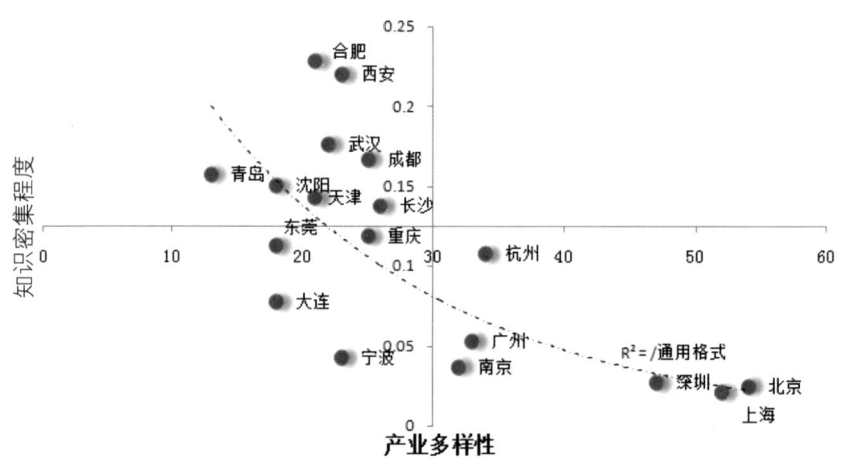

图6.9 典型城市产业多样性与知识密集程度分布

(3)创新人才

在经济发展新常态条件下,科学创新作为发展动力,不断被人们所关注。基础研究以探索未知、揭示客观规律和培养高素质创新人才为使命是科学技术实现快速发展的根本。中国创新型驱动发展战略的实现,需要通过基础研究培养大量高素质的人才。随着高新技术的快速发展,

第六章
创新图谱：基于数据的科技创新决策可视化平台

经济全球化和城市一体化进程不断推进，各生产要素在不同城市间的流动愈加频繁，并在区域、国家乃至全球范围内呈现显著的空间集聚特征。人才作为一种独特的社会生产要素，其在城市间甚至国际的流动，导致集聚地人才存量与结构的改变，并由此产生不同于个体独立活动时的人才集聚效应。加快形成一支规模宏大、富有创新精神的创新型人才队伍，对于城市创新发展而言至关重要。在城市层面对人才的分布研究如下。

①创新城市人才的基本情况：本书结合已有数据，将创新人才分为基础人才和高端人才两部分，基础人才数据时间跨度为2006年至2015年，包括中国主要城市（地级市及以上城市）普通高校在校大学生、普通高校专任教师数据，以及根据中国科技核心期刊论文数据库统计的各个城市的论文作者。针对高端人才，本书通过收集两院院士、长江学者、"千人计划"人才、领军人才数量和研究领域等相关信息加以体现。通过上述人才数量的时间和空间变化，力求展示中国城市创新人才在时间和空间上的分布规律。

②创新城市人才的聚集：人才集聚是人才流动的特殊现象，人才的集聚在多数情况下受到经济、环境、利益等因素的驱动，是人才在城市、区域间流动、聚集的过程。人是社会大生产必不可少的环节，尤其对创新发展而言，人才的集聚多数情况下会产生"1+1>2"的效果。在新的历史条件下，各大城市无不把吸引人才作为一项重要工作来抓。本书基于主要城市的基础人才和高端人才，利用定量化的研究方法对其聚集程度和城市间聚集的相关度进行分析，探讨了中国对于人才聚集具有区域影响力的主要城市。

如图6.10所示，就论文发表的作者数量而言，其梯度效应依然存在，从东部向中部和西部依次递减。但是，与专任教师和在校学生人数相比，城市之间的差距更为明显。北京相较于其他城市，论文作者数量明显增加，而其他主要城市的论文作者数量则相差不大。

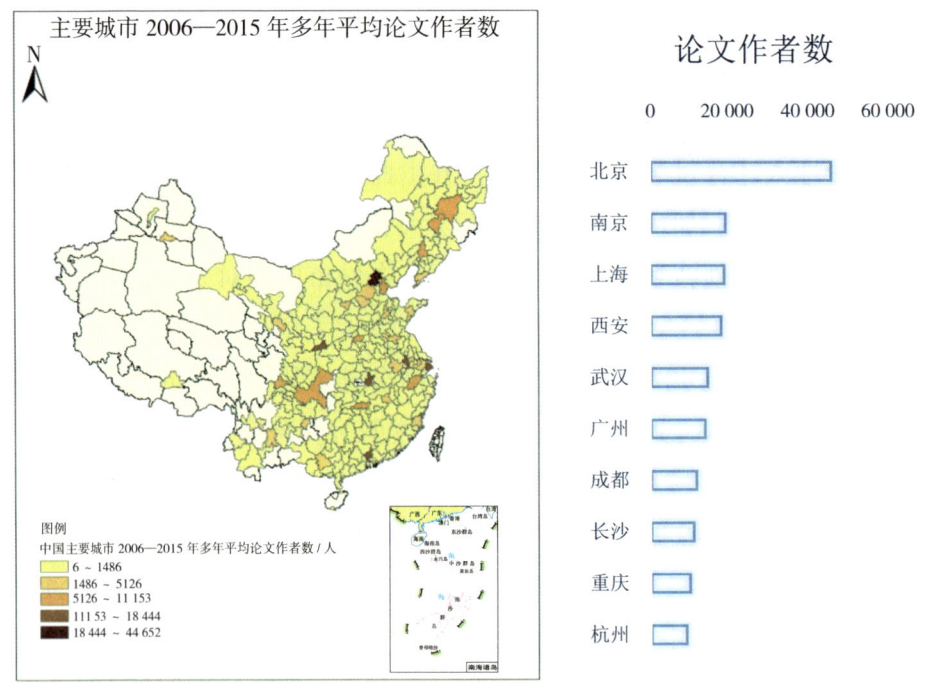

图 6.10　多年平均（2006—2015 年）论文作者数量空间分布

（4）创新成果

通过总体分析专利申请公开的数量，了解国内各城市的创新概况。通过某城市专利数量历年的变化情况，分析创新的活力及趋势。通过对专利所属类别，如发明专利、实用新型、外观设计的比例统计，分析城市各类专利占比。通过对专利权人类型的分析，了解城市的创新主体比例。制定专利指数，用于评价一个城市的综合创新能力和创新效果。有 2 个一级指标：数量指数、质量指数；6 个二级指标：发明专利数、实用新型数、外观设计数、发明专利授权率、万人发明专利授权量、PCT 专利数。

近 10 年，专利公开量快速增长。如图 6.11 所示，2013 年、2014 年由于加大了专利质量审查力度，专利公开数量增长放缓，但从 2015 年、2016 年开始迅猛增长，展示了中国建设创新性国家，提倡"大众创业、万众创新"后所激发的全面创新活力。

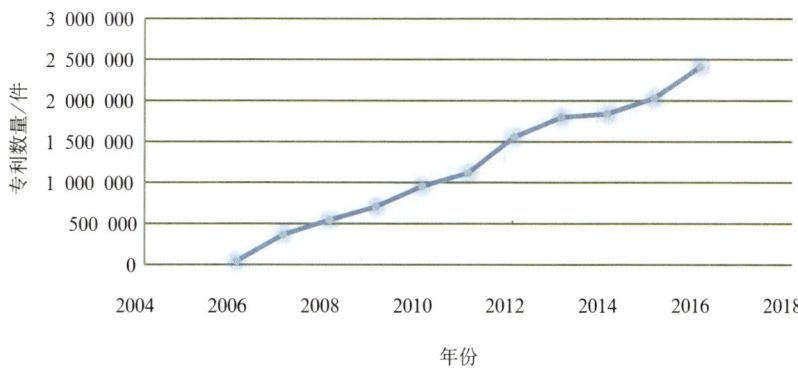

图 6.11 专利公开数量趋势

同时,也分析了发明、实用新型和外观设计 3 种不同类型的专利。3 类专利申请量随着整体申请量的增长都有不同程度的增长,但其中外观设计增长幅度较小,发明专利和实用新型增长幅度更大,说明中国企业院所专利申请中更注重基础技术的研发和积累,如图 6.12 所示。

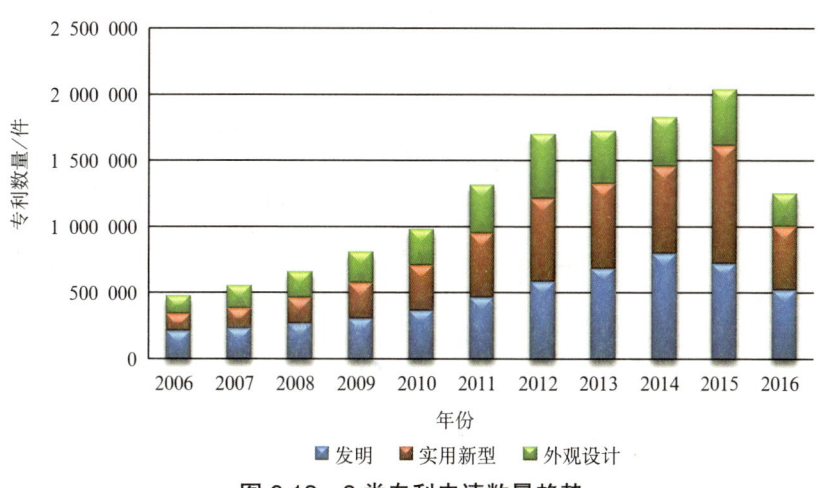

图 6.12 3 类专利申请数量趋势

（5）创新溢出

知识溢出是指地区或行业之间由于知识存量差异而导致的经济、业务交往活动中知识和技术转移的过程。知识溢出具有外部经济性，是知识和技术的自然性输出；在有限时空内，知识溢出具有时效性。分析研究中国主要城市之间的知识流动溢出情况，可以从一个侧面揭示不同城市科技创新能力水平，为管理决策部门和科研工作提供数据支撑。

中国城市创新图谱平台数据来源如下：国内科技论文数据来自中国科学技术信息研究所自行研制的中国科技论文与引文数据库（CSTPCD）；国际论文数据采集自 SCI、EI、CPCI-S 检索系统；各地区国内发明专利数据来自国家知识产权局专利统计年报；各地区 R&D 经费投入数据来自国家统计局全国科技经费投入统计公报。

利用 Pajek 和 VOSviwer 等可视化工具，对城市间的知识流动溢出网络进行分析。从图 6.13 中可以看出，北京、南京、上海、西安、武汉、广州、杭州和长沙等城市之间的知识交流最为频繁密切。

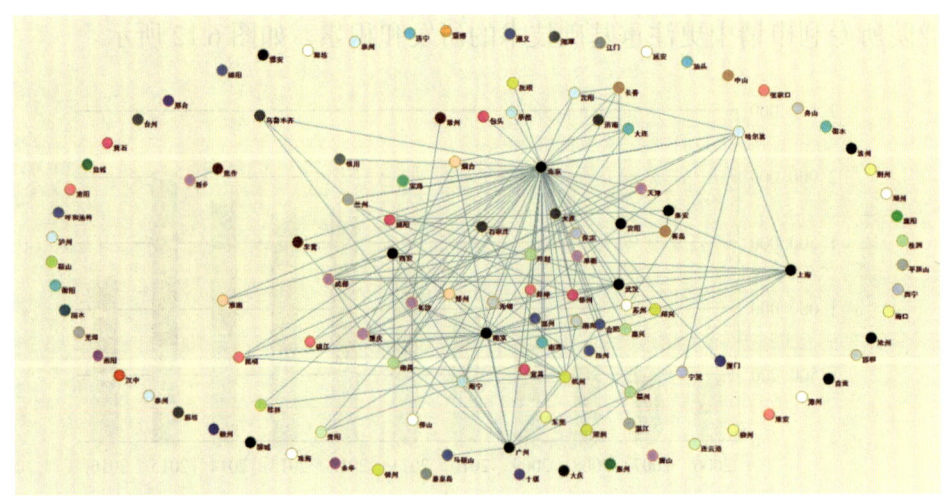

图 6.13 不同城市之间的知识流动溢出网络（2015 年）

6.3.3.3 区域协同创新监测分析

区域创新图谱平台建设研究旨在通过对科技创新各类数据的有效组织和管理，以信息技术为手段，以数据可视化分析展示为基础，高效地从科学发展的角度分析北京、京津冀地区城市科技创新建设的成效，以及揭示科技创新与经济社会发展的互动规律，制度创新、组织创新和科技、经济进步的互动关系，及时通过数据分析发现、监测和共享科技、城市创新的成果，以及各级城市创新建设过程中出现的新情况、新问题和新经验，从而提升科技管理水平和服务水平，进一步提升北京、京津冀地区科技创新能力。

北京市作为国家创新中心乃至将来的世界创新中心之一，迫切需要对其科技创新状况进行监测、评估，并制定相关的科技政策，促进科技创新发展。目前，科学研究已经进入数据密集型时代，社科研究、政策和创新研究等也越来越依赖数据基础。在科技创新决策时，如何通过可视化工具，交换直观地了解科技创新状况，利用科技创新信息大数据发现规律和存在的问题，对于科技创新发展有重要的支撑作用。

京津冀地区是中国创新资源最密集、产业基础最雄厚的区域之一，是带动中国经济发展的第三增长极，肩负着建设世界级科技创新和产业创新中心、引领中国参与新一轮产业革命和科技竞争的重大历史使命。但是，京津冀地区作为一个区域经济整体，与世界其他著名大都市区及中国长三角、珠三角地区相比，产业水平和综合实力存在较大差距，自身发展也面临诸多问题。目前，京津冀协同发展已上升为国家重大战略，而要实现协同发展，出路只有一条，就是通过"协同创新"来开辟发展新道路，开创发展新局面。

针对以上需求，有效利用各种手段，搜集、管理创新数据，并以创新监测数据为载体，进行可视化分析表达，从而分析发现科技创新与社会发展的规律，为北京及京津冀地区创新政策制定、科技创新数据管理、科技创新分析提供有力的支撑。功能中包含了对创新基础（企业、高校、政策等），创新环境（R&D 投入、企业技术研究投入等），创新成果（科技论文、专利、技术交易等），创新绩效（单位 GDP 能耗、服务业占比等）的存储，其中对基础数据（企业、高校、论文、专利、政策等）和统计数据（R&D 投入、企业技术研究投入、单位 GDP 能耗、服务业占比等）进行了分别的存储。

（1）创新政策

系统提供了对创新政策主题的分析，通过主题河流图来进行表达（图 6.14）。同时，可以根据创新政策的引用频次进行上下位关系的分析（图 6.15），此外，还可以进行创新政策关联合作发布单位的分析，使得科技创新可视化分析的用户可以直观了解区域创新政策的概况，明确影响政策制定的核心政策，以及主要推动创新政策发展的相关单位等。

（2）创新支撑

创新平台可结合地理时空数据，对特定区域的创新支撑数据进行空间展示，并在此基础上深度展示创新属性数据。以北京市高新技术企业为例，该平台可以展示北京市某一年度高新技术企业的空间分布及每个区县高新技术企业的产业属性（图 6.16）。同时，上述功能可适用于高

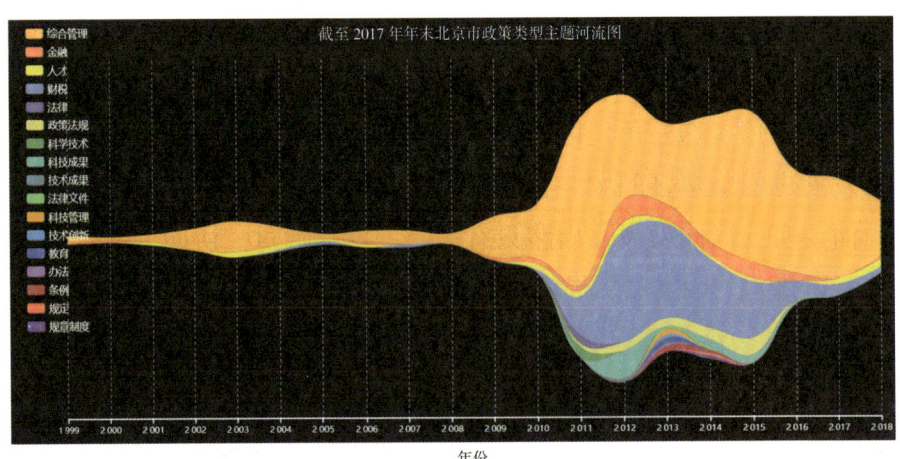

图 6.14　北京市科技创新相关政策主题河流图

第六章
创新图谱：基于数据的科技创新决策可视化平台

校、科研院所、工程技术中心、国家重点实验室等具有相似特征的数据的表达。

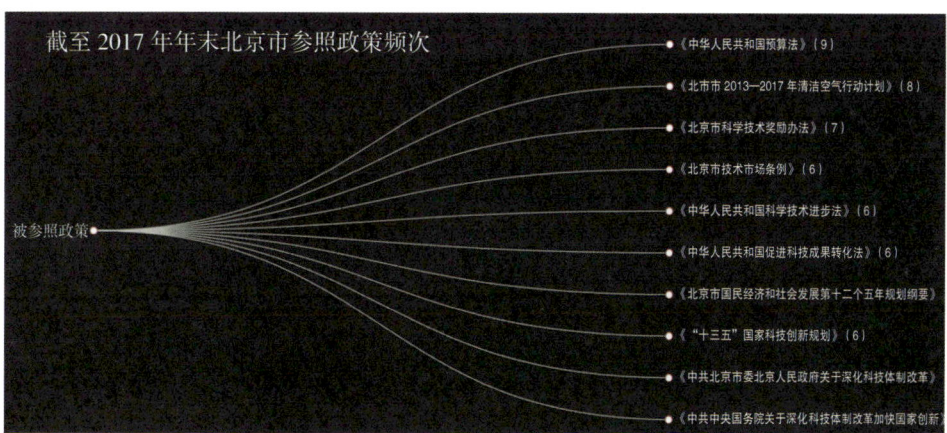

图 6.15　北京市科技创新政策参照频次

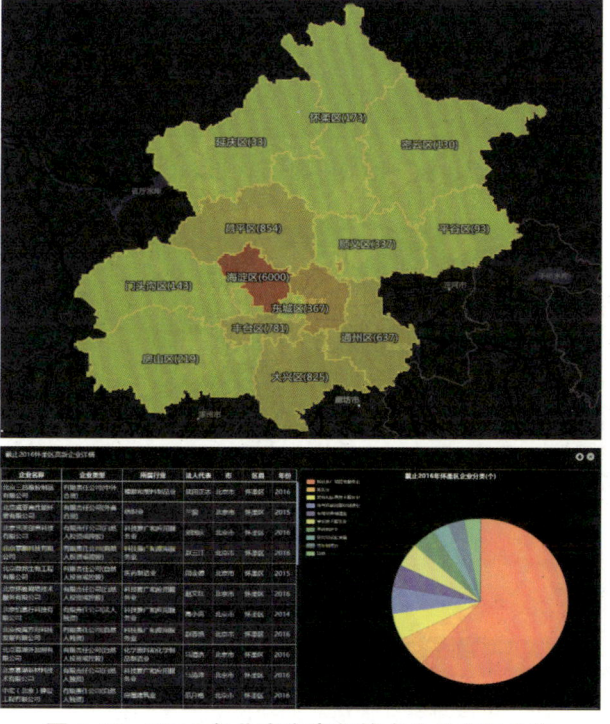

图 6.16　2016 年北京市高新技术企业空间分布

（3）创新成果

与创新支撑的展示类似，创新成果的展示同样可以采用分布式展示的方式，对不同尺度的空间信息进行表达，通过缩放来进行展示。以2016年京津冀3地科技论文为例，其省域范围和市区县范围的展示可以在同一界面内无缝缩放集成（图6.17和图6.18）。

图6.17　2016年京津冀3地核心期刊论文发表数量（省、直辖市）

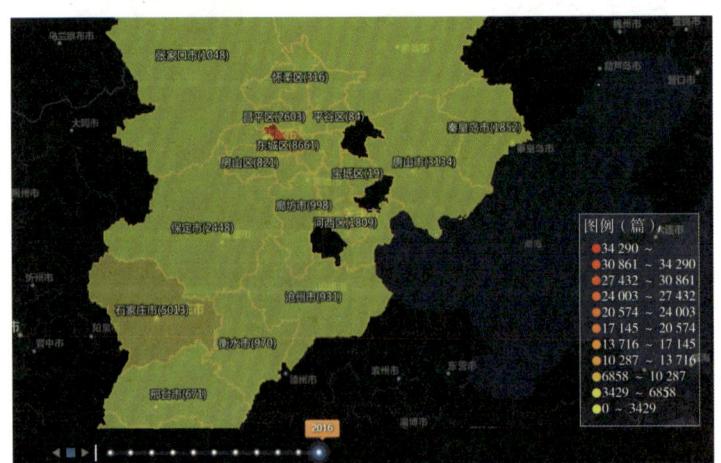

图6.18　2016年京津冀3地核心期刊论文发表数量（市、县、区）

第六章
创新图谱：基于数据的科技创新决策可视化平台

（4）创新合作

在对创新成果进行收集展示的基础上，系统平台可以根据论文数据、专利数据等对创新成果的转移进行展示。以论文为例，北京市2016年论文合作如图6.19所示。北京市多个区县之间的论文合著关系可以在地图上进行表达，同时，结合时间信息可以对每一年的区县间论文合著关系进行表征。同样的模式也可以应用于区域间合作网络的研究，2016年京津冀科技论文合著关系如图6.20所示。此外，平台也可以单独利用网络图对论文合著关系进行表达。

结合其他省份的数据信息，以专利为例，系统平台可以对以北京市为主的转移转出（转入）进行分析。以2014年北京市专利转出分析为例（图6.21），从中可以清楚地看出北京市向江苏省、广东省的专利转移要高于其他省份。

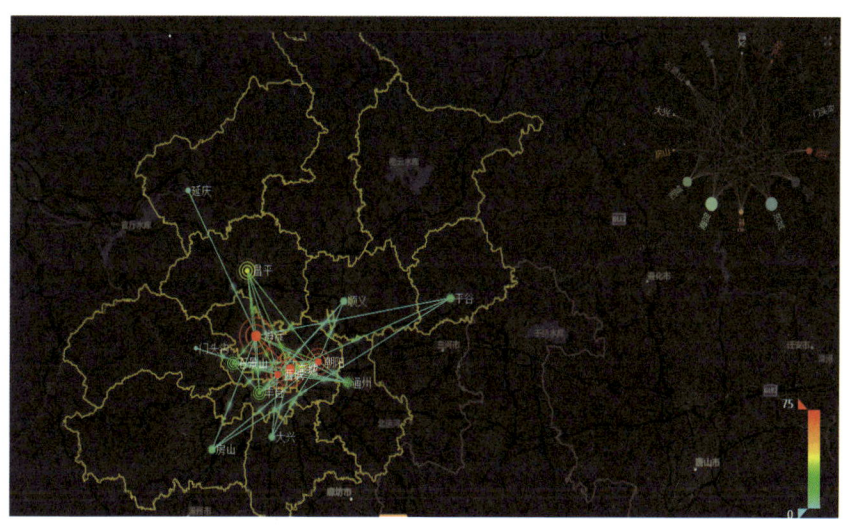

图6.19 2016年北京市各区县科技论文合著关系

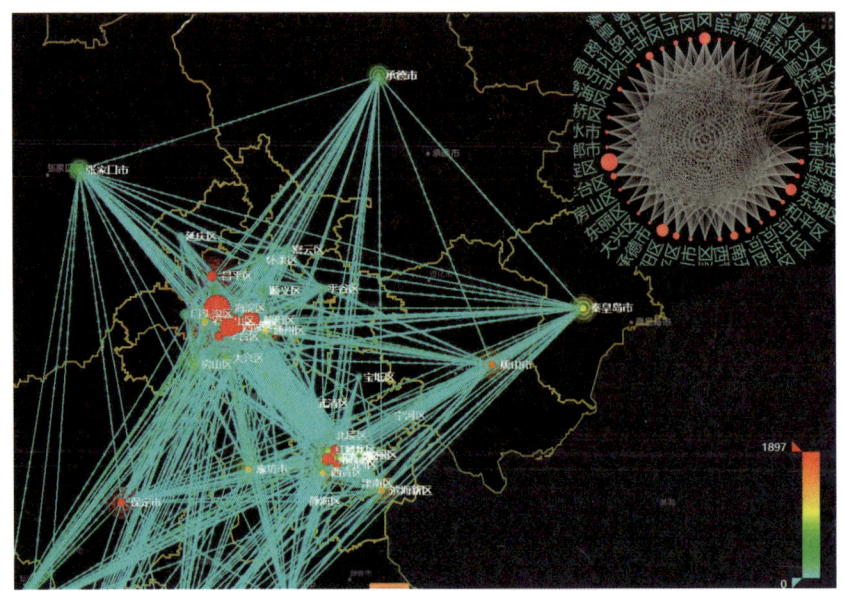

图 6.20　2016 年京津冀各市区县科技论文合著关系

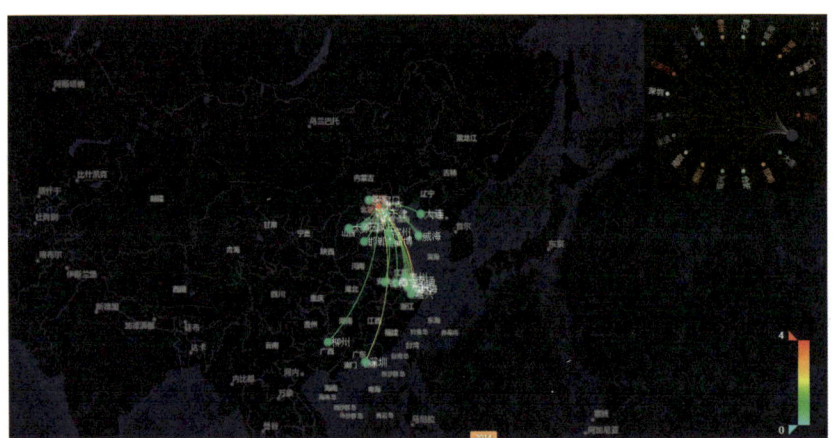

图 6.21　2014 年北京市专利转出分析

（5）创新评价

系统平台可以根据已有数据，对特定城市间的创新评价要素进行分析。如图 6.22 所示，对北京、上海、广州、深圳等中国主要城市的主要

第六章
创新图谱：基于数据的科技创新决策可视化平台

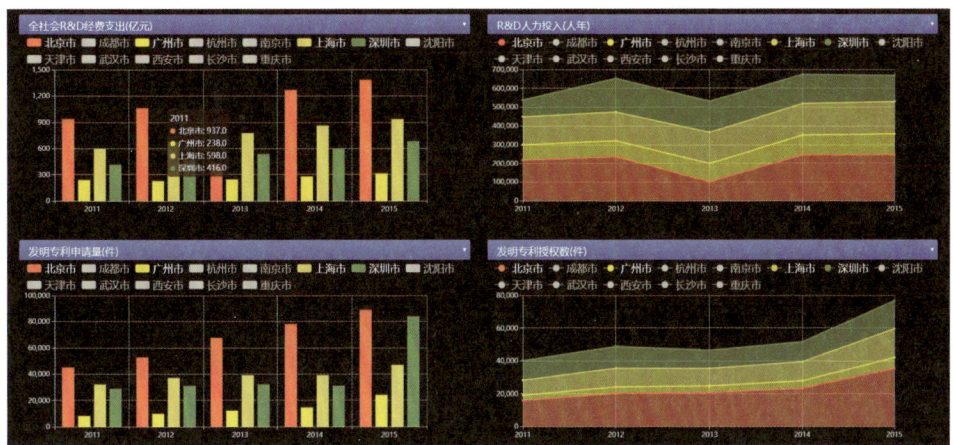

图 6.22　不同城市创新指标对比

创新指标进行对比分析，对于科技创新评价研究而言，相关数据展示得更为直观清楚。

在此基础上，对于不同城市根据评价指标和权重计算，则可以得出其创新排名。同时，研究可以将其展示到地图上，并与时间信息相结合完成创新监测分析评价的相关过程，如图 6.23 所示。

图 6.23　不同城市创新指数排名

来源：《2016—2017 中国创新城市评价报告》，http://www.liven.org.cn/reportinf.aspx?id=1141。

6.4　科技创新图谱总结与展望

随着信息处理与分析技术的不断发展和进步,科学知识图谱和可视化技术的应用范围不断扩展,表现出从知识组织展现,到发展规律分析,再到技术预见与决策支持的发展路径。传统的科学知识图谱是以计量学原理为基础,通过简单的图表直观地表达一些科学统计结果,主要应用范围集中在知识组织呈现。例如,利用文献共词、共引和耦合、合作网络分析等基础理论,研究知识或文献的组织规律和发展脉络。进入21世纪以来,科学知识图谱和可视化技术的应用扩展到对科学问题发展规律的分析,在研究某学科的全球发展结构,分析科技人才队伍结构和协作情况,监测科技产出与影响力分析、发展趋势跟踪等方面发挥重要作用。在技术预见和宏观决策支持领域中,科学知识图谱和可视化技术已经发挥了重要作用。

在大数据时代下的科技管理,需要决策机构具备"智慧决策"的能力,即对海量数据的挖掘和分析能力,对抽象和复杂体系的模拟及发展预测能力,以及对潜在风险和机会的识别和管理能力。科学知识图谱和可视化技术的发展,正是从这几个方面提供了更多工具和方法,将科学发展的全貌进行整合、分析,从中提炼出最具意义的信息,以多视角、精确、易读和直观的形式展现。科学知识图谱和可视化技术的发展是信息科学和相关领域技术进步的综合体现,其中融合了数理统计与分析、系统分析与数据库技术开发、高性能计算与建模、复杂软件系统架构、专用硬件系统开发、创新图表设计等众多领域的研究成果与突破。以事实数据为基础,结合专家智慧,支持科技管理决策部门更加深刻和确切地掌握科技事业发展规律与进展态势,为科技规划、科技决策等提供支撑,助力中国科技管理实现"智慧决策"。

第六章
创新图谱：基于数据的科技创新决策可视化平台

中国科技创新图谱已在中国城市科技创新管理与决策方面做了初步的研究与应用，是以科技大数据为基础，以可视化为手段，直观显示城市科技创新现状，辅助城市科技创新对比、优劣势分析与趋势分析，支撑城市科技创新管理与决策。今后的研究与应用将进一步深入挖掘决策场景，从宏观、中观和微观上挖掘个性化需求，结合新的科技管理与决策场景研发可视化分析功能，挖掘发现科技大数据的价值所在，为不同层面的科技创新管理与决策需求提供有针对性、个性化的支撑服务。

（张均胜　杨　岩　张兆锋）

参考文献

[1] JIM GRAY. What next?:A dozen information-technology research goals[J]. Journal of the ACM（JACM），2003，50（1）：41-57.

[2] 方创琳，刘毅，林跃然. 中国创新型城市发展报告[M]. 科学出版社，2013.

[3] CHAOMEI CHEN. CiteSpace II: Detecting and visualizing emerging trends and transient patterns in scientific literature[J]. Journal of the association for information science and technology，2014，57（3）：359-377.

[4] 陈明. 大数据可视化分析[J]. 计算机教育，2015（5）：94-97.

[5] 陈军，谢卫红，陈扬森，等. 国内外大数据可视化学术论文比较研究——基于文献计量与SNA方法[J]. 科技管理研究，2017，37（8）：44-53.

[6] 徐立婷. 多维数据可视化分析方法研究与应用[D]. 哈尔滨：哈尔滨工程大学，2010.

[7] 杨平，唐新明，翟亮，等. 基于时空数据库的动态可视化研究[J] 测绘科学，2006，31（3）：111-113.

[8] 夏慧琼，李德仁，邵振峰，等. 一种时空数据静态可视化表达方法[J]. 测绘科学，2008，33（6）：116-118.

[9] 周平. 一种基于关键帧动画的时空数据动态可视化方法研究[J]. 测绘通报，2012（1）：67-69.

[10] 百度. ECharts产品介绍[EB/OL]. [2017-12-12]. http://echarts.baidu.com/feature.html.

[11] 阿里云. 阿里云DataV产品简介[EB/OL]. [2017-12-13]. https://help.aliyun.com/document_detail/30360.html?spm=a2c4g.11174283.6.539.n1nuQF.

[12] 极客学院. D3.js简介[EB/OL]. [2017-12-14]. http://wiki.jikexueyuan.com/project/d3wiki/introduction.html.

[13] 谢科范，张诗雨，刘骅. 重点城市创新能力比较分析[J]. 管理世界，2009（1）：176-177.

[14] 李英武. 国外构建创新型城市的实践及启示[J]. 前线，2006（2）：49-51.

[15] 石忆邵，卜海燕. 创新型城市评价指标体系及其比较分析[J]. 中国科技论坛，2008（1）：22-26.

[16] 科技部，国家发展改革委. 关于印发建设创新型城市工作指引的通知[EB/OL].（2016-12-01）[2017-12-08]. http://www.most.gov.cn/mostinfo/xinxifenlei/fgzc/gfxwj/gfxwj2016/201612/t20161213_129574.htm.

[17] 许海云，张娴，张志强，等. 从全球创新指数（GII）报告看中国创新崛起态势[J]. 世界科技研究与发展，2017（5）：391-400.

[18] 陈敬全. 欧洲创新体系的测度与评估——基于欧洲创新记分牌的指标、方法和应用情况的分析[J]. 全球科技经济瞭望，2010，25（12）：5-18.

[19] 毕亮亮，潘锡辉. 关于我国创新型城市建设的思考[J]. 中国科技论坛，2010（12）：30-35.

[20] 李长灿，龚勤. 杭州创新环境很给力2009年创新指数为114.6[J]. 杭州科技，2010（6）：16-17.

[21] 张治栋，何金梅. 基于合肥与中东部的创新型城市评价指标体系实证研究[J]. 蚌埠学院学报，2015（2）：63-68.

[22] 杨君游，谈冉，高秋芳，等. 城市创新能力简便测评指标体系研究——以深圳与其他城市的比较为例[J]. 科学与管理，2015（1）：7-15.

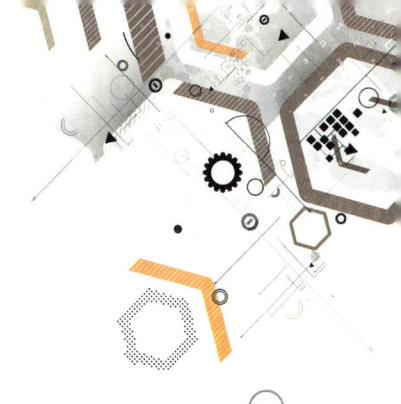

第七章

机器翻译：多语言科技大数据智能服务的桥梁

互联网和大数据时代，科学技术发展和迭代的速度越来越快，学术机构、企业机构在科研方面的投入越来越多，产生的科技论文、专利和科技报告等不同类型的科技文献数量也呈现爆发式增长，尤其是外文文献数量巨大。同时，社交网络中每时每刻都出现大量关于科技发展的讨论，其中不乏真知灼见。如何利用技术手段快速从海量外文资源中获取重要信息，把握最新的科技动向和发展趋势，对于提升中国制定科技战略的及时性、准确性具有重要意义。

外文科技文献具有专业词汇多、理解难度大、翻译难度高的特点，依赖人力的传统科技战略研究方法在应对大数据时代的科技信息时已经捉襟见肘，迫切需要高质量的机器翻译实现快速的外文科技信息获取。

近年来，随着深度学习和神经网络的广泛应用，机器翻译质量有了显著的提升，机器翻译能够大大提高科研人员获取外文信息的效率，同时也是支撑外文科技大数据知识抽取、实现外文科技信息服务的关键技术之一。

7.1 科技大数据离不开机器翻译

7.1.1 跨语言知识挖掘的需求

作为同时承载着技术信息、法律信息和经济信息的综合信息源，以论文、专利为代表的科技文献汇集了人类发明、创造和研究的诸多成就，记载了发明思想和技术难题的不同解决方案，并且及时地反映出各技术领域最新的研究成果[1]。科技文献信息的获取和应用成为科技发展的主要动力源泉。

中国已初步建立了大规模的科技文献信息资源收集、加工和服务体系，其中包括大量引进的外文文献资源。以万方数据知识服务平台①为例，收录了期刊、学位论文、会议论文及专利等外文科技文献，语言涵盖英语、德语、日语、法语、葡萄牙语、俄语等。其中，外文期刊来源于 NSTL 外文文献数据库及牛津大学出版社等国外出版机构，收藏了自 1995 年以来世界各国出版的 20 900 种国外重要期刊。外文学位论文收录始于 1983 年，累计收藏 11.4 万余册，年增量 1 万余册。外文会议论文收集了自 1985 年以来世界各主要学会、协会、出版机构出版的学术会议论文，共计 766 万多篇。国外专利 3700 万余条，年增 25 万条，收录范围涉及 11 个国家、2 个组织，内容涵盖自然科学各个学科领域。这些资源及其相应的服务体系已经为中国的科技创新及经济和社会发展发挥了极其重要的作用。

从这些大规模的外文科技文献中进行知识挖掘，可以揭示出隐含的、先前未知的并有潜在价值的信息。这种跨语言的知识挖掘是一个极具挑战且意义重大的课题，不但可以高度自动化地分析境外企业的数

---

① http://www.wanfangdata.com.cn/index.html。

据，做出归纳性的推理，从中挖掘出潜在的模式，帮助决策者调整国际市场策略，减少风险，做出正确的决策，而且可以有力地促进科技信息的进一步传播利用，为中国科技创新工作奠定多语言信息服务的基础，使中国在科技信息服务行业充分应用高信息技术的机制得到进一步加强。

跨语言知识挖掘除了需要人工智能、机器学习、模式识别、统计学、数据库、可视化技术等，还面临着在不同国家和地区之间原本存在的自然语言屏障。这个巨大的语言障碍严重阻碍着科技信息的交流，使得这些重要科技资源的有效深度知识挖掘受到了极大的限制。仅靠人工翻译已经远远不能满足急剧增长的科技文献翻译需要，机器翻译则是解决这一问题的有效途径。因此，非常有必要在科技文献信息领域开展机器翻译的开发、应用和推广，满足跨语言知识挖掘的需求。

7.1.2 机器翻译发展态势

机器翻译是指用计算机实现从一种语言到另一种语言的文本或者语音的自动翻译，属于计算机科学与语言学等多学科交叉的研究领域。在以知识经济为主要特征的当今社会生活中，日益频繁的国际交流和不断加快的全球化进程使得跨语言的信息交换总量急剧增加，不同国家和地区之间原本存在的自然语言屏障显得越发突出。人们迫切希望借助计算机技术迅速有效地打破语言的壁垒，实现顺畅的人际及语际交流。机器翻译研究因此而蕴藏着巨大的应用价值，逐步改善的机器翻译技术在人类社会生活和经济生活中具有越来越广泛的应用，在程度更深、速度更快的国际信息传播中也具有极其重要的作用。

机器翻译迄今已经历了萌芽期、草创期、萧条期、复苏期、繁荣期、平台期和二次繁荣期这几个主要的历史时期。据说早在古希腊时代，就有人提出用机器进行语言翻译的想法，直到20世纪30年代都是机器翻译的萌芽期，有识之士主要采用机器词典来克服语言的障碍。1949年，美国洛克菲勒基金会自然科学部门的负责人Warren Weaver发表了一份以"翻译"为题的备忘录,正式提出了机器翻译问题。1954年,美国乔治顿（Georgetown）大学进行首次机器翻译实验,展示了机器翻译的可行性。在这个机器翻译的草创期,各国都在机器翻译上投入大量资金,包括美国和欧洲各国。机器翻译研究处于一个不断升温的发展热潮中,直到1966年美国科学院发表ALPAC报告。ALPAC报告认为,以往10余年的机器翻译研究难以完成其预计的目标,因而对机器翻译应用的可能和发展前景提出了质疑,此后直到20世纪70年代中期,机器翻译处于一个低迷的状态,但对于机器翻译的研究并没有停止。20世纪70年代到90年代,刚性需求推动机器翻译的不断发展,计算机科学、语言学研究的发展,特别是计算机硬件技术的大幅提高及人工智能在自然语言处理上的应用,从技术层面推动了机器翻译研究的复苏,基于规则的机器翻译方法诞生,机器翻译项目又开始发展起来,各种实用的及实验的系统被先后推出,如Weinder系统、EURPOTRA多国语翻译系统、TAUM-METEO系统等。自20世纪90年代初期,计算机网络技术得到了快速发展和广泛普及,这给机器翻译研究提供了技术上的支持;统计机器翻译模型[2-3]的正式提出,则给机器翻译提供了理论上的支撑。从此,基于大规模语料库的机器翻译方法迅速发展,机器翻译进入了持续而稳定的繁荣期。在此期间,2003年基于短语的统计机器翻译[4-5]及2005年基于层次短语的统计机器翻译[6]的诞生使机器翻译跃升了一个很大的台阶。之后,机器翻译进入平台期,各种翻译技术基本都是在统计机器翻译框架下进行补充和修改,直到深度神经网络技术的快速发展给机器翻译研究带来新的契机。在深度学习和分布式词语表示[7]成功应用于自然语言处理领域的背景下,英国牛津大学Kalchbrenner和Blunsom[8]于2013年提出端到端神经机器翻译。这个框架又引入长短时记忆网络[9]和注意力机制[10],神经机器翻译模型的翻译性能得到了显著的提升。由于结构简单且性能显著,神经机器翻译彻底引起全球学界和业界的广泛关注和研究[11],机器翻译达到了二次繁荣期。

7.1.3 机器翻译的主流方法

机器翻译经过 70 多年的发展和研究，各种翻译方法不断涌现，呈现百家争鸣的态势。其中，基于规则的翻译方法和基于语料库的翻译方法是两个主要的流派。

基于规则的翻译方法在机器翻译中占据主导地位。基于规则的方法将翻译过程分 3 个阶段：对输入文本进行分析，形成源语言抽象的内部表达；将源语言抽象的内部表达转换成目标语言的内部表达；根据目标语言的内部表达生成目标语言文本。该方法的优点在于：可以较好地保持原文的结构，对于语言现象已知或者句法结构规范的源语言句子翻译效果尤为理想。然而，其人工规则编写成本高昂、规则一致性难以保证、相关知识库的建立和维护也很困难，这些都使得该方法无法适应大规模数据发展的需要，很难逃脱被取代的命运。

基于语料库的机器翻译方法建立在大规模收集互为译文的双语语料的基础之上，有 3 个主要分支：基于实例的机器翻译方法、基于统计的机器翻译方法及神经机器翻译方法。

基于实例的机器翻译方法[12]主要通过在双语语料库中查找最为相似的翻译实例来获得目标翻译。该方法的优点是：译文自语料库中的实例直接变换而来，译文质量较高，速度快，能够有效地解决一些基于规则的机器翻译系统难于处理的问题。其主要缺点在于覆盖率方面，基于实例的翻译往往难以达到很高的覆盖率，对齐正确率直接影响到翻译的正确率。通过实例的组合得到目标译句可以借助多种做法，如基于字符的匹配、基于短语结构的匹配、基于依存关系的匹配等。基于实例的机器翻译引擎通常是作为其他翻译引擎的补充，而很少作为独立的机器翻译引擎使用。

基于统计的机器翻译方法建立在噪声信道模型之上，将翻译问题转化为在已知源语言句子f_1^J的情况下寻找与其翻译概率最大的目标语言句子e_1^I：

$$\hat{e}_1^I = \arg\max_{e_1^I} \Pr(e_1^I \mid f_1^J)。 \tag{7.1}$$

依此模型，可以将这个翻译概率按照所建模型的具体理念分解成若干个相应的子问题来求解。实现一个统计机器翻译系统通常需要解决3个问题：建模、参数训练和设计搜索算法。建模就是对翻译概率建立数学模型，训练是在真实的数据集上实现模型参数的自动学习，搜索则是利用学习到的模型参数执行解码过程，寻找最优解。这3个问题之中建模是关键，它决定着训练和搜索的实施策略。统计机器翻译经历了词汇、短语及句法树等不同粒度的翻译发展历程，翻译的性能也不断得到提升。以词语为基本翻译单位的IBM模型将词对齐作为隐变量引入翻译过程，利用EM算法从句子级对齐的语料中自动训练出单词对齐，利用与词对齐相关的概率，通过动态规划算法搜索出对应源语言句子f_1^J最优的目标语言句子$\hat{e}_1^I$。IBM模型的翻译单元是单个的词，只能学习到由词到词的翻译知识，对词的上下文未作考虑，不适合翻译习惯表达、成语等结合紧密的源语言串。基于这些缺陷，基于短语的统计机器翻译方法以短语作为翻译的基本单元。这里的短语只是连续的串，不一定具备句法意义。它使用对数线性模型对翻译概率进行建模，将特征函数作为各种知识源，主要翻译过程包括：根据均匀分布的假设将源语言句子划分成短语，利用预先抽取的短语翻译对表将每一个源语言短语翻译成目标语言短语，然后利用重排序模型对目标语言短语进行重排序，最终得到目标语言句子。这个方法能够较好地表达词的上下文信息，学习到一些局部的词的重排序信息。由于连续短语的泛化能力差，基于句法的统计翻译模型引入语言的结构信息，利用其层次化重排序能力、泛化能力和处理非连续短语的能力生成目标翻译。其中，形式句法的统计翻译模型[6, 13-14]使用形式化的结构表示句子的层次性划分，利用非终结符来表征非连续的

第七章
机器翻译：多语言科技大数据智能服务的桥梁

短语，实现全局的短语重排序。因为各个节点和节点的关系不具有语言学的意义，基于语言学句法的统计翻译模型[15-17]使用具有语言学意义的层次结构，其节点本身和节点之间都使用了语言学知识，常常利用源语言端或者目标语言端，或者两端的句法分析树。无论是短语结构树，还是依存结构树，由于句法信息目前还无法真正给予准确的指导，与大规模训练数据结合时规则过于冗杂，导致基于句法的统计机器翻译没有能够大范围流行起来。

神经机器翻译方法是指直接采用神经网络以端到端方式进行翻译建模的机器翻译方法。区别于利用深度学习技术完善传统统计机器翻译中某个模块的方法，神经机器翻译的编码器将源语言句子编码为一个稠密向量，其解码器从该向量中解码出目标语言句子，如图7.1所示。

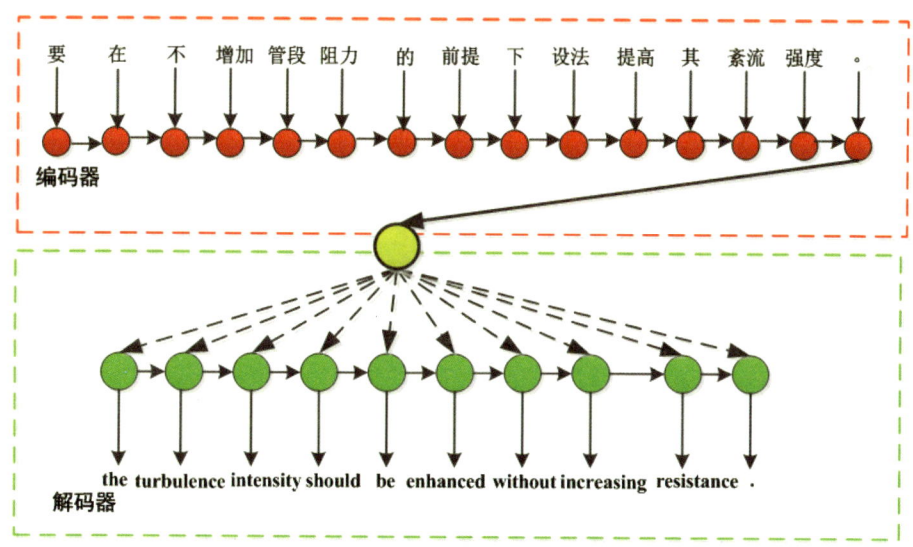

图7.1　神经机器翻译的编码—解码结构示例[18]

以汉英翻译为例，神经机器翻译的编码器对输入句子的每个中文单词进行编码，生成向量表示，采用循环神经网络从左到右将整个句子编码成为一个向量表示。然后，解码器采用另一个循环神经网络将该编码好的句子向量反向解码，逐词生成一个英文句子。与统计机器翻译相比，整个过程不需要进行显性的句法语义分析；其神经网络能够直接从数据中自动学习特征，不需要人工事先定义翻译特征；通过基于长短时记忆的循环神经网络能够有效捕获长距离依赖；注意力机制为每个源语言词生成包含全局信息的向量。这些优点大大提升了神经机器翻译的翻译性能。无论是机器自动评价，还是人工评价，神经机器翻译的译文流畅度和词汇的排序都超越了统计机器翻译，甚至达到了人类可以接受的翻译程度，让人不再感觉机器翻译的结果像是在"发神经"。

7.2 神经机器翻译让机器翻译不再"神经"

7.2.1 神经网络

神经网络是一种模仿动物神经网络行为特征进行分布式并行信息处理的算法数学模型。神经网络的起源来自人类如何思考。人体的神经网络通过神经末梢接收外部刺激，将其转化为电信号转导到神经细胞（又叫神经元）（图7.2）。无数神经元构成神经中枢，神经中枢综合各种信号做出判断。人体根据神经中枢的指令，对外部刺激做出反应。因此，人类思考的基础是神经元。

人工神经网络通过"人造神经元"来模拟思考。最早的"人造神经元"模型叫作"感知器"，图7.3的圆圈就代表一个感知器。它接受多个输入（x_1，x_2，x_3，…），类似于外部的刺激，产生一个输出（Output），类似神经元综合电信号做出判断。单个的感知器构成了一个简单的决策模型。复杂的决策模型是由多个感知器组成的多层网络。

图7.4中，底层感知器接收外部输入，做出判断以后，再发出信号，输入上层感知器，这样层层传递直至最后的输出。在神经网络中，信号

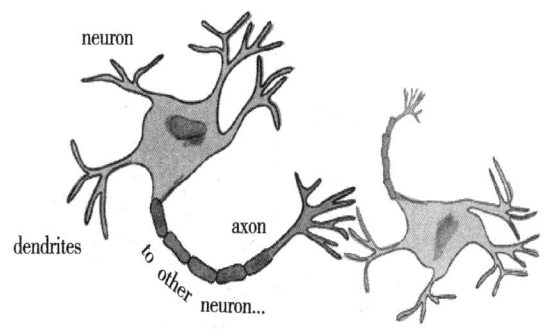

图 7.2 人类神经元

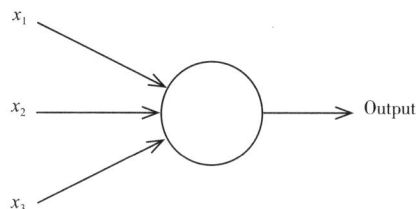

图 7.3 单个感知器

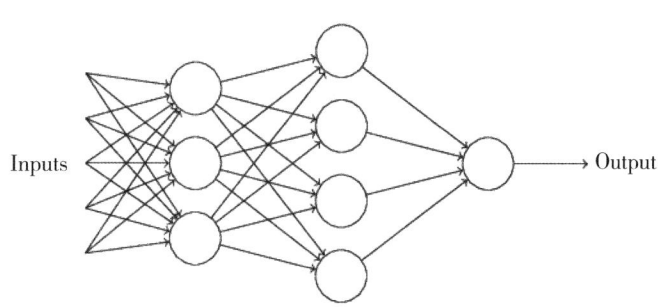

图 7.4 多层感知器

可以是单向的,如前馈神经网络,每一层的神经元只接收来自前一层神经元的输入,后面的层对前面的层没有信号反馈;也存在反馈网络,输入信号决定反馈系统的初始状态,系统经过一系列状态转移后逐渐收敛于平衡状态;还存在递归神经网络,A 传给 B,B 传给 C,C 又传给 A,如图 7.5 所示。

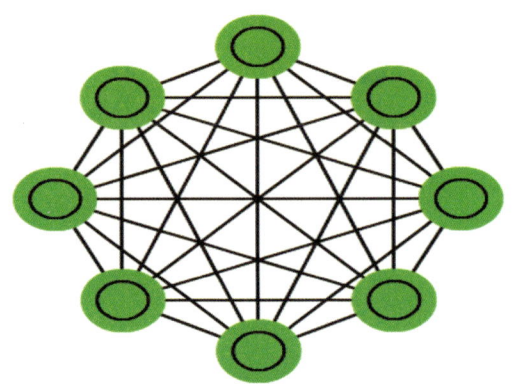

图 7.5　递归神经网络[①]

一个神经网络的搭建，需要像感知器模型那样满足 3 个条件：①输入和输出；②训练权重（w）和阈值（b）；③多层感知器的结构。训练权重和阈值通常采用试错法，在其他参数保持不变的情况下，使 w（或 b）发生微调，增加 Δw（或 Δb），然后观察输出的变化。不断重复这个过程，直至得到对应最优输出的 w 和 b（图 7.6）。

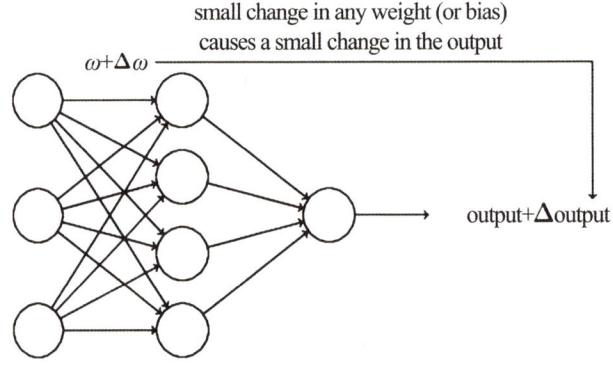

图 7.6　神经网络的训练[19]

---

① https://cloud.tencent.com/developer/article/1005713.

普通神经网络层级不会很多，而加入了深度学习模式的神经网络即为深度神经网络，其网络的层级数量十分巨大，基本上可以达到5～1000多层。根据应用情况不同，深度神经网络的形态和大小各异。目前，卷积神经网络（Convolutional Neural Network，CNN）和循环神经网络（Recurrent Neural Network，RNN）是应用较为广泛的深度神经网络形式[20]。

7.2.2 神经机器翻译模型

基于神经网络的语言模型利用RNN将每个词映射成为一个固定长度的实数向量，有效缓解了数据稀疏性问题，掀起了利用神经网络进行机器翻译的热潮。这里介绍的神经机器翻译模型指的是不以统计机器翻译为框架，直接用神经网络将源语言词序列映射成目标语言词序列的端到端的翻译模型。下面主要介绍神经机器翻译中的RNN、长短时记忆（Long Short-term Memory，LSTM）及注意力（Attention）机制。

7.2.2.1 循环神经网络模型

RNN是可以处理变长输入和输出的神经网络。主要思想是循环地将输入的序列压缩成固定维度的向量，形成网络的中间状态，见图7.7。

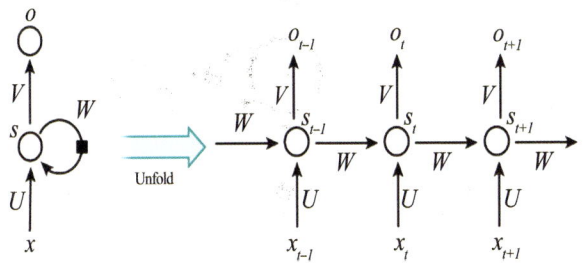

图 7.7　RNN 结构①

---

① http://www.wildml.com/2015/09/recurrent-neural-networks-tutorial-part-1-introduction-to-rnns/.

其中，在 t 时刻，基于当前时刻的输入向量 x_t 和前一时刻的网络中间状态（即前一个隐层的激活值）s_{t-1}，通过 $s_t = \phi_\theta(s_{t-1}, x_t) = \theta_s(U_{xt} + W_{st-1} + b)$ 得到 t 时刻的中间状态 s_t。θ_s 通常是非线性激活函数，如 Tanh 或 Sigmoid。o_t 是 t 时刻的输出，U、W、b 为参数。参数的获取可以使用反向传播法求解，实际就是根据输出层的误差对各个参数求梯度，然后使用随机梯度下降或者 Mini-batch 的方式对参数进行更新。

7.2.2.2 长短时记忆（LSTM）

由于传统 RNN 存在梯度爆炸或者梯度消失的问题，在实际中很难处理长期依赖，在 RNN 基础上加入 LSTM，使用门（Gates）改进了隐层节点的激活过程，可以从语料中学习到长期依赖关系。传统 RNN 每一步的隐藏单元只是执行一个简单的 Tanh 或 Sigmoid 操作。LSTM 将 RNN 隐层的一个节点修改成如图 7.8 所示的一个大的单元。其中 Cell 保存了隐层

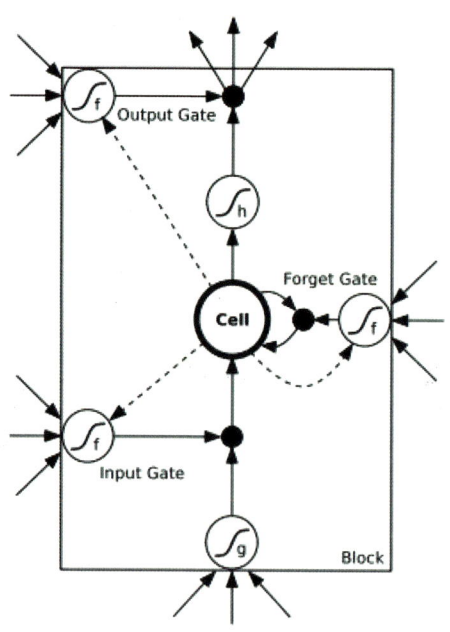

图 7.8　LSTM 的一个 Unit 图示 [21]

的状态信息,左下角、左上角、右边这3个带有f的空心圆圈分别表示输入门、输出门和遗忘门,是用Sigmoid函数激活后的(0,1)之间的概率值,这3个门在实心黑点处的作用分别为:输入门表示是否允许当前的输入信息加入隐层状态中;输出门表示是否允许当前隐层节点的输出值传递到下一层;遗忘门表示是否保留当前节点的历史状态。

7.2.2.3 神经机器翻译工作原理

神经机器翻译采用的编码-解码框架将翻译看作有监督的学习过程,即学习将任意长度的源语言序列映射到任意长度的目标语言序列的过程,见图7.9。编码器利用RNN将中文句子"要 在 不 增加 管段 阻力 的 前提 下 设法 提高 其 紊流 强度"作为输入序列,转化为一个固定维度的稠密向量(一个激活状态),解码器根据这一激活状态利用RNN生成目标译文"the turbulence intensity should be enhanced without increasing resistance"。编码和解码的RNN都引入了LSTM。编码器首先将源语言句子的每个词表示成一个固定维度的向量。这里的向量可以采用one-hot向量,即向量的维度与词汇表大小相同,每个词的向量只有一个维度上值为1,其余全是0,1的位置对应该词在词汇表中的位置,但是one-hot向量容易造成维数灾难,也难以表达词汇之间的语义关系。因此,也可以采用将每个词映射到一个低维语义空间,采用固定维度的分布式向量表示。然后,用一个RNN来压缩源语言的句子序列,$h_t = \phi_\theta(s_{t-1}, x_t)$,$0 \leq t \leq T$。其中$h_0$是一个全零向量,最后得到的$h_T$就是整个源语言句子的压缩表示。通常采用双向LSTM来实现编码,其中前向循环神经网络顺序读入句子后产生源语言前向隐式状态序列$\vec{H} = \vec{h_1}, \vec{h_2}, L, \vec{h_t}$,后向循环神经网络逆序读入句子后产生源语言后向隐式状态序列$\overleftarrow{H} = \overleftarrow{h_1}, \overleftarrow{h_2}, L, \overleftarrow{h_T}$。前向和后向隐式状态序列中位置对应的状态序列拼接形成该位置单词的隐式状态$h_t = [\vec{h_t}, \overleftarrow{h_t}]$。最终的压缩表示为$H = \{h_1, h_2, L, h_T\}$。

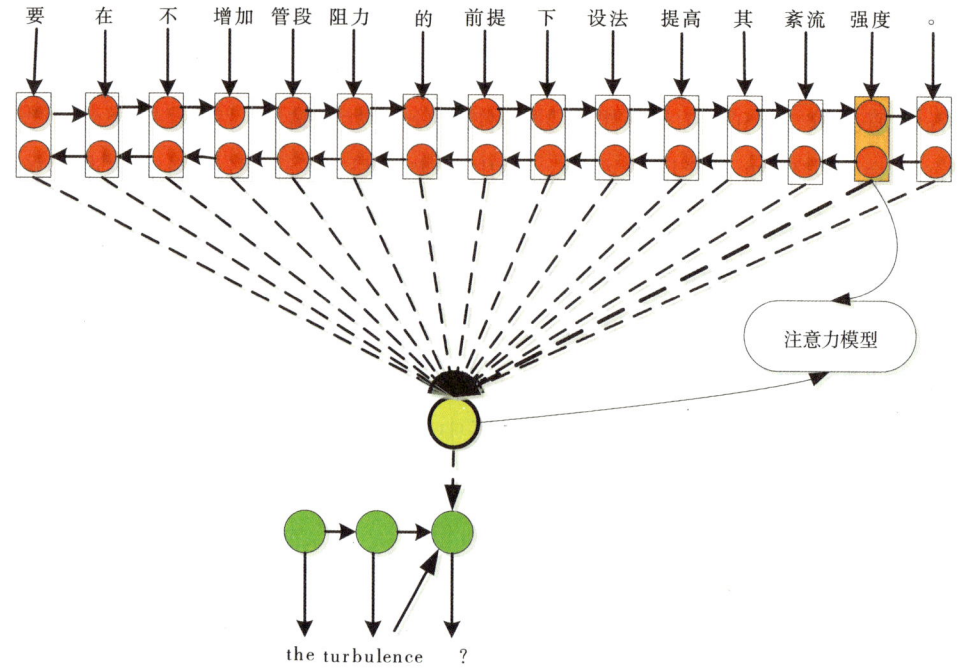

图 7.9 带注意力机制的神经机器翻译工作流程[18]

解码器同样用 RNN，输入的是编码器得到的压缩表示 $H = (\{h_1, h_2, L, h_T\})$，解码器的隐层状态 $z_t = \phi_{\theta'}(h, y_{t-1}, z_{t-1}), t = 1, L, T'$，$\phi_{\theta'}$ 是一个非线性激活函数，y_{t-1} 表示前一个单词，y_0 为源语言句子的结束标记 "<EOS>"，z_{t-1} 表示解码器 RNN 的前一个隐层状态，z_0 为一个全零向量。因此，词汇概率为：$p(y_t | y_{<t}, x) = soft\max(W_s z_t + b_z)$，其中 softmax 表示归一化。得到第 t 个目标语言的单词的概率分布后就可以采样出这个单词 y_t。重复这个过程，直到句子结束标记 "<EOS>"，解码完成。

神经机器翻译的训练通常采用极大似然估计法，Shen 等[22]利用 Och 在 2003 年提出的 MERT 训练参数的思想，针对神经机器翻译引入了最小风险训练（MRT），将机器翻译评测指标作为损失函数，训练目标就是在训练数据上最小化期望损失函数,提升了翻译质量。

7.2.2.4 注意力机制

编码－解码的框架统一将源语言句子压缩成一个固定维度的向量,再解码出整个目标句子,这个机制在处理长句子和短句子的时候并没有区别,这样很难捕捉到词汇间长距离的依赖关系。因此,研究者采用了注意力模型[10]来帮助神经机器翻译。

注意力模型在解码时刻 t,目标语言隐层状态 $z_t = \phi_{\theta'}(c, y_{t-1}, z_{t-1})$,$t = 1, L, T'$,其中 t 时刻上下文向量 c_t 由源语言隐层状态序列 H 和注意力模型所产生的权重加权所得:$c_t = \sum_{j=1}^{n} a_{t,j} h_j$,注意力模型的权重 $a_{t,j}$ 由 $t-1$ 时刻目标语言隐层状态 z_{t-1} 与源语言隐层状态序列 H 产生:

$$a_{t,j} = \frac{\exp(e_{t,j})}{\sum_{k=1}^{n} \exp(e_{t,k})}; \tag{7.2}$$

$$e_{t,j} = a(s_{t-1}, h_j) 。 \tag{7.3}$$

其中,a 为非线性函数。权重 $a_{t,j}$ 可以解释为源语言词语 x_j 与 t 时刻解码器所产生词语的相关程度。

7.2.3 神经机器翻译前沿进展

近年来,神经机器翻译研究基本集中在以下几个方面[23-24]对神经机器翻译进行改进。①训练算法。传统的训练准则是极大似然估计,研究者借鉴统计机器翻译的经验,以机器翻译评价指标定义神经机器翻译的损失函数,引入最小风险训练方法[22],采用 REINFORCE 算法[25]将评价指标融入训练过程,将训练过程与柱搜索紧密结合[26],显著提升了神经机器翻译的性能。②先验约束。为了将人类的先验知识与神经机器翻译结合起来,采用加入覆盖率[27]、位置偏移、Markov 条件、繁殖率等[28]约束直接修改模型架构,或者保留原始模型架构,在训练目标中加入一致性约束来影响参数训练[29]。③模型架构。研究者利用神经网络图灵机[30]

和记忆网络[31]来改进解码器，或者只使用注意力的 Transformer [32]。④受限词汇量。神经机器翻译系统往往将词汇表限制为高频词，导致翻译结果中未登录词问题严重。通过未登录词替换[33]和采样[34]，或者用细粒度意义表示单元（如字母、字、语素、亚词、词语—字母混合等）[35-37]，缓解了受限词汇量问题。⑤低资源语言翻译。作为一种数据驱动方法，神经机器翻译仍然属于基于语料库的翻译方法，依赖于平行语料库。利用单语数据[38]、自动编码器[39]和迁移学习[40]等技术，对低资源神经机器翻译进行改进。

虽然神经机器翻译在很大程度上提升了机器翻译的质量，但是仍存在很多问题需要解决，并没有完全解决翻译的问题。

7.3　让科技交流没有语言障碍

世界各国每年投入大量的人力财力开展科学技术研发，以不同的语言撰写和发表大量科技论文、科技报告，阻碍不同国家科技交流的主要问题就是语言障碍。近几年，随着神经网络和深度学习技术的兴起，机器翻译也得到了飞速发展，人们对于应用机器翻译来解决语言障碍这一问题的期望也越来越高。

中国科学技术信息研究所（以下简称中信所）从成立之初就承担着国外科技动态和科技进展跟踪和研究的工作，为中国制定科技政策和科技战略提供支撑。因为工作需要，中信所长期在外文科技信息翻译方面投入了大量的人力物力，也因此很早就开始关注和参与机器翻译研究工作。

中信所于 1974 年参加 "748" 工程（汉字信息处理系统工程），启动了机器翻译研究；1978 年 12 月，中信所与社会科学院语言研究所合作研发的 "英汉题录机器翻译" 投入试用；20 世纪 80 年代参与日本 ODA

多语言机器翻译研究；20世纪90年代参与"智能型英汉机器翻译系统（IMT/EC-863）项目"，获得国家科技进步奖一等奖；"十一五"期间，中信所开展了机器翻译在科技文献信息处理方面的应用研究，英汉科技机器翻译系统已经服务于国家科技图书文献中心网站的英文论文标题和摘要翻译。

中信所的机器翻译研究具有非常鲜明的特色，一方面，针对的主要领域为科技领域，以提升多语言科技信息获取和服务、解决科技交流中的语言障碍为己任；另一方面，中信所的研究也依托于多年来在知识组织等方面的积累，结合最前沿的机器翻译技术开展研究，并面向信息系统和科研工作者的不同需求，开展实用化、智能化的机器翻译研发和服务。

7.3.1 利用知识组织解决科技机器翻译领域自适应

科技文献细分领域较多，不同领域的专业词汇区别较大。目前，主流机器翻译均是数据驱动的方法，机器翻译的效果对训练数据的依赖性比较强，笼统地用一个翻译引擎进行翻译的效果不佳，需要区分不同的细分领域开发翻译引擎，将不同领域的内容分发给不同的翻译引擎进行翻译，这就涉及领域自适应的问题。

领域自适应是迁移学习（Transfer Learning）中推导式迁移学习（Transductive Transfer Learning）的一种机器学习概念，是迁移学习中的一种特殊情况[41]。自适应的一个基本假设就是在训练过程中有源领域标签，而没有目标领域标签，在这种多领域单一任务的假设下，通过领域自适应可以实现源领域与目标领域的领域分布尽可能相似，从而保证统计学习训练数据的领域性和有效性。中信所充分利用原有的知识组织资源，基于《汉语主题词表》、二维词汇化领域知识等方法实现科技细分领域内容的领域自适应。

《汉语主题词表》（以下简称《汉表》）[42]是中国第一部大型综合叙词表，包括自然科学和社会科学，其中收集与加工了包括文献关键词、用户检索词、各类百科全书、专业术语、相关专业及综合叙词表等词汇资源，包含词汇概念的分类方法，概念与文献导航的分类体系。《汉表》对词汇的分类体系，可以用来进行基于统计分类和机器学习技术的文献标注，实现"分类号—主题词"的一体化操作。将该文献标引技术应用到机器翻译中，通过对训练集、开发集和测试集的句子进行领域自动标注，可以获取句子级别的类似于中图分类的领域标签，利用该领域标签集合筛选机器翻译语料，能够保证领域一致性。使用这种方法，仅用部分训练数据训练即得到了与原始训练数据相似的翻译效果。

《汉表》是一部综合性叙词表，由中国科学技术信息研究所牵头主编，分为社会科学、自然科学和附表3卷，共10个分册。1980年版的全表收录主题词108 568个。其中正式主题词91 158个，非正式主题词17 410个，词族数3707个，一级范畴数58个，二级674个，三级1080个。《汉表》涵盖各个学科专业，收词量大，编制体例规范，对推动中国主题标引工作的开展和促进专业叙词表的编制起了重要作用。

《汉表》具备树状的结构，对知识采用从总到分、层层推进的方式展开。《汉表》将同义词群中词频高的规范化语词作为优选词（用Y表示），其他词作为非优选词（用D表示）纳入词表，与优选词建立等同关系，提供由非优选词到对应的优选词的途径。在《汉表》中，优选词与非优选词是一对一或一对多的同义词组或准同义词组。优选词在《汉表》中从上到下依次包括：优选词本身Y、英文翻译、分类号、代项、属项、分项、参项、族项。"S"（属项）是上位优选词的指引符；"F"（分项）是下位优选词的指引符；"D"（代项）为同义词指引符；"C"（参项）是相关词的指引符；"Z"（族项）是族首词的指引符，为一族词中能概括该词族的最上位词，族首词只有分项没有属项。非优选词在《汉表》中会给出用项（用Y表示），即该词所在词群中的优选词。

第七章
机器翻译：多语言科技大数据智能服务的桥梁

基于《汉表》对训练数据中每个句对的中文句子进行领域标记，获取每个句子的中图分类号作为领域标签。例如，中文句子"人们从蛋白的指纹分析技术中得到启发，开发基于质谱分析的核酸指纹识别技术"经《汉表》的自动标注后，得到中图分类号为（CLCNumbers：O4；Q7；T6），表示该句子最可能的3个领域为O4（物理学）、Q7（分子生物学）、T6（参考工具书），其中O4、Q7、T6代表了该句子的领域信息。其后，将开发集和测试集中每个句子所属领域的中图分类号全部去重取并集，得到了目标领域的领域标签集合。在训练数据中过滤出和领域标签集合相同的句子，过滤后每个分类号下会有不同数量的句子，按不同领域分类号下属的句对频数进行排序，以便设置不同梯度的阈值选取语料。这样所得的训练数据中所有的句子都与开发集和测试集在领域标签上保持了一致性。

使用这种方法在NTCIR专利英汉翻译、基于万方数据的科技论文摘要翻译上进行了测试，测试结果如表7.1所示。

表7.1 机器翻译实验数据统计量

数据	系统	训练数据句对个数	开发集BLEU	测试集BLEU
NTCIR数据	Baseline	500 000	0.403 1	0.314 7
	0 阈值	478 380	0.391 7	0.313 8
	8000 阈值	349 390	0.390 6	0.313 2
万方数据	Baseline	500 000	0.108 7	0.105 1
	同领域训练数据	50 000	0.105 9	0.104 4
	领域筛选训练数据	371 229	0.106 7	0.104 9

在 NTCIR 数据集上进行领域自适应后，分别用 95% 和 65% 的训练语料达到的 BLEU 值与用全部语料时的 BLEU 值相接近。对于万方的数据，语料规模分别缩小为原来的 10%、74%，但 BLEU 得分几乎没有受到影响，且训练时间与计算复杂度大大减小。这两个实验结果说明，利用《汉表》对中文的领域标注，通过开发集和测试集的领域标签集合来映射到训练数据，获取领域一致的训练数据，可以达到统计机器翻译的领域自适应的目的。

另外，针对日汉机器翻译，使用了二维词汇化领域知识进行领域自适应。日文的名词词汇可以按照语义范畴和应用场景两个维度进行分类。语义范畴有 22 种，其中有的词可以一词多个语义范畴标签，如"鱼""蔬菜"可以分别归类为"动物""植物"，也可以表示"人工物—食物"。应用场景设定了 12 种，每个日语词可能有多个应用场景标签。例如，"大学院（大学院）"可以属于＜教育学习＞类，也可以为＜科学・技术＞类，"円の切り上げ（日元升值）"既属于＜经济＞类又属于＜政治＞类。表 7.2 列出了日语语义范畴标签集及部分示例。

表 7.2 日语语义范畴标签及示例

日文（中文翻译）	例子	日文（中文翻译）	例子
人（人物）	学生，老师，歌手	自然物（自然物体）	石头，砂子，地下水
組織・団体（组织团体）	政府，军，国家	場所 – 施設（场所—建筑）	门，天安门
動物（动物类）	狗，怪兽，宠物	場所 – 施設部位（场所—建筑部分）	窗户，围墙，走廊
植物（植物）	树木，樱花，绿藻	場所 – 自然（场所—自然）	山，海洋，天空
動物 – 部位（动物—部分）	手，皮肤，伤	場所 – 機能（场所—功能）	上，边缘，境界

续表

日文（中文翻译）	例子	日文（中文翻译）	例子
植物 – 部位（植物—部分）	叶，孢子，落叶	場所 – その他（场所—其他）	市，村，战场
人工物 – 食べ物（人造物品—食物）	料理，便当，饲料	抽象物（抽象物体）	理由，能力，语言
人工物 – 衣類（人造物品—衣物）	毛衣，衬衫，饰品	形・模様（形状花纹）	圆形，正方形，大型
人工物 – 乗り物（人造物品—交通工具）	汽车，轮椅，火箭	色（颜色）	红色，青色，黄色
人工物 – 金銭（人造物品—金钱）	工资，保险金，压岁钱	数量（数量）	复数，多数，和
人工物 – その他（人造物品—其他）	铅笔，杯子，眼镜	時間（时间）	年，月，早晨

实验中，在中日科技术语的统计机器翻译中进行领域自适应后，分别用 24.7% 和 51.46% 的训练语料达到的 BLEU 值与用全部语料时的 BLEU 值相接近，且训练时间与计算复杂度大大减小。

7.3.2 "科信智译"翻译服务

近几年，神经机器翻译方法在机器翻译领域取得了飞速发展，其翻译效果普遍优于传统的基于规则和基于统计的机器翻译。但是，神经机器翻译对训练语料的依赖性较强，在领域适应性、未登录词翻译、短语翻译等方面还存在问题，尤其对科技细分领域较多、专业术语较多，文本内容夹杂公式、化学式等内容，翻译难度更大。

为针对性地解决科技领域机器翻译特有的问题，同时面向不同的信息系统和最终用户提供机器翻译服务，中信所设计开发了基于 Web Service 的多领域智能翻译服务。

智能翻译服务整体框架如图 7.10 所示。

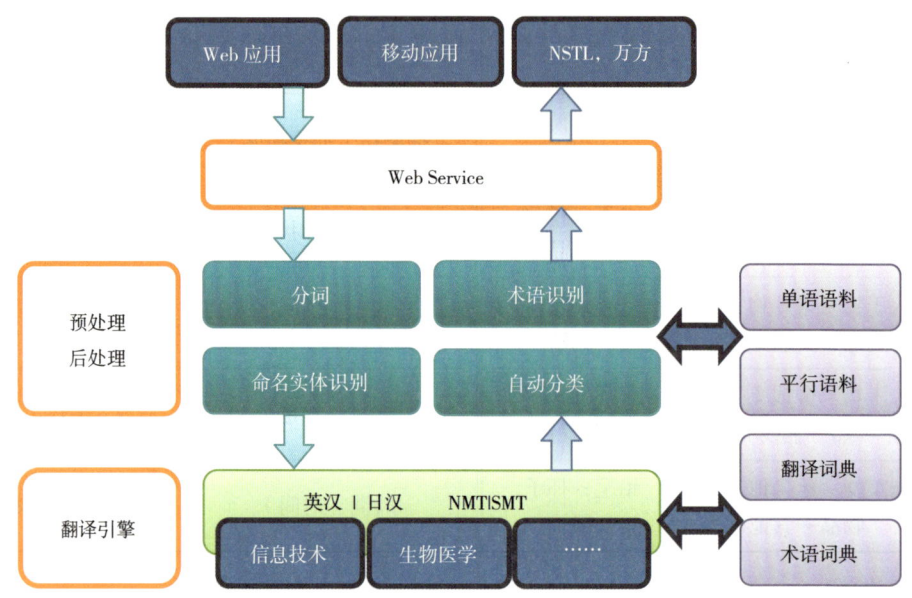

图 7.10　中信所多领域智能机器翻译服务框架

框架图右侧的"语料""词典"等资源主要依赖于中信所长期以来在科技领域的资源建设，合计包含上千万的词条和句对资源；框架图下方包含了不同细分领域、不同语种、不同类型（神经机器翻译、统计机器翻译）的翻译引擎，针对不同的翻译任务提供最适合的翻译结果；框架图中层包含了针对科技文献的多种预处理和后处理工具，针对外部通过统一的机器翻译 Web Service 接口提交的不同语种的翻译请求，进行分句、分词、术语识别、命名实体识别和短文本自动分类等功能，分发给底层不同的翻译引擎，获取翻译结果，并进行后处理后通过 Web Service 接口返回给客户端；框架的上层为应用层，包含了面向不同信息系统和个人用户的应用，应用端通过统一的机器翻译 Web Service 提交翻译请求、获取翻译结果，Web Service 的设计基于 XML 文档交换规范，适用

第七章
机器翻译：多语言科技大数据智能服务的桥梁

于不同的程序开发语言，能够面向网站、手机 APP 等不同的应用提供服务。这种应用与服务分离的设计具有更好的灵活性，服务端能够通过更新后台的翻译引擎和相关处理模块不断提升翻译质量，应用端只需要关注用户需求和业务逻辑，不用随着翻译服务的升级而进行调整。

另外，为了便于普通科研工作者利用外文文献，中信所还开发了"科信智译"应用，包括网页端和手机 APP，提供面向科技领域学术内容的自动翻译和文档翻译（图 7.11）。其中，文档翻译功能支持 PDF、Word、TXT 等类型文档的翻译，并通过网页将原文件和翻译文件同步展现给用户，便于科研工作者阅读外文科技报告和科研论文。

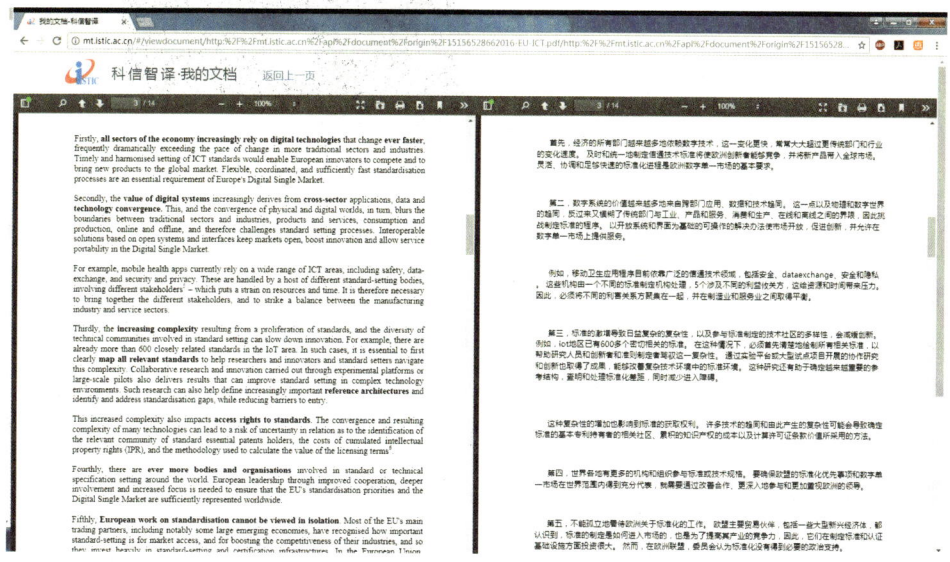

图 7.11　科信智译文档翻译

移动端 APP 除了实现面向科技的文字内容翻译和文档内容的翻译之外，还提供了中英文语音识别与翻译、中英文拍照翻译功能（图 7.12）。

科信智译 Web 端和移动端实现了用户信息同步，翻译的文档能够在不同的终端上阅读、下载和共享。

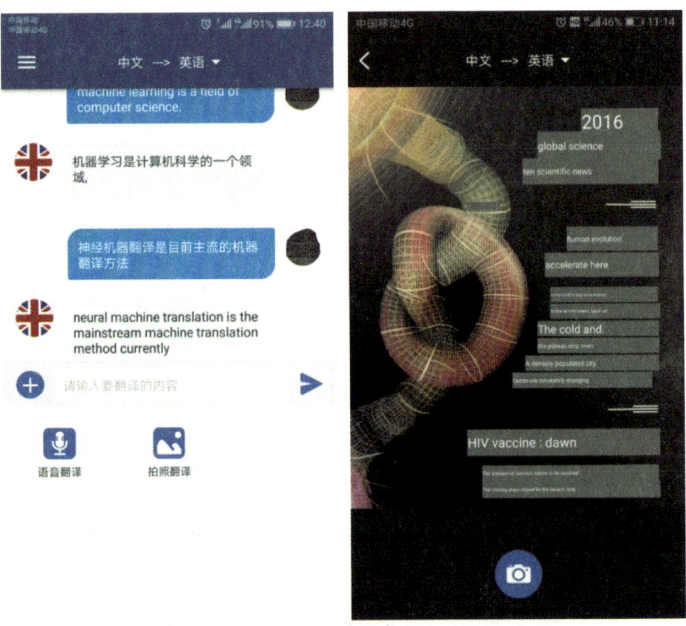

图 7.12　科信智译手机 APP

国家科技图书文献中心（NSTL）是根据国务院领导的批示组建的一个虚拟的科技文献信息服务机构，其主要任务是根据国家科技发展需要，按照"统一采购、规范加工、联合上网、资源共享"的原则，采集、收藏和开发理、工、农、医各学科领域的科技文献资源，面向全国开展科技文献信息服务。中信所是 NSTL 成员单位之一，中信所的机器翻译服务已经应用于 NSTL 网站的跨语言检索和标题、摘要自动翻译。其中日文摘要的翻译如图 7.13 所示。

第七章
机器翻译：多语言科技大数据智能服务的桥梁

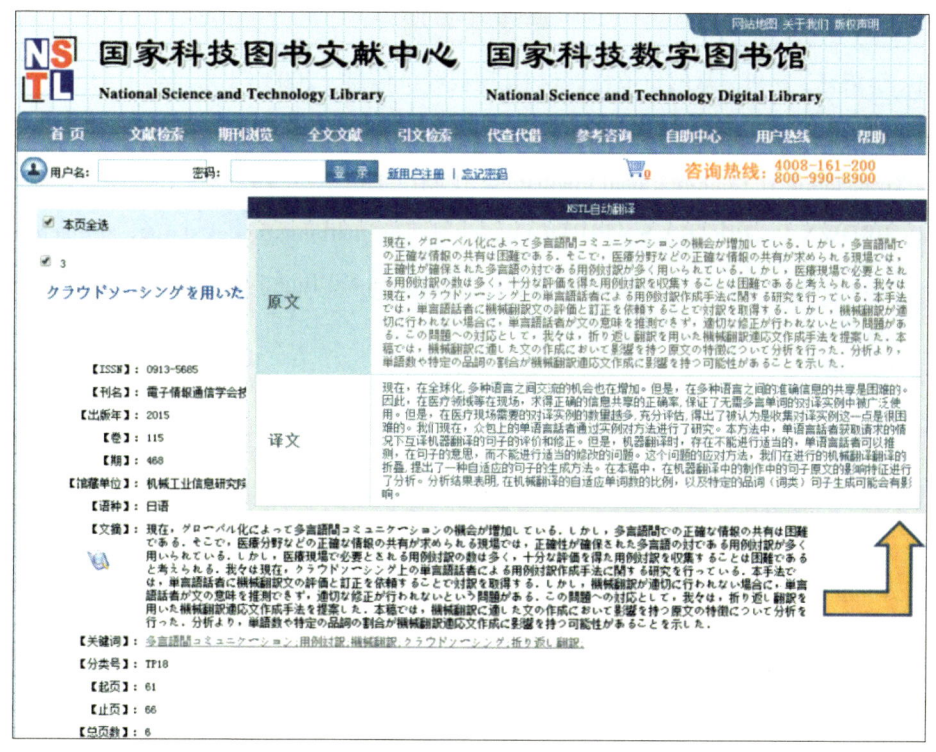

图 7.13　NSTL 日文摘要翻译服务

7.4　本章小结

不同语种的科技文献数量巨大、专业性强，各国科技动态更新频繁、时效性强，这些都给中国科技工作者获取外文科技信息造成了很大的困难。随着近几年神经机器翻译的兴起，机器翻译的效果已经越来越接近人的翻译。随着技术的发展，机器翻译必将大大提高多语言信息获取的效率，成为多语言科技信息实现智能服务的桥梁。

（石崇德　何彦青）

参考文献

[1] 李培林.专利文献的价值性探讨[J].现代经济信息，2008（1）：142-143.

[2] BROWN P，COCKE J，PIETRA S，et al. A Statistical approach to machine translation[J]. Computational linguistics，1990，16（2）：79-85.

[3] BROWN P，PIETRA S，PIETRAV，et al. The mathematics of statistical machine translation：parameter estimation [J]. Computational linguistics, 1993，19（2）：263-311.

[4] KOEHN P，OCH F，MARCU D. Statistical phrase-based translation[C]. Proceedings of HLT-NAACL，2003（5）：48-54.

[5] OCH F，NEY H. Discriminative training and mximum entropy models for statistical machine translation[C]. Proceedings of the 40th annual meeting of the association for computational linguistics，2002（7）：295-302.

[6] CHIANG D.A hierarchical phrase-based model for statistical machine translation[C]. Proceedings of ACL，2005：263–270.

[7] BENGIO Y，DUCHARME R，VINCENT P，et al. A neural probabilistic language model[J]. Journal of machine learning research，2003（3）：1137-1155.

[8] KALCHBRENNER N，BLUNSOM P. Recurrent continuous translation models[C]. Proceedings of EMNLP，2013（10）：1700-1709.

[9] SUTSKEVER I，VINYALS O，LE Q. Sequence-to-sequence learning with neural networks [C]. Proceedings of NIPS，2014.

[10] BAHDANAU D，CHO K，BENGIO Y. Neural machine translationby jointly learning to alignand translate[C]. Proceedings of ICLR，2015.

[11] WU Y，SCHUSTER M，CHEN Z，et al. Google's neural machine translation system：bridging the gap between human and machine translation[J]. Arxiv：1609.08144v2，2016.

[12] NAGAO M. A Framework of a mechanical translation between Japanese and English by analogy principle[M] //A ELITHORN，R BANERJI. Artificial and human intelligence.

elsevier science publishers. B.V., 1984.

[13] WU D. Stochastic inversion transduction grammars and bilingual parsing of parallel corpora[J]. Computational linguistics, 1997, 23（3）: 377-403.

[14] XIONG D, LIU Q, LIN S. Maximum entropy based phrase reordering model for statistical machine translation[C]. Proceedings of ACL, 2006: 521-528.

[15] MARCU D, WANG W, ECHIHABI A, et al. SPMT: statistical machine translation with syntactified target language phrases[C]. Proceedings of EMNLP, 2006: 44-52.

[16] LIU Y, LIU Q, LIN S. Tree-to-string alignment template for statistical machine translation[C]. Proceedings of ACL, 2006: 609-616.

[17] QUIRK C, MENEZES A, CHERRY C. Dependency treelet translation: syntactically informed phrasal SMT[C]. Proceedings of ACL, 2005: 271-279.

[18] 王星，熊德意，张民. 神经机器翻译[EB/OL].（2016-11-04）[2018-04-20]. http: //www.cipsc.org.cn/qngw/?p=953.

[19] NIELSEN M. Neural networks and deep learning[EB/OL].[2018-04-20].http: //neuralnetworksanddeeplearning.com/.

[20] V SZE, YH CHEN, T J YANG, et al. Efficient processing of deep neural networks: a tutorial and survey[J]. Proceedings of the IEEE, 2017, 105（12）: 2295-2329.

[21] GRAVES A. Supervised sequences labelling with recurrent neural networks[M]. Springer: studies in computational intelligence, 2012.

[22] SHEN S, CHENG Y, HE Z, et al. Minimum risk training for neural machine translation[C]. Proceedings of the 54th ACL, 2016: 1683-1692.

[23] 刘洋. 基于深度学习的机器翻译研究进展[J]. 中国人工智能学会通讯, 2016, 6（2）: 28-32.

[24] 刘洋. 神经机器翻译前沿进展[J]. 计算机研究与发展, 2017, 54（6）: 1144-1149.

[25] RANZATO M, CHOPRA S, AULI M, et al. Sequence level training with recurrent

neural networks[J]. Arxiv: 1511.06732.2015.

[26] WISEMAN S, RUSH A. Sequence-to-sequence learning as beam-search optimization[C]. Proceedings of EMNLP, 2016: 1296-1306.

[27] TU Z, LU Z, LIU Y, et al. Modeling coverage for neural machine translation[C]. Proceedings of the 54th ACL, 2016: 76-85.

[28] COHN T, HOANG C, VYMOLOVA E, et al. Incorporating structural alignment biases into an attentional neural translation model [C]. Proceedings of NAACL, 2016: 876-885.

[29] CHENG Y, SHEN S, HE Z, et al. Agreement-based joint training for bidirectional attention-based neural machine translation[C]. Proceedings of the 25th IJCAI, 2016: 2761-2767.

[30] WANG M, LU Z, LI HANG, et al. Memory enhanced decoder for neural machine translation[C]. Proceedings of EMNLP, 2016: 278-286.

[31] WESTON J, CHOPRA S, BORDES A. Memory networks[J]. Arxiv 1410.3916.201 4.

[32] ASHISH V, NOAM S, NIKI P, et al. Attention is all you need[C].Proceedings of NIPS, 2017.

[33] LUONG M, SUTSKEVER I, LE Q, et al. Addressing the rare word problem in neural machine translation[C]. Proceedings of the 53rd ACL, 2015: 11-19.

[34] JEAN S, CHO K, MEMISEVIC R, et al. On using very large target vocabulary for neural machine translation[C]. Proceedings of the 53rd ACL, 2015: 1-10.

[35] LUONG M, MANNING C. Achieving open vocabulary neural machine translation with hybrid word-character models[C]. Proceedings of the 54th ACL, 2016: 1054-1063.

[36] SENNRICH R, HADDOW B, BIRCH A. Neural machine translation of rare words with subword units[C]. Proc of the 54th ACL, 2016: 1715-1725.

[37] CHUNG J, CHO K, BENGIO Y. A character-level decoder without explicit segmentation for neural machine translation[C]. Proceedings of the 54th ACL,

2016: 1693-1703.

[38] ZOPH B, YURET D, MAY J, et al. Transfer learning for low-resource neural machine translation[C]. Proceedings of EMNLP, 2016: 1568-1575.

[39] SENNRICH R, HADDOW B, BIRCH A. Improving neural machine translation models with monolingual data[C]. Proceedings of the 54th ACL, 2016: 86-96.

[40] CHENG Y, Xu W, He Z, et al. Semi-supervised learning for neural machine translation[C]. Proceedings of the 54th ACL, 2016: 1965-1974.

[41] PAN S J, YANG Q. A survey on transfer learning[J]. IEEE Transactions on knowledge and data engineering, 2010, 22(10): 1345-1359.

[42] 中国科学技术情报研究所. 汉语主题词表[M]. 北京: 科学技术文献出版社, 1991.

第八章

智能问答：塑造大数据时代的新型服务

在计算机技术发展不到一百年的时间里，已经深刻地改变了人类的生活方式。在那些千百年未曾产生重大变化的服务业，移动应用、互联网、大数据正在给服务业中人类的主导地位"挖墙脚"。从前认为的只有人类才能提供的服务基本要素，包括情感的慰藉、言语的沟通、精神的交流：饭馆里小二的吆喝并不比外卖 APP 中语音下单更有用；政府公告并不比市政系统中的自动处理与自动结果反馈更实在；图书馆管理员并不比搜索引擎更加快捷。

这是由计算机、互联网、人工智能和大数据所塑造的时代。取代旧时代的是活跃的创造和活泼的新交互场景对新服务的呼唤。为了反馈这种呼唤，包括智能问答系统在内的新工具正在尝试满足人类对于服务本身的一切想象，并通过无障碍的交流和迅速专业的反馈实现满足。

总之，服务的主体和客体都将公认：智能问答系统将继续拓展人类意志的外延，续写更加精彩的故事。

8.1 智能问答系统发展史

图灵在 20 世纪 50 年代指出，如果人类提出的问题能够被问答系统

#第八章
智能问答：塑造大数据时代的新型服务

以人类的方式回答，那么就应该认为这个问答系统具有人类的智能。而这个目标的实现，本身是一个长期发展过程的结果。而只要我们了解到，在人工智能周期性的浪潮中，智能问答系统中的问题如何产生和消灭，就足以了解这段历史了。

从1956年第2次达特茅斯会议到20世纪80年代，演绎逻辑方法在问答系统的构建中起到过十分重要的作用。逻辑的信徒在他们已经取得了统治的地方，把一切的专家知识都用逻辑语句重构了。第1个聊天机器人ELIZA，模仿心理医生和病人互动；Baseball系统能够回答一些关于NBA的基础提问；Luna能够对阿波罗月球探测任务取回的岩石样本相关的问题进行分析并回答。在这个过程中，一个在过去一切讨论中都看来十分荒唐的新问题产生了，人们突然发现问答系统仍然处于旧时的无知状态：它们也许能够像人类一样回答问题，但并不能像人类一样学习知识。

到了20世纪90年代初期，随着互联网的发展和数据库技术的日益成熟，人们对于传统基于规则的问答系统的态度发生动摇——这种系统已经太狭窄，再也容纳不了新的成长空间了。就在此时，研究者们从已经抛弃了规则系统的自然语言处理领域看见了曙光[1]。随着1999年文本检索会议（Text Retrieval Conference，TREC）正式引入问答系统评测专项（Question Answering Track，QA Track），"让问答系统像人类一样学习知识"成为新的目标。结合该会议之前所确定的命名实体识别、关系识别、事件抽取等自然语言任务，21世纪已经成为问答系统发展的黄金年代。特别是互联网社区问答（Community Question Answering，CQA）等应用产生的大量问题答案对（Question-answer Pair，QA pair），为问答系统的构建提供了数据保证。在线学习（Online Learning）能力和大规模知识库逐步成为问答系统的标配，并随着深度学习技术和计算机计算能力的提升显著降低了问答系统的构建门槛。

21世纪以来，问答系统开始步入大众视野。两个成功的应用——

Siri 和沃森（Watson）让问答系统从历史的匆匆过客变成了改变社会运行规律的利器。

8.2 几种智能问答系统的服务实践

8.2.1 Siri 的崭露头角

Siri 使得人和机器之间除了赤裸裸的电路板和电流，还多了一丝温情。正如 Siri 是 Speech Interpretation & Recognition Interface 的首字母缩写一样，"语音识别接口"用一种更加自然的方式替代了无数专门的按钮和操作。用户只需要唤醒 Siri，就可以通过口头语言无障碍地通过它购买商品、订购外卖、查询新闻、处理人际关系。它似乎可以感觉到用户的好恶，按照用户的个性提供相应的建议。这第一次证明了基于人的自然天性的活动能够取得什么样的成就。这是完全不同于埃及金字塔、罗马引水渠和哥特式教堂的奇迹，它完成了人工智能助手从实验室到日常生活的远征。

8.2.2 一鸣惊人的沃森

沃森是问答系统领域的集大成者，它刚刚问世就在美国问答综艺节目《危险边缘》中战胜了人类对手，引起了巨大反响。作为 IBM 开发的认知计算系统，沃森开拓了自己的知识来源，具有理解、推理分析、学习与互动能力，在整个知识体系内通过大量的数据提供分析和决策参考。古老的专业藩篱因此被消灭了，而且每天都还在被消灭。在旧的专业服务领域建立新的问答系统已经成为一切服务的生命攸关的问题，沃森肿瘤学（Watson For Oncology）就是一个例子。

从 2011 年开始，美国顶级癌症中心对沃森肿瘤学系统进行了为期

4年的严格培训（MSKCC）。大量的肿瘤病例、超过290种医学专业期刊、200本以上的教科书、超过1500万页的资料和临床指南，以及超过4000万个研究文件并不是全部的学习内容，每个月最新的指南、研究和数据都会列入沃森的学习计划。目前，沃森给出的治疗方案和MSKCC顶级专家给出的方案有90%以上的符合度。

8.2.3 基于检索服务开发的智能问答系统

百度的小度机器人、微软小冰和谷歌的Google Now的出发点是互联网检索服务领域的知识积累。3家企业利用自然语言处理、推荐系统等技术，将分散的知识集中起来，代替了原来互联网上由于自相竞争而形成的知识分散状态。于是，随着互联网疆域的扩大，旧的检索服务所赖以生存的对分散知识的归纳和总结，也被以问答系统为主要形式的新服务替代掉了。

小度机器人最擅长的是百科知识类的问答，各种天文地理、影视音乐、生活问题等，都能够给出精准答案。微软小冰基于微软于2014年提出并建立的情感计算框架，通过算法、云计算和大数据的综合运用，采用代际升级的方式，逐步形成向EQ方向发展的完整人工智能体系。Google Now的优势在于与Google搜索功能的结合，用户搜索的关键词被记录下来，Google Now智能化读取关键词后，为用户提供相关的语音服务。除了处理速度快之外，Google Now针对用户需求"主动"为用户发出提醒，而不仅仅是回答用户的提问，产品性能更为人性化。

8.2.4 京东JIMI在零售领域的探索

京东JIMI诞生于2012年，初期以售后服务为主，2014年5月开放售前服务，逐渐拓展到移动端、微博、微信等多平台端口，为用户提供推荐商品、告知优惠、砍价、下单、直接支付的售前全流程闭环体验，让用户可以边咨询边购物，成为用户贴心的购物助手。同时，京东将智能机器人拓展到各个业务层面，店铺 JIMI、京东金融 JIMI、京东到家 JIMI 相继诞生。此外，将 JIMI 的服务能力平台化，推出了 JIMI 开放平台，接入长虹、华西等外部企业。在全面应用和不断推广的过程中，JIMI 也为京东商城节约了数千万元的人力成本。日接待量高达百万次，覆盖京东 10 亿种以上的商品，应答准确率 90% 以上。在用户满意度高达 80% 以上。在减少客服压力的同时，为用户提供了更好的服务，也帮助外部企业减少了至少 50% 的人力成本。

8.2.5 阿尔法小蛋机器人在教育领域的探索

阿尔法小蛋机器人是由科大讯飞有限公司开发的一款教育陪伴智能机器人。采用互动式教育，"说""教"结合，一问一答学知识；云端教育资源库，多样化的学习模块，给孩子更多选择。故事儿歌、诗词、英语、数学、百科、成语、近/反义词应有尽有。通过 Wi-Fi 互联，阿尔法小蛋可以和手机端进行微聊对讲；通过深度优化的点播和语义引擎，可以随心调取云端的海量教育资源。搭载讯飞淘云的类人脑 TY OS 系统，阿尔法小蛋可以做到像人类一样思考学习，用眼部动作表达自己的情绪。

8.2.6 小 i 机器人在客服领域的探索

该机器人不仅能够与用户交互聊天，还提供了多样化的信息查询服务，很好地满足了用户的各种需求。小 i 机器人拥有全球最大规模的智能机器人商业化应用，为工商银行、建设银行、中国移动、华为、通用、万达等近千家大中型企业和政府提供服务，用户超过 8 亿人。

8.3 智能问答系统的实现方法

如今的问答系统实现方法基本可分为 3 类：规则、知识图谱和端到端算法。

8.3.1 基于规则的问答系统

早期，问答系统几乎是严格地基于数学逻辑推理发展起来的。虽然这样的问答系统难于应用，但是它们在今天仍然起到十分重要的作用：中科院基于吴文俊院士的吴方法编写的初等几何自动证明系统，可以自动回答几何题；一些要求严格的计算机程序也使用类似的方法保证系统的正确性。

但是，现实世界和由纯粹的数学规则构建起来的理想世界毕竟还隔着一条被称作"不确定性"的冥河。传统的规则系统能够实现"推理"却不能实现"学习"，只是在小小的围城里面打转。因此，"从围城里出来"，搞一个开放的问答系统就成为研究的重点：编写几条基于规则的模板，从散落的知识中寻找最合适的答案。反映到具体的服务过程中，它们的相似点在于其回答并非基于常识，而是基于模板：对于能够用模板回答的问题，这种问答系统自然能准确给出合适的回答；而对于其他问题则兜圈子、打岔或者老实一点说"不知道"。

8.3.2 基于知识图谱的问答系统

知识图谱作为一个商业化的名词，在学术界往往和语义网、知识库、本体库纠缠不清。但是对于问答系统来说，它们的存在意义是完全一样的：通过实体、实体关系、事件等概念，自由文本被结构化成为一张张大网。只要网眼足够小，任何问题构成的鱼儿总会被困在网中。从这个意义上来说，知识图谱解决的是问答系统"知之为知之"的问题。在此基础上，应用规则系统在网上进行检索、推理和演绎，总是能找到问题的答案。

而网眼的密度和网的牢固程度取决于知识图谱构建的质量，更进一步说，取决于数据源的质量。大部分图谱依赖于开放的百科知识，如维基百科，因而只能为回答百科内容相关的问题提供支持。适当的拓展是容易的，而且是有效的，因此，基于知识图谱的问答系统具有良好的拓展性和健壮性。

8.3.3 基于端到端算法的问答系统

端到端算法解决的根本问题来源于各个小众的问答系统。对于这些问答系统所要服务的专业领域而言，一个兼顾一致性和完备性的知识图谱构建成本过高：领域专家的人工费、相关知识的检索费用、灵活度相对较大的问题都成为压死骆驼的最后一根稻草。这类问题用一句话概括，就是如何合理处理以自然语言文本为主的有限数据，从中大量抽取知识。

因此，越来越多的目光开始集中于深度学习自然语言处理技术在问答系统中的应用[2]。例如，词嵌入（Word Embedding）技术通过将离散的词映射入连续空间，从而获得了一些数学上的性质，使得语义上具有一定关系的词之间同时具有一定的函数关系。将这一点应用到端对端算法中，为众多的神经网络模型提供自然语言处理基础。特别是以循环神经网络（Recurrent Neural Network，RNN）为代表的主流自然语言处理建模方案，通过专门设计的记忆功能，因此可以较好地表征上下文的语义。自 WMT 2015 比赛之后，大量的基于 RNN 构建的端到端双语翻译系统，其接受平行语料作为训练集，在当年的比赛中超过了各类复杂的统计翻译系统，引起了轰动。

基于这类模型的端到端系统结构极为简单，其结构主要分为编码部分与解码部分。两个部分均可由 RNN 构造而成，用户的问句经过分词按序在每一时间片中输入当前 RNN 编码部分，得到编码后的中间编码向量，在下一时间片、下一个 RNN 单元接受下一个单词与上一时间片的中间编码变量作为输入，并计算得到当前时间片的编码结果。

由此可得，当输入结束时获得的中间编码结果包含了整句问句的语义特征。解码部分获得中间编码变量作为第一时刻的输入并解码生成答句中的第一个单词，下一时刻解码部分的第二个 RNN 单元接受前一时刻解码所得的单词与中间编码变量作为输入解码，得到答句中的第二个单词，由此往复，到解码结束时就能得到用户问句对应的答句。整个过程与传统的方案相比极为简单，因此训练成本较低，这种问答系统构建的方式也得到了大量的应用。

当然，这种看似简单的方法也有比较严重的缺点。首先是端到端系统中的 RNN 对上下文相关性的拟合较强，更容易陷入过拟合的问题；其次，由于 RNN 比 DNN 更加复杂，海量数据环境下的 RNN 模型训练难度较大，容易出现梯度消失和梯度爆炸问题，导致在构建大型系统方面表现较差。

8.4 关键技术

智能问答系统主要由 4 部分构成：问句理解、知识库构建、答案检索和答案生成[3]。问句理解主要是把自然语言问句转化为结构化的查询，其中涉及词法分析、问句分类、主体识别和谓词识别等。知识库构建主要是进行知识库搭建和更新，如本体提取、本体关系提取，将领域知识构建成知识库专家系统，并在此基础上实现逻辑推理。答案检索是把结构化的查询语言用 SPARQL 表示，然后基于 RDF 知识库检索答案，如果知识库返回为空，则通过搜索引擎检索答案。基于信息检索模块的相关信息，答案生成需要从相关文本中生成候选答案集合，然后从中提取出正确答案。系统处理流程如图 8.1 所示，该流程中涉及的关键技术主要包括：自然语言处理、知识图谱、信息检索和深度学习等。

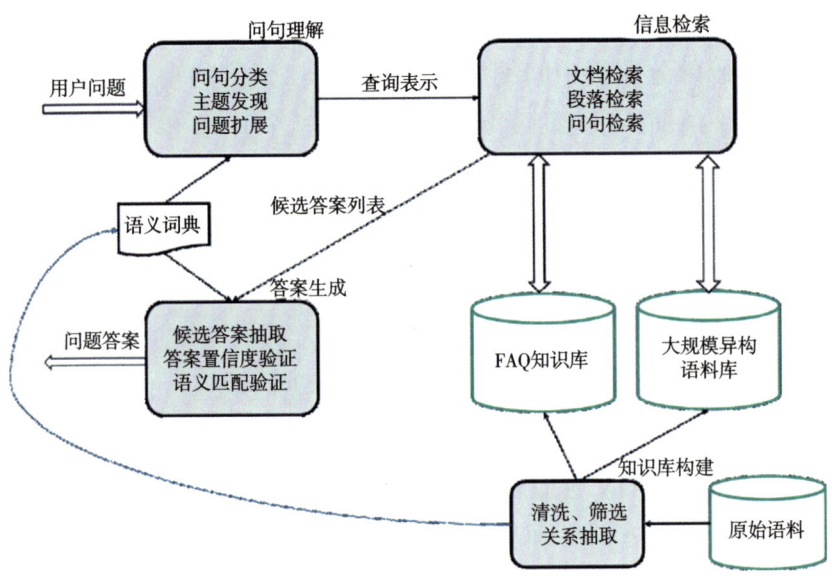

图 8.1　问答系统处理流程

8.4.1　自然语言处理

自然语言处理的目的是为聊天任务生成一种语义表示形式。通常来说，聊天机器人系统中的自然语言理解功能包括用户意图识别、用户情感识别、指代消解、省略恢复、回复确认及拒识判断等技术。

8.4.1.1　用户意图识别

自然语言问句中用户表达意图的理解是智能问答系统的主要环节，

理解表达意图可理解为寻找自然语言问句中的主体和谓词的过程。用户意图又包括显式意图和隐式意图，显式意图通常对应一个明确的需求，如用户输入"我想预定一个标准间"，明确表明了想要预订房间的意图；而隐式意图则较难判断，如用户输入"我的手机用了3年了"，有可能想要换一个手机或者显示其手机性能和质量良好。

8.4.1.2 用户情感识别

在问答系统中，用户情感指的是用户在与系统交互期间，通过回复内容的字里行间体现出来的情绪和感情的表达。用户的情感大致分成两类：负面情感和非负面情感。其中，负面情感指的是用户对系统带有负面评价色彩的情感表达；而非负面情感既包括能够表达用户正面情绪的正面情感，也包含不带感情色彩的普通陈述句。用户情感同样也包括显式和隐式两种，如用户输入"我今天非常高兴"，明确表明了喜悦的情感，而"今天考试刚刚及格"，则不太容易判断用户的情感。

8.4.1.3 指代消解和省略恢复

在对话过程中，由于人们之间具备聊天主题背景一致性的前提，用户通常使用代词来指代上文中的某个实体或事件，或者干脆省略一部分句子成分。但对于聊天机器人系统来说，只有明确了代词指代的成分及句子中省略的成分，才能正确理解用户的输入，给出合乎上下文语义的回复。因此，需要进行代词的消解和省略的恢复。

8.4.1.4 回复确认

用户意图有时会带有一定的模糊性，这时就需要系统具有主动询问的功能，进而对模糊的意图进行确认，即回复确认。

8.4.1.5 拒识判断

聊天机器人系统应当具备一定的拒识能力，主动拒绝识别超出自身回复范围之外或者涉及敏感话题的用户输入。

当然，词法分析、句法分析及语义分析等基本的自然语言处理技术对于聊天机器人系统中的自然语言理解功能也起到了至关重要的作用。

8.4.2 知识图谱

智能问答的核心来自于强大的知识资源，这需要对大规模数据资源进行理解和抽取，转换成计算机可以处理的形式来表示和存储。早期的知识库是把专家知识通过人工进行构建的，需要大量的人力和物力，这些知识库资源最典型的代表包括英文词汇知识库 WordNet、FrameNet，中文词汇知识库 HowNet 等。这些通用领域的知识库资源不能满足智能问答系统的需求。针对限定领域场景，还需要构建专用领域知识库。知识图谱构建主要分为 3 部分：核心信息抽取、知识库构建与更新、知识库可视化。其中，核心信息抽取是指从语料中抽取核心信息，如实体、实体类别、实体关系、实体属性等；知识库构建与更新是指将核心信息抽取的结果以知识库的方式进行构建与更新；知识库可视化是指知识库的展示，并提供一定的管理功能。其中实体识别是最为关键的一步，具体包括对实体的识别及属性的抽取。

8.4.2.1 实体识别

实体识别结合了基于字典和基于统计的方法，一方面查找字典，另一方面采用基于统计的方法，通过标注语料获得一定数量的已标注的 NER（命名实体）数据，用于训练 NER 模型。对于给定的生文本语料，先进行文本预处理（分词、词性标注等），然后使用训练好的 NER 模型进行 NER 识别，最终得到 NER 识别结果，如图 8.2 所示。

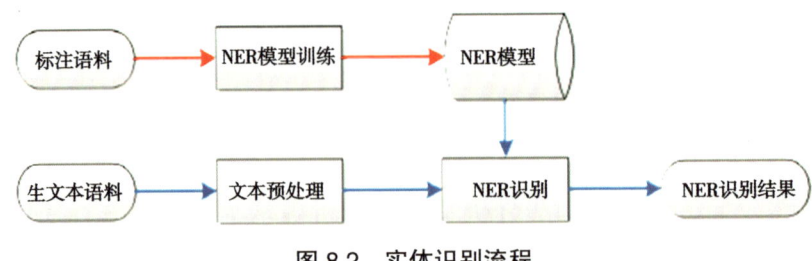

图 8.2 实体识别流程

领域命名实体库是一个动态的过程。开始时针对领域业务手动建立较小规模的实体及属性词典，然后从文本及期刊网上获得领域的文献，通过建立的词典信息提取特征，使用统计模型进行训练，从而使模型在样本有限的情况下学习到新知识，将筛选出的元素加入词表中。随着项目的深入和数据的增多，则通过对大量数据的学习自动识别实体，从而扩大命名实体库的规模。

8.4.2.2 属性抽取

属性抽取的任务是为每个实体语义类构造属性表并抽取出属性值。一方面，对于一些数据可以通过解析原始数据中的半结构化信息来获得属性和属性值；另一方面，可以通过模式匹配和对自然语言的浅层处理从句子中提取属性和属性值。

8.4.3 信息检索

信息检索的目的是缩小答案抽取需要处理的文档范围，它使用检索词组合从语料库中查找相关文档，这些检索词组合在问题分析模块由问句转化而来。

在传统的信息检索领域，用户通常会提供少量的关键词给搜索引擎，搜索引擎对这些关键词进行相似度计算，从而检索得到相关文档序列。在自动问答系统中，用户输入的问句首先会输入语义分析模块进行语义分析相关的任务，如问答分类、主题发现、关键词提取等，通过这些过程可以获取代表问句语义的候选查询词，以及分类、主题信息，检索系统将这些信息组合，采取不同的策略进行检索召回。例如，通常对于不同类别的信息检索系统会检索不同的知识库来获得答案。对木课题所构建的针对常用问答对的问答系统来说，检索系统需要完成的任务是找到知识库中与用户问句具有相似语义的问题列表，进行进一步的语义匹配，有了问题列表之后可以很容易地索引到相关问题的答案。

信息检索系统的核心问题是判断一篇文档是否与用户查询相关，这常常依赖于一个文档排序算法，排名越靠前的文档与用户查询越相关。因此，排序算法是信息检索系统的关键。常见的排序算法有以下2种。

8.4.3.1 向量空间模型

该模型的任务是表示文档、表示查询及判断两者的相关程度。目前，搜索引擎使用的模型是向量空间模型（Vector Space Model，VSM）或者它的变形，著名的检索系统SMART就是基于VSM设计的。VSM对索引项赋予[0，1]之间的权重，因为这是一种非二进制的权重，所以VSM能够计算文档与查询之间的部分匹配。

8.4.3.2 倒排索引

它是提高检索效率的常用方法。在这种技术中，检索系统首先对文档进行文本分析，提取出能表达该文档信息的关键词作为索引，然后采用某种文件结构将索引组织起来，生成所谓的索引文件。选择文件结构的标准，看这种文件结构能否提供高速的索引检索。当用户查找信息时，不是对文档本身进行检索，而是对索引文件进行检索，从而迅速响应用户请求。

8.4.4 深度学习

近几年，深度神经网络在图像处理、语音识别领域取得了重要的进展，显示出了极为优越的表示学习能力。与此同时，研究人员试图在自然语言处理领域引入深度学习模型，目前也已经取得了一些阶段性的成果。例如，Bengio等设计的神经网络语言模型（Neural Network Language Mode，NNLM）得到了一种名为词向量（Word Embedding）的新型词语向量表示，这种词向量具有低维度、稠密、可直接计算等特点，并且能比较完善地表示词义信息及词法信息。同时，循环神经网络（Recurrent Neural Network，RNN）、卷积神经网络（Convolution Neural Network，CNN）、递归神经网络（Recursive Neural Network，RNN）也被应用到NLP的各个任务中。

第八章
智能问答：塑造大数据时代的新型服务

问答领域需要解决两个关键问题。一是如何实现问句及答案的语义表示。无论是对于用户提问的理解，还是答案的抽取验证，都需抽象出问题和答案的本质信息的表示。这不仅需要表示问答语句的句法语法信息，更需表示问句及答案在语义层面上的用户意图信息和语义层匹配信息。二是如何实现问句和答案间的语义匹配。为了保证反馈用户提问的答案满足严格语义匹配，系统必须合理利用语句高层抽象的语义表示去捕捉到两个文本之间关键而细致的语义匹配模式。

8.4.4.1 语义表示

基于 RNN 的句子建模是把一句话看成单词的序列，每个单词由一个向量表示，每一个位置上有一个中间表示，由向量组成，表示从句首到这个位置的语义。这里假设，每一个位置的中间表示由当前位置的单词向量及前一个位置的中间表示决定，通过一个循环神经网络模型化。RNN 把句末的中间表示当作整个句子的语义表示，如图 8.3 所示。

RNN 与隐马尔可夫模型有相似的结构，但是具有更强的表达能力，中间表示没有马尔可夫假设，而且模型是非线性的。然而，随着序列长度的增加，RNN 在训练的过程中存在梯度消失（Vanishing Gradient Problem）的问题。为了解决这个问题，研究人员对循环神经网络中的循

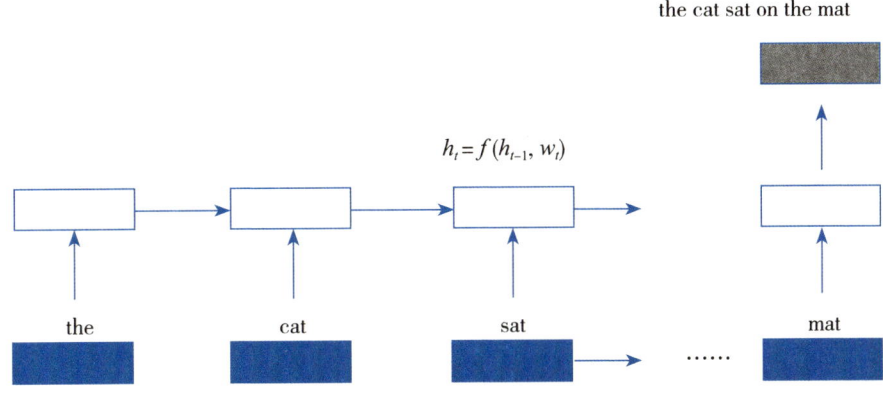

图 8.3 基于 RNN 的语义表示

环计算单元进行改善设计，提出了不同的变形，如常用的长短记忆（Long Short Term Memory，LSTM）和门控循环单元（Gated Recurrent Unit，GRU）。这两种 RNN 可以处理远距离依存关系，能够更好地表示整句的语义。Wang 和 Nyberg 通过双向 LSTM 学习问题答案对的语义表示，并将得到的表示输入分类器计算分类置信度。

8.4.4.2 答案生成

与基于检索式的回复机制对比而言，基于生成式的答案反馈机制是根据当前用户输入信息自动生成由词语序列组成的答案，而非通过检索知识库中用户编辑产生答案语句。这种机制主要是利用大量交互数据对构建自然语言生成模型，给定一个信息，系统能够自动生成一个自然语言表示的回复。其中的关键问题是如何实现这个语言生成模型。答案自动生成需要解决两个重要问题，其一是句子表示，其二是语言生成。近年来，循环神经网络在语言的表示及生成方面都表现出了优异的性能，尤其是基于循环神经网络的编码—解码架构在机器翻译和自动文摘任务上取得了突破。

8.5 "中信所小科"智能问答机器人

8.5.1 "中信所小科"智能问答机器人是什么

"中信所小科"智能问答机器人是基于知识库搭建的智能问答服务系统，主要服务于国家科技管理信息系统使用人员和科技项目申请人员（社会公众、科研人员、科研单位、科技专家、专业机构、行业部门），致力于解决用户在使用国家科技管理信息系统时遇到的技术性问题，以及在申报过程中遇到的列举性问题、事实性问题、解释性问题等相对客观的问题，旨在提供新型的科研管理服务。

8.5.2 "中信所小科"智能问答服务的主要架构

构建"中信所小科"智能问答系统需要完成的主要任务分为两部分：①针对多个来源的科技项目相关政策文本和网络学术活动社区的问答数据，综合专家智慧，实现科研政策知识结构单元化，并进行知识图谱表达，构建科技项目政策知识库；②在知识库的基础上，完成面向用户提问的科技政策智能问答系统，实现用户与系统的友好交互问答，并提供相应的拓展、维护和更新机制。基于知识库构建的智能问答机器人"中信所小科"的系统架构如图 8.4 所示。

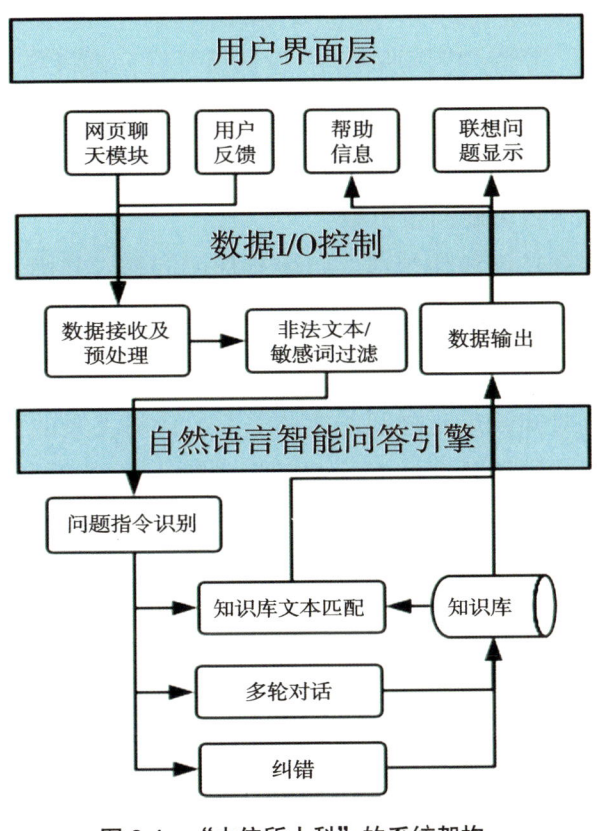

图 8.4 "中信所小科"的系统架构

用户可以通过访问网页与"中信所小科"进行交互,通过识别不同的指令,智能问答机器人可以为用户提供更精准、更快捷的服务。

8.5.2.1　用户界面层

主要负责与国科管系统用户交互。交互的内容分为3部分:①用户在对话框输入问题(网页聊天模块),智能机器人为其返回问题的答案(帮助信息);②用户对系统返回的答案不做或做出"对"或"错"的评价(用户反馈);③根据用户在对话框内输入的内容做联想提示,减少用户的输入量。

8.5.2.2　数据 I/O 层

主要负责数据的转发(输入和输出)和预处理。预处理模块用于过滤停用词和非法词,同时对用户的问题指令识别分类,并将其转发到相应的处理引擎,等待"中信所小科"返回结果后,再将答案返回给用户。数据 I/O 层基于 Java Servlet 实现 Web 服务器功能,并与用户界面层之间建立 Ajax 请求服务,以实现聊天应用所需的动态交互。

8.5.2.3　自然语言智能问答引擎

由知识库和功能模块组成,负责具体的问答。其中,功能模块包括知识库文本匹配、多轮对话和纠错。

(1)知识库

系统通过对知识单元之间的实体关系、语义关系的自动识别,完成政策知识单元的结构化存储,并实现数据源的动态增删改。以语义抽取和结构化存储的细粒度政策知识单元和关联文本内容为基础,邀请领域专家对框架内容进行完善,实现对科研项目政策的知识图谱构建。系统将根据知识库数据的准确性和更新拓展需求,考虑科技项目政策知识的数据特点,确定对政策知识的表达方式,细化知识库系统的业务逻辑和运作流程。为了支持智能问答功能,项目组在知识库构建上采用4种类型的知识库数据形式,分别是问答句对、基于改进 AIML 格式的数据表示、基于图数据库的细粒度问答知识,以及其他数据,如同义词典、概念上下位类数据等。知识库主要数据来源包括以下4个方面。

① Call Center 语料：国科管 Call Center 存在不少重复性问题，将重复性问题以问答句对的形式表示，并将其作为知识库的一部分，每个问答句对由一个提问和一个回答组成。

②互联网社区数据：网上科研主题的社区，如小木虫，其"基金申请"板块有大量与国家自然科学基金项目、重点专项计划等科技项目有关的话题，围绕这些话题产生的问题和回答可以作为知识库的补充来源。通过 Web 信息的抽取，梳理出相应的问答句对，经过人工筛选后将其作为知识库的一部分。

③新媒体平台：以锐创动力、锐动源为代表的新媒体平台上聚集了大量科研人员。与此同时，这些新媒体平台也积累了大量与项目申请、经费预算等相关的问题，通过人工对这些问题进行筛选、分类、整理、审核，形成规范的问答句对，并将其补充至知识库。

④项目管理文档：为保证各项科研工作按计划完成，国家科技计划项目的申请、立项论证、组织实施、检查评估、验收鉴定、成果申报、科技推广、档案入卷的全过程一般都有对应的管理规定。这些管理规定以规范性的管理文档形式存在。对规范性的管理文档进行解构自动抽取，提取出知识单元，并对知识单元及其知识元进行语义标注，形成知识单元之间及其不同知识元之间的语义关联，从而建立起知识固有的层次结构关系，使知识体系成为有序的关联整体。

（2）功能模块

系统的核心功能是提供面向用户提问的问答功能，需实现与用户之间的单轮或多轮对话，允许用户以自然语言输入问题，返回用户直接而精确的答案。主要包括基本语义计算模块、基于深度学习的技术应用模块和多轮对话模块。

①知识库构建引擎：是知识库构建的关键模块，直接决定了构建效果和后续的问答服务质量。构建引擎方面，系统提供4类构建服务，分

别是基于历史问答数据的知识库构建服务、基于开放信息抽取的三元组知识抽取、基于包装器的数据知识图谱生成,以及面向业务场景逻辑的可视化辅助编辑。

基于历史问答数据的知识库构建服务将使用中信所已有的问答句对数据及系统上线后的线上问答数据,通过数据清洗、自动对齐等步骤,构建知识库问答句对数据库。

基于开放信息抽取的三元组知识抽取服务利用开放信息抽取技术抽取政策文本中的三元组知识表示,并对抽取的三元组知识数据进行概念消歧、实体链接等处理,形成针对政策文本的知识表示。

基于包装器的数据知识图谱生成服务提供自动化和半自动化的数据库数据到知识库数据的转换功能。在中信所及相关科技管理部门的数据库中,已经有大量加工好的政策文本数据存在。课题组将提供自动化和半自动化的技术方案,实现对这些数据的知识化处理。

面向业务场景逻辑的可视化辅助编辑服务主要针对场景服务或者多轮对话服务设计,提供可视化的界面,帮助专业人员编辑具体工作的业务逻辑。

知识库构建引擎是一个技术复杂的模块。该模块涉及技术多样、关联任务众多。除了上述 5 种场景直接相关功能外,应用到的相关基础技术也多种多样,其中重要的技术有关键词抽取、命名实体识别、指代消解、实体关系抽取等。系统使用规则 + 机器学习的关键词自动抽取方案;利用命名实体识别来对政策专有名词进行识别,同时根据专家建议,针对特定领域的特定问题将其定义为不同知识实体类型;充分结合基于句法和基于机器学习的方法来进行指代消解。基于句法的方法将充分利用句法知识,并引入启发式学习方法;系统利用关系抽取来获取知识实体间的语法、语义关系,充分利用上下文信息在预先定义的实体间关系中找到最有可能存在的关系。

②基本语义计算模块:系统需要对用户以自然语言形式输入的问题及知识库的内容进行语义计算和反馈,主要包括面向自动问答的索引和

检索、问句类型识别、语义蕴含识别、对话文本情感识别和简单答案文本生成等功能。系统在传统搜索引擎技术的基础上，针对支持的数据特征，实现支持语义标签匹配的信息索引和检索功能。问句类别识别主要包括两大类问题：一类是通用类型，包括列举性问题、事实性问题、解释性问题等；另一类是主题分类或者场景分类。通过利用NLP技术提取问句的语义特征，利用机器学习技术对问句进行自动分类。语义蕴含识别是自动问答的关键技术之一。系统提供面向中文数据的语义蕴含识别功能，实现高效优质的问句匹配效果。系统通过提取对话的语义特征，基于字典和机器学习的方法，自动识别用户的情感，并结合用户的情感识别结果，改进问答效果。系统基于机器学习排序和CCG的答案文本生成功能，针对给定的问题，自动生成答案。

③基于深度学习的技术应用模块：在句子语义匹配技术和文本生成技术中，系统将引入深度神经网络，以提高问答系统准确率，提升用户体验。主要包括：基于外交互的句子语义匹配网络、基于深度学习的文本生成等功能。

④多轮对话：用户在使用系统时，可能需要分多轮对话进行陈述；同时，用户也可能在对话过程中不断修改或完善自己的需求；此外，当用户陈述的需求不够具体或明确的时候，系统也可以通过询问、澄清或确认来帮助用户找到满意的结果。因此，在智能问答系统中，系统需要追踪对话的进度，使用一系列的变量来表示用户目标。用户每输入一个问题，对话状态追踪模块则需要记录用户问了什么，记录在对话状态中，以做出相应回答。

8.5.3 "中信所小科"智能问答服务实践分享

8.5.3.1 训练集、验证集、测试集比例分配

传统的机器学习领域中，由于收集到的数据量往往不多，所以需要

将收集到的数据分为 3 类：训练集、验证集、测试集。分配比例根据经验不同而不同。而在大数据时代的机器学习或者深度学习领域中，如果还是按照传统的数据划分方式，则不是十分合理，因为测试集和验证集用于评估模型和选择模型，所需要的数据量和传统的数据量差不多，但是由于收集到的数据远远大于传统机器学习时代的数据量，所以所占的比例也就要缩小。

8.5.3.2 深度神经网络层数

深度学习在各个方面都有着很好的应用前景，但是其中依然存在诸如建模问题等问题。理论上来说，网络越深，表达能力越强，能处理的训练数据也越多，但是训练算法未必支持。针对深度神经网络层数难以选择的问题，开发过程中采用了信息熵作为选择层数的选择标准，当信息熵没有明显增加时，则选择该层作为最佳层数，通过实验发现可以选取到最佳层数，使得效果最好。

8.6 展望

智能问答系统是目前人工智能和自然语言处理领域中一个备受关注并具有广泛发展前景的研究方向[4]。从行业发展方向来看，融入了人工智能技术的智能客服机器人成为推动传统客服转型升级的变革力量。从技术现状和项目的实际应用经验来看，目前智能问答机器人还需要借助于工程化的方法达到商用要求，如关键词、等价句等配置使用等。通用的、高质量的智能应答系统，仍然是今后长期的努力目标。随着聊天机器人研究的广泛开展，未来的研究将着眼于以下 3 个方面。

①端到端：得益于深度学习技术的发展，已有学者开始着手研究端对端的对话系统，即利用统一的模型代替序列化地执行自然语言理解、对话管理和自然语言生成的步骤，从用户的原始输入直接生成系统回复。

②从特定域到开放域：随着大数据时代的到来，一方面，使得开放域的聊天机器人系统得以获取丰富的对话数据用于训练；另一方面，在大数据上可以自动聚类或抽取对话行为等信息，避免繁杂的人工定义。

③更加关注"情商"：如果说传统的聊天机器人关注的是"智商"，即聊天机器人的信息和知识获取能力的话，那么，今后的聊天机器人研究则更加注重"情商"，即聊天机器人的个性化情感抚慰、心理疏导和精神陪护等能力。

相信在不久的将来，一个能够让人们与之无所不谈的高"情商"聊天机器人将走入我们的日常生活，成为我们的朋友、同事甚至是家人。

（望俊成　王　政　张玄玄）

参考文献

[1] 张伟男，刘挺.聊天机器人技术的研究进展[J].中国人工智能学会通讯，2016，6（1）.

[2] 屠要峰.基于电信业务场景的智能问答机器人关键技术[J].计算机科学与应用，2017（4）：291-300. DOI：10.12677/CSA.2017.74036.

[3] 周小强，陈清财，曾华军.基于深度学习的智能问答[EB/OL].（2016-08-03）[2018-04-20].https：//yq.aliyun.com/articles/58745.

[4] 骆天一.智能问答系统研究综述[EB/OL].[2018-04-20].http：//www.docin.com/p-1775854780.html.

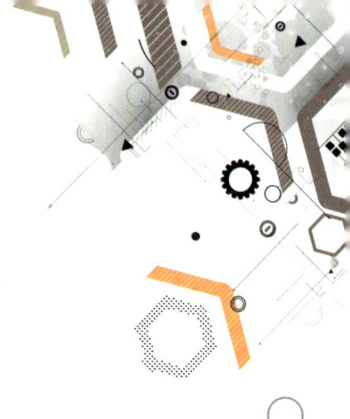

第九章

资源平台：知识聚集和共享的枢纽

在科技大数据所包含的各类数据资源中，以科技报告、科技成果和专利数据最为典型，它们贯穿了科研活动的整个过程，是科技活动的贡献和价值的集中体现。其中，科研项目的管理过程产生数据资源和科技报告，科研项目完成后的产出以科技成果的形式进行展示，具有商业开发前景的科技成果往往会形成专利。本章通过对科技报告、科技成果和专利资源的汇集、整理、分析环节进行详细描述和梳理，来展示科技数据资源组织和挖掘的相关概念、方法和流程。

9.1 科技报告：详细记录科研过程和结果的大文本

科技报告产生于20世纪40年代，是一种重要的灰色文献，是科学、技术和生物医学领域科技信息的主要来源之一。它能反映一个国家的科研实力和水平，具有巨大的开发和利用价值，历来受到世界各国科研人员的重视和欢迎，是各国政府、科研机构、企业、科技人员之间进行公开科技交流和内部成果交流的主要媒介。

世界上较著名的系列科技报告有美国政府的四大报告、英国航空委员会报告、英国原子能局报告、法国原子能委员会报告、德国航空研究所报告、日本原子能研究所报告、俄罗斯的科学技术总结等。自20世纪

第九章
资源平台：知识聚集和共享的枢纽

90 年代以来，中国也建立了行业科技报告体系，其中相对成熟的当属国防科技报告管理体系。2012 年 7 月，中共中央、国务院《关于深化科技体制改革加快国家创新体系建设的意见》明确提出要建立统一的科技报告制度。科技部开始全面推进中国科技报告制度建设工作，目前已初步形成中国国家科技报告体系。

9.1.1 什么是科技报告

9.1.1.1 科技报告的定义和内涵

科技报告是科技人员为了描述其从事的科研、设计、工程、试验和鉴定等活动的过程、进展和结果，按照规定格式编写而成的特种文献。科技报告产生于各类科研活动之中，会详细记录研究工作的全过程，包括成功的经验和失败的教训，是科技文献信息的重要组成部分，是一种重要的科技大数据类型。

科技报告内容详尽、专深，能如实、完整、及时地描述科研的基本原理、方法、技术、工艺和过程等，科研工作者依据科技报告中的描述能重复实验过程或重现科研结果。科技报告是继图书、期刊、档案等类型文献之后出现的一种独特文体，在记述技术先进性、实用性等方面具有独特优势，是促进科学技术迅速发展的重要信息资源和宝贵财富。

由政府部门立项并利用国家财政全额或部分经费资助的科研项目所产生的科技报告，政府部门一般会强制项目承担单位呈交，并指定政府科技情报部门印刷和收藏，这类报告往往被称为政府科技报告。政府科技报告是科技报告的主要组成部分，本书所说的科技报告即指政府科技报告。根据项目大小，一个项目可形成几篇到几十篇、几百篇甚至上千篇科技报告。

总之，科技报告是按照标准化规范由国家采取一定的行政手段强制形成的科技数据，是国家重要的战略资源。科技报告应该由承担科技项目的科研人员进行撰写，由科研人员所在法人单位负责审核。项目承担

人员应该在研发实施和转移转化阶段提交科技报告。

9.1.1.2 科技报告的类型和特点

科技报告可以是科学技术研究过程和方法描述、结果或进展总结、研制试验结果分析、某项科学技术问题的现状和发展论述、科学技术考察经过、科研成果记录、具体问题的研究分析、技术性文件、阶段总结和纪录等，种类繁多。

可以从不同的角度来划分科技报告的类型。从内容角度，科技报告主要可分为专题技术报告、技术进展报告、最终技术报告、组织管理报告四大类型。最终技术报告是为项目结题验收而撰写的描述项目全部研究过程、研究细节和研究结果的研究报告。技术进展报告是项目实施中有重要研发结果或者影响时提供的技术节点报告，内容包括阶段研究的过程、技术内容、进展或阶段成果。专题技术报告是在项目研究过程中，针对项目研究的某项任务、某一内容、某一问题而专门撰写的科技报告，包括试验/实验/研制/观测/测试报告、调查/考察/设计/分析/研究报告、工程/生产/运行/评价报告等。组织管理报告一般指时间节点报告，包括年度执行情况报告、中期进展报告等，用以阐明研究目标、研究发现、结果及存在的问题、财务状况、进度等，便于项目管理者了解和监管项目进展。技术类报告蕴含大量科研活动细节及基础科研数据，对科研人员有较高的参考价值，是科技报告收集、管理和共享的主体。例如，对中信所收藏的美国政府科技报告进行初步统计，结果显示，专题技术报告约占50.4%，最终技术报告约占34%，技术进展报告约占13.8%，组织管理报告约占1.8%，即技术类报告占绝对优势。

从时间进程角度，可将科技报告划分为进展报告和最终报告。此外，从可共享程度的角度，还可将科技报告划分为公开科技报告、解密或延期公开到期后解限科技报告、非保密受限制科技报告、涉密科技报告等。

科技报告主要具有以下几个突出特点。

（1）内容覆盖面广，技术含量高，实用性强

科技报告内容能较为真实、准确、详尽地反映科研活动的全过程，并可以包含不适宜公开发表的关键技术、核心技术、工艺方法等使用范围和时间受限或者涉密的信息，因此，其技术含量和使用价值远高于公开发表的期刊论文、会议论文等文献。另外，科技报告侧重于用成熟的理论来解决设计、试验、工艺、设备、材料等技术问题，对于指导今后的科研和生产工作具有很强的实用性。

（2）具有较强的新颖性和前沿性

科技报告多产生于政府立项资助的重大科技项目，内容会涵盖国家层面的战略尖端领域、重大科学问题、核心关键技术、新兴产业技术等方面，代表项目研究的最新状况和水平，具有极强的新颖性和前沿性。

（3）具有较好的时效性和可交流性

科技报告不受研制周期节点的限制，可以在项目实施过程中随时形成和提交，有编写规范要求，但不需要评审和专业编辑环节，也不受篇幅限制，可以是几页，也可以是几百页，能快速、规范、有效地共享交流最新的科学研究进展和结果。

（4）管理较为严格

科技报告一般都由政府部门强制征集和管理，此外，很多科技报告会包含涉密、涉限信息，因此需要合理划分使用范围，采用合理的授权许可制度，才能确保科技报告的有效积累和充分利用。

9.1.1.3 科技报告的价值和作用

科技报告完整而真实地反映科研活动过程和结果的技术内容和经验教训，是科研工作承上启下的重要保障。科技报告的数量、质量不仅能反映科研项目完成的质量和创新程度，也能反映出项目承担人的科研能力和水平。科技报告的作用和价值主要体现在以下几个方面。

（1）科技报告是传承科学知识和科技成果的重要资源

科技报告作为一种重要的科技资源，是系统地记录和保存科学知识

及科研结果的重要手段,具有极高的利用价值,其对科学知识的传承作用是公开出版文献和科研档案所无法替代的。建立科技报告体系,对国家财政投入产生的科技成果进行保存和集成管理,可以实现国家科技自主创新战略性资源的有序积累和保存,避免科研项目成果分散于个人或项目承担单位手中而造成的国家科研成果资产流失,为全社会的科技创新活动提供有效、公平的基础资源支撑服务,从而为后续研究提供了一种有效的"望远镜"和"显微镜",有助于提升科研效率与投入效益。美国的相关研究显示,75%的工程师使用科技报告。科研人员阅读一份科技报告可产生1280美元的效益,科技报告类文献的投入产出比约为1∶26[①]。科技报告的巨大作用由此可见一斑。

(2)科技报告是科技计划项目管理的重要依据和手段

科技报告为科技计划项目管理提供了有效的管理凭证和手段。对科技报告的综合分析,可以在科研项目的申报管理过程中形成科研基础资料和数据的支持,有助于形成全面和客观的判断,从而有效避免不同科研管理体系中的重复申报和立项,减少财政资金的浪费。而在项目的中期检查、结题验收阶段形成的科技报告则可对科技成果的真实性和创新性进行实时检验,有利于增加科研工作的透明度,在一定程度上杜绝虚假行为,防止学术腐败。总之,对管理部门而言,这些数据资源是"放大镜",也是"望远镜"。它使政府从被动应对变为主动作为,从根本上转变了科研治理模式。

(3)科技报告是科技信息公开和科技投入绩效考评的有效展示形式

科技报告的数量和质量,不仅反映了其完成项目的质量、项目创新性,也充分反映出其科研能力、创新水平和学术作风。建立科技报告体系,将为国家财政在科技领域的投入创建新的总结形式和成果展示方

---

① 冯长根,饶子和,王陇德,等.建立国家科技报告体系势在必行[J].科技导刊,2011(21):15-16.

式，也为政府公共支出的绩效考评提供有效的依据，还可以成为科技管理部门实施政务公开的重要信息内容。在一定程度上可以增加科研工作的透明性，有利于倡导诚信务实的科学精神，建立科研诚信制度。

9.1.2 国家科技报告大数据管理

国家科技报告制度建设的主要目标是：完善国家科技报告制度的政策、标准和规范，理顺组织管理架构，推进收藏共享服务，到2020年建成全国统一的科技报告呈交、收藏、管理、共享体系，形成科学、规范、高效的科技报告管理模式和运行机制。

9.1.2.1 管理体系架构

目前，我国已经制定相应的法律法规，逐步将科技报告工作纳入科研管理程序，保证科技报告的产生和收集，规范科技报告的管理和交流；已经初步建立由国家、部门/地方和基层科研单位组成的三级组织管理体系，按照"谁出资、谁管理"的原则，明确了各相关部门职责，形成相对规范的科技报告生成、提交、审查和管理工作机制；研究制定并在逐步宣贯科技报告编写、编号、密级管理、基本元数据等方面的标准，规范科技报告编写、审查、提交、验收，以及加工、利用和服务的工作流程。科技报告大数据库、数据流转和规范管理等运行机制及相应的支撑平台已经初步建成。

（1）政策制度体系

近年来，我国已初步形成了由国家法律法规、部门规章制度、地方管理办法等组成的多层面的科技报告政策法规体系。在国家层面，2015年10月1日起施行的新修订的《促进科技成果转化法》规定"利用财政资金设立的科技项目的承担者应当按照规定及时提交相关科技报告"，由此确立了科技报告的法律地位。2016年5月19日，中共中央、国务院印发的《国家创新驱动发展战略纲要》明确提出要完善国家科技报告制度。2014年9月，国务院办公厅转发了科技部制定的《关于加快建立国家科技报告制度的指导意见》(国办发〔2014〕43号),对国家科技报告制度建设的指导思想、原则、组织管理、持续积累、开放共享提出总体要求,成为全面推进科技报告工作的专门性文件。另外,2014年3月国务院印发的《关于改进加强中央财政科研项目和资金管理的若干意见》(国发〔2014〕11号),2014年12月国务院印发的《关于深化中央财政科技计划(专项、基金等)管理改革方案》(国发〔2014〕64号),2016年12月财政部、科技部发布的《国家重点研发计划资金管理办法》(财科教〔2016〕113号)和《国家重点研发计划管理暂行办法》都对科技报告工作做出明确规定。

在部门和地方层面,2013年科技部印发了《国家科技计划科技报告管理办法》(国科发计〔2013〕613号)。2016年,科技部根据中央财政科技计划管理改革进展和要求,在《国家科技计划科技报告管理办法》的基础上,制定了《中央财政科技计划(专项、基金等)科技报告管理暂行办法》(国科发创〔2016〕419号),对中央财政科技计划项目科技报告的组织管理、责任分工、工作要求、共享使用等做出明确规定。另外,全国已有26个省市出台了地方科技报告管理办法。

上述一系列政策法规的出台,确立了国家科技报告制度建设的总体目标,统筹了全国科技报告工作的组织管理,明确了科技报告工作的职责分工和工作流程,为国家科技报告制度建设可持续发展奠定了坚实基础。

(2)组织管理体系

国家科技报告组织管理体系按照自下而上、分层收集、汇总归一的模式,已初步建立了国家、地方/部门、科研机构分工协作的三级组织管理机制,形成了规范的科技报告管理模式及工作流程。

在国家层面,由科技部负责科技报告工作的统筹规划、组织协调和监督检查,委托相关专业机构承担国家科技报告的日常管理工作。在地方/部门层面,全面建立健全地方和部门科技报告管理机制,将科技报告工作纳入本地、本部门管理的科技计划、专项、基金等科研管理范畴，委托地方信息机构对科技报告进行统一收藏和管理。在科研机构和项目承担单位层面，大力落实科技报告撰写和呈交责任，建立机构科技报告工作机制，及时按项目规定组织科研人员撰写和呈交科技报告。

目前，科技部、国家自然科学基金会、交通运输部、中国科学院等部门已建立了科技报告工作体系，形成了部门科技报告资源体系和数据。在全国31个省（直辖市、自治区）中，已有26个正式启动了地方科技报告制度建设，开通了地方科技报告服务系统，形成了各具特色的地方科技报告数字资源体系。

（3）共享服务体系

科技报告来源渠道多，数据量大，而且很大一部分科技报告有使用等级之分，在服务范围、对象、方式、保密性及知识产权方面存在较大差异，因此需要按照集中与分布相结合的原则进行分级建设，对"公开、受限、涉密"科技报告进行分类管理，采取受控受限使用的共享服务模式。对于公开、解密的科技报告数据，建立科技报告数据库和网络平台，面向社会公众提供科技报告开放共享服务；对于受控受限、延期公开的受限或涉密科技报告，纳入内部信息和保密信息管理体系当中，实行受限受控使用，形成公开信息共享服务体系、内部信息共享服务体系和保密信息服务体系。

9.1.2.2 数据采集与集成管理

（1）数据采集与管理

科技报告数据资源与其他信息资源明显不同，是在政府科技计划项目的实施过程中产生的政府公共资源，因此，科技报告数据资源的采集和管理需要结合科技管理体制，依托科技管理部门，实行政府主导，需要实行强制编写和统一呈交。科技报告与科技论文、专利、科技成果等类似，是科技产出要素之一，因而科技报告的产生数量和规模客观上也取决于科技投入和产出能力，与国家科研投入总量、科研实力、科研能力等成正比关系。科技数据采集与管理需要明确以下关键问题。

一是科技报告数据资源的形成主体。科技报告数据资源采集和管理涉及各类主体,科技报告数据资源的执行主体包括研究机构、大学、企业等科技项目和科研活动的承担实体,是科技报告数据资源形成的基础层次,还包括科技报告数据资源的采集、管理和服务部门,是科技报告数据资源建设的运行层次。科技报告数据资源调控管理主体以各级科技管理部门为主,行使政府职能,按科技活动和科研管理的规律对科技报告数据资源的形成和配置进行组织、分配、调控、评估等,实现优化目标。

二是建立统一的资源标识体系。科技报告数据来源广泛,用途多样,需要建立统一的标识体系,制定通用的唯一标识符,方便对分散的科技报告进行统一管理和集成整合,实现对分布各处的科技报告资源和数据进行准确识别、定位和调度,方便跨系统的资源检索、识别、定位和调度,提高科技报告资源建设的开放性和协调性。科技报告资源统一标识体系的建设包括标准、维护机构、中央数据库等要素。标准是开展科技报告统一编号的指导性文件,规定了各级科技报告编号的技术框架和总体要求。科技报告编号的维护机构应由国家或部门授权,对编号实施实时分配和动态维护,建立有效的管理机制[1]。

三是科技报告数据资源整合。科技报告数据资源整合可以结合科技报告自身特点,借鉴现有信息资源整合方法和技术,采用以下整合方式完成。①系统导航整合。在科技报告导航系统设计过程中,需要丰富导航方式,还可以根据科研管理人员与社会公众的需求将多个字段结合起来进行组合导航;还可以辅以统计分析工具,在导航系统中实时展示科技评价指标的一些统计结果,更好地满足用户需求。②元数据整合。考虑到我国当前科研项目管理现状,有必要对科技报告数据资源进行元

---

[1] 周杰. 科技报告资源的构成及产生机理研究 [J]. 情报学报,2013(5):466-471.

第九章
资源平台：知识聚集和共享的枢纽

数据整合，通过对来自不同科技计划、科研管理机构的科技报告进行全面、详细地规范描述，实现科技报告数据资源在信息系统中的集中存储、管理、定位、调用等功能，解决来源不同的科技报告的互操作问题。③关联整合。文献之间存在多种关联关系，如引用关系、相似文献等。通过关联关系来整合科技报告数据资源的方式包括基于项目/课题名称的关联整合、基于项目/课题承担人的关联整合、基于项目/课题承担单位的关联整合。④知识整合。元数据整合能在检索方式、字段方面等进行统一、规范处理，但无法解决数据超载和语义异构等问题，因此还需要探索对科技报告资源进行知识整合，包括基于领域本体的著录标引，利用领域本体，对科技报告内容进行分析、识别和著录，揭示其内容特征，实现信息化整序，达成领域内关于知识与概念、概念与概念之间关系的共识，为知识组织、管理、检索及查询等提供模型和方法；进行主题聚类，即在抽取科技报告内容主题的基础上，结合项目承担单位名称等进行聚类，建立知识/主体地图来方便用户获取其感兴趣的研究内容；开展知识单元链接，利用叙词表、术语或领域本体等提取科技报告的知识单元，在此基础上建立知识仓库并形成知识网络。知识单元链接能有效解决科技报告篇幅不一的问题，不仅方便用户获取知识，而且将为知识挖掘、非相关文献知识发现等工作提供便利[1]。

（2）数据集成管理

科技报告集成管理需要立足国家科技报告制度建设的重大需求，根据国家科技报告制度管理框架、机制和流程，构建集科技报告模板化编写和网络化呈交、质量控制和评价、知识化加工和整合发布、科技报告共享服务为一体的通用化、集成化管理平台，为部门和地方科技报告管理提供技术支撑和一体化解决方案，实现国家科技报告制度建设的网络

---

[1] 贺德方，曾建勋.科技报告体系构建研究[M].北京：科学技术文献出版社，2014：127-130.

化、数字化和集成化管理。科技报告集成管理平台主要有五大功能。

一是科技报告模板化编写，基于通用文本编辑软件，开发科技报告控件，形成专题报告、进展报告、最终报告等不同类型科技报告的编写模板，为科研人员提供规范、简便、高效的科技报告编写工具，降低科技报告编写的工作量和复杂程度，实现在科技报告生成环节的质量控制和形式规范。

二是科技报告网络化呈交，采用 B/S 与 C/S 模式相结合的方式，开发科技报告呈交平台，实现科技报告的网上呈交、形式检验和规范控制，为科技报告的后续资源管理奠定技术基础。

三是科技报告质量审核和监控，制定科技报告质量评价模型和质量评价指标体系，构建科技报告质量管理元数据库和质量评价指标数据库，开发科技报告质量审核和监控平台，实现科技报告质量的网络化、协同化审核和评价。

四是科技报告知识化数据加工，建设开发科技报告知识化加工整合平台，构建科技报告知识化加工的元数据库、全文数据库、知识要素数据库、知识标注数据库、知识链接元数据库等数据库，形成科技报告数据加工整体解决方案和功能。

五是科技报告开放服务，构建科技报告服务系统，实现科技报告数据的安全存储、分级控制、用户注册、权限管理、检索浏览、全文获取、统计分析等功能，提供科技报告共享服务和决策支持服务。

9.1.2.3　数据规范与质量控制

科技报告的质量可以从两种角度理解：一是科技报告满足项目需求，达到项目满意的程度；二是从信息产品的客观属性方面来考察科技报告的质量，如信息的及时性、完整性、真实性、可获得性等。科技报告的质量控制机制主要是制定科技报告格式、内容、元数据等相关标准规范，从源头上实现对科技报告文献层面及专业层面的质量规范和控制。

科技报告数据标准可分为两类，一类是专用标准，是指具有基础性的、特定用于科技报告的产生、管理和交流的标准,需要专门制定,如科技报告撰写标准、编号标准、保密等级代码、服务规范等,是科技报告的核心标准;另一类是通用标准,指具有共性的、用于信息处理和信息技术的标准,可以借用业界已有的通行标准,如内容标记语言、元数据规范、数据格式、长期保存、信息组织、信息安全技术等方面的标准。科技报告技术标准体系按应用阶段和具体内容可分为撰写标准、组织管理标准、加工标准、服务标准4个子体系。

(1)科技报告撰写标准

科技报告撰写标准的目标是确保科技报告内容完整、数据翔实、逻辑严谨,使其具有可读性和可交流性,保证国家创新性研究成果得到及时的记录、积累与共享。科技报告的撰写标准包括编写规则、类型标准、审核规范等。

科技报告编写规则是科技报告技术标准体系中最核心的标准之一,主要对科技报告的结构、构成要素及编写、编排格式等进行规定[①],确保科技报告结构规范,段落清晰,简明易读,以及科技报告的基本信息项完整、准确、格式统一,便于统一收集、集中管理和用户检索查询。

科技报告的审核规范主要规定科技报告格式、质量、密级的审核主体、审核责任、审核标准、审核流程,确保科技报告的撰写质量和内容安全。

(2)科技报告数据组织管理标准

科技报告数据的组织管理标准主要用于科技报告的收集、保存、知识产权管理等方面,目的是保证最大限度地收齐、收全科技报告,并长期、安全保存和管理。除了科技报告产出测定标准、呈缴流程规范、质量评估标准需要紧密结合科研项目的任务和目标、科研管理流程和环节、科研项目的考核指标和结果来研制外,还包括"科技报告编号规则"

---

① 张爱霞,杨代庆,沈玉兰,等."科技报告编写规则"国家标准的编制研究[J].图书情报工作,2009,53(13):108-111.

和"科技报告保密等级代码与标识"两个文献管理所必需的核心标准。

"科技报告编号规则"主要是为每份科技报告提供一个唯一的标识符。科技报告是随国家财政资金支持科技项目产生,由科技管理部门下达,各项目承担单位编写而成、逐级呈交积累所形成的科技信息资源,会涉及众多的部门和机构,而且在科技报告产生过程中经常出现一个项目形成多篇科技报告、多家机构联合承担项目联合撰写多篇科技报告等情况,因此,需要按照一定规则对科技报告赋予唯一编号,以便于科技报告全流程的统一识别和管理,也便于科技报告的计算机信息管理和用户检索查询,更便于科技报告的版权辨析。

"科技报告保密等级代码与标识"用于统一标识科技报告保密等级及其受限范围,方便密级变更和解密。科技报告的保密等级依据《中华人民共和国保守秘密法》《科学技术保密规定》,兼顾现有科技计划项目保密相关规定来确定。考虑到科技报告的特点和管理、使用需求,科技报告一般可划定为绝密、机密、秘密、内部、公开5个等级,在不同的应用场景可分别由数字代码、汉语拼音代码或汉字代码标识。

(3)科技报告数据加工标准

科技报告数据的加工标准主要用来确保数据质量,强化资源标识、描述、揭示的一致性,方便资源的整合和共享交流。核心标准包括"科技报告元数据规范""科技报告著录规则""科技报告标引规则""科技报告的分类范畴体系"等。

"科技报告元数据规范"用于对科技报告的基本信息进行描述、组织和管理,通过对科技报告进行详细、全面的著录描述,支持科技报告在计算机信息系统中的存储、管理、定位、调用等功能。

"科技报告著录规则"是著录科技报告规范信息描述项目的准则。科技报告是一种特种文献,属于政府出版物,通过对科技报告的内容和形式特征进行分析、识别和著录,可以揭示科技报告的内容特征和外部特征,实现信息化整序,方便用户的检索查询,提高科技报告资源的揭示水平。

科技报告的分类标引依据《中国图书馆分类法》《中国图书资料分类法》等分类体系进行科技报告分类标引。

科技报告的主题标引选用《汉语主题词表》《中国分类主题词表》等知识组织体系,并规定科技报告的审读、主题的类型与结构、主题分析要求、主题的确定及主题的提炼等主题分析规则,概念的直接转换和概念的分解转换等主题概念的转换规则,以及主题词词义的确定方法、主题词的排序方法、族系表、范畴表辅助使用等标引词的选择规则。

(4)科技报告数据使用和服务标准

科技报告数据使用和服务标准主要用于执行科技报告的安全等级规定,规范科技报告使用和服务秩序与行为,保证科技报告数据的有序开放和安全使用,使之最大限度地发挥资源效益。服务标准包括服务范围、服务方式、统计指标等方面的规范。

科技报告数据使用和服务标准主要涉及科技报告数据使用和服务范围,对绝密、机密、秘密及延期公开科技报告数据的使用范围进行规定,保密科技报告数据应纳入国家保密管理体系,按照国家保密法的规定来使用和服务。

科技报告数据服务方式的标准主要规定不同类型科技报告数据的开放范围、服务对象、使用方式和使用规范,面向不同用户提供不同权限范围的使用服务。

9.1.3 国家科技报告大数据共享服务

9.1.3.1 科技报告数据的共享服务模式

科技报告数据的共享服务一方面可以实现"国家支持的科研活动获得的科技信息资料,能公开的要尽量向社会公众开放";另一方面可以实现对科研管理过程的有效支撑。科技报告数据的服务模式主要包括立项查重、科技查新、全文授权、统计分析、主题挖掘等。

（1）检索查新服务

科技查新主要是为科研立项、课题验收、科技成果鉴定和报奖、新产品和技术转让提供客观依据。科技报告数据库可以用于文献检索和情报分析，成为科技查新服务重要的检索源。常规的查新检索源主要包括基于科技期刊和会议论文的各类文摘数据库，基本是公开的科技信息，科技报告以其对科研过程和科研细节的全覆盖，具有全面、真实、详尽的优势，可以成为重要的灰色文献查新源。

（2）全文授权服务

科技报告与一般的科技文献明显不同，其全文具有严格的保密等级划分。对于公开或解密解限的科技报告，可以通过科技报告数据公共服务体系向注册用户开放共享。对于受控受限的内部级科技报告，可采取授权使用的服务方式。例如，由科技管理部门授权向计划管理部门、相关科技管理人员和同类政府项目承担单位公开，向本行业或本部门所有项目承担单位公开，允许向本科技计划项目承担单位公开等，内部科技报告也可以实行由科技报告来源单位或编写人直接授权供某一用户使用的点对点授权方式。对于保密科技报告，则按照国家保密法和保密文献的相关使用规定，只有经过相关部门批准的人员才能使用。

（3）统计分析服务

科技报告数据中，不仅包含文献信息，还包含科研项目基本信息，因此可以统计出科研项目和科技报告的部门分布、领域分布、机构分布、平均数量、时间进度等基本指标。对项目形成的科技报告按照年度报告、中期报告、进展报告、验收总结报告等纵向时间轴划分，或按照研究报告、实验报告、设计报告、工程报告等横向研究内容划分，进行科技报告与科研项目的细化和深度统计，结合科研项目任务合同书中对研究内容、实施进度、科技报告和其他成果的提交数量和提交时间进行比对和匹配，可以统计分析出科研项目的执行情况、阶段进展、项目产出、成果质量等方面的基本信息，为科技管理部门监督项目实施进程、

第九章
资源平台：知识聚集和共享的枢纽

考评项目实施效果、考核科研机构和科研人员绩效提供参考依据。

（4）主题挖掘服务

公共财政科技投入仍然是我国科技研发投入的主体，国家科技计划项目的布局代表和体现了我国科技发展的战略重点、总体布局、前沿领域和长远发展，着力解决关系国家未来发展的重大科学问题和关键技术问题，瞄准前沿技术、共性技术和核心技术，由此而产生的科技报告大数据能够充分反映我国当前科技发展的最新特征和最高水平。因此，采用数据挖掘和文本分析的方法，从科技报告数据中抽取主题信息，建立主题模型，进行主题检索、主题聚类和主题表达，形成各研究领域和专项技术研发主题的发展状况，可以分析、跟踪和评估影响我国社会经济发展所需要的重大技术、核心技术和薄弱技术，为科技规划部门分析评价科技发展状况和趋势、开展科技优先领域选择、合理配置科技资源、科学设置计划项目、评估科研成果水平和科技发展水平提供决策依据。

9.1.3.2 科技报告数据共享服务系统

科技报告数据资源平台基于庞大的用户基数和强大的数据处理能力，在"更懂你"的逻辑下，进行海量内容的布局和挖掘分析。通过用户使用的关键词、浏览历史、使用习惯等信息和行为进行数据模的设计，精准把握和预测用户需求领域和需求特点，并以此为依据，通过平台，利用大数据分析技术进行资源的精准匹配，实现需求和资源及个性知识化服务的最简便的对接，即实现用户和相关内容及解决方案的对接。

（1）国家科技报告服务系统

科技报告开放共享是国家科技报告制度建设的根本目标。2014年3月1日，"国家科技报告服务系统"（http://www.nstrs.cn/）正式上线运行，标志着国家科技报告制度建设取得实质性进展。"国家科技报告服务系统"实现了对科技报告数据的安全存储、分级控制、用户注册、权限管理、检索浏览、全文获取、统计分析、决策支持等服务，是广大科技人员了解当前学科热点、查询最新科技进展、开展创新研究的重要信息源。

系统开通了针对社会公众、专业人员和管理人员3类用户的服务。向社会公众无偿提供科技报告摘要浏览服务，社会公众不需要注册，即可通过检索科技报告摘要和基本信息，了解国家科技投入所产出科技报告的基本情况；向专业人员提供在线全文浏览服务，专业人员需要实名注册，通过身份认证即可检索并在线浏览科技报告全文；向各级科研管理人员提供面向科研管理的统计分析服务，管理人员通过科研管理部门批准注册，免费享有批准范围内的检索、查询、浏览、全文推送及相应统计分析等服务。

（2）用户统一认证与统一发布系统

为实现国家科技报告服务系统及地方科技报告服务系统的互联互通，开发了科技报告统一认证系统，用户使用同一账号即可登录访问、检索、浏览所需的国家及地方省市的科技报告资源。同时，还开发了科技报告统一发布系统，实现国家科技报告服务系统数据和各省科技报告服务系统数据的同步更新、自动流转、交汇共享，进一步推动了国家与地方科技报告资源的共建共享。

（3）科技报告相似性检测系统

科技报告相似性检测系统以科技报告全文数据为全文比对样本数据，在科技报告进入审核流程之前，可对科技报告全文进行相似性检测，一旦发现全文中部分文字相似度较高，存在复用、抄袭等学术不端行为，该篇科技报告将不能进入下一步审核程序。国家科技报告相似性检测系统本着对科研人员和社会公众负责的态度，能够有效保证科技报告的真实性与原创性，进一步杜绝科技报告抄袭、篡改、不当署名等学术界的不正之风。

此外，科技报告相似性检测系统还可以在科研项目立项评审阶段作为项目查重的有效工具，将项目申请书内容与科技报告进行相似性检测，避免重复立项和重复研究。在项目中期检查、结题验收阶段，可对项目年度科技报告、中期科技报告和最终科技报告进行相似性检测，防止学术不端行为。由此可见，科技报告相似性检测系统不仅能够在评价科研人员的科研诚信方面起到辅助作用，还能够为科技管理部门完善项目验收工作等方面提供依据。

未来，科技报告相似性检测系统可进一步充分整合利用国家科技信息大数据中心的资源优势，通过项目信息的互联互通，项目申请书、科技报告、科技成果、科技文献等信息的集成，实现跨计划、跨部门的查重分析，以及多源信息的关联挖掘和相似性检测，实现从元数据查重到全文本内容相似分析，实现对历史立项项目的查重分析，以及对研究成果的查新查重分析，并可面向科技管理部门、项目管理专业机构、科研机构、科研人员等多个用户对象提供服务，以避免多头分散立项和重复研究。

9.1.3.3 科技报告知识产权管理和合理利用

科技报告数据开放共享必须首先明确参与数据开放共享的各相关方的利益和诉求，通过建立有效的激励机制、利益分配机制和评估评价机制等来有序推进，其中数据权属的问题、隐私问题、安全问题等也不可忽视。

（1）科技报告数据共享服务中的知识产权风险

科技报告服务的网络化、数字化、多样化促进了科技信息的传播交流，提高了科技报告的利用率，但是科技报告数据资源作为承载科研人员智慧的知识产品在传播利用过程很容易受到侵害，如果管理利用不当将损害科技报告权利人利益。科技报告数据共享服务中的知识产权风险主要呈现在版权和技术秘密权两个方面。

版权风险主要体现在以下几个方面：①科技报告数据资源获取中的版权风险，涉及科技报告本身作品的知识产权处置、授权使用等问题。②科技报告数据加工整理中的版权风险，涉及对科技报告原文部分内容的修改、删减等，还涉及作品的修改权。③科技报告数据开放共享中的版权风险。在查询、检索、浏览、原文获取等开放共享中，存在用户不当传播风险。④科技报告增值服务中的版权风险。在进行科技报告二次数据库建设、数据挖掘、产业分析等增值服务时，涉及科技报告数据源合法性、汇编作品版权、数据使用合法性等方面的风险。

技术秘密也称为商业秘密,是指不为公众所知悉、能为权利人带来经济利益、具有实用性并经权利人采取保密措施的技术信息。科技报告是对科研项目研究过程、进展和结果的描述,包含了技术细节和工艺手段,甚至拥有专利、新动植物品种等技术信息。这些信息一旦由作者保护而不予公开,便会成为技术秘密受知识产权法保护。在开放共享和增值服务中会公开科技报告的全部或部分内容,对于包含有技术秘密的科技报告,在科技报告数据获取、加工整理、开放共享、数据挖掘、产业分析等方面需要严格数据管理,避免技术秘密的泄露。

(2)科技报告数据资源的合理利用

科技报告数据资源是涉及多元利益主体的国家科技战略资源,能否有效平衡各方利益,在保证科技报告数据资源知识产权不受侵犯的情况下合理利用科技报告进行服务,是实现科技报告价值的重要内容。

首先,要明确科技报告数据源的公共属性和使用原则。科技报告是基础性科技资源,目标是为了促进国家科技的可持续发展和国民经济水平,承载了更广泛的公共利益。从科技报告内容看,是对科研项目过程的描述,注重对科研过程的还原,以方便他人了解科研过程,其本质是为了促进资源积累和知识传播。在保护方式上,对于专利、计算机软件、植物新品种都有专门法律法规进行保护,因此,科技报告知识产权管理方式不能一刀切地等同于其他成果,要更能体现公共利益和共享利用的原则。

其次,要建立合理使用基础上的授权许可机制。对权利的过度保护将不利于知识的传播,合理使用制度是平衡公共利益和权利人利益的方式。科技报告比一般成果承载了更多的公共利益,因此,科技报告合理使用的范围要适当大于专利、论文等作品。同时,为了保护作者的财产利益,对科技报告数据资源的利用可以采取授权使用的方式。对于不属于合理使用范围的,需要通过授权许可的方式,与科技报告版权人签订知识产权许可协议，以避免使用中的知识产权风险。

再次，要建立科技报告分级服务和用户权限控制机制。科技报告服务环境具有差异性，科技报告类型和服务对象不同，面对的知识产权风险也不同，因此应当建立分级服务机制。对不同性质和类型的科技报告数据资源进行不同层级的共享利用。例如，含有技术秘密的科技报告如果对全社会开放共享将导致技术秘密的泄露，从而影响权利人的经济利益，但是如果只是面向特定科技管理部门，提供科技管理方面的信息支撑服务，其风险明显要低很多。另外，还要进行用户权限控制。例如，国家科技报告服务系统对社会公众、专业人员、管理人员3类用户进行不同程度的授权，各类用户对科技报告浏览、原文传递、科技报告原文等服务内容享有不同的权限。

最后，要实行科技报告数据服务中的全流程知识产权管理。科技报告知识产权风险存在于服务的全过程，因此对科技报告知识产权的管理应围绕服务生命周期，实现服务全流程管理，建立常态化的风险管理机制。服务全流程知识产权管理要实现人员专业化和管理规范化。知识产权管理全流程实行痕迹管理和规范化合同管理，包括报告提交、加工时的授权承诺，合同授权、免责和追责，违约责任，签署责任书，服务声明，服务追踪和监管保存等[①]。

9.2 科技成果：为大数据时代产学研结合助力

9.2.1 现状及挑战：科技成果去哪了

推动科技成果转化是促进科技与经济结合、实现创新驱动发展的重

---

① 许燕，张爱霞，麻思蓓.科技报告服务中的知识产权平衡机制[J].科技管理研究，2018（3）：193-197.

要手段，是贯彻落实习近平总书记科技创新思想、实施创新驱动发展战略的一项重大举措。财政性资金项目产出科技成果和科研机构研发成果的运用与转化，已经成为衡量社会创新能力的重要指标。

科技计划项目形成的科技创新成果是国家重要的创新型科技资源。美国政府非常重视科技计划项目成果的收集与发布工作，美国航空航天局建立了科技创新成果集成信息资源平台及新技术登记数据库，并与技术转移系统平台实现对接。《美国国家航空航天局军转民技术》每年选取约50项"军转民"技术来介绍其研发背景、应用前景、技术转移方式，以及与小企业合作情况等。国家技术信息服务中心出版《联邦技术目录》，汇集国家技术信息服务中心技术笔记在全年发布的1200项新技术索引；出版《可获得的政府发明授权年度目录》，包含1200项专利及超过40个主题分类下的专利应用情况。

目前，我国还未建立起统一的科技成果收集、保存、发布和共享制度，大量财政性资金形成的科技成果未被收集和整理，而散落在科研院所，甚至研究人员个人手中，造成闲置甚至浪费。在成果信息采集规范、资源汇集机制方面，仍未形成统一的标准和规范，没有建立强制性科技成果填报制度和管理流程，科技成果未得到集中保存、统一管理和有效利用。随着我国经济实力的不断增强和科技投入的持续加大，财政资助科技项目的科技成果持续产出，不断增长。为激活、加快和推动财政资金资助形成的科技成果转移转化，亟待建立统一的科技成果信息采集、管理和共享制度与系统。

9.2.2 国家科技成果数据库：让成果大数据安身立命

为破除制约科技成果转化的体制机制障碍，引导全社会力量加大科技成果转化投入，加快推动科技成果转化应用，建立多元化、多层次、多渠道的科技成果转化投融资体系，科技部、财政部于2011年推出国家科技成果转化引导基金。国家科技成果转化引导基金主要用于支持转化

第九章
资源平台：知识聚集和共享的枢纽

利用财政资金形成的科技成果，并于2012年启动支撑转化引导基金运行的国家科技成果转化项目库（以下简称转化项目库）建设工作。同时，《中华人民共和国促进科技成果转化法（2015年修订）》规定，国家建立、完善科技报告制度和科技成果信息系统，利用财政资金设立的科技项目的承担者应当及时将科技成果和相关知识产权信息汇交到科技成果信息系统。2016年国务院印发的《促进科技成果转移转化行动方案》（国办发〔2016〕28号）明确提出要建立国家科技成果信息系统，构建由财政资金支持产生的科技成果转化项目库与数据服务平台。2017年国务院印发的《国家技术转移体系建设方案》（国发〔2017〕44号）也进一步明确要建立国家科技成果信息服务平台，整合现有科技成果信息资源，推动财政科技计划、科技奖励成果信息统一汇交、开放、共享和利用。科技部承担了国家科技成果信息服务系统的建设工作。

国家科技成果转化项目库和国家科技成果信息服务系统的开发建设，既是对财政性资金支持形成的可转化应用的科技成果进行规范化、系统化管理的数据库，也是实施转化基金的信息支撑平台，为全社会参与科技成果转化提供服务。

9.2.2.1 科技成果数据描述模型

《中华人民共和国促进科技成果转化法（2015年修订）》将科技成果定义为"通过科学研究与技术开发所产生的具有实用价值的成果"。这类科技成果可以通过后续的试验、开发、应用、推广形成新技术、新工艺、新材料、新产品，有助于发展新产业。《在国家科技成果转化引导基金管理办法》（财教〔2011〕289号）中规定，转化项目库采集的成果包括应用型国家科技计划项目（课题）成果，行业、部门、地方科技计划（专项、项目）产生的科技成果，以及部门和地方所属事业单位产生的其他科技成果。

因此，科技成果数据库所收集的科技成果信息要满足至少两个条件：一是可转化的成果，仅指应用技术成果，不包括科学理论成果和软科学成果；二是成果信息可追溯，要附加明确的来源信息，需注明成果的来源资助计划项目，或来源机构的性质。因此，科技成果数据库选择W3C制定的数据溯源标准作为数据库设计的基本依据，将收集的成果信息界定为：从计划项目产生的或从部门及地方所属事业单位产生的成果，其数据描述模型用UML语言描述（图9.1）。

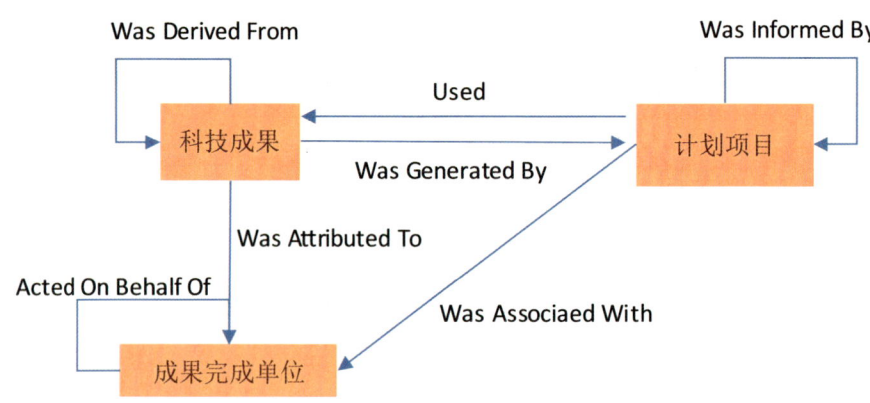

图 9.1 国家科技成果数据库基础数据模型

基于此描述模型，可以明确科技成果数据、计划项目数据和成果完成单位数据三者间的关系。关系类型主要包括产生关系、调用关系、权属关系、演化关系、关联关系等。基于此模型，可以记录和展示带有时间标记科技成果信息的演化过程，以及演化过程中成果权属的变化情况，还可以追踪计划项目间的关联关系和成果间的关联关系等，为成果信息的增值服务提供信息支撑。

9.2.2.2 科技成果数据库元数据

科技成果信息不是一成不变的，存在很多相关的信息，因此要求系统的元数据设计要具有良好的兼容性、可扩展性、互操作性。考虑成果持有人填报成果信息的便利与科技成果信息演化的特点，科技成果数据库最终将元数据划分为成果的基本信息、完成人信息、持有单位信息、知识产权信息、获奖信息、推荐机构信息、转化应用信息，以及形成成果的计划项目信息（表9.1）。

表9.1 转化项目库元数据

元数据	内容
基本信息	成果名称、关键词、成果简介、 完成时间、应用行业、成果形式、创新类型、成熟度
完成人信息	姓名、职称/职务、联系电话、电子邮件
持有单位信息	单位名称、机构代码、单位类型、所在省市、单位联系人姓名、联系电话、电子邮箱
知识产权信息	与成果相关的专利、软件著作权、植物新品种、集成电路布图、新药、论文、标准等题录信息
形成成果的计划项目信息	项目编号、项目名称、所属计划、项目起止时间、立项和验收证明文件
获奖信息	获奖名称、获奖登记、获奖时间、获奖证书
推荐机构	推荐机构名称、联系人、联系电话、推荐时间
转化应用信息	已实现的转化方式、已获得的转化金额、已完成转化的时间

各部分间的关系除一一对应外，还存在一对多、多对多的关系。成果持有单位可以有多个成果；一个成果可以有多个完成人、多项知识产权，也可以由多个计划项目支持，获得多个奖项，被多个单位推荐，进行多次转化应用。

9.2.2.3 转化项目库建设

自2012年，科技成果数据库建设经历了科技成果信息采集规范研制、科技成果信息资源采集与加工、成果信息服务系统开发3个阶段，制定了"转化项目库科技成果信息采集规范"，开发了转化项目库成果信息填报系统、成果信息审核加工系统，以及成果信息共享服务系统。

建立了转化项目库信息采集机制，实现了科技成果存量信息的采集与迁移，对保存在科技档案、成果登记系统、奖励成果记录和转化成果记录中的科技成果信息进行抽取和挖掘，形成新的成果数据库。建立了成果持有机构直接填报财政资金形成的科技成果信息、行业/部门/地方组织汇集符合要求的科技成果信息批量入库，各级科技奖励和成果登记管理部门提供科技奖励成果信息集中入库，国家科技成果转化引导基金投资的成果信息申请入库等科技成果信息采集渠道。同时，建立成果增量信息采集机制，打破原有的、脱离计划项目管理流程、自愿登记的方式，在计划项目管理流程中嵌入计划项目成果信息的采集环节，要求项目承担单位在项目结题验收前填报科技成果信息，为成果信息的及时提交和质量控制提供有力保障。

成果增量信息采集机制建设主要从 4 个方面开展。一是推动健全、相应的政策法规来保证科技成果信息采集的系统性和完整性，确保从国家法规到部门规章逐层落实。二是建立计划项目成果信息汇交责任机制，在国家科技管理信息系统中建立由课题负责人、课题依托单位和项目主管部门构成的三级数据质量控制机制，保证成果信息及时、高质量地汇交。三是建立成果信息汇交的激励机制。成果信息汇交不仅是对计划项目成果的制度性要求，也是成果研发与应用的内在要求。建立多种机制和条件，使汇交的成果信息得到最大限度的应用。四是建立成果信息利用的跟踪与反馈机制，并将利用情况定期填入转化项目库中。成果信息的访问和利用情况也需要定期反馈给成果提交人、成果持有机构和科技管理部门，以便于其根据反馈信息调整研发方向。

目前，转化项目库已收集计划项目成果信息和奖励成果信息超过 2 万条，成果信息共享服务系统为社会公众、投融资机构、科技中介服务机构和科技管理机构提供成果信息的分级展示和检索服务，向注册用户提供访问统计等服务，为科技管理部门提供入库成果统计服务。共享服务平台还提供关于科技成果转化方面最新的国家、部门和政策信息。未来转化项目库还要增加移动服务功能，进一步提升共享平台的检索技术水平，加大用户行为数据的采集和监控力度，提高网站信息安全防护能力。

9.2.2.4 国家科技成果信息服务系统建设

基于转化项目库的科技成果数据基础，2017年，科技部委托中国科学技术信息研究所开展国家科技成果信息服务系统开发建设工作。根据科技成果信息来源与中央财政科技计划（专项、基金等）、部门和地方科技计划（专项）、国家和地方科技奖励、部门/地方/行业协会等推荐、成果登记等多种渠道的特点，为保证多源科技成果信息的统一描述、集成融合和分级分类发布，制定了《国家科技成果信息数据采集规范》，将成果信息在数据结构上分为成果基本信息、成果来源信息、成果联系信息和成果关联信息4部分，并定义了数据格式和规范控制。

同时，开展"国家科技成果信息服务系统"建设开发，规划系统架构，定义数据结构，制定系统功能规划。目前，系统开发工作业已完成，系统实现了科技成果信息分类导航、检索查询、成果推荐、统计服务等系统功能，即将正式上线开通服务。系统汇集国家科技计划项目、地方科技计划项目、国家和地方奖励项目等形成的科技成果信息2.4万条。

9.2.3 科技成果成熟度评价：大浪淘沙现珍珠

科技成果，尤其是由大学或科研院所研发产生的科技成果，在诞生初期大多是具有一定先进指标的样品，既不是产品，更不是商品。而在技术转移过程中，技术接收方最为关注两个问题：一是技术产品是否可以迅速实现生产，变成市场规模化商品，二是技术产品是否具有广阔的市场前景和盈利能力。如果技术转移双方对于技术产品的发展阶段没有形成正确而一致的认识，一方面，会阻碍谈判与协调的进程，使得双方在转让价格、条件等问题上难以达成共识；另一方面，会延长转化落地周期，增加转化风险。在这种情况下，判断科技成果是否适合转化成为一个值得关切的重要问题。

科技成果转化是一个过程，这个过程使科技成果从实验室走向市场，从构想或原型变为成熟的产品，使其中蕴含的知识价值转变为现实生产力。每一项科技成果都处于这个过程中的某一阶段，其所处阶段越靠后，就表示该成果越成熟，也越接近转化成功。可以从技术成熟度和商业成熟度两个方面来考察科技成果的所处阶段，技术成熟度关注是否能够成功生产并达到预期技术性能，商业成熟度关注是否能够被市场接受而获得商业利益。成熟度评价是技术转移过程中的必要环节，它为供需双方在对拟转化成果的认识上提供一个标准，识别并规避风险，对于促进科技成果转化具有重要意义。

9.2.3.1 科技成果成熟度影响因素

科技成果转化过程涉及多主体和多链条，因此能否成功转化受到多方面因素的影响。

（1）技术因素

科技成果是科学技术的载体，技术内容通过成果的具体形式得以表达，同时又是成果的核心价值所在。科技成果的技术属性是研发团队知识积累和创新水平的集中体现，技术要素从源头上决定了科技成果转化的市场价值。技术因素包括技术先进性、技术可行性、技术兼容性、技术研发团队实力等。

（2）市场因素

市场是买卖双方进行商品交换的场所，从某种程度上说是科技成果转化的终点。市场环境对于商品的销量、价格和利润都有重要的影响，而明确市场发展对于制定竞争策略具有指导意义。市场因素包括市场需求、市场周期、市场准入条件和市场竞争等指标。

（3）转化支撑因素

一项科技成果要走出实验室，转变为可以投放市场的商品或实现产业落地，需要经过一系列的实验、开发、应用和推广过程。可以支持这个过程并促进转化进程的因素属于转化支撑因素，如技术持有者的供给能力、技术接收者的采用能力、转移转化环境、动力机制等。

9.2.3.2 科技成果成熟度评价指标体系研究

（1）指标体系初设

1）技术要素

科技成果是科学技术的载体，技术内容通过成果的具体形式得以表达，同时又是成果的核心价值所在。科技成果的技术属性是研发团队知识积累和创新水平的集中体现，技术要素从源头上决定了科技成果转化的市场价值。技术要素包括技术先进性、技术资料产出、技术辐射能力和团队实力4个指标。

①技术先进性。指与此前同类技术相比是否具有突出的特点和明显的进步。技术进步，如新技术的出现、技术难关的攻克，或现有技术的改良等是一项新成果研发的初衷和应用优势所在。它直接决定了成果转化之后的赢利点，也是技术最吸引投资人眼球的地方。

②技术资料产出。指围绕该项技术所形成的专利、论文、标准、集成电路布图、新药、新品种等科技文献。这些科技文献一般都经过专业部门的鉴定，是对于技术最清晰、可靠的表达载体。一般认为，技术资料的产出数量越大、质量越高，科技成果的创造性就越强。

③技术辐射能力。一方面指技术应用的行业宽度和领域广度，是适用于单一产品、某一领域内所有产品，还是适用于跨技术领域产品；另一方面指技术的市场可达性[1]。

④团队实力。研发团队是一项科技成果的缔造集体，其科研技术能力直接影响成果生产过程中的知识、智力和劳动力积累水平。一般认为，科研技术能力越强，科技成果的技术性能越完善[2]。

---

[1] 韩红旗，付媛，朱礼军．基于专利 IPC 分类号的技术竞争对象的群组分析方法 [J]．情报工程，2015，1（4）：77-87．

[2] 严素梅，陈荣，吉久明，等．团队创新能力评价的多维复合模型 [J]．情报学报，2016，35（10）：1072-1080．

2）市场要素

市场是买卖双方进行商品交换的场所，从某种程度上说是科技成果转化的终点。市场环境对于商品的销量、价格和利润都有重要的影响，而明确市场发展对于制定竞争策略具有指导意义。转化需求和融资需求体现的是技术与市场的对接，虽然是技术持有者在适应性开发阶段和市场化阶段均需考虑的问题，但是受市场环境影响很大，并且随着转化过程的推进，这种影响将加剧，因此将转化需求和融资需求归为市场要素中。市场要素包括转化需求、融资需求、市场需求、市场周期、政策影响5个指标。

①转化需求。成果持有者是成果转化后的直接受益者，其转化需求的迫切性是促进一项科技成果顺利实现转化的原动力。而其对于成果转化过程中一些关键要素的限制条件意向越明确，与合作方的对接成功率越高。

②融资需求。股权融资和债权融资是成果转化方式当中的两种。一般选择这两种方式的成果持有者主要是出于产品改进和扩大生产规模等目的。

③市场需求。市场需求是指一定时间内和一定价格条件下，消费者对某种商品或服务愿意而且能够购买的数量。需求强度决定成果转化后的价值实现程度，需求方向决定了科技成果改进的方向。市场需求受人口、购买力和购买欲望的影响。

④市场周期。指科技成果转化后拟投放的目标市场所处的生命周期阶段。该指标反映技术产品进入市场后面临的竞争态势、未来的发展潜力，以及当前市场对其的接受能力。

⑤政策影响。各级政策对于成果转化的支持，会提高投融资机构和成果需求方的兴趣，降低成果转化的成本，同时加速成果转化进程，反之亦然。

3）转化支撑要素

科技成果由样品变为商品需要经历一个适应性开发阶段。随着开发的不断深入，科技成果在技术上越来越成熟，在应用上也越来越贴近

第九章
资源平台：知识聚集和共享的枢纽

需求。在技术的不断改进过程中，对于新成果的知识产权保护及合作方之间的技术确权都可以为转化打下良好基础。此外，科技成果的已转化情况会对整个转化过程产生正向反馈效应。我们认为，社会心理学中的"马太效应"在此同样适用。技术需求者和投融资机构普遍更关注之前进行过转化的成果。已转化情况一方面体现了他人对于该成果应用价值或商业价值的肯定；另一方面表示持有机构具有一定的成果转化经验。转化支撑要素包括技术成熟度、专利保护强度、独立支配权利、企业参与度、应用情况、经济和社会效益6个指标。

①技术成熟度。指科技成果在生产制造方面的准备程度。一般认为，随着技术成熟度的逐级提升，科技成果的转化周期变短，转化风险降低。主要包括实验室、小试、中试产品和市场化产品4个阶段。

②专利保护强度。指专利在时间上、地域上及技术细节上受法律保护的范围和程度。该指标体现了专利权人的知识产权管理能力和对于成果潜在商业价值的估计。

③独立支配权利。指的是被调查机构是否具有以实施、许可、转让等方式独立转化该成果的权利，以及本成果在实施过程中是否对其他技术具有依赖性，以至于需要对相关的技术持有者予以补偿。一般认为，成果接收方对成果的独立支配权利越大，其转化成本和风险越低。

④企业参与度。新修订的《中华人民共和国促进科技成果转化法》中指出，要强化企业在科技成果转化中的主体地位[1]。从价值链的角度来看，科技成果转化过程是一个"技术—经济"价值链，而企业是实现科技和经济紧密结合的重要力量。不同于高校、科研院所等创新主体的技术追求导向，它以满足市场需求为基本出发点，强化企业在研发和转化中的主体地位是实现创新市场导向的前提和基础。一般认为，企业参

---

[1] 第十二届全国人民代表大会常务委员会第十六次会议.中华人民共和国促进科技成果转化法.2015-08-29.

与度越高,科技成果转化成熟度越高。

⑤应用情况。指科技成果的推广程度或产业化程度,反映该成果在先期转化中的实施和被接纳情况。一般认为,应用范围越广,科技成果转化成熟度越高。

⑥经济和社会效益。指科技成果在先期转化应用后所获得的直接经济性收益和其他对社会生活有益的效果(如增加就业、保护环境等)。该指标从效果角度反映了本技术的优越性和进步性。

(2)指标体系验证与修正

科技成果转化成熟度初始评价体系如表9.2所示,通过对初设的科技成果成熟度评价指标体系进行正态分布检验、模型拟合与修正、指标体系扩展等步骤,最终形成科技成果转化成熟度扩展评价指标体系,如表9.3所示。

表9.2 科技成果转化成熟度初始评价体系

目标层	要素层	指标层
科技成果转化成熟度	技术要素	技术先进性(y_1)
		技术资料产出(y_2)
		技术辐射能力(y_3)
		团队实力(y_4)
	市场要素	转化需求(y_5)
		融资需求(y_6)
		市场需求(y_7)
		市场周期(y_8)
		政策影响(y_9)
	转化支撑要素	技术成熟度(y_{10})
		专利保护强度(y_{11})
		独立支配权利(y_{12})
		企业参与度(y_{13})
		应用情况(y_{14})
		经济和社会效益(y_{15})

第九章
资源平台：知识聚集和共享的枢纽

表9.3 科技成果转化成熟度扩展评价体系指标权重

目标层	准则层	权重	指标层	相对权重	绝对权重
科技成果转化成熟度（M）	技术要素	0.353	技术先进性（E_1）	0.130	0.046
			技术资料产出（E_2）	0.199	0.070
			技术辐射能力（E_3）	0.164	0.058
			团队实力（E_4）	0.202	0.071
			技术成熟度（E_5）	0.151	0.053
			其他（E_6）	0.153	0.054
	市场要素	0.354	转化需求（E_7）	0.263	0.093
			融资需求（E_8）	0.277	0.098
			市场需求（E_9）	0.261	0.092
			市场周期（E_{10}）	0.200	0.071
	转化支撑要素	0.293	政策影响（E_{11}）	0.229	0.067
			独立支配权利（E_{12}）	0.178	0.052
			企业参与度（E_{13}）	0.260	0.076
			应用情况（E_{14}）	0.159	0.047
			经济和社会效益（E_{15}）	0.174	0.051

在采用科技成果转化成熟度扩展评价指标体系进行科技成果转化成熟度评分后，需要对得分进行度量评估，可采用分数分段方法进行预警评估，如表9.4所示。

表9.4 科技成果转化成熟度评估标准

分数值	评估结果
$m \leqslant 2$	很低

续表

分数值	评估结果
2≤m<4	低
4≤m<6	一般
6≤m<8	高
8≤m≤10	很高

（3）指标体系实证研究

采用上述科技成果转化成熟度常规评价指标体系，对国家科技成果转化项目库奖励成果分库中的 2478 条成果进行评价。这些成果获得的奖励级别以国家、省部和地市级奖励为主，还包括少量的学会、协会和集团内部奖励，包括自然科学奖、科技进步奖、技术发明奖、成果转化奖和优秀成果奖等奖项。对所有待评价成果的评价指标值进行计算，14 个指标的平均数据完整率为 74.2%，除市场需求、政策影响、经济和社会效益 3 个指标外，其余指标的数据完整率均在 60% 以上，空缺的指标值用 0 填充。对指标值进行标准化处理和无量纲处理，将其缩小至 0~1。

对于每一条成果，将标准化后的各指标数据带入公式，即可求得其科技成果转化成熟度分值，为便于评估，将该分值映射到 [0，10] 的区间上。2478 条成果的评价结果如图 9.2 所示，成熟度平均分值为 5.39，得分最低的为 0.70，未发生过转化行为。实证证明所建立的科技成果转化成熟度评价指标体系具有良好的适用性和可操作性，并且对于指导科技成果转化具有参考价值。

第九章
资源平台：知识聚集和共享的枢纽

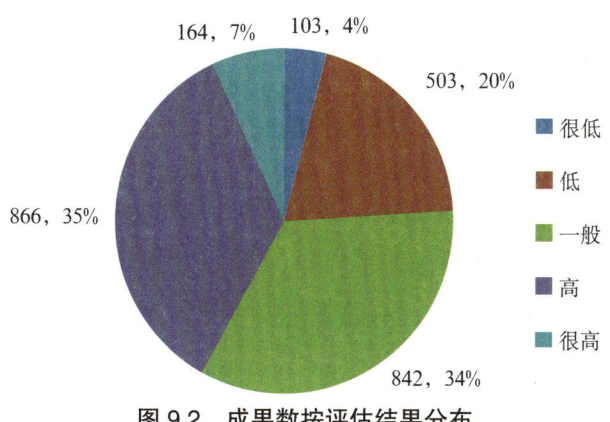

图 9.2　成果数按评估结果分布

9.3　专利：创新者们的机会和陷阱

9.3.1　专利分析能带来什么

作为企业技术研发行为的主要产出，专利代表着技术创新的发展方向和具体特征，是当今技术管理研究和情报分析的主要数据来源。相比其他可以用技术演化分析的数据，如新闻、行业年鉴，专利的信息结构化程度高且涵盖广泛。有统计表明，全世界 80% 的技术知识都可以在专利中找到，此外，由于法律条文和商业重要性的限制，专利信息编撰过程严谨且具有较完整的引文创建、审核机制，对专利数据进行集中、萃取和提炼，可以透过杂乱无章的数据表面，找出隐藏的科技创新内在规律和真实状况，从而为技术人员探究、回溯技术起源和发展提供可靠的帮助，并对科技优先领域合理配置科技资源具有重要的意义。

9.3.1.1　识别关键技术

本章所讨论的关键技术是一个相对的概念，是属于取得了突破或重大改进的关键节点，或者为行业内重点关注的、涉及标准、规范或者基础的技术。从专利中识别关键技术主要依据的专利信息包括专利摘要、技术分类、专利引文等信息，所使用的识别方法会由于数据格式、特点和分析目标的不同而存在差别。

对于专利技术分类来说，从中识别关键技术的代表性流程是，先采用专利技术分类号共现的方法，从全局视角得到各个技术本身的重要性度量及不同技术之间的相互关系权重，进而筛选出关键技术分类聚簇，并将其对应到各个技术领域的热门技术、研发动向上来；对于专利摘要来说，相关分析技术包括词汇映射（Term Mapping）、聚类分析（Clustering Techniques）、技术树分析（Tree-based Techniques）和网络分析技术等若干大类，在实际研究中往往同时应用多种技术。2004年Yoon[1]等根据技术关键词频率将专利文献转化为关键词向量，通过计算专利文献之间的距离建立专利网络，用以分析技术领域的发展阶段和规律；Chang[2]在此基础上对专利网络进行聚类，来分析每个聚类的特点及重要技术；Young等[3]、方曙等[4]依据技术关键词的频次和其所在专利的申请日绘制出揭示技术主题演变趋势的专利网络图，但在具体实现方案上有所差异。

专利文献中的专利文献、非专利文献的引用关系反映了某项专利的技术基础和科学基础，高被引量不仅意味着专利的重要性，也铺垫了此类专利技术的基础。非专利文献指出专利技术和基础学科的联系，同时它也是相关专利的科学基础，基于专利引文的关键技术识别，代表性做法包括：① 在专利引文网络上进行聚类操作，进而获取技术聚簇并对其进行重要性评价；② 提出度量引文权重的指标，根据测算出的引文权重来识别专利引文网络中的知识流动主路径，进而提取主路径上的里程碑专利并获取关键技术列表。

9.3.1.2 挖掘技术发展态势

挖掘技术发展态势，即通过分析专利数据随时间的变化规律，揭示技术发展的轨迹脉络，进而对未来发展情况进行预测。技术发展态势的挖掘对象聚焦于专利申请信息，如专利申请人、申请人所在地址、专利技术分类等内容，尤其是将多个专利数据的分析维度进行组合时，可以得到更有价值的情报信息。一般来说，通过分析同一技术领域在不同国家和地区的专利申请情况，可以识别技术研发较为密集或者市场开发潜力更大的地域，从国家层面反映国家和地区的技术创新能力和活跃程度；通过分析不同技术分支的全球专利申请趋势，可以反映目前或未来技术研发的热点方向；通过分析某技术领域的专利申请人的全球申请信息，可以反映该领域主要厂商的专利布局战略和技术发展动向，帮助企业发现潜在竞争对手或者合作伙伴；通过分析核心专利发明人的全球专利申请情况，可以反映申请人技术创新变化情况，从侧面评价创新的技术含金量，推断技术领域是否出现了重大技术突破。

9.3.1.3 竞争对手分析

商场如战场，企业要想在激烈的市场竞争中存活和发展，识别竞争对手、洞悉其现状和战略规划必不可少，专利正是竞争对手情报分析的重要数据来源。虽然单一专利文献只能反映某一发明的具体细节，但将个别、零散的专利信息进行系统分析，就能从中发现企业经营规律、重点布局，乃至技术发展方向和战略规划，这些信息对于企业自身规避风险、发展壮大至关重要。

在识别竞争对手方面，专利文献上列有申请人信息，而同一技术领域的申请人之间大概率存在竞争关系，故只要将同一技术领域的专利申请人信息定期采集，并按照专利量多少排序、归纳和统计，就能够得到可信度较高的竞争对手列表。根据竞争对手拥有专利的技术侧重点，可以判断出竞争对手的技术特点、水平高低和实力强弱，进而制定出相应的应对策略。

除此之外，专利信息还可以用于推断竞争对手的市场策略，由于目前世界上大多数国家都采用先申请原则，因此，虽然专利信息不是直接的市场情报，但可以通过专利分析，发现有关产品、技术进入市场的时间、规模等信息，进而探测出竞争对手的市场范围和市场策略[5]。

9.3.1.4 技术机会发现

技术机会发现是指通过对技术领域内已有技术发展趋势及相互关系的挖掘，发现最新技术动向，推断该领域可能出现的技术形态或技术发展点。技术机会发现的典型方法包括文本挖掘法和专利技术功效矩阵分析，具体包括以下2点。

①文本挖掘法利用自然语言处理技术对专利中的文本内容，如专利摘要、权利要求项、专利说明书等，并从中提取出相关主题、关键词和特征信息，进而将专利数据集以文档–关键词矩阵的形式表达出来，将该矩阵以核主成分方法抽取主要信息和降维之后，即转化为能凸显技术聚簇和技术空白点的专利地图[2]。

②专利技术功效矩阵通过对专利文献反映的技术主题内容和主要技术功能效果之间的特征研究，揭示它们之间的相互关系，便于相关技术人员掌握该专利组合或集群的技术分布情况，进而寻找技术空白点、技术研发热点和突破点。从操作层面来讲，功效矩阵最常见的一种方式是通过绘制专利在技术主题、功能效果两个维度的散点图，通过专利数量来展现某领域技术或需求发展的整体情况，以及专利保护范围的集中区和空白区。

9.3.2 ISTIC–专利分析数据库

专利数据库是专利分析的数据基础，专利数据库质量的优劣对专利分析效果发挥着至关重要的影响。当前，主要的专利数据库产品都存在各种不足和限制，如存在大量冗余信息，数据规范不透明、不一致，未对专利的法律状态、专利权转让、专利权人变更等动态衍生信息进行深入处理等，从而导致研究人员无法进行深入分析。自2009年起，中信所开始建设旨在解决前述问题的ISTIC–专利分析数据库，目前已收录并处理了包括8个国家和2个组织（分别为中国、德国、英国、法国、日本、瑞士、美国、俄罗斯、世界知识产权组织、欧洲专利局）的专利6000余万件。

9.3.2.1 ISTIC-专利分析数据库的设计思想

ISTIC-专利分析数据库是中国科学技术信息研究所在综合SIPO、USPTO、EPO、JPO等多个国家/组织知识产权管理权威机构提供的专利题录数据库、专利法律状态数据库、规范化企业信息的基础上，建成的面向统计分析、学术研究、政策领域研究的分析型专利数据库。ISTIC-专利分析数据库具有信息规范、完整、层次清晰、综合性强等特点，是面向专利深度分析的关系型数据库。

由于专利题录信息中蕴含着丰富的属性，这些属性和属性之间又具有复杂的关系，因此研究人员在进行精确、深入分析时，往往要进行复杂的数据操作。考虑到关系型数据库能够清晰地描述专利各属性之间一对多、多对多等各种复杂的关系，支持研究人员通过SQL语句进行自由分析，同时，大部分数据分析软件都为关系型数据提供分析接口。尽管来自各国的专利数据多为TXT、XML等非结构化、半结构化的形式，都将其按照专利的属性特征和内在关系，解析为关系型数据库。在关系型数据结构的基础上，ISTIC-专利分析数据库对专利信息的加工处理特点如下。

（1）综合性

ISTIC-专利分析数据库是综合处理了不同来源、不同内容的专利信息的结果，其综合性体现在专利数据来源范围及专利数据信息内容两个层面。从专利数据来源范围来说，ISTIC-专利分析数据库以来自中国知识产权局、欧洲专利局、美国专利局、日本专利局、俄罗斯专利局等多个权威专利机构的信息作为基本数据，并采用以DOCDB为基础、以其他专利信息数据源为补充的原则，将其他专利信息数据源中存在的差异化信息以统一的规范整合进ISTIC-专利分析数据库；就专利数据信息内容而言，ISTIC-专利分析数据库的基础数据并不仅仅局限于专利题录数据，还综合了专利有效性、许可/质押/转让、引用、专利家族、专利权所属机构层级关系等多种专利相关信息。这些信息的整合并不是简单累加，而是将相关信息与专利题录信息建立起有机的联系，形成一个有机的整体。

（2）规范性

由于 ISTIC-专利分析数据库的基础数据来源于不同的数据源，其信息的存储形式、组织形式及表达形式差异性很大，对此，ISTIC-专利分析数据库以 WIPO 公布的一系列专利标准为依据，同时参照其他相关国际标准，对所收录的专利题录信息进行规范化处理。例如，日期信息的规范化参照 WIPO 公布的 ST.2：日期设计方法；国别信息的规范化处理参照 WIPO 公布的 ST.3：对州、其他实体和机构的两字符编码法；语种信息的规范化处理参照标准 ISO_639；专利国际分类号的规范化处理参照 WIPO 公布的标准 ST.10/C：文献数据单元表示等。除此之外，ISTIC-专利分析数据库对专利权人信息和法律状态信息依据统一的标准进行了规范化处理。

（3）完整性

由于语言的关系，ISTIC-专利分析数据库的数据源中，一些非英语国家的专利信息的标题、摘要等关键著录项往往存在大量的缺失，这些关键信息的缺失必然会对研究人员检索和分析专利造成影响。为此，ISTIC-专利分析数据库建设的过程中通过扩展数据源、使用同族专利中英文专利著录项等途径，对缺失信息进行了补充。对于中国专利，通过整合多个来源的专利信息，构建了中英文双语的中国专利题录信息。通过上述手段，ISTIC-专利分析数据库所收录专利信息的完整性得以提高。

（4）层次化

ISTIC-专利分析数据库从技术、法律、地理、引用、机构等多个角度对专利信息进行了层次化处理，以便研究人员根据分析需求的不同来调整分析视角。在技术上，兼容 IPC 分类、各专利来源国自有的专利分类体系、特定领域技术分类体系（未来包括 CPC 分类体系），并将分类信息进行逐层处理；在法律层面，将专利权状态分为申请中、有专利权、无专利权 3 种，对于无专利权的专利，根据无专利权的原因继续细分；在地理层面，在数据允许的情况下，将专利权人所在地划分为国家、省/州两个层次；在引用层面，将专利的引用信息按种类划分为专利及非专利文献，按施引人划分为专利申请人引用及审查员引用；对于专利权人中的机构信息，也按照机构的隶属层级关系进行了层次化的处理和加工；除了对专利的各个属性进行层次化处理以外，ISTIC- 专利分析数据库对于专利本身也进行了层次化处理，目前将其划分为简单专利家族、择优专利、专利记录 3 个层次。

9.3.2.2　ISTIC- 专利分析数据库的组成结构

研究人员对于专利分析的需求差异很大，有国家层面的宏观分析，面向特定技术领域的中观分析，面向特定企业的分析等。不同的分析需求对于专利数据加工、标引的程度要求也存在差异。考虑到用户需求的差异性、数据库建设的投入成本、数据加工的技术难度等若干因素，将 ISTIC- 专利分析数据库整体分为 3 个层次：专利基础数据库、专利综合数据库、专利衍生数据库（图 9.3）。

ISTIC 专利基础数据库是以专利公开或公告记录为单位存储不同来源专利信息的关系型数据库。ISTIC 专利基础数据库的主要任务是实现专利数据的 ETL（抽取—转化—加载）过程。ISTIC 专利基础数据库的存储结构与来源数据的内在逻辑结构保持高度一致。ISTIC 专利基础数据库是 ISTIC- 专利分析数据库的基石。

ISTIC 专利综合数据库是以专利申请为单位进行信息组织的关系型数据库。ISTIC 专利综合数据库的主要任务是在 ISTIC 专利基础数据库的基础上，对多源异构数据进行数据集成过程。ISTIC 专利综合数据库以统计决策分析需求为应用场景进行模型设计、数据集成工作。ISTIC 专利综合

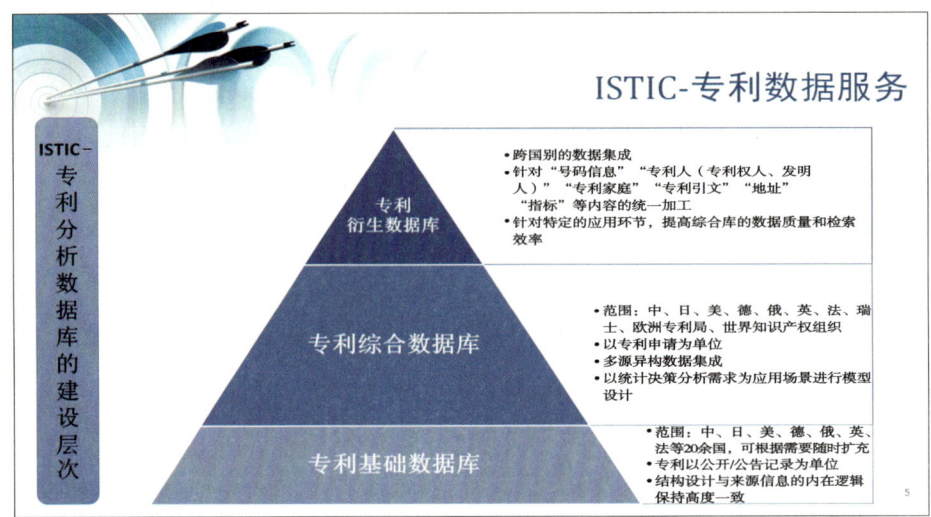

图 9.3 ISTIC–专利分析数据库的建设层次

数据库是 ISTIC–专利分析数据库的核心。

ISTIC 专利衍生数据库是以根据特定需求出发建立的关系型数据库。ISTIC 专利衍生数据库的主要任务是在 ISTIC 专利综合数据库的基础上，针对"号码信息""专利人（专利权人、发明人）""专利家族""专利引文""地址""指标"等内容进行跨数据库统一加工过程。ISTIC 专利衍生数据库是服务于 ISTIC 专利综合数据库的，侧重于通过标准化加工过程提升 ISTIC 专利综合数据库的数据质量、检索效率及应用环节的针对性。

9.3.3 ISTIC–专利信息检索分析平台建设

9.3.3.1 总体思路

随着 ISTIC–专利分析数据库规模的日渐扩大，需要基于这些专利数据开发服务平台，使相关研究人员能够通过该服务平台便捷地检索到需要的专利信息，并对专利数据进行管理、分析。为此，中信所开发了集

第九章
资源平台：知识聚集和共享的枢纽

成专利数据库加载、检索服务、统计分析功能于一体的 ISTIC- 专利信息检索分析平台，用户可以通过统一的入口检索、分析 ISTIC- 专利分析数据库。

ISTIC- 专利信息检索分析平台分为数据层与应用层两个层次。其中，数据层为整个平台提供数据支撑，包括国别库、领域库等专利数据库，IPC 代码表、领域技术分类表、地区代码表等基础信息，以及用户信息、日志信息、系统统计信息等数据。系统的应用层主要提供专利信息检索、专利信息分析、用户工作区、系统配置管理四大功能模块，为用户使用该平台检索、分析专利信息、管理专利数据提供服务，同时，也为系统管理员维护系统及数据库提供相应接口。具体系统框架如图 9.4 所示。

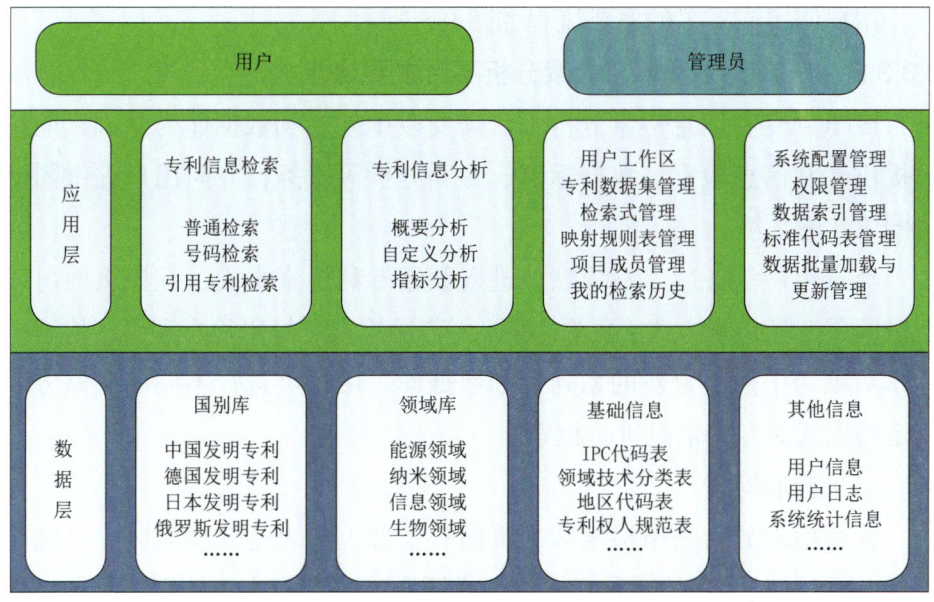

图 9.4 ISTIC- 专利信息检索分析平台系统框架

用户使用 ISTIC- 专利信息检索分析平台（简称 ISTIC 专利平台）的

业务流程如下：用户登录，选择进入检索模块或用户工作区。在检索功能模块下，用户可以通过编辑检索式进行专利检索，若检索结果集不能完全符合用户需求，可以进行二次检索，通过反复检索过滤得到满足需求的检索结果，并可对检索结果进行筛选，可对筛选的数据集进行保存或导出，也可在检索结果页面直接调用专利分析功能，分析专利数据并导出分析结果。

在用户工作区模块下，用户可对已保存的检索式进行选择、合并、编辑等操作，可以保存新产生的检索式，或者由新检索式或已保存的检索式直接跳转到检索模块。同时，在该模块下，用户也可选择已保存的专利数据集，可直接对某个已有数据集进行分析，也可对选定的数据集进行合并、删除、标引等操作，产生的新专利数据集可以保存，也可直接调用专利分析功能，专利分析的结果可以导出。

用户使用该系统的概要流程如图 9.5 所示。

9.3.3.2　ISITC– 专利信息检索分析平台主要功能

ISTIC– 专利信息检索分析平台需要以中外专利数据库为基础，向用户提供专利信息检索、数据标引、专利分析等服务，并向用户提供团队协同工作的环境。

经过用户认证后，系统默认进入数据专利检索页面，在该页面可以通过菜单选择检索方式（页面左侧）：普通检索、号码检索和引用检索，检索对象为中信所自建的系列专利数据库。用户可选择不同的检索方式制定检索式对专利信息进行检索。

（1）普通检索

普通检索分为表格检索区（页面右上部）和表达式检索区（页面右下部），可以对专利的标题、摘要、发明人、专利权人、地域、日期、权力要求项、分类信息（IPC、USPC、ECLA 等）等题录信息进行检索，也可以对法律状态进行检索，如图 9.6 所示。

第九章
资源平台：知识聚集和共享的枢纽

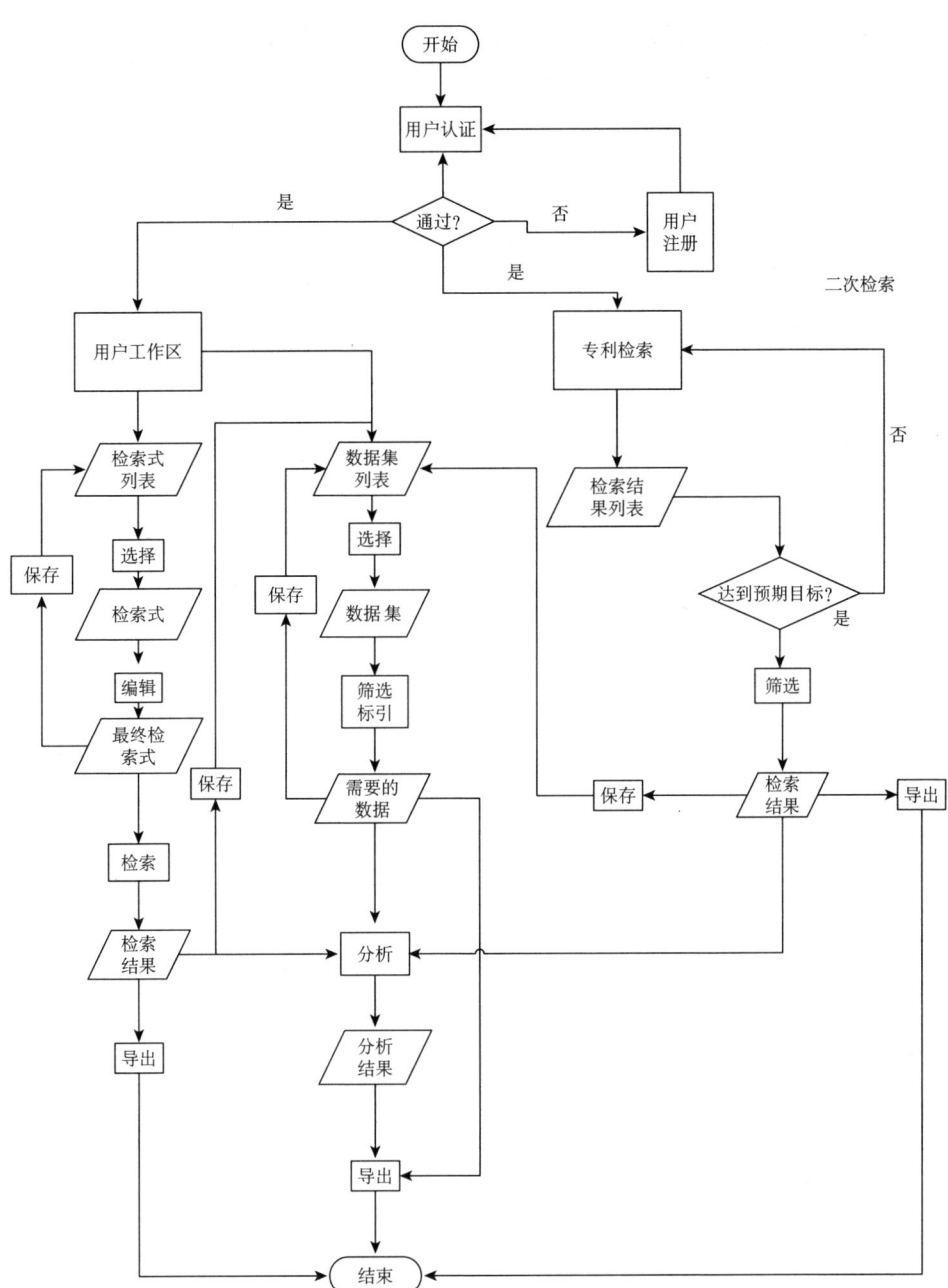

图 9.5　ISTIC 专利平台用户操作流程

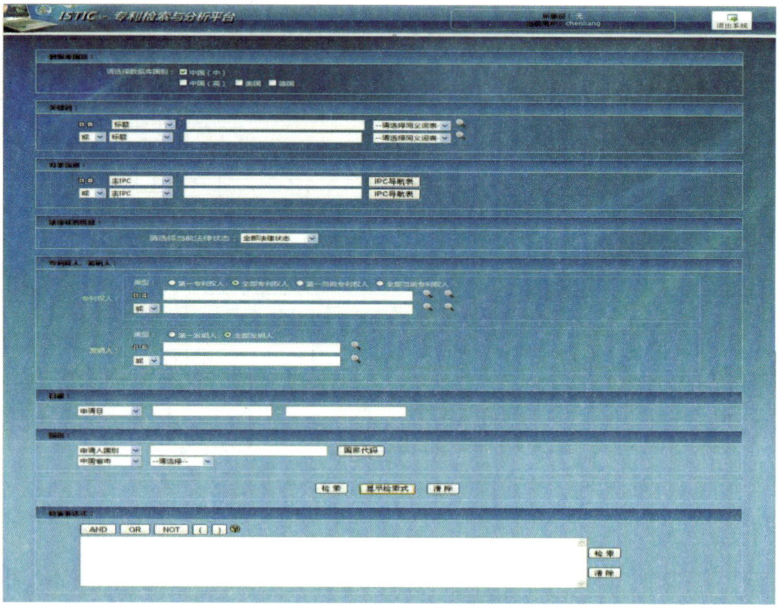

图 9.6　ISTIC 专利平台普通检索界面

表格检索区：在界面的最上方，用户可以选择要检索的专利数据库。然后，根据题录信息的类型，由关键词、分类信息、专利权人、发明人、日期、国别、专利号等子检索区共同构成表格检索区。其中，关键词检索可在标题、摘要、权利要求项、全文中选择或组配，可输入单个关键词，也可在输入框中写检索式。在关键词检索框右侧有同义词检索按钮，用户可选择自定义同义词表和系统同义词表。用户点击同义词按钮后，可在同义词表中勾选与检索词对应的词。若选择自定义的同义词表，可向用户提供同义词表编辑功能。对于 IPC 分类，提供了 IPC 导航表。另外，除了官方分类之外，还可以使用用户自己定义的技术类别来进行查找。对于专利权人和发明人的检索，区分了第一和全部。而且对于专利权人检索，可以让用户通过使用专利申请人、规范化专利申请人、当前专利权人、规范化当前专利权人的检索功能，对检索条件进行细化以确保查准查全。另外，也可以根据用户输入的名称从系统中提取

第九章
资源平台：知识聚集和共享的枢纽

相似专利权人或发明人进行合并。例如，输入"华为"，点击后即出现所有名称中含有"华为"的专利权人，如图9.7所示。

图9.7　ISTIC专利平台专利权人名称合并

平台还提供了按照法律状态进行检索的功能，提供"在审""有效""无效"3种法律状态供用户选择。对于申请人的国别，提供了国家代码供用户选择。对于中国专利，还提供按照省份进行查询的功能。

界面的最下方为表达式检索区。用户可以在此输入制定好的检索式，以便进行更为复杂的检索组合。当用户使用表格检索区进行检索时，点击显示检索式按钮，对应的检索表达式也会在表达式检索区显示。

用户执行普通检索后，会出现检索结果的界面，如图9.8所示。检索结果界面共包含5个部分：界面左侧是整体的功能栏；界面上方显示检索式，并提供了检索式的保存和重新检索功能；界面中间是检索到的专利信息列表，列表中显示的字段可以按照用户的浏览习惯进行更改；界面右侧是检索结果简单统计分类功能，这些统计分析为用户直观展示检索结果的分布，并提供二次筛选功能；界面下方提供了将检索结果保存到项目及数据导出的功能。另外，界面还提供了可以对检索结果进行分析的功能，用户点击后将转入专利分析界面。

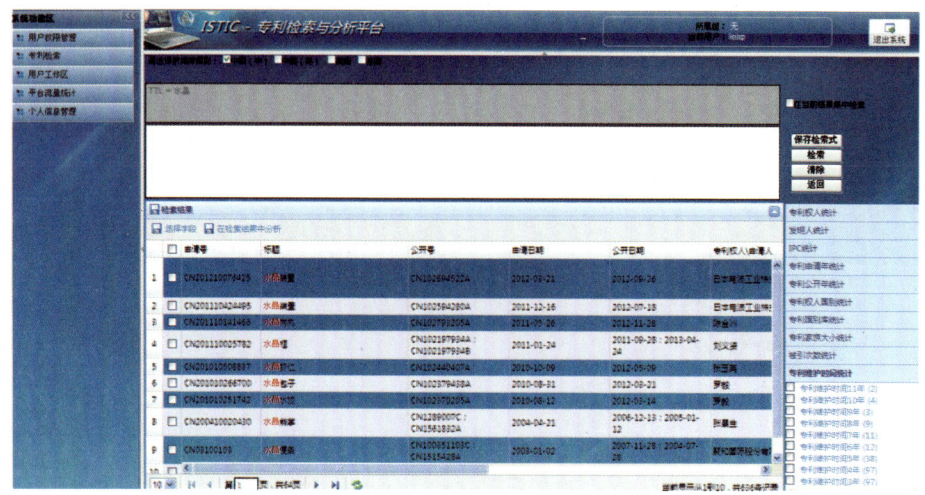

图 9.8　ISTIC 专利平台普通检索结果界面

（2）号码检索

号码检索是指通过专利相关的号码来检索到特定的专利。用户可通过下拉菜单在专利申请号、专利公开号、专利优先权号码 3 种选项中选择一种号码检索入口，然后再输入框中输入需要检索的专利号码，也可以从文件（Execl、TXT）中批量导入待检索专利号码。

在号码检索模式下，提供一般检索、相似检索及简单家族扩展检索 3 种检索方式，如图 9.9 所示。

一般检索：精准检索用户所提供的专利号所对应的专利信息。

相似检索：通过专利 IPC 分类信息对一般检索结果进行扩展，凡与用户所提供专利号对应的专利具有相同 IPC 分类信息的专利，均列入检索结果。

简单家族扩展检索：凡与用户所提供专利号对应的专利属于同一个简单家族的专利，均列入检索结果。

第九章
资源平台：知识聚集和共享的枢纽

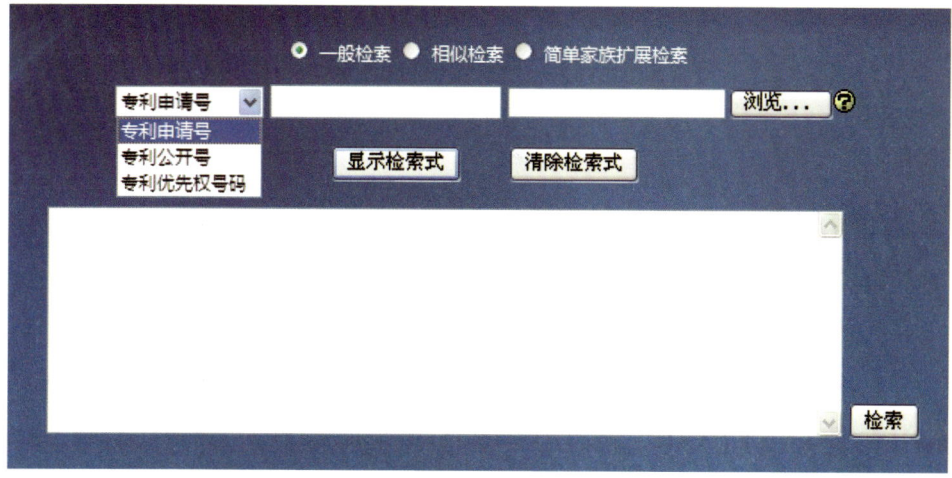

图 9.9　ISTIC 专利平台号码检索界面

（3）引用专利检索

引用专利检索模式下，用户可以以专利的引用关系为关联，找到特定专利相关的前引、后引专利，并且用户可以选择引用网络的层次（图 9.10）。

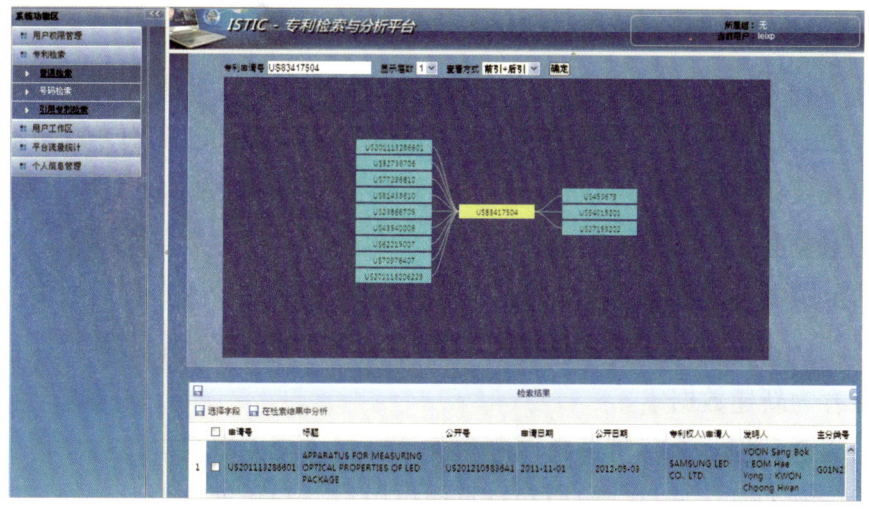

图 9.10　ISTIC 引用专利检索结果界面

299

9.3.3.3 用户工作区

用户工作区分为项目和检索历史两部分，方便用户管理自己的检索式与专利数据。

（1）项目管理

ISTIC-专利信息检索分析平台以项目的方式为用户提供数据管理功能与协同工作功能，项目包括"我的项目"和"我参与的项目"两类，以列表的形式（项目名称、创建人、说明）展现在用户工作区首页，点击可进入项目页面。每个项目由专利数据集、检索式、映射规则、项目成员管理4个部分构成。用户在工作区可以创建新的项目，也可以对已有的项目内容进行编辑管理（图9.11）。

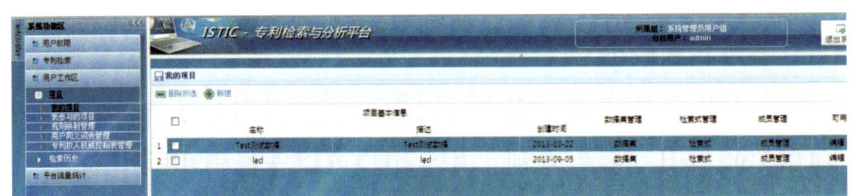

图 9.11　ISTIC 专利平台用户工作区

1）数据集管理

专利数据集管理模块为用户提供专利数据集保存与管理的功能，该模块位于项目模块之下，以列表的形式显示用户保存的多个专利数据集的名称及说明。用户可以在该层次下删除某个专利数据集，或者对多个专利数据集按照"AND""OR""NOT"等逻辑关系进行合并操作，并可将合并成的结果保存为（本项目或其他项目下的）新的专利数据集。此外，用户还可以导入外部数据（专利号列表）保存至某个已有数据集或者保存为新建数据集。

点击数据集名称可进入专利数据页面，该页面罗列出该数据集中所包含专利的具体信息，用户在该页面可以对专利数据集中的数据进行浏览、检索、删除、保存、标引、分析等操作（图9.12）。

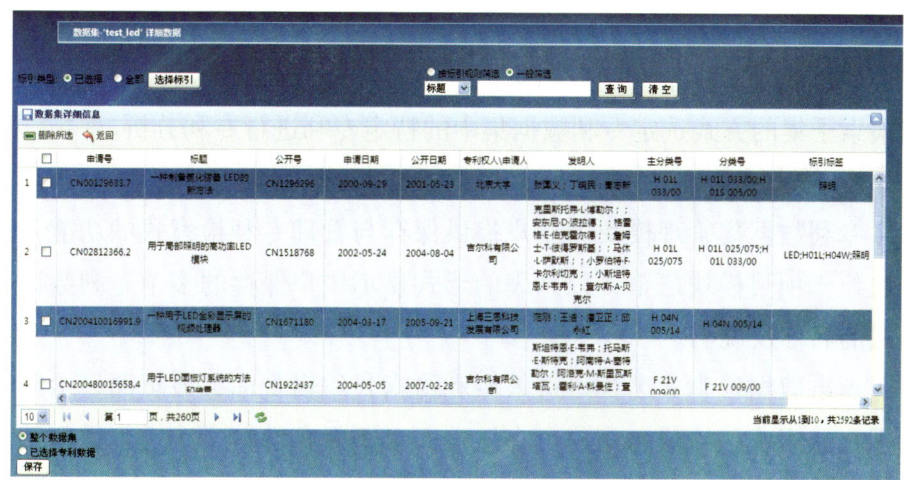

图9.12　ISTIC专利平台数据集管理

浏览：点击专利记录，在列表中该记录和下条记录间展开显示专利题录信息及专利全文链接，点击全文链接可在新页面打开专利全文。

检索：通过专利列表右上方的检索框对结果数据集进行检索。可对检索结果进行统一标引、删除、保存为新数据集等操作。

删除：可通过勾选专利记录左侧小方框，或者选定检索子集的方式选定专利数据集中的特定专利，对其进行删除操作。

保存：可通过勾选专利记录左侧小方框，或者选定检索子集的方式选定专利数据集中的特定专利，将其保存为新数据集。

标引：可通过勾选专利记录左侧小方框，或者选定检索子集的方式选定专利数据集中的特定专利，针对其选择或新建标引标签，并对对应记录的标引标签列手工赋值。或者可以通过选定映射规则的方式，按照特定映射规则对选定专利数据集进行自动标引。

标引格式：如用户标引信息含有层次信息，则层次与层次之间用斜杠"/"进行分隔，如"C/II/2"。若用户对某条专利记录的标引信息存在复分，则复分标引信息之间以分号"；"加以分隔，如"C/II/2；H/IV/8"。

分析：可对整个专利数据集，或通过勾选专利记录左侧小方框及选定检索子集的方式选定专利数据集中的特定专利进行专利分析。

2）检索式管理

专利数据集管理模块为用户提供保存与管理专利检索式的功能，该模块位于项目模块之下，以列表的形式显示用户保存的多个专利数据检索式的名称及说明。

点击数据检索式名称可进入专利检索式编辑页面，该页面显示用户所保存检索式的构成，用户可在该页面对所保存的检索式进行重新编辑与保存等操作，点击检索式框下方的检索按钮，可跳转至检索结果页面。

用户可以在该层次下删除或合并专利数据检索式。

合并检索式：通过"AND""OR""NOT"等逻辑关系及检索式的序号编辑表达式，输入页面下方的输入框，可以生成新的检索表达式，并可对其进行检索、保存等操作。

3）映射规则表管理

映射规则是指按一定的检索条件，将满足检索条件的专利映射到特定的专利标引分类中。映射规则表由映射规则（即检索条件）和映射结果（即专利标引分类）构成。

映射规则表管理模块为用户提供了从专利信息检索与分析平台外部引入信息的途径，用户可以通过保存的映射规则表对专利数据集进行标引、分类，并在此基础上对专利信息进行分析。该模块位于项目模块之下，以列表的形式显示用户保存的多个映射规则表的名称及说明。用户可以在该层次下删除某个映射规则表，或者对多个映射规则表按照"AND""OR""NOT"等逻辑关系进行合并操作，并将合并成的结果保存为（本项目或其他项目下的）新的映射规则表。在映射规则表管理模块，用户可以导入、编辑专利信息映射规则表。

点击映射规则表名称可进入映射规则表编辑页面，该页面显示用户所保存映射规则表的具体内容，用户可在该页面对所保存的映射规则表进行重新编辑与保存等操作。

4）项目成员管理

项目成员管理模块为项目创建者提供了选择项目组成员及其权限配置的途径。该模块位于项目模块之下，以列表的形式显示该项目的成员信息，并可以对其进行添加、删除、权限配置、浏览等操作。

添加：项目创建者或管理员可通过输入用户名的方式添加新的项目成员。

删除：项目创建者或管理员可删除某个或多个项目成员。

权限配置：项目创建者或管理员可以为每个项目成员配置权限。

①访问权限：即确定项目成员可访问的专利数据集、检索式、映射规则表。

②编辑权限：即确定项目成员可参与编辑的专利数据集、检索式、映射规则表。

③创建/删除权限：拥有该权限的项目成员可创建/删除该项目中的专利数据集、检索式、映射规则表。

④管理员授权：项目创建者或管理员具有管理员授权权限，可以赋予某个项目成员管理员权限。

（2）检索历史

检索历史模块下，按照检索时间顺序，保存用户本次登录期间所执行过的历次检索式。用户点击检索式页面跳转至对应的检索结果页。

用户可对检索历史中保存的检索式进行保存、合并等操作，具体操作方法同检索式管理中的操作。

（3）用户数据管理

用户可以实现数据的批量导入更新、管理自定义同义词表、管理自定义专利权人权威控制表、管理专利信息映射规则表等。

9.3.3.4 专利分析

专利信息分析功能模块下，用户可以对专利数据集进行统计分析，并选择分析结果的可视化展示方式，分析产生的数据和图形可以导出为外部文档。

专利信息分析功能共分为概要分析、自定义分析、指标分析3个子模块。用户点击专利分析时默认显示专利数据集的概要分析情况。

（1）概要分析

概要分析模块是专利分析功能的子模块，根据专利数据集自动产生对数据统计的概况，适用于对专利分析不太熟悉的初学者，也可以帮助专利分析人员迅速找到有待进一步研究的分析角度。

概要分析页面右侧以图表的方式呈现分析结果，左侧按时间、区域、申请人、发明人、技术分类分级、法律状态、标引分类等显示分析角度，如图9.13所示。

其中，除了常见的统计分析项目之外，法律状态分析和标引分类分析是具有特色的部分。对于法律状态分析，不仅可以按照有效、失效、在审的状态进行统计，而且还可以统计失效的原因；对于标引分析，用户可以选择想要统计的标引层级，按照层级进行统计分析。

（2）自定义分析

概要分析模块是专利分析功能的子模块，用户可在该模块下，根据申请/公开/优先权日、发明/专利权人、技术分类及自定义标引等专利属性自由定义分析角度。自定义分析分为一维、二维分析，在给每个维度下又可分为自由分析和限定范围分析两种分析方式（图9.14）。

一维分析：分析特定专利数据集中，在某一个分析维度下专利数量的分布情况。

二维分析：分析特定专利数据集中，在某两个专利分析维度下专利数量的分布情况。

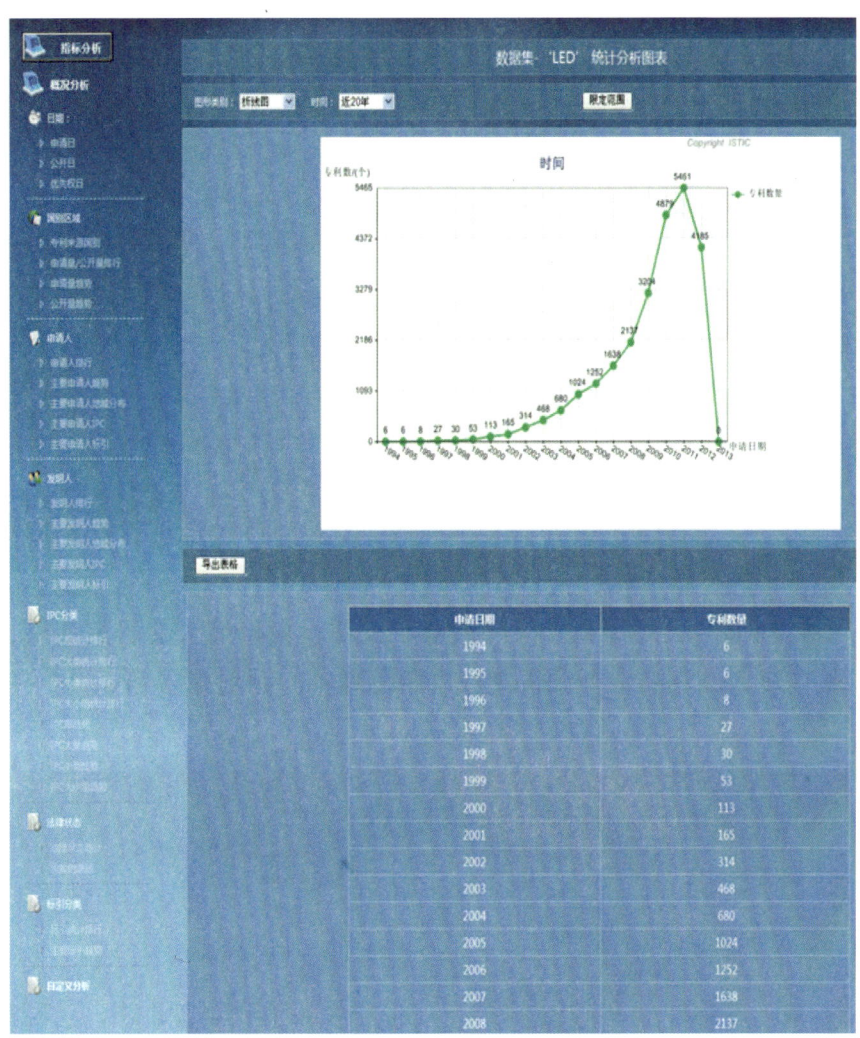

图 9.13 ISTIC 专利平台概要分析

不限定范围分析:不限定专利数据在分析维度下的取值范围。

限定范围分析:只对专利数据集中,在分析维度下属于某个特定取值范围的数据进行分析或展示。

图 9.14 ISTIC 专利平台自定义分析

（3）指标分析

指标分析模块是专利分析功能的子模块，根据前人的研究结果，提供一系列较为成熟的专利分析指标供用户参考，如图 9.15 所示。

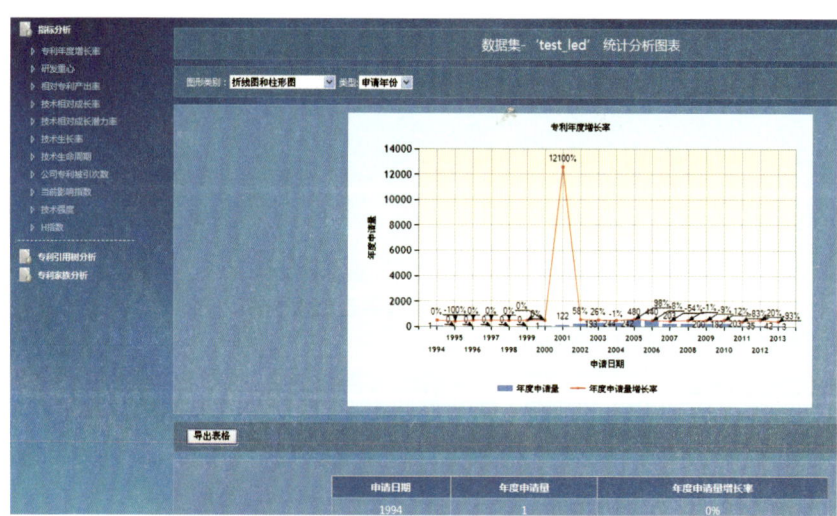

图 9.15 ISTIC 专利平台指标分析

(4) 特色分析

特色分析包括专利家族树分析和专利引用树分析。

专利家族树分析：支持用户绘制单篇专利的专利家族树。用户可以在界面上输入单个专利号，后台实现以优先权号为依托，找出该专利所在的专利家族，并按照专利中的优先权信息绘制专利家族树，同时显示该专利家族的数量。

专利引用树分析：根据专利之间的引用关系，可以绘制专利引用树。用户可以在界面上输入单个专利号，后台实现以该专利引用和被引用的信息为依托，找出该专利的前引及后引专利，并以前引和后引的专利为依托，继续分析前后引用关系，绘制专利的前后引用图，形成引用树。引用树的层数限制为5层，在5层内，用户可以自由选择要显示的层数。

9.3.4 小结

通过上述讨论，可以总结出一些对专利分析工作者和专利分析软件开发商有意义的信息。对于专利分析工作者，如果只需简单的统计分析，可以选择简单易用的常见工具软件，如 Excel。如果需要完整的专利数据，可以选择支持多种数据源的专门的专利分析软件，本章中所介绍的国内外专利分析软件包含的数据范围和数据内容各有不同，可以根据实际需求来选择。如果只对 Derwent 数据库分析，那么可以选择 Thomson 集团的系列产品，如 Derwent Innovations Index（DII）、Thomson Innovation（TI）等平台。如果要将专利分析运用于商业竞争、知识创新，则需要选择有特色分析功能的专利分析软件和平台，如 Aureka、TDA、TI 等。

对于专利分析软件开发商而言，专利分析工具的关键技术是文本挖掘和可视化[6]。目前，国外的公司在这些方面的技术比较强，国内公司也正在朝着这些技术方向努力。而且，那些在这方面没有优势的专利分析软件开发商可以利用他们的服务开发自己的产品，扬长避短。当前的专利分析工具在许多方面存在不足,如多种数据源的融合度低、可扩展性差、知识挖掘程度浅等,这些都将成为专利分析软件开发商后续的技术研发方向。

(张爱霞　赵　辉　邢晓昭　许　燕　汪芸辉　张　静　陈　亮)

参考文献

[1] BYUNGUN YOON.A text-mining-based patent network:analytical tool for high-technology trend[J]. The journal of high technology management research,2004,15(1):37-50.

[2] PAO-LONG CHANG,CHAO-CHAN WU,HOANG-JYHLEU.Using patent analyses to monitor the technological trendsin an emerging field of technology:a case of carbonnanotube field emission display[J]. Scientometrics,2010,82(1):5-19.

[3] YOUNG GIL KIM.Visualization of patent analysis for emerging technology[J]. Expert system with application,2008,34(3):1804-1812.

[4] 方曙.基于专利文献的技术演化分析方法研究[J].图书情报工作,2011,55(22):42-46.

[5] 刘焕成.洞察对手 了如指掌:专利信息在分析竞争对手中的作用[J].科技创业月刊,2002(9):14-15.

[6] 龚惠群,刘琼泽,黄超.机器人产业技术机会发现研究:基于专利文本挖掘[J].科技进步与对策,2014,31(5):70-74.

第十章

服务政府：从研发管理到创新服务

当前，政府科技管理正在从微观研发管理向宏观创新服务转变。通过加持科技大数据和"互联网+政务服务"，使各类科技资源互联互通，以构筑出"形成用数据说话、用数据决策、用数据管理、用数据创新"的新格局，不仅有利于提升科技管理、决策的科学性，增强自主创新能力，而且可以大大提升科技人员及其他创新主体的获得感，营造良好的创新创业生态系统。

10.1 科技管理呼唤大数据

10.1.1 科技大数据：科技管理的"尖兵"与"耳目"

10.1.1.1 国家科技战略与政策需要科技大数据支撑

当前，世界各国越来越倚重新一轮科技革命和产业变革所带来的重大机遇，纷纷提出创新战略，深入推进以科技创新为核心的全面创新。党和国家始终高度重视创新驱动发展战略、大力推进科技体制改革，特别是党的十八大以来，国务院发布《关于改进加强中央财政科研项目和资金管理的若干意见》（国发〔2014〕11号）、《关于深化中央财政科技计划（专项、基金等）管理改革方案》（国发〔2014〕64号）等一系列重要文件，明确提出建设国家科技管理信息系统，实现对中央财政科技计划（专项、基金等）的需求征集、指南发布、项目申报、立项和预算安排、监督检查、验收结果等进行全过程信息管理，并主动向社会公开非涉密信息，接受社会监督，推动政府职能从研发管理向创新服务转变。建设统一的国家科技管理信息系统，具有非常重要的意义，有助于强化顶层设计，打破条块分割，改革管理体制，统筹科技资源，加强部门功能性分工，构建总体布局合理、功能定位清晰、具有中国特色的科技计划（专项、基金等）体系，建立目标明确和绩效导向的管理制度，形成职责规范、科学高效、公开透明的组织管理机制；有助于更加聚焦国家目标，更加符合科技创新规律，更加高效配置科技资源，更加强化科技与经济紧密结合；有助于最大限度激发科研人员创新热情，充分发挥科技计划（专项、基金等）在提高社会生产力、增强综合国力、提升国际竞争力和保障国家安全中的战略支撑作用。国家科技管理信息系统已经成为支撑国家科技创新不可或缺的基石。

利用大数据支撑科技创新战略的实施，是信息化背景下政府适应和推动科技创新发展的必然选择，是贯彻落实创新、协调、绿色、开放、共享的发展理念的可行之策，有利于促进简政放权、放管结合、优化服务改革措施落地生根。通过大数据建设与服务，可以进一步规范行政权力运行、优化政务服务供给，降低制度性交易成本，进一步激发社会和市场活力；运用现代信息技术创新行政审批和公共服务方式，能够提升资源整合效率，优化科技创新服务平台建设，不断简化、优化办事流程，促进网上政务服务运行规范、程序严密、过程透明、结果公开、监督有力，切实增强政务服务的主动性、精准性和便捷性，为推进国家科技创新提供有力支撑和保障。通过大数据、互联网+政务服务等新理念，实现从被动管理到主动服务的模式转变，提供更有预见性、科学性的服务与决策，实现科技政务服务标准化、精准化、便捷化。

第十章
服务政府：从研发管理到创新服务

10.1.1.2 国际趋势与经验：从项目管理到创新服务模式转变

从全球科技管理与创新服务的角度来看，随着大数据技术与电子政务及相关信息管理系统技术的发展，国外政府在组织管理科技活动的过程中，围绕科技计划项目管理、科技经费统筹管理等先后建设了不少管理信息系统。由于科技管理体制上的差别，不同国家在建设其科技管理信息系统的过程中也存在着一定的差别。例如，美国和欧盟等科技管理信息系统相对分散，主要根据不同政府部门科技工作的需要或不同科技计划的需求，分别建立了相应的科技管理信息系统；日本和韩国则拥有国家层面上统一的科技管理信息系统，在同一个系统上实现对国家科技信息的管理与服务。以下主要对美国、日本、韩国、欧盟、俄罗斯、印度和巴西等国家的科技管理信息系统进行分析和归纳，以供参考借鉴。

（1）美国

美国政府资助项目管理平台（Grants.gov）是于2002年创建的一站式科技计划项目信息发布和管理平台，由白宫管理和预算局（OMB）监督管理，由卫生与公众服务部负责具体运营，国防部、商务部、卫生与公众服务部、能源部、国家科学基金会、农业部、环保署等26个联邦政府部门的项目管理系统实现了与Grants平台的对接，用户可以一站式查询包括科技项目在内的所有公开的联邦资助项目，获得从信息发布、申请提交到结果公布和进度跟踪的全过程服务。

（2）日本

日本府省共通研发管理系统（e-Rad）于2008年1月投入使用，要求管理竞争性研究资金项目的各府省及相关独立行政法人统一使用，借助e-Rad系统，有效避免不合理重复和过度集中问题，研究机构可以实时掌握本机构研究人员申请国家项目情况和研究进展情况，此外研究人员在线申请课题，手续较为简便，效率更高。

（3）韩国

韩国国家科学技术知识信息服务系统（NTIS）于2008年开始正式

面向各类社会群体服务,由韩国科学技术信息研究院(KISTI)负责建设运营,可提供国家 R&D 计划项目管理服务,国家 R&D 参与人力信息服务,国家 R&D 成果信息服务,国家 R&D 研究设施装备管理服务和其他相关的信息服务。

(4)欧盟

欧盟研究参与者门户(Participant Portal)是专门供研究人员申请、管理"地平线 2020""第 7 框架计划"、竞争力与创新计划(CIP)等科技计划项目的管理信息系统,欧盟认定的科技创新专家也通过该门户网站对项目申请书进行评估,并对项目过程进行监测。

此外,俄罗斯的"俄罗斯科学研究和试验设计成果国家统一信息系统"、印度科技部科技管理信息中心(NSTMIS)建设的数据系统、巴西的全国性科技人才履历表数据库平台(Lattes)等也各具特点。

总体而言,上述系统对我国科技管理信息系统建设与创新服务具有多方面的启示和借鉴价值。表现为:通过管理信息系统提高政府管理效率,以科技经费和科技计划项目管理为重点,强化科技资源的统筹协调;以服务科研人员和为社会公众提供相关信息服务为主要功能,提高政府科技管理的透明度;根据管理和服务的新需求,不断对科技管理信息系统进行更新和完善;强调信息公开,不断提升科技计划管理的公平性和公正性等。

10.1.1.3 科技大数据:提高科技界的获得感

建设科技信息大数据中心,可以汇聚科技项目、科技机构、科研产出、科技条件、科技环境、科技项目管理活动的信息,面向各类用户信息需求延伸移动服务类、趋势分析类、数据处理管控类、智能分析推荐类等数据服务功能,并利用服务门户作为统一服务入口,进一步提升相关科技数据的服务能力,有效支撑科技管理、决策和相关科技业务的开展。首先,通过建设科技信息大数据中心,实现大数据服务门户的基础管理功能,完成面向科技管理者、科研人员、专业机构、服务机构、

第十章
服务政府：从研发管理到创新服务

社会大众的服务门户搭建，展现了汇聚的各类数据资源，提高科技数据服务能力。其次，通过大数据支撑决策体系的建设与规划，将进一步提升系统的数据服务能力，强化"以用户为中心"的服务理念，深度优化各类空间服务体系，根据用户权限将各类用户所需要的科技数据资源和数据服务聚合到空间中，通过空间体系的建设，强化服务门户的精准化与个性化的服务能力。通过建设科技信息大数据中心，面向科技决策者（如中央科教领导小组、中央科改领导小组、科技计划管理部际联席会议等），科技组织者（如科技部、中国科学院、自然科学基金会、教育部等），科技管理者（项目管理专业机构）等决策支持主体提供政策意见征求、政策咨询、科技统计、科技趋势分析、技术前瞻与预测及重点领域跟踪等科技决策支持功能。

利用大数据技术建设国家科技信息大数据中心，是建立国家科技管理信息系统、实现科技创新服务的新路径，提供了强有力的技术保证。作为信息化发展的必然趋势，大数据系统是一个将各类信息系统产生的数据作为存储、分析和利用的信息系统，通过借助计算机硬件、软件、网络通信设备及其他设备，实现对数据的收集、存储、处理、传递和备份。"云计算"为大数据提供最基本的生存基础，大数据应用运行在云平台之上，降低了大数据管理的复杂度，为大数据提供实时应用环境；移动互联网继承了移动随时、随地、随身和互联网分享、开放、互动的优势，是整合二者优势的"升级版本"，被称为下一代互联网Web3.0，针对用户个性化定制的应用服务将成为移动互联网的发展趋势。云计算、大数据、移动互联网等新兴信息技术不断深刻改变着信息化建设的模式和思路，新技术的应用使信息化工作不断向集约化、智能化、高性能方向发展。利用云计算技术提高建设服务效能，利用大数据技术加强科技趋势预测和决策分析，利用移动互联网增强服务的便捷性是现在信息化发展的重要方向。科技信息管理与不断发展的新技术有机结合，能够加强科技信息资源的精细化管理，有效提升科技管理和服务水平。

10.1.2 多元化服务：助力科技界"放管服"

建设科技大数据体系，面向不同用户提供多元化服务，根据其涉及的业务性质不同而提供不同的科技数据与信息服务，打破信息孤岛，实现信息的互联互通、开放共享。建立"用数据说话、用数据决策、用数据管理、用数据创新"的科技管理信息服务新模式。科技大数据多元化服务的核心基础是科技项目、科技机构、科技人员、科技产出等相关数据的无缝衔接，并在此基础上构建多维信息空间，存储各类可以随时调用的主题数据库，保证服务的及时性和便捷性。

10.1.2.1 科技管理人员：从事务中解脱出来，提供更好的服务

针对科技管理人员，提供面向各类科技管理的全流程业务服务支持，重点是面向科技计划项目全流程管理，提供相应的信息服务。具体如下。

（1）项目管理信息服务

通过信息服务支撑科技计划项目管理过程中的各类业务，包括在指南制定阶段，提供各类科技计划项目按技术领域在国家、各省市的资助情况分析。在项目评审阶段，面向各类科技管理者提供评审专家推荐、评审回避分析、项目查重、限项分析等信息服务。在项目立项阶段，可以帮助科技管理部门进行重复立项分析、科研经费配置均衡性分析；地区、机构科研能力分析等。在项目管理和验收阶段，可以通过文献服务、科学数据服务、科技查新、科技资源推荐与共享利用，开展项目成果分析、项目成果查询认定、科研诚信判断等信息服务。在成果推广应用阶段，可以提供科技产出及成果推荐与对接、创业孵化信息服务、第三方科技产出及成果鉴定信息服务等。同时在各个环节，进行监督、评估、审计、诚信方面的信息工作。

（2）科研产出信息服务

实现科研产出信息的汇聚、评估、转化等方面的信息服务功能，自

第十章
服务政府：从研发管理到创新服务

动生成各类文档、数据等内容展示，为专家评审、结题和验收等提供辅助支撑。

（3）机构管理信息服务

支持对科技管理部门、专业机构等相关机构业务行为的记录与管理。例如，可以根据数据中心记录的科技计划项目管理的过程、信用及成效对专业机构申报、评估、退出提供信息服务，面向具备条件的社会化科技服务机构提供个性化服务。

（4）绩效管理信息服务

根据大数据中心汇聚的数据资源帮助开展科技计划项目、科技机构、科技人员的绩效考核。在科技计划项目层面，对科技计划项目及产出的论文、论著、专利，产品的质量、水平、利用情况及成果转化情况进行分析，进而评估科技投入的效果。在机构和人员层面，各省市和科技机构按照产出质量和产出数量分别考核，支持自定义考核指标设置，满足不同纬度、不同需求的科研绩效考核，帮助发现科技人才、提高单位科研人员的科研绩效评估水平。

10.1.2.2 科研人员：让数据多跑路，让人少跑腿，让科研人员"最多跑一次"

从服务科技人员角度出发，国家科技大数据中心的服务可以针对科研人员，形成让"数据多跑路，人员少跑腿"的一站式服务模式。例如，向包括专家在内的科研人员提供科技计划项目申报、研究、结题等一站式完成服务；提供科研过程中文献、数据、仪器等一站式获取服务；提供文献、专利、产品等科研成果的一站式发布服务等。通过大数据挖掘、用户注册和科研人员自动认领等方法建立科研人员学术空间，进而提供最新发表文献推荐、引用提醒、简历生成、合作关系推荐、成果转化中介，以及科研人员简历的一键式生成和项目申报个人信息的一键式提交等服务。

10.1.2.3 社会公众：激发创新、创业热情，促进科技服务社会

面向社会公众和一般科研人员提供了解、支持、参与科技创新，激发创新、创业热情，促进科技成果转化等服务。例如，开展政策解读与宣传，面向各类创新主体定期公布、推送国家及地方最新科技相关政策措施及解读，做到及时、高效、广泛传播，支持科技创新与创业；科技新闻动态推送，利用大数据技术对现有的科技动态、科技新闻、咨询报告的主动发布，提高公众的科学素养等。

10.2　科技大数据治理：打通数据孤岛，消除数据鸿沟

10.2.1　大数据治理模型

10.2.1.1　科技大数据中心：一个中心+两大平台+三级应用

大数据环境下，建立公开统一的国家科技大数据中心，利用信息化的手段加强宏观科技管理、统筹科技资源、打破条块分割、改革管理体制，有助于从根本上解决现有的科技信息化所面临的问题。实现"以数据为中心"的科技信息一体化服务体系，支撑各类科技计划（专项、基金）全过程的信息管理；最终形成完整的科技信息服务链条，支撑科技计划项目管理和社会服务，形成以科技管理决策和信息服务决策为核心的决策应用、以业务流程管理信息服务为核心的管理应用、以科技信息数据公开为核心的公共应用。

国家科技信息大数据中心是连通各类科技业务信息系统的桥梁和纽带，它通过汇聚与共享各个业务平台的数据资源，通过数据的关联、标引、分析、加工，进而以各种形式服务科技业务管理系统。在满足以上基本目标与任务的前提下，借鉴"互联网+"的建设思维，利用云计算、大数据等技术手段，提升科技信息化的服务方式与服务内容，突出各类科技服务主体中用户个体的个性化需求，构建"一个中心+两大平台+三级应用"的科技创新型信息化体系架构，"一个中心"为国家科技信息

大数据中心;"两大平台"为科技计划管理业务流程支撑平台和社会服务应用支撑平台;"三级应用"为决策应用、管理应用和公共应用,如图10.1所示。

图 10.1 "一个中心 + 两大平台 + 三级应用"的耦合模式

以科技信息大数据服务平台为基础,汇聚、整合内外部数据资源和管理资源,统一规范数据应用范畴,通过社会服务应用支撑平台与科技计划管理业务流程支撑平台的有效支撑,为各类主体提供更为全面、丰富的服务内容,解决原有系统各自为政、重复建设、标准不一致、成果难以共享等问题,形成开放协作的科技管理大数据服务生态环境。主要建设目标如下。

(1) 提供科技决策的全方位支撑

通过大数据、云计算等先进技术,全面追踪各类科技信息、创新实体和创新要素信息,并通过对持续积累的大数据进行数据清洗、规范整序、数据挖掘、内容分析、知识发现等,形成国家科技信息战略和知识资产的大数据资源池。面向具有中国特色的科技管理和服务形态,构建科技政策制定、科技计划管理、科技奖励评定、科技资源管理与信息服务之间的有机互动和良性循环,让科技信息资源为管理人员提供科学决策,为科研人员提供创新依据,为成果转化提供服务支持。

（2）提供科技计划的全流程管理

面向科技计划项目全过程管理，实现从项目需求征集、指南发布、项目申报、立项与预算安排、监督检查和结题验收等全过程的信息管理，达到"可追溯、可查询、可再现"的要求，同时实现项目质量管理、跟踪控制、科研创新风险管理和成果管理等，确保科研创新全流程的动态监管、实时跟踪和及时追踪。

（3）提供科技创新的全链条、网络化服务

通过云平台和开放门户形式，形成各级科研人员的一站式服务门户，通过互联互通的标准体系和网络架构打造跨机构、跨地区、跨领域的协同创新环境，提供全面的网络分析和数据挖掘功能，满足不同用户群体多层次、多样性的信息需求，在保护知识产权的框架内，促进科技资源的开放共享和高效利用，形成泛在高效的科研环境和互联互通的服务网络。

10.2.1.2 数据架构

数据资源建设是系统整体建设的核心性与基础性工作，通过与其他各类数据资源的互联互通，形成科技项目库、科技人员库、科技机构库、科技产出库、科技信用库等核心的主题数据库，构建国家科技信息大数据中心。系统中数据资源体系建设包括3个主要部分：核心数据资源、其他科技类数据资源和非科技类数据资源。核心数据资源库包括科技项目库、科技人员库、科技机构库、科技产出库；其他科技类数据资源包括科技资源与条件数据库、科技监督评估数据库、科技政策与新闻数据库等；非科技类数据资源包括组织机构代码数据库、企业工商注册数据库、公民身份证信息数据库等。图10.2为数据资源体系总体框图。

（1）核心数据资源

国家科技大数据中心的核心数据资源即为需要建设的主题数据资源库，主要包括科技项目库、科技人员库、科技机构库、科技产出库与科技信用库等数据资源。通过与科技相关数据库的关联可以抽取汇集获得各类主题数据。以上数据来源于已建成的科研活动数据平台，如各省市的

第十章
服务政府：从研发管理到创新服务

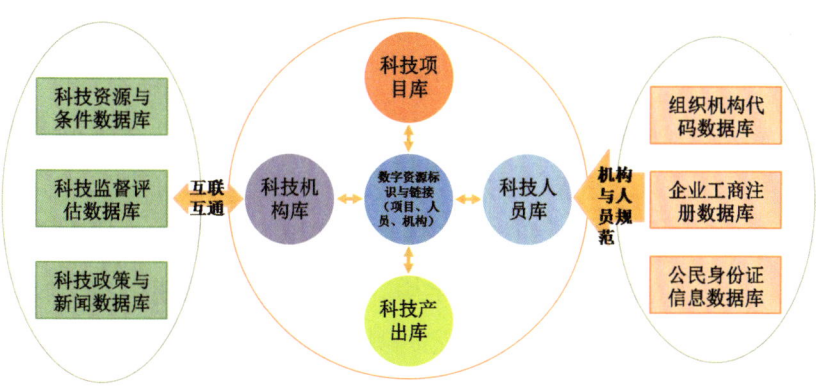

图 10.2　数据资源体系总体框

科技管理信息系统、科技资源与条件平台、科技监督评估平台、科技政策与新闻系统等。通过以上科技相关数据与核心数据库的数据互联互通，可以有效利用全国科技资源，为科技管理与科技创新提供信息服务支撑。

（2）其他数据资源

科技大数据与其他业务类型的数据是紧密关联的有机体。其他科技类数据库包括组织机构代码数据库、企业工商注册数据库、公民身份证信息数据库等。非科技类相关数据库主要用于平台建立机构与人员数据规范。通过与统一标准的机构注册信息数据库、公民身份信息数据库的链接，可以为系统中机构与人员信息的入库规范校验提供权威保障。其中，机构注册信息数据库包括国家质检总局的组织机构代码数据库和国家工商总局的企业工商注册信息数据库等。人员数据库包括公安部的公民身份证信息数据库。

多渠道来源的数据汇交形成基础数据资源，在基础数据之上进一步面向主题构建主题数据库，支持特定业务需求。以大数据、云计算为基础，通过数据的进入、清洗、治理、关联、标识乃至应用，建立科技领域的基础项目库、专家库、机构库、成果库等主题库，通过对主题库独立和联合挖掘为科技行业提供数据支撑服务。以上数据通过部门和地方科技信息系统的数据资源集成环境实现互联互通。基础数据资源经统一数据资源管理平台进行数据汇总，形成有效的服务支撑数据集，包括科技项目库、科技人员库、科技产出库、科技信用库、监督评估库等。

数据关联模型为各类数据的有机关联提供了参照系。科技大数据主要涵盖了科技人员、科技产出、科技机构、科技项目等多个科技实体，不同的科技实体具有相应的属性和元数据标识。例如，科技人员可以通过人员编码、姓名、研究方向、学历、学术经历和人才称号等属性来进行描述。此外，不同的科技实体之间具有相互关联关系。例如，科技人员隶属于科技机构并承担科技项目和产出成果，不同的科技实体之间将形成立体的网络结构，实现"精准画像"，如图10.3所示。

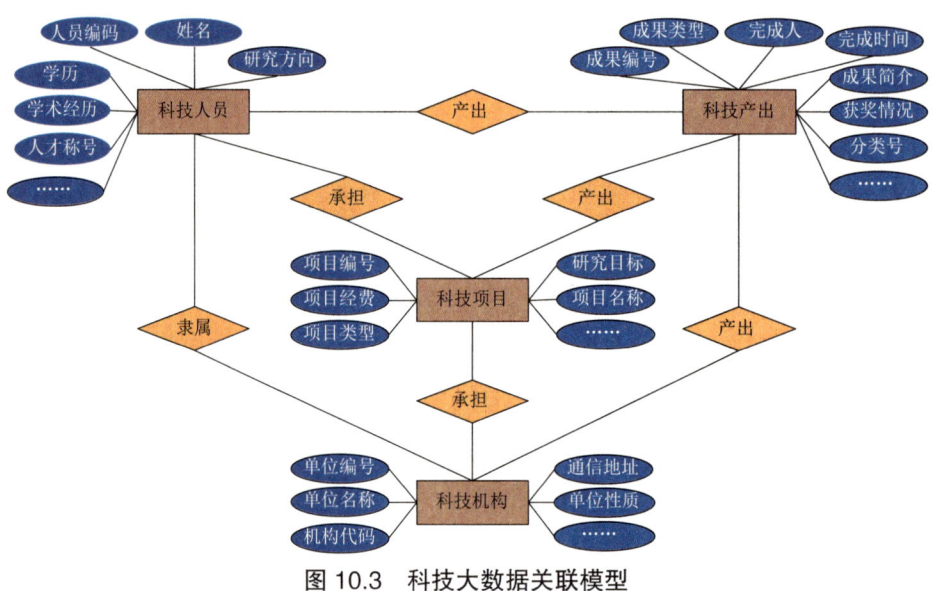

图 10.3　科技大数据关联模型

基于大数据挖掘技术，为人员、机构、项目建立基于"画像 Profile"的数据库，并以此为依据，关联分析建设各类主题库。在数据资源体系建设中形成针对数据获取、数据存储、数据组织、数据标引、数据分析、数据发布等数据管理全生命周期的数据治理体系。其中"获取"和"存储"重点解决数据来源的问题,通过各类数据工具实现数据的及时采集、集中存储;"组织"和"标引"重点解决数据质量问题,通过这些环节,统一各种来源数据的标准,提供基础处理工具,变"数据"为"信息";"分析"和"发布"重点解决数据价值转化的问题,通过开展各类开发应用,为各类用户提供个性化费用。通过数据生命周期管理,形成多源异构数据汇聚,统一数据加工处理和多样数据应用开发的一体化格局。

10.2.2 数据互联互通

互联互通工作是要实现各类科技管理系统之间的数据互通、系统互通和服务互通。互联互通工作坚持"统一标准、协同推进、数据互联、服务互通"的建设原则,通过统一的科技专家、项目、成果数据结构、交换格式标准、接口标准和信息安全规范数据,达到科技专家信息库、项目数据库、科技产出及成果库等共建共享和科技项目管理流程重塑的基本目标,实现国家、部门、地方多层次科技管理信息系统、数据资源的互联互通和业务衔接。

互联互通的内容主要包括统一数据资源、统一业务协同和统一应用服务。确定数据交换内容和格式标准,建立数据汇交、共享、更新流程,建立数据共建共享与安全管理机制,探索数据服务方式和范围,开展相关数据服务。

(1)统一数据资源

统筹推进国家层面的互联互通规划、总体设计、方案编制、标准编制、数据交换系统建设等工作,各部门、各地方依据总体方案分步开展有关数据资源集成、应用接口开发和系统互联互通工作。加强国家科技管理信息系统和各部门应用系统之间数据标准定制,形成统一的元数据规范和统一的项目资源数据结构。

将分散在各部门的数据汇集到科技大数据中心进行互通和共享,需要进行规范化处理。由于各部门的信息系统和业务系统架构不同，信息的表示也各不相同，要在这些不同的系统之间交换数据，需要按照统一的数据编码方式进行汇集整理入库，通过规范、标准编码方式提高数据资源使用效率。

数据互联互通规范包括3个部分：科技项目数据、科技人员数据和科技成果数据。项目、人员和成果之间通过相应的字段实现3个库之间的互联互通。此外，这些数据还将与期刊论文数据、学位论文数据、科技报告、科研仪器设备等外部资源实现互联互通。

（2）统一业务协同

充分利用现有技术资源，依据统一标准做好各部门应用系统、数据资源的互联互通，统筹做好核心平台与各部门业务系统、中心库与节点库的关联和建设，推进实现国家、部门、地方等层面科研项目数据和相关信息资源的集成共享。保障关键业务系统协同，能够较好地适应因情况迅速发展、变化所带来的新的应用需求。

对中央财政各类科技计划（专项、基金等）实行统一管理，建立统一的评估监管体系，加强事中、事后的监督检查和责任倒查。实现项目查重、专家抽取、数据统一编码、审核审批和全程操作记录等关键业务协同，通过建立统一的业务框架、数据资源有效汇集及各部门应用系统的互联互通，最终实现国家、部门与地方科研业务数据和相关信息资源的开放共享。

（3）统一应用服务

通过建立统一的应用框架，实现国家科技管理信息系统和各部门系统的用户管理的互通、项目申报管理的互通、项目查询和项目信息公开公示等应用的统一。

用户统一授权控制、统一认证，通过系统登录即可实现对所有计划项目数据的业务办理、数据查询、统计分析等操作；在项目申报之前进行统一的指南发布，将信息进行统一汇总，并分门别类纳入信息管理

第十章
服务政府：从研发管理到创新服务

的范围，在业务申报受理环节进行统一的审核受理，按照相应的立项管理、过程管理、验收管理等环节进行统一的项目数据流转；面向相关部门业务管理用户提供统一的查询服务，对科技计划数据资源统一管理，实现快速查询和分析项目信息，通过数据资源交换共享，将五大类计划的立项数据、过程数据、验收数据通过统一的信息系统进行展示，服务业务用户进行查询统计；通过统一的公共服务平台提供统一开放、高效便捷的科技计划信息公开公示和公共服务，优化服务业务流程，向社会公众、科研人员提供统一的科技信息发布公示，如申报指南、立项信息、评审结果、结题验收情况和科技产出等。建立各类主体相互连通、共建共享的科技大数据生态圈和价值链，如图10.4所示。

图10.4　业务层面：各类主体的业务生态圈

10.2.3 科技大数据挖掘

数据挖掘技术有助于发现数据之间的关联性,为科技管理提供技术保障。经过进一步的数据抽取、关联、挖掘分析,为用户提供服务。所涉及的关键数据技术包括如下方面。

(1)数据的集成、映射和交换

对于异构的数据资源进行互联互通,在方法上是可行的:一是基于采用统一的元数据框架,确定元数据项的确切含义、使用范围和唯一标识,形成可共享的数据字典,进而将现有的信息系统及专家库、项目库、科技报告库等资源进行标注并集成,作为核心数据资源,开展示范应用;二是对外部数据,如各个部委、各地方省市的数据,采用映射(Mapping)的办法,利用《汉语主题词表》、本体、元数据等知识组织系统,按照语义关系进行映射,提高数据的语义互通性;三是定义数据交换标准规范,采用 XML 数据格式描述语义信息,便于各类系统之间的数据共享。

(2)文本挖掘

科技大数据中心不仅有各个部门或者地方的结构化数据,同时还有大量的非结构化数据。结构化的项目、专家和成果数据在科技领域的项目生命周期管理方面提供了数据保障,随着技术的进步,用户已不再满足于分析结构化的数据,那些埋藏在门户网站各类服务中的文本信息,如果能够自动由计算机识别出来,对于管理、决策者的支持作用无疑要胜过结构化数据。由此可见,对海量信息的有效处理和深层次综合利用离不开文本挖掘技术,文本挖掘将成为人们应对信息时代挑战的强大利器之一。

文本挖掘是以半结构(如 Web 网页)或者无结构(如纯文本)的自然语言文本为对象的数据挖掘。它是从海量仓库数据集中发现隐藏的、重要的、新颖的、潜在有用的规律的过程。文本挖掘的关键领域包括自动分类、相似性检测、跨语言检索、语义消歧、自动摘要、相似推送等。

（3）关联技术

关联数据是国际互联网协会（W3C）推荐的一种规范，用来发布和连接各类数据、信息和知识，用于在现有万维网基础上建立一个映射所有自然、社会和精神世界的数据网络，通过对事物及其相互之间关系进行机器可读的描述，从而使任何人都能够借助整个互联网的计算设施和运算能力，在更大范围内，准确、高效、可靠地查找、分享和利用这些相互关联的信息和知识。以科技数据资源为核心，需要通过数据关联技术，达到不同实体、不同数据之间的相互关联，最终形成科技数据知识和科技数据产品。

（4）自动分类与标引

数据标引，是对数据进行主题分析，赋予数据分类检索标识的过程。通过数据标引可以使数据便于检索，从而支持基于检索需求的扩检与缩检。信息分类与标引是信息组织的核心内容，由于涉及的科技信息十分庞大，需要完善的信息分类体系，通过信息分类与标引技术实现对科技信息的自动分类和自动标引。海量的数据资源需要借助数据标引技术提高数据资源的利用。通过科技项目、科技人员、科技机构、科技产出、科技信用等各类数据的数据标引，可以建立不同类数据的关联，提供对科技管理者、科研人员、科技机构的多种服务。系统需要支持对科技项目、科技人员、科技机构、科技产出等数据资源的自动标引与分类、基于标签的自由标引及分类；支持数据管理员和后台管理员可视化的手动标注、增量标注、移除标签等多种标引方式。

此外，利用数据集成工具，可以通过导入、导出功能完成数据采集。可按照数据权限许可查询相关数据，支持字段组合查询、记录变更历史查询。借助中间件等数据集成工具，完成从源到目标的数据交换。

系统应能支持数据的双向传递，使得各类系统业务数据实时共享，并提供过程的调度和监控。

数据共享接口发布技术采用面向服务体系架构（Service Oriented Architecture，SOA），把国家科技管理系统中的数据封装成数据接口开放出去，供第三方开发者使用。可根据需要限制 IP 地址、使用用户密码验证或者限制调用频率，以保证安全性。采用 Web Service 数据服务共享方式，从而减少对数据库的直接访问，满足实时、按需的共享需求。采用数据可视化分析技术，可以实现将科技信息大数据中设计的各类人员、机构、项目、产出等实体抽象，将实体之间的关系抽象为关系及关系网络，并实现将数据、关系等以更直观的方式展现，提供丰富的可视化分析算法和分析功能。

10.3　示范应用：全流程、全天候、全景式的大数据服务

10.3.1　科技战略监测与辅助决策

加强各类事实型数据资源的整合，科技大数据中心可以作为战略研究成果的展示平台、战略研究业务的服务平台和数据与技术资源的公共服务中心。进一步加强基于事实的科技情报研究，打通论文、专利、成果、产业等创新链条上各环节事实型数据的利用，建立基于事实型数据和专家评审相结合的决策模式，形成一套科学、客观的科技评价体系，为中国科技创新和科技计划项目改革实现创新机制的转变提供支撑，使国家科研资金发挥最大效益，增强政府部门决策的预见性和前瞻性。

基于既有的信息资源和事实型数据，充分利用情报研究方法和专用工具，进行深度加工和挖掘，提炼从项目立项、研究过程、结题验收

到转化跟踪等全方位的决策信息服务,为科技计划项目提供全程决策支撑服务。以多源信息数据汇聚与融合为抓手,建立"人—项目—产出"之间的无缝关联,加强论文、专利、成果、产业等创新链条上各环节事实型数据的利用,建立高层次人才和团队高效识别系统,创建专家回避关系数据库,为相关服务的完善提供补充和支撑。要进一步融合信息内容、数据、标准、科技报告、上市公司年报、产业数据和网络资源,在大数据环境下整合数据挖掘、信息分析、知识组织与知识关联、语义分析、创新图谱等相关技术,研发形成一系列关键技术和软件工具,实现智能化处理领域技术主题监测及演化分析、研究前沿评价与知识图谱分析、技术生命周期判定和预测等功能。

10.3.2 科技人员发现与信息推荐服务

科技人员(专家)是进行科技创新的关键要素之一。基于科技大数据,实现专家个人信息的录入与维护、专家抽取、专家参与项目的评审信息反馈等功能,形成数据驱动的人才发现与推荐。在专家信息管理和抽取、评估项目等功能基础上,实现对专家评价、专家信用管理、专家回避等功能。在专家评价的过程中,主要依据评价指标参数和模型,基于专家获得奖励、荣誉、科研产出成果数据、参与项目和评审项目的经验等数据进行评价;基于专家的评审记录、项目参与记录等进行专家信用评价;基于学术合作关系等社会网络开展专家推荐和回避管理。系统对专家选取、信息查看、专家评审、人员回避等活动进行全程操作留痕,所有记录做到可查询、可回溯、可追究。专家系统需采用实名制的分级权限管理,对每个使用人员单独设置使用权限。

各类数据汇集后,通过社会网络分析技术、情报分析工具,根据相应产出的关键词、全文进行计算,从多维度标识专家从事科技活动的领域特征,并提取相应科研合作关系、师生关系、校友关系、工作关系等,

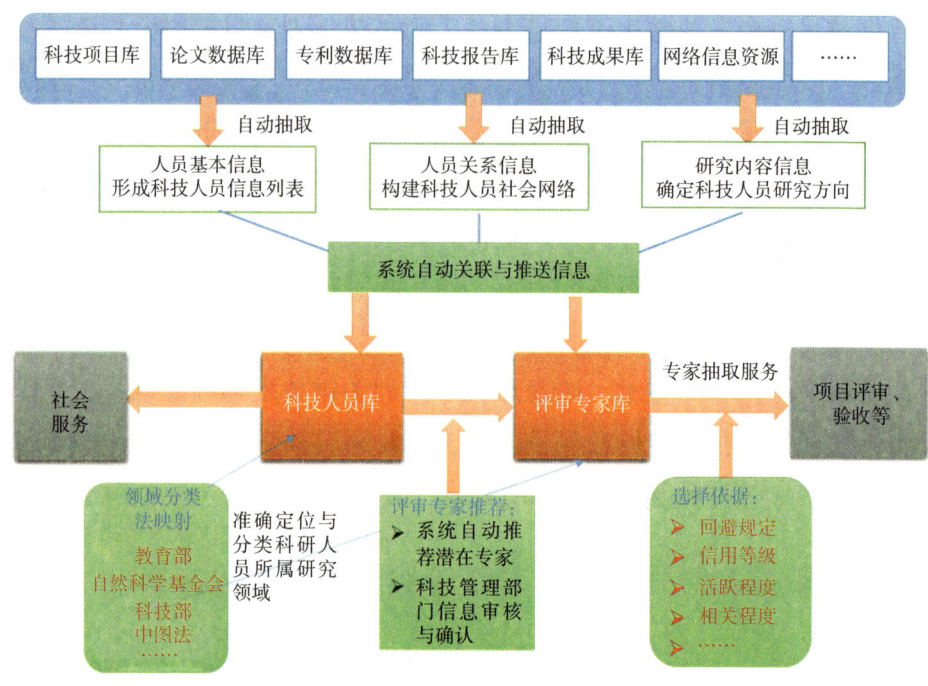

图 10.5 科技人员数据关联模型

形成基于各种约束条件遴选项目评审专家的方法和工具，如图 10.5 所示。

从科技管理业务角度出发，通过建设专家库、科技人员库及研究相应的专家发现规则，可以为计划项目评审评估工作统一从专家库抽取专家提供数据保障，推进实现专家的动态管理、科学分类和公平公正抽取，同时保障评审阶段的随机性、有效性和权威性。另外，基于文献、专利、奖励、项目等底层数据库，可以实现特定领域的人才发现与遴选，直接服务于人才评价等应用。

从服务科技人员角度出发，基于科技大数据还可以向包括专家在内的科研人员提供科技计划项目申报、研究、结题等一站式完成服务；提供科研过程中文献、数据、仪器等一站式获取服务；提供文献、专利、产品等科研成果的一站式发布服务等。通过大数据挖掘、用户注册和科研人员自动认领等方法建立科研人员学术空间，进而提供最新发表文献推荐、引用提醒、简历生成、合作关系推荐、成果转化中介，以及科研人员简历的一键式生成和项目申报个人信息的一键式提交等服务，提高科研人员的获得感。

10.3.3 科研诚信管理、监督评估与成果转化

科研诚信管理系统记录科技计划和项目有关责任主体在项目申报、立项、实施、管理、验收和咨询评审中全过程的失信行为，为政府部门、项目管理专业机构、监督与评估专业化支撑机构掌握使用，作为科研立项、评审专家遴选、项目管理专业机构确定、科研项目评估、科技奖励评审、基地人才遴选中的重要参考依据。相关主体包括项目承担人员、咨询评审专家等自然人，以及项目管理专业机构、项目承担单位、中介服务机构等法人单位。

科技监督与评估方面，按照科技监督与评估的统一要求，在统一框架下，建立覆盖各类科技计划的监督与评估信息平台。构建监督与评估业务工作平台和数据库，服务内部（痕迹）监督、外部（专题）监督与评估，持续累积监督与评估信息和数据，提高监督与评估的工作质量和效率。科技监督与评估系统有权随时调用国家科技管理信息系统公共服务平台、科研诚信管理系统、专家管理系统等的全程操作记录，并设置重要风险点进行预警。推进监督及评估结果应用和信息开放共享，强化统筹协调、风险防控、管理问责、信用评价、计划项目动态调整，促进科技创新资源优化配置，提升科技计划科学化管理水平。

科技产出及成果管理系统主要负责以财政资金支持的项目研究产出的各类成果，包括成果呈缴入库、成果认定、成果评估、成果转化应用等业务流程管理，并能分层、分类向各类用户开放和共享成果信息。科技产出及成果管理系统可以形成各类基础科技产出及成果数据库（如论

文、专利、标准等)、科研项目库和机构库,并能够按项目、人员、机构进行关联。实现科研产出信息的汇聚、评估、转化等方面的信息服务功能,自动生成各类文档、数据等内容展示,为科技成果评估和市场转化等提供辅助支撑。

(宋培彦 刘 蔚)

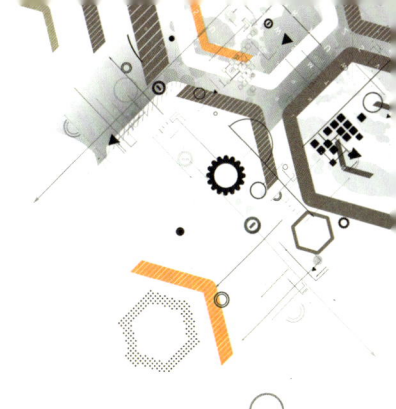

第十一章

服务政府：从城市创新评价到地方发展规划

城市是现代产业和人口聚集的地区，是人类文明和社会进步的标志。不同城市在自己特定的范围内，演绎着不同的文化，创造自身发展的文化机制和动力因素，形成独特的城市个性和城市人文精神。城市更是生产要素的集聚中心，是生产、交换和消费中心，是拉动经济增长的强大"引擎"。可以说，城市是区域经济社会发展的中心，是国家经济产出最重要的基地，城市的发展对区域和国家发展全局影响重大。

创新决定城市未来，创新引领未来城市。创新是城市的生命之源，城市创新进一步促进了科技创新要素的空间集聚、流动与协同范式的变化，极大提高了科技创新的效率，持续推动了新技术的迭代、新企业的诞生、新产业的兴起及区域经济的加速发展。城市之间的竞争从根本上来说是创新的竞争，城市创新能力的差异导致了要素报酬等方面的显著差异。城市之间既存在分工合作，也会为争夺创新要素的空间配置产生激烈的竞争。城市在国与国的竞争中发挥日益重要的作用，城市的创新力正逐步成为未来决定国家综合国力的核心因素。未来主导全球科技创新的必将是一些具有创新活力、强大凝聚力和国际影响力的城市集群。能否拥有这样的一批创新型城市，将决定一个国家在全球创新体系中的地位。

11.1 创新型城市支撑创新型国家建设

新一轮科技革命和产业变革孕育兴起，推动全球新一轮科技创新的竞争不断加剧，使得科技创新能力建设成为全球城市创新的核心内容。世界各国都积极致力于培育和提高城市创新能力，在全球版图上创新型城市的建设如火如荼，如伦敦、纽约、东京、新加坡等纷纷将"创新型城市"设定为城市建设的目标和发展理念，以期在未来对全球实现最有利的战略争夺。

中国进入建设创新型国家的决胜期和深入实施创新驱动发展战略的关键期，对城市的创新发展提出了新的要求。2016年5月，《国家创新驱动发展战略纲要》提出，要"建设创新型省份和创新型城市，培育新兴产业发展增长极，增强创新发展的辐射带动功能"。2016年8月，《"十三五"国家科技创新规划》提出，要"按照创新型国家建设的总体部署，发挥地方主体作用，加强中央和地方协同共建，有效聚集各方科技资源和创新力量，加快推进创新型省份和创新型城市建设，推动创新驱动发展走在前列的省份和城市率先进入创新型省市行列"。2017年10月，党的十九大提出到2020年进入创新型国家行列、到2035年跻身创新型国家前列，以及到2050年建成富强民主文明和谐美丽的社会主义现代化强国。城市作为创新活动的主阵地，在中国建设创新型国家进程中发挥着举足轻重的作用。按照创新型国家建设的总体部署，需要发挥地方主体作用，有效集聚各方科技资源和创新要素，探索适合市情的创新驱动发展路径，积极推动开放创新、协同创新。

2010年以来，科技部积极响应各地推动创新型城市建设的呼声，选取部分创新基础良好、优势特色突出、区域辐射作用明显的城市开展试点，以期形成可复制、可推广的经验，为不同类型城市的创新发展提供

第十一章
服务政府：从城市创新评价到地方发展规划

借鉴。2016年，科技部、发展改革委联合印发的《建设创新型城市工作指引》，对建设创新型城市作出全面部署，包含十大重点任务：抓改革政策的落地、抓创新要素的集聚、抓创新成果的转化、抓创新企业的培育、抓创新载体的建设、抓创新人才的激励、抓创新服务的完善、抓创新投入的带动、抓创新对社会民生的支撑、抓创新生态的营造。截至目前，科技部、发展改革委先后共支持了78个城市（区）为国家创新型城市（区）。

同样，从2010年开始，中国科学技术信息研究所持续开展创新型城市建设的重大问题及监测、评价指标体系研究，为科技部指导创新型城市建设提供决策支撑。2017年4月19日，科技部和国家统计局联合印发《国家创新调查制度实施办法》，对创新能力监测、评价工作进行了完善和规范。经科技部同意，由中国科学技术信息研究所负责编制的《国家创新型城市创新能力评价报告》纳入国家创新调查制度。

11.1.1 创新型城市的内涵和特征

创新型城市是以科技创新为经济社会发展的核心驱动力，拥有丰富的创新资源、充满活力的创新主体、高效的创新服务和政府治理、良好的创新创业环境，对建设创新型省份和国家发挥显著支撑引领作用的城市。城市走创新驱动发展道路利于提高资源的利用率、降低消耗、防止生态失衡和环境恶化，巩固城市可持续发展的成果，培植高素质的城市经济长远发展的增长源。创新型城市是城市经济发展动力从依靠廉价劳动力、自然资源等的要素驱动、依靠大规模投资的投资驱动，演变为依靠人的智力投入的创新驱动的结果。创新型城市一般应具备如下几个主要特征。

一是强大的创新要素集聚能力。创新要素集聚是城市创新发展的基础。创新要素集聚表现为资金、技术、人才、信息、制度、环境及社会资本等创新要素在地理上的不断集中，是一个开放的、动态的、复杂的系统过程。该"集聚"包括2种含义：一是城市外的创新要素向城市内集聚；二是创新要素以创新主体为载体，创新主体间的互动、竞争、合作，使得创新要素在创新主体间得到合理配置。

二是强大的综合实力和产业竞争力。强大的综合实力和产业竞争力是城市创新发展的结果，是一个城市在一定区域范围内集散创新资源、提供高质量产品和服务的能力，是城市经济、社会、科技、环境等综合发展能力的集中体现。

三是良好的创新环境。城市创新发展水平的高低不仅取决于资金、人才等资源投入，还取决于创新环境。创新环境是创新主体所处空间范围内各种要素结合形成的关系总和，既包括生态环境和基础设施，也包括有利的政策体系、健全的体制机制、浓厚的文化氛围等。

四是创新对社会民生发展的支撑显著。人是推动创新发展的根本力量，同时，创新发展要把增进人民福祉、促进人的全面发展作为发展的出发点和落脚点。创新发展要推动协调、绿色、共享发展，为社会和民生的改善提供有力支撑。

11.1.2 创新型城市建设的意义和定位

建设创新型城市，是落实习近平总书记在"科技三会"讲话中提出的"建设若干具有强大带动力的创新型城市和区域创新中心"的要求，更是深入贯彻党的十九大关于加快建设创新型国家的新部署，推动创新型城市突出特色、当好创新驱动发展的排头兵。

创新型城市建设是点上引领（北京、上海"一南一北"两大科技创新中心）、面上支撑（9个创新型省份、78个创新型城市、若干创新型县域）、改革激励（8个全面创新改革试验区）、协同发展（京津冀、长江经济带、粤港澳大湾区协同创新）的区域创新体系的重要组成部分，是加快建设创新型国家的战略支撑，是解决发展不平衡、不充分问题的有力抓手。

11.1.3 创新型城市基本情况

截至2017年，科技部、发展改革委共批复建设了61个创新型城市（区），2018年4月又新批复了17个创新型城市（区），目前共计78个城市（区）（表11.1），包括72个地级及以上城市、2个县级市，以及北京市海淀区、上海市杨浦区、天津市滨海新区和重庆市沙坪坝区4个创新型城区，其全国分布情况见图11.1。

表 11.1 国家创新型试点城市（区）名单

序号	省（市、自治区）	城市（区）
1	北京市	海淀区
2	天津市	滨海新区
3	河北省	石家庄市、唐山市、秦皇岛市
4	河南省	郑州市、洛阳市、南阳市
5	山西省	太原市
6	内蒙古自治区	呼和浩特市、包头市
7	辽宁省	沈阳市、大连市
8	吉林省	长春市、吉林市
9	黑龙江省	哈尔滨市
10	上海市	杨浦区
11	江苏省	南京市、常州市、连云港市、镇江市、南通市、泰州市、扬州市、盐城市、无锡市、苏州市、徐州市
12	浙江省	宁波市、嘉兴市、杭州市、湖州市、绍兴市、金华市
13	安徽省	合肥市、马鞍山市、芜湖市

续表

序号	省（市、自治区）	城市（区）
14	福建省	福州市、厦门市、泉州市、龙岩市
15	江西省	南昌市、景德镇市、萍乡市
16	山东省	济南市、青岛市、济宁市、烟台市、潍坊市、东营市
17	湖北省	武汉市、襄阳市、宜昌市
18	湖南省	长沙市、株洲市、衡阳市
19	广东省	广州市、深圳市、佛山市、东莞市
20	广西壮族自治区	南宁市
21	海南省	海口市
22	重庆市	沙坪坝区
23	四川省	成都市
24	贵州省	贵阳市、遵义市
25	云南省	昆明市、玉溪市
26	西藏自治区	拉萨市
27	陕西省	西安市、宝鸡市、汉中市
28	甘肃省	兰州市
29	宁夏回族自治区	银川市
30	青海省	西宁市
31	新疆维吾尔自治区	乌鲁木齐市、昌吉市
32	新疆生产建设兵团	石河子市

第十一章
服务政府：从城市创新评价到地方发展规划

图 11.1 国家创新型城市（区）在全国的分布情况

11.2 创新型城市创新能力评价"摸清"城市创新资源家底

城市重要作用的提升，使城市创新能力评价成为一个值得关注的问题。纵观全球主要国际大都市，如柏林、伦敦、纽约、巴黎、首尔、东京等，作为创新技术和人才的集聚地，其始终在评价城市创新能力的各类国际知名榜单上排名前列。以北京市、上海市、深圳市等为代表的试点城市已经跻身全球顶尖竞争力的城市行列，成为中国的重要创新增长极。中国社会科学院和联合国人居署联合发布的《全球城市竞争力报告2017》显示，北京市和上海市在全球505个城市竞争力排名中分别居第7、第8位，超过悉尼和法兰克福；深圳市居第66位，广州市、杭州市、西安市、大连市、苏州市、南京市、厦门市等试点城市排在前

337

50%；全球创新数据机构 2thinknow 最新发布的 2016—2017 年城市创新指数中，北京市排在全球第 30 位，上海市排在第 32 位，跻身全球 53 个顶级创新型城市之列；深圳市排在第 69 位，也有望在近年内跻身全球顶级创新型城市之列；广州市、南京市、苏州市、成都市等城市也在全球 500 个城市中排名中上游。英士国际商学院、美国康奈尔大学和世界知识产权组织等发布的《全球创新指数 2017》，首次尝试对区域创新集群进行评价，全球前 100 名的区域创新集群中 7 个位于中国。其中，深圳—香港区域的排名居全球第 2 位，北京市居第 7 位，上海市排第 19 位，广州市排第 63 位，杭州市居第 85 位，苏州市居第 100 位。

在新的历史起点上，各个城市迫切需要进一步聚集各类创新要素资源，大力改善创新硬环境和软环境，强化创新服务水平，推动以科技创新为核心的全面创新发展，不断提升城市创新发展能力，建设创新型城市，为进入创新型国家行列提供战略支撑。因此，亟待从建设创新型国家的战略角度，结合经济发展、科技发展、社会发展、环境改善、体制机制等方面构建一套科学、权威的国家创新型城市创新能力评价体系，"摸清"城市创新资源家底，指导城市创新发展精准发力、突出特色，促进形成一种相互竞争创新与错位创新的中国创新型城市建设模式。

创新型城市评价的整体设计充分考虑了落实党的十九大精神的"指挥棒"的引导作用，体现城市创新特色，体现对城市特色优势和主导产业创新的引导支持。与此同时，也帮助西部欠发达地区有关城市找到创新发展空间，引导创新型城市特色发展、差异化发展，探索各具特色的创新发展模式。

创新型城市评价的维度设计将遵循以下几个方面：创新基础，体现对城市创新的共性要求，引导建设生态宜居城市；原始创新，体现科教资源富集的城市优势，引导加强基础研究、产出重大原创成果；技术创新，体现产业基础雄厚的城市优势，引导构建深度融合的技术创新体系；创新创业，体现城市"双创"成效，引导建设宜业城市；产业创新，

第十一章
服务政府：从城市创新评价到地方发展规划

体现城市特色产业发展优势，引导城市差异化发展；改革创新，体现城市落实各项改革举措成效，引导深化改革。

11.2.1 城市创新能力评价的方法与指标体系

在国家创新型城市创新能力评价过程中，要坚持"突出城市创新特色，体现地区创新差异，确保权威客观公平"的总体评估原则。在国家创新型城市评价指标的选择方面遵循以下原则：一是相关性。重点选择与创新型城市建设相关的指标，能反映创新型城市发展的本质特征、建设特点和工作要求。二是重要性。突出核心和重点，不求面面俱到。三是规范性。选择统计局或相关方面有规范统计口径的指标，县区多级可分解、可考核。四是一致性。与国家和地方对创新驱动发展的要求保持一致，尽量采用国家相关规划中和创新型城市建设中普遍认可的指标。

创新型城市创新能力评价体系结合创新型城市建设的重点方向和任务建立进行构建，全面客观反映创新型城市的建设进展和发展情况，为各级政府切实贯彻落实城市建设各项任务提供依据和参考。评价体系包括创新基础、原始创新、技术创新、创新创业、产业创新、改革创新6个一级指标和40个二级指标。创新型城市创新能力评价指标体系基本框架情况如表11.2所示。

表 11.2 创新型城市创新能力评价指标体系

一级指标		二级指标
创新基础	1	科技公共财政支出占公共财政支出的比重（%）
	2	城镇居民人均可支配收入与农村居民人均可支配收入之比（%）
	3	万元 GDP 综合能耗（吨标准煤/万元）

续表

一级指标		二级指标
创新基础	4	空气质量达到及好于二级的天数占全年的比重（%）
	5	实际使用外资金额占GDP比重（%）
	6	居民人均可支配收入（元）
原始创新	7	全社会R&D经费支出占地区GDP比重（%）
	8	基础研究经费占R&D经费的比重（%）
	9	每万人在校大学生数（人/万人）
	10	每万名就业人员中研发人员（人年/万人）
	11	国家级重大人才工程（千人计划、万人计划）入选人才数（人）
	12	国家和省级重点实验室数量（个）
	13	国家级科技成果奖数量（项）
	14	技术市场输出技术成交合同金额占全国比重（%）
	15	国际科技论文篇均被引次数（次/篇）
技术创新	16	规上工业企业R&D经费支出占主营业务收入比重（%）
	17	国家和省级工程研究中心、技术创新中心数量（个）
	18	规上工业企业中拥有研发机构的比重（%）
	19	万人发明专利拥有量（件/万人）
	20	万人发明专利授权数（件/万人）
	21	高新技术企业数（家）
	22	高技术产业主营业务收入占规上工业企业主营业务收入比重（%）
	23	高技术产品出口额占商品出口额比重（%）

第十一章
服务政府：从城市创新评价到地方发展规划

续表

一级指标		二级指标
创新创业	24	常住人口占户籍人口的比重（%）
	25	创业投资引导基金总额占地区 GDP 比重（%）
	26	国家和省级科技企业孵化器、大学科技园和众创空间数量（个）
	27	国家和省级科技企业孵化器和国家大学科技园在孵企业数量（家）
	28	知识密集型服务业增加值占地区 GDP 的比重（%）
	29	技术市场吸纳技术成交合同金额占全国比重（%）
	30	万人专利申请量（件/万人）
	31	每万人新增注册企业数（家/万人）
产业创新	32	火炬特色产业基地个数（个）
	33	火炬特色产业基地总收入（亿元）
	34	创新型产业集群个数（个）
	35	创新型产业集群营业收入（亿元）
	36	支柱或特色产业增加值占 GDP 的比重（%）
	37	支柱或特色产业增加值增速（%）
改革创新	38	落实党中央、国务院改革举措，构建各具特色的创新体系（定性评价）
	39	党委政府出台实施创新驱动发展战略的决定或意见及配套政策取得显著成效，形成多元参与、协同高效的创新治理新格局（定性评价）
	40	拥有能抓创新、会抓创新、抓好创新的科技管理队伍（定性评价）

11.2.2　城市创新能力评价助力政府制定科学可持续的发展规划

城市规划作为城市发展在一定时期内的蓝图，能够为城市建设提供必要的理论依据。良好的城市规划将有利于为城市创造更多的发展空间，同时在城市的可持续发展中具有十分深远的影响。随着中国城市化的不断加快，城市的发展规划工作面临着新的问题。例如，城市规划的趋同性，很多城市规划对照类似的参考，忽视自身的资源禀赋与发展优势，从而失去了城市建设和发展的竞争力。如何突出特色，转变规划理念实现城市发展科学规划，是对规划工作提出的新挑战。

城市创新能力评价，可以明确城市各方面创新能力的强弱及城市创新的优势和劣势，有效反映城市创新系统的运行情况，以利于决策者及时发现城市创新系统的问题，并进行针对性调整，为进一步完善城市创新系统指明方向，为政府制定和实施城市创新战略提供依据，为城市制定科学规划、建立和保持持续竞争优势提供有力参考。

以城市创新能力评价中反映城市发展优势和短板的一些相关研究为例。选择代表性的关键指标对江苏省内城市展开对比分析（图 11.2），从整体上看，江苏省 13 个地级市中苏州市、南京市、无锡市的关键指标均处于领先状态，宿迁市和淮安市的发展相对滞后。南京市在技术市场成交合同金额方面表现突出，说明其在原始创新方面的技术转移转化成效显著。苏州市高新技术企业数、高技术产业主营业务收入在全省领先，表明苏州市在技术创新方面创新型企业培育优势明显，产业转型升级潜力巨大。对山东省内 17 个地级市的对比发现（图 11.3），青岛市创新发展在山东省一枝独秀，烟台市、济南市、潍坊市、淄博市、威海市属于第二梯队，其他城市发展则相对落后。烟台市高新技术企业数明显偏少，城市未来发展的新动能不足，发明专利授权数较低，知识产权创造、运用有待

第十一章
服务政府：从城市创新评价到地方发展规划

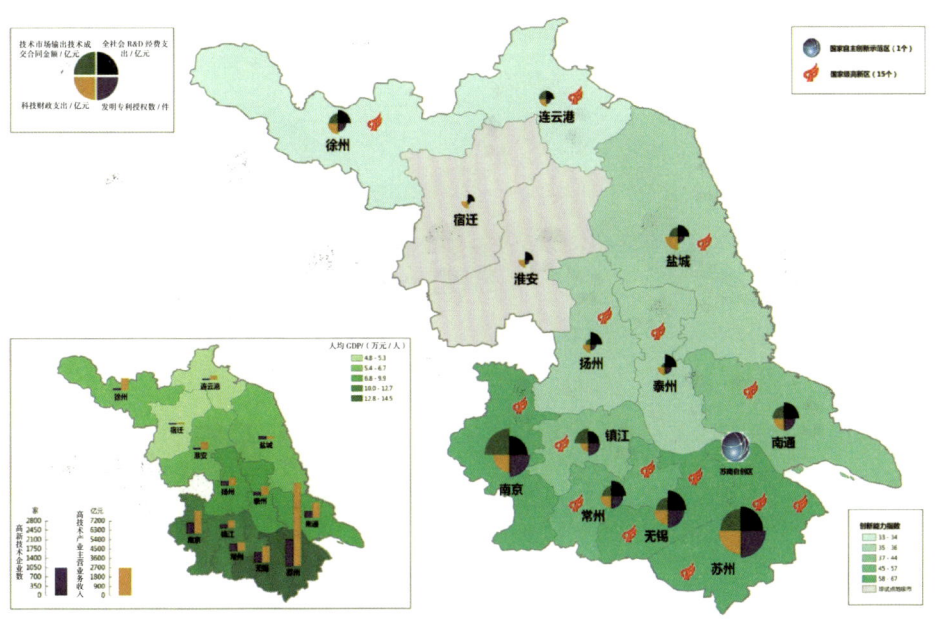

图 11.2　江苏省内城市创新情况示意

注：2016 年数据，当时江苏省 13 个地级市中有 11 个为创新型试点城市。图中绿色区域，颜色深浅表示在 72 个地级及以上城市中创新能力的高低，灰色区域表示非创新型城市。下方小图中，蓝色条形图是高新技术企业数，橙色代表高技术产业主营业务收入，底色由深到浅，表示人均 GDP 由高到低。

提升。此外，城市创新能力基础数据及在 72 个创新型城市中排名情况显示，杭州市排名在 20 位之后的指标包括空气质量达到及好于二级天数占全年比重、技术市场成交合同金额占 GDP 比重、高级术产品出口额占商品出口额比重、万元 GDP 用水量，说明杭州在空气质量、成果转化、开放创新、优化用水量等方面有进一步提升空间；武汉市排在 40 位之后的指标涉及全社会 R&D 经费支出占 GDP 比重、空气质量达到及好于二级天数占全年比重、规上工业企业新产品销售收入占主营业务收入比重、万元 GDP 综合能耗及万元 GDP 用水量，说明武汉市在研发投入、产业创新、绿色发展方面亟待加强；尽管地处西部的遵义市综合实力相对落后，但高

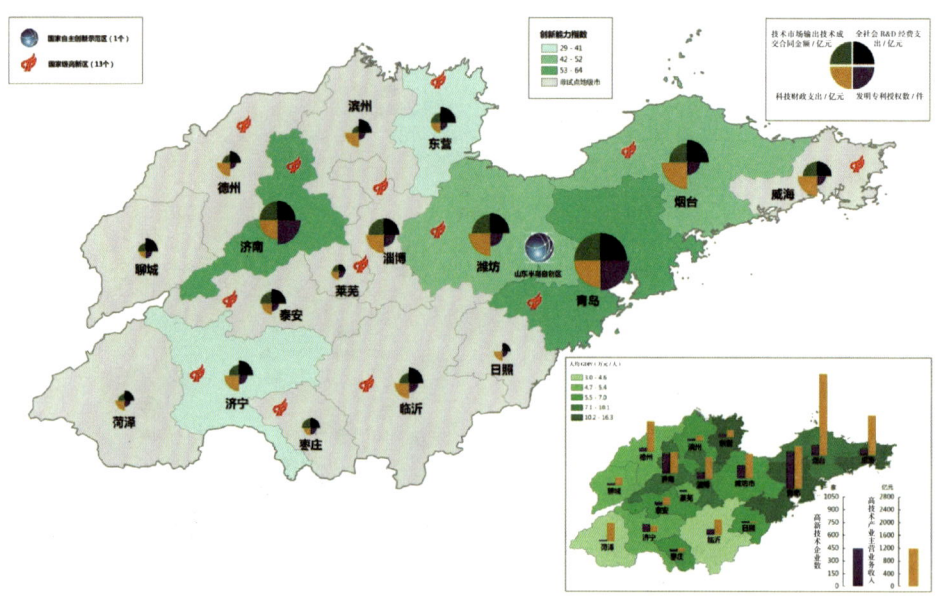

图 11.3　山东省内城市创新情况示意

注：2016 年数据，山东省 17 个地级市中有 6 个为创新型试点城市。图中颜色示意同图 11.2。

技术产品出口方面的实力遥遥领先，得益于遵义市错位发展、全产业链部署打造智能终端产业集聚区（图 11.4 至图 11.6）。

11.3　创新型城市产业评价"丈量"城市产业竞争力差距

　　城市创新发展中，产业经济发挥的促进作用不可或缺。城市发展的好坏与区域内产业经济质量的高低有着密切的联系，两者呈正比例关系。良好的产业经济可以不断推动城市空间结构的优化分配，提高城市生态环境并带动城市经济的可持续发展。通过合理调整产业经济各方面内容，能够使城市在持续发展过程中改善不足之处，实现合理化发展。因此，需要从建设创新型城市的角度，针对城市的主要产业构建行之有

第十一章
服务政府：从城市创新评价到地方发展规划

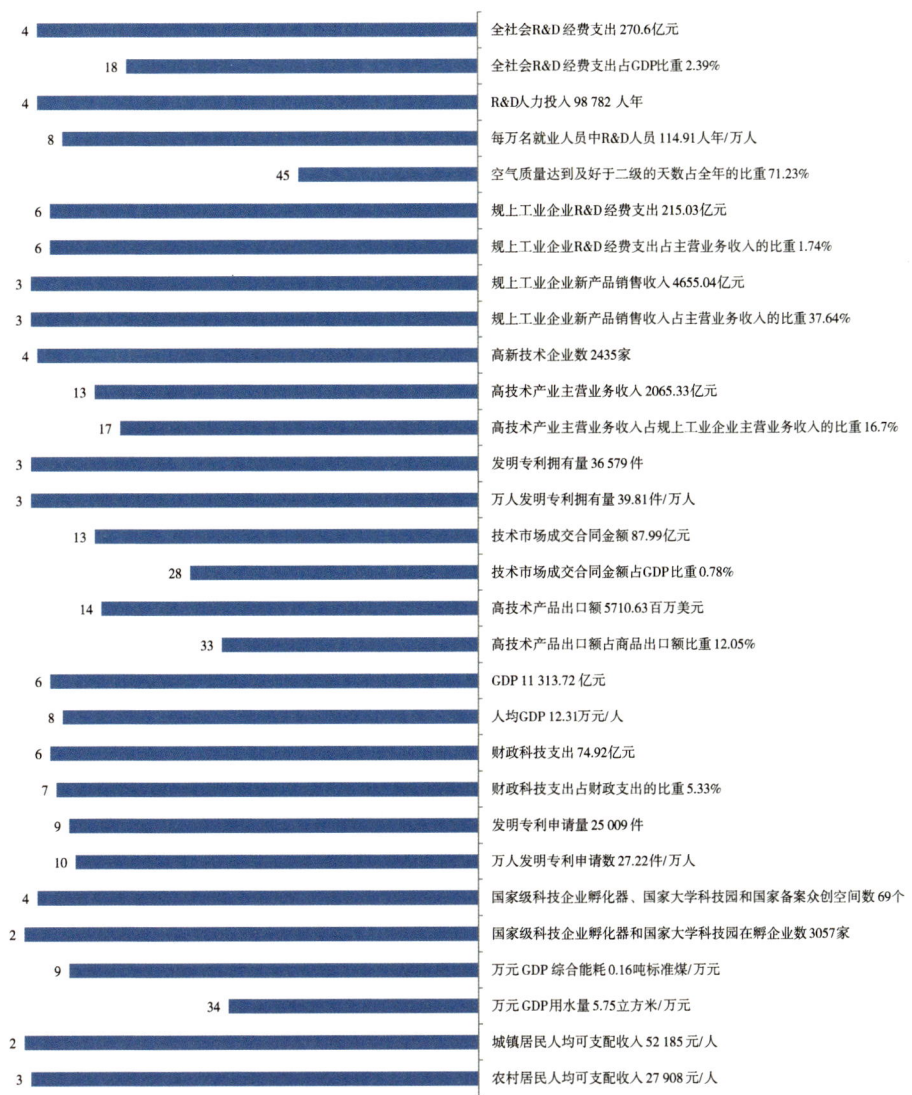

图11.4 杭州市2016年创新能力基础数据

数值	指标
8	全社会R&D经费支出 200.31亿元
41	全社会R&D经费支出占GDP比重 1.68%
9	R&D人力投入 58 516人年
14	每万名就业人员中R&D人员 102.04人年/万人
60	空气质量达到及好于二级的天数占全年的比重 64.93%
16	规上工业企业R&D经费支出 128.31亿元
38	规上工业企业R&D经费支出占主营业务收入的比重 1.06%
24	规上工业企业新产品销售收入 1423.43亿元
41	规上工业企业新产品销售收入占主营业务收入的比重 11.74%
5	高新技术企业数 2117家
11	高技术产业主营业务收入 2403.53亿元
13	高技术产业主营业务收入占规上工业企业主营业务收入的比重 19.82%
7	发明专利拥有量 24 460件
10	万人发明专利拥有量 22.72件/万人
2	技术市场成交合同金额 544.7亿元
2	技术市场成交合同金额占GDP比重 4.57%
10	高技术产品出口额 8270.32百万美元
5	高技术产品出口额占商品出口额比重 60.51%
5	GDP 11 912.61亿元
13	人均GDP 11.06万元/人
5	财政科技支出 86.42亿元
6	财政科技支出占财政支出的比重 5.67%
10	发明专利申请量 20 643件
21	万人发明专利申请数 19.17件/万人
6	国家级科技企业孵化器、国家大学科技园和国家备案众创空间数 63个
4	国家级科技企业孵化器和国家大学科技园在孵企业数 2411家
46	万元GDP综合能耗 0.49吨标准煤/万元
60	万元GDP用水量 11.15立方米/万元
23	城镇居民人均可支配收入 39 737元/人
13	农村居民人均可支配收入 19 152元/人

图 11.5　武汉市 2016 年创新能力基础数据

第十一章
服务政府:从城市创新评价到地方发展规划

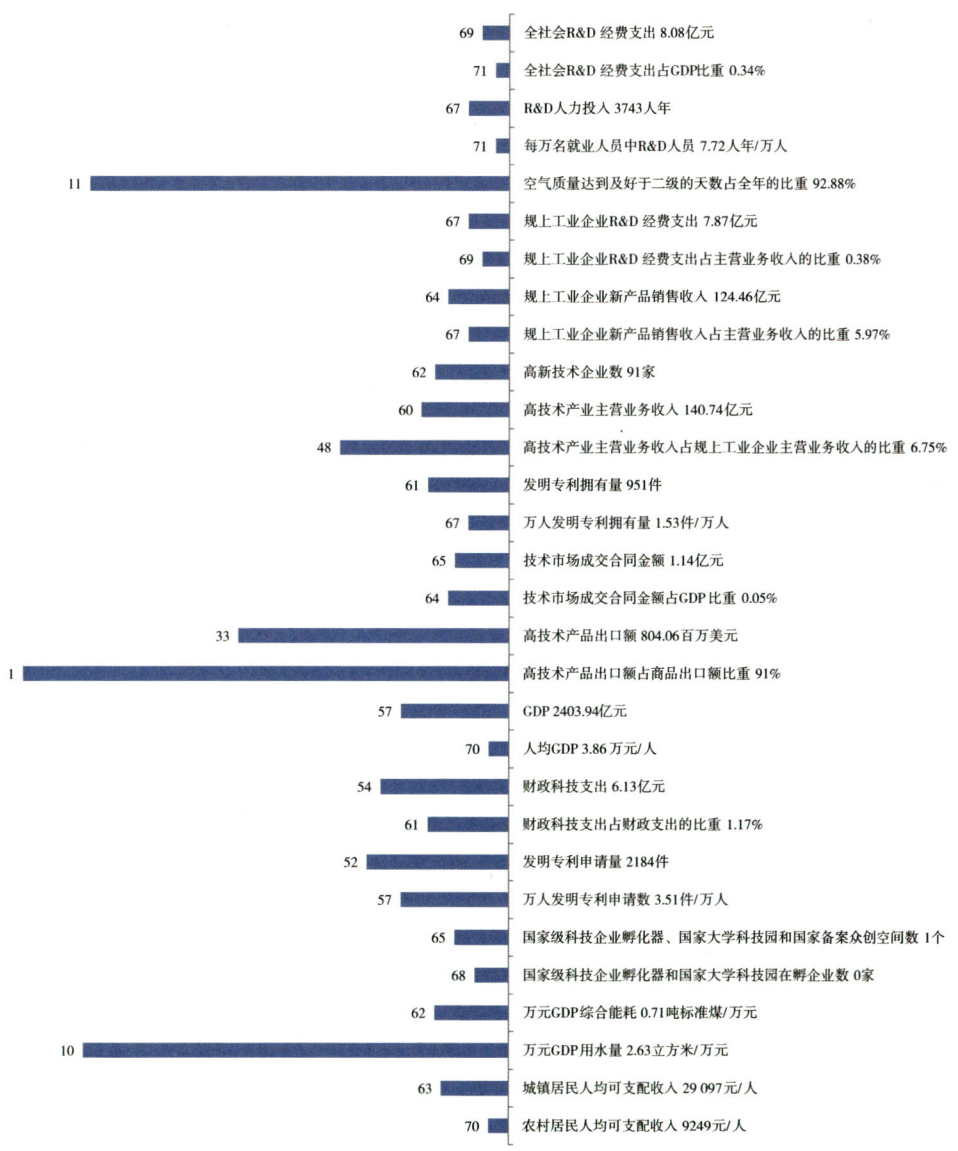

图 11.6 遵义市 2016 年创新能力基础数据

效的创新型城市产业竞争力评价体系,"丈量"城市产业竞争力差距,指导城市客观地认识相关产业的比较优势、发展现状、发展潜力和发展方向,突出特色、准确把脉城市产业发展。

城市产业评价的整体设计充分考虑创新型城市现代化产业体系的建立,体现城市主要产业的产业链完整度、在产业价值链中的位置,引导城市结合自身的资源禀赋和发展水平,向产业价值链高端攀升,打造创新型产业集群。

城市产业竞争力评价维度设计参考波特的"钻石模型",遵循以下几个方面:企业竞争力,体现资金、人才、知识等生产要素的投入,引导城市优化资源配资;结构竞争力,体现产业结构的合理性,引导城市弥补产业链短板;环境竞争力,体现城市产业发展软硬件条件,引导城市营造良好的产业发展环境。

11.3.1 城市产业竞争力评价的方法与指标体系

城市产业竞争力评价的总体设计原则包括:一是指标框架的设计充分尊重产业发展的客观规律;二是充分借鉴国内外已有相关产业评价体系的科学架构与指标设计;三是结合相关产业的实践经验开展精准评价。

城市产业竞争力评价指标的选择方面遵循以下原则:一是系统性。指标体系应能反映主要产业的综合情况,从中找出主要方面的指标,既能反映直接效果,又能反映间接效果,以保证综合评价的全面性与可信度。二是关联性。指标体系中的评价指标与评价目标一定要有紧密相关性,指标的实现要对目标的实现做出实质性的贡献。三是特色性。除参考借鉴其他评价指标体系中常用指标之外,还应探索选择一些能够体现主要产业发展特色的指标。四是可测性。指标含义明确,计算指标所需的数据资料便于收集、计算方法简便、易于掌握。

产业竞争力评价指标体系的构建以智能网联汽车产业为例。智能网

第十一章
服务政府：从城市创新评价到地方发展规划

联汽车技术的发展将引领全球汽车产业进行深刻的变革。目前，美国、欧洲、日本等国家及地区已将智能网联汽车产业的发展提升至国家战略，通用、奔驰等知名车企及谷歌、苹果等互联网巨头也纷纷布局智能网联汽车。从知名咨询公司 Gartner 的技术生命周期预测情况及近期异常活跃的资本市场投融资大事件来看，智能网联汽车技术正处于产业期望值的巅峰。

评价基于对国内外智能网联汽车产业体系的深入研究，结合产业发展的实际情况、统计数据权威性与可获得性等要求，将企业竞争力、结构竞争力、环境竞争力作为一级指标，并围绕这些一级指标选择17个二级指标，构建了智能网联汽车城市产业竞争力评价指标体系（表11.3）。其中，多数指标的相关数据来源于大数据分析。

表 11.3 城市智能网联汽车产业竞争力评价指标体系

一级指标	二级指标	数据来源
企业竞争力	企业数量	大数据
	从业人数（招聘热度）	大数据
	融资金额	大数据
	融资轮次	大数据
	投资机构实力	大数据
	有效发明专利数	大数据
	全国/国际影响力活动数	大数据
	百度指数	大数据
结构竞争力	产业链完整度	大数据
	产业价值链位置	大数据
	企业之间的联系	大数据
	互联网高科技企业拥有量	大数据

续表

一级指标	二级指标	数据来源
环境竞争力	地区宽带/4G/无线网络覆盖率	电信服务商
	国家智能网联汽车创新平台个数	公开报道
	万人高校在校生数	统计年鉴
	天使投资、VC/PE投资规模	大数据
	政策支持	城市政务网站

11.3.2　城市产业竞争力评价助力地方精准发力支持重点产业

产业发展规划的目的在于因地制宜，充分挖掘利用现有资源，通过产业发展路径的选择、产业发展规模方向的确定、产业布局的合理化等手段提高区域的产业总体竞争力。相对于传统产业规划，如何更为精准地布局主要产业，一直是相关规划领域的一个难点。城市产业竞争力评价揭示主要产业的比较优势、弱点及缺陷、发展潜力和发展方向，帮助避免城市间产业趋同及产业内部同质过度竞争等内耗风险，促进城市取长补短或求长舍短，为政府制定产业规划提供有价值信息，从而推动相关产业得到合理、有序、健康的发展。

以城市产业竞争力评价中的相关研究为例。针对智能网联汽车产业的细分产业链，利用公司数量、专利数量、融资数量、融资金额等指标展开分析，发现增长均值最大、未来关注的重点是整车制造，其次是芯片半导体和互联网出行等。对于整车制造，研发门槛高、资本依赖度高、研发周期较长，短期经济效益不明显，融资额度较高，少数资本青睐；芯片半导体的发展情况是初创企业增长快，由于芯片半导体属于技术、人才密集型产业，企业对资本依赖度较高；互联网出行的情况是专利技术增长快，投资持续跟进，针对互联网出行新兴模式（如共享单车）

第十一章
服务政府：从城市创新评价到地方发展规划

融资力度大（图 11.7）。

图 11.7 2017 年智能网联汽车的产业链分析

图片来源：InnoTREE。

（张志娟　徐　峰）

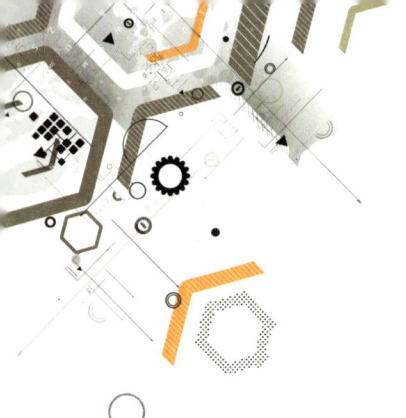

第十二章

服务产业：新旧动能转换的抓手

大数据是把握现代产业变革的情报基石。当前，以能源、材料、生物及信息技术为支撑的新一轮科技革命正在深刻改变产业与社会。产业融合发展加快推动传统产业转型升级，催生大批新技术、新产品、新业态、新模式。世界主要国家纷纷加大力度培育发展新动能、争取获取未来竞争新优势[1]。国家和企业想要在未来的产业竞争中抢得先机，必须依靠高效的情报支撑；而情报掌握离不开先进的方法和准确的数据[2]。在目前产业信息呈爆炸式增长的态势下，如何利用海量数据发现产业发展的趋势，进而成功促进产业升级，成为政府和企业面临的重大问题。

12.1 大数据对产业转型的助力——服务××市

××市拥有家用电器、智能装备、电子信息、纺织服装、精细化工、包装印刷、家具制造、汽车配件、医药保健等支柱产业。其中，家用电器产业作为××市第一支柱产业，已形成相对完整的产业链，在全球家用电器市场占据一席之地。但随着国内外市场需求总体弱化和劳动力成本上升，××市家用电器产业优势和利润空间正逐渐消失。培育新产业，实现传统产业转型升级，打造下一个千亿产业已迫在眉睫。基于××市较好的机器人产业基础，地方政府将此作为优先发展、转型升级的重要产业，提出了数据服务的迫切需求，包括机器人产业相关技术在国内外的发展现状和趋势，国际和国内的竞争态势，以及国内外顶尖机构的情况；同时，对比××市科技园区与国内其他地区及发达国家的经验和做法，为产业发展提供系列决策参考。另外，还需要构建机器人产业相关的技术库、专家库、成果库等数据库，为××市区委、区政府和当地企业在技术选择、人才引进及成果转化等方面提供支撑。

我们在长期领域研究的基础上，基于相关政策、技术演变、科技成果、专家人才等大数据，选取具有较高技术壁垒的工业机器人核心零部件、本体设计和控制系统，应用广泛的高端焊接机器人系统集成，以及具有巨大发展潜力的康复机器人分别展开深入研究，从市场环境、技术发展、研究机构和关键人才等维度为××市提供了产业情报支撑。

12.1.1 机器人产业大数据集成

通过文献调研、专家咨询和企业走访等方式，系统梳理了国内外机器人产业的相关政策措施和市场状况，并对不同时间段的市场数据及不同国家的政策措施分别进行了比较。另外，以客观存在且包含不同角度技术信息的科技文献为数据基础进行领域技术发展的分析，包括整体发展趋势、不同国家发展情况、基础研究和应用研究的比较等，研究机构分析包括研究重点、主要研究人员、主要产品、国外企业进入中国情况等，关键人才分析包括所属机构、研究方向、研究成果、成果转化情况等。

科技文献包括专利、期刊论文、科技报告和科技成果，分别来源于Innography专利数据库、科学引文索引（Science Citation Index，SCI）、国家科技报告服务系统和国家科技成果转化项目库。其中专利文献涉及广泛的应用科学技术领域，目前全世界每年出版的专利文献约为100多万件，约占世界各种图书出版总量的1/4，专利文献拥有的发明技术信息量大，是科技信息非常重要的来源[3]。本研究所用的 Innography 专利数据库是 ProQuest Dialog 公司推出的具有核心专利挖掘功能的商业专利数据库和专利分析软件，是基于网络的最新专利检索与分析平台。数据源包括 90 多个国家和地区的专利、8000 多万件全球专利数据、邓白氏商业数据、美国专利诉讼、美国商标数据等，方便在世界范围内进行专利搜索，可以帮助了解世界最前沿的技术态势和最具竞争力的对手，预测诸多商业发展态势等[4]。本研究以该库专利数据为基础，分析机器人领域应用技术的发展情况。

科学引文索引（Science Citation Index，SCI）数据库是 Clarivate Analytics 公司所有的 Web of Science 数据库的子数据库，是获取学术信息的全球最权威的自然科学引文数据库。该数据库目前收录自然科学 8200 余种全球高影响力的学术期刊，数据最早可以回溯到 1900 年；其内容涵盖了农业、天文学与天体物理、生物化学与分子生物学、生物学、生物技术与应用微生物学、化学、计算机科学、基因与遗传、免疫学、材料科学、医学、微生物学、神经科学、肿瘤学、儿科学、药理学与制药、精神病学、心理学、外科学、热带医学、兽医学和动物学等 150 多个学科领域[5]。本研究以该库论文数据为基础，分析机器人领域的基础研究情况。

国家科技报告服务系统主要包含了 973 计划、863 计划、国家科技支撑计划、国家科技重大专项、国家国际科技合作专项和国家重大科学仪器重大设备开发专项等国家科技计划（专项）中部分已结题项目的总结报告。包含了研究过程的详细记录、蕴含了大量的技术细节、基础数据和研究经验，是对学术论文和专利的重要补充。截至 2018 年 5 月，系统收录报告数量为 123 635 条，其中科学技术部 31 371 条，国家自然科学基金委员会 66 794 条，交通运输部 769 条，地方科技报告目前共收录 27 701 条。

国家科技成果转化项目库是为了加快实施国家创新驱动发展战略，按照促进科技成果转移转化行动的部署，科技部以国家 863 计划、973

计划、国家科技支撑计划等财政科技计划产生的科技成果为重点，汇总发布的一批符合产业转型升级方向、先进适用的科技成果数据库，涉及生物医药、新一代信息、能源、现代农业与先进制造等11个技术领域。

12.1.2 基于大数据的技术布局和创新路径分析

12.1.2.1 工业机器人市场情况

从工业机器人发展历史看，全球机器人市场已进入平稳增长期。日本、美国、德国和韩国是工业机器人技术研发能力较强的国家。德国工业机器人的研究和应用在世界上处于领先地位。2000—2004年，全球工业机器人销售量较为平稳，销售量平均在8.5万台左右。2005年，全球工业机器人销售量快速增加，达到12.0万台，之后销售量一直较为平稳。2008年，美国经济危机之后，全球工业机器人使用迎来低谷，2009年仅销售6.0万台。2010年，全球工业机器人销售量增长快速，达到12.1万台。之后一直保持稳定增长，2015年达到24.8万台，与2014年相比同比增长了12%，销售量再创历史新高（图12.1）。

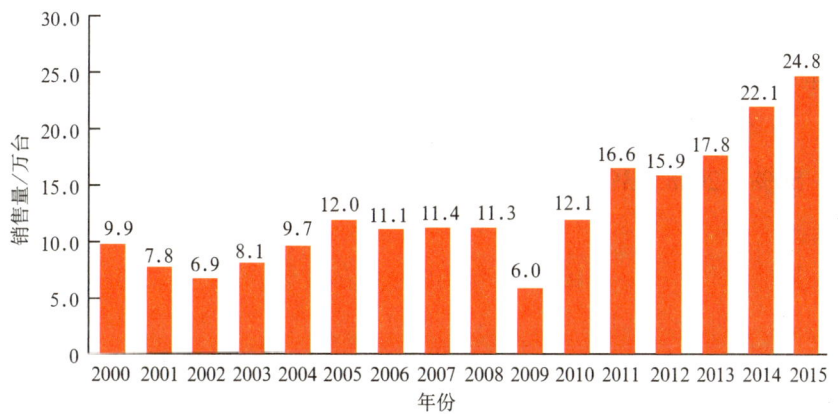

图12.1 2000—2015年全球工业机器人销售情况

数据来源：国际机器人联合会。

亚洲地区一直是工业机器人需求量最大的地区，2015年销售量达到15.6万台，占全球的60.3%。其中，2015年亚洲销售量增长16%，欧洲增长10%，美国增长15%，非洲及其他地区下降41%（图12.2）。

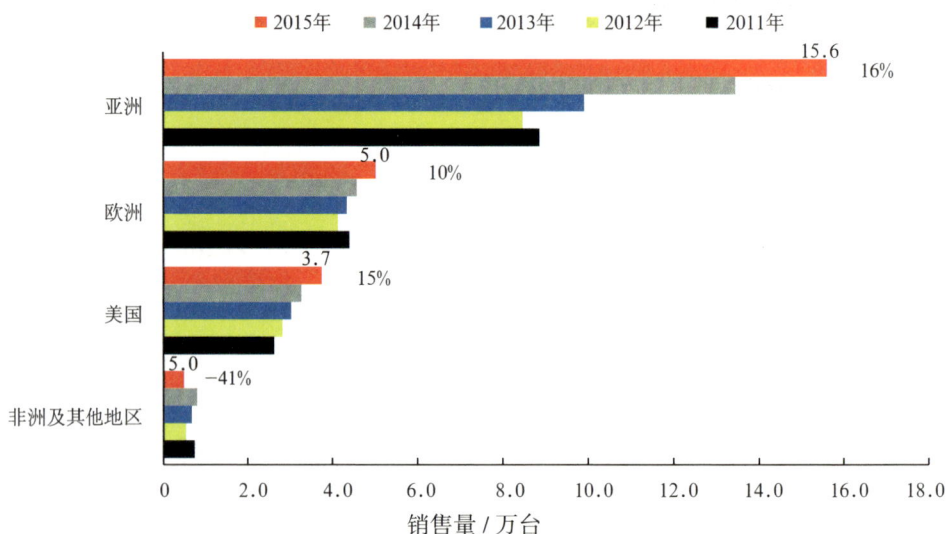

图12.2　2011—2015年全球不同地区工业机器人销售情况

数据来源：国际机器人联合会。

全球工业机器人3/4的销售量集中于前五大消费市场，分别是中国、韩国、日本、美国和德国，2015年前4位国家销售量同比增长分别为17%、50%、20%、3%，德国同比持平（图12.3）。

第十二章
服务产业：新旧动能转换的抓手

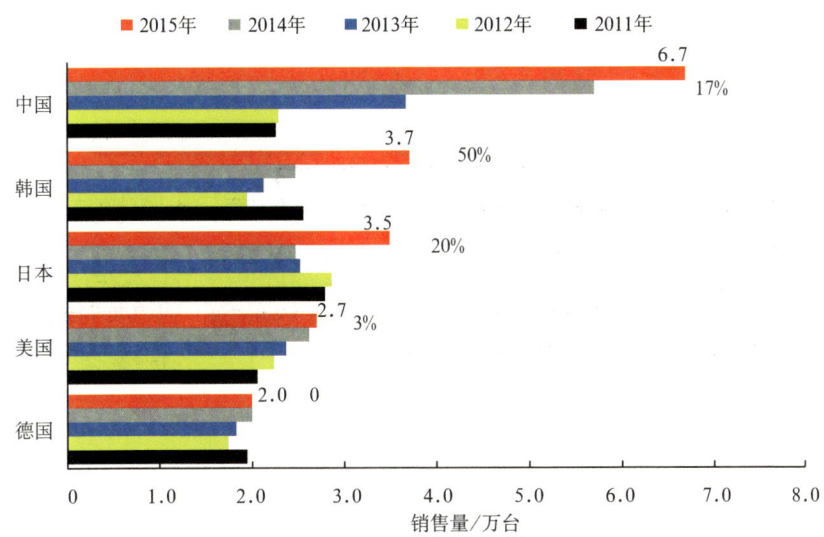

图 12.3　2011—2015 年全球主要市场工业机器人销售情况

数据来源：国际机器人联合会。

工业机器人关键零部件包括精密减速器、伺服电机及驱动、控制器等，是价值链中利润关键点，占据了中国机器人生产投入大部分比例，达到整体成本的 70% 以上（图 12.4）。在工业机器人产业价值链上，机器人制造企业与其上游零部件企业的关系呈现供应商垄断型特殊形态，如精密减速器几乎被日本的纳博特斯克（Nabtesco）和哈默纳科（Harmonic Drive）2 家企业垄断，纳博特斯克毛利率约为 28%，这 2 家企业在工业机器人价值链上具有显著的战略优势，能对工业机器人生产企业施加一定压力，中国相关企业就承担了高额的进口价格。目前，中国工业机器人核心零部件国产化的趋势已经初步显现，但还需要一定时间的技术和经验积累，如果能快速突破，向关键零部件这一价值链高利润区进行扩展，中国工业机器人就能形成价格优势，本体制造企业盈利空间将会更大。

在全球工业机器人产业价值链中，KUKA、发那科、ABB 及安川电机是龙头企业，在机器人本体制造、相关技术和服务及系统集成甚至核心零部件等方面拥有显著优势，抓住了产业价值链上的利润关键点，经营范围覆盖了利润关键点，具备很高的盈利能力。

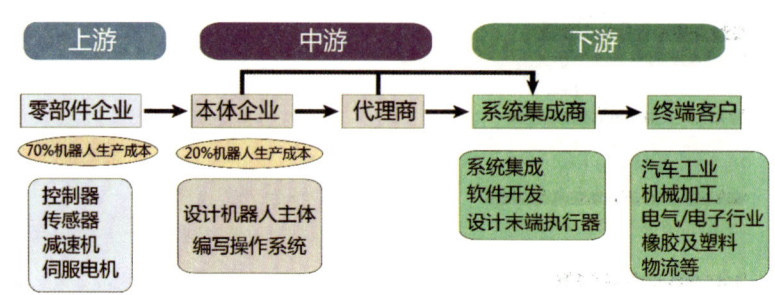

图 12.4 工业机器人产业链构成

中国工业机器人本体制造企业核心竞争力不断增强，向突破关键技术和丰富产品系列方向发展，但大多数企业处于小批量生产和推广应用阶段。新松机器人研发与产业化能力是国内最强的，研发投入持续提升，建立了较完善的工业机器人价值链产品体系，需要加强工业机器人关键零部件的研发投入，增强未来的盈利能力。

12.1.2.2 工业机器人技术布局和创新路径分析

我们从机器人核心零部件、本体和控制系统通用技术进行技术布局和创新路径分析，并以焊接机器人和康复机器人为例进行专业细分领域机器人技术分析，下面以机器人核心零部件为例进行介绍。

（1）全球论文和专利的逐年分布

机器人核心零部件包括控制器、伺服电机和减速机，全球范围内在该领域的技术创新（专利申请）和基础研究（论文发表）趋势见图12.5。可以看出，全球对机器人核心零部件的研究起始于20世纪70年代中期，在初始探索阶段，技术创新和基础研究同步进行且研究成果较少，但从80年代开始技术创新步伐逐步领先于基础研究，且这一趋势一直延续至今，这一发展态势主要源于全球范围内机器人领域的研究机构为企业。在30多年的发展过程中，机器人核心零部件的技术创新和基础

第十二章
服务产业：新旧动能转换的抓手

研究分别显示不同的发展态势。

1980—1990 年：技术创新进入第一个快速发展阶段，表现为专利申请数量快速上升，而基础研究领域并未取得较大进展，论文发表数量与探索阶段相差无几，无明显增加的趋势。

1991—2000 年：技术创新进入平稳发展期，年申请专利数量无明显变化，基础研究进入缓慢发展阶段，论文发表数量缓慢攀升。

2001—2010 年：经过上一个十年的平稳发展，核心零部件的技术创新再次进入上升阶段，同时基础研究依然保持缓慢发展的态势。

2011 年至今：机器人核心零部件的技术创新速度进一步加快，进入快速发展阶段，专利申请数量以每年 200～300 件的速度增加，基础研究继续保持缓慢发展的态势。

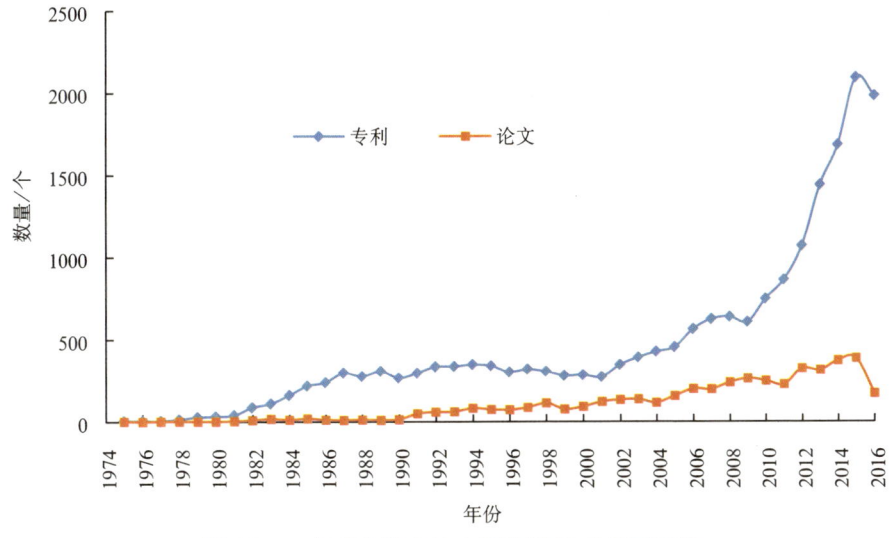

图 12.5　全球机器人核心零部件技术发展趋势

（2）全球专利技术生命周期

以专利数量和申请人数量逐年变化的情况，做了核心零部件技术生命周期图，见图12.6。可以看出，2007年以前专利数量和申请人数量虽然均处于逐年增加的态势，但发展较为缓慢，属于核心零部件研究的缓慢成长期。2008年开始，专利数量和申请人数量逐年增长速度加快，进入快速成长期，目前仍处于这一阶段。

（3）中国论文、专利、科技报告和科技成果的逐年分布

考察了中国在核心零部件领域的技术发展态势，包括专利、论文、科技报告和科技成果逐年变化情况，见图12.7。专利反映了应用研究的创新情况；论文反映了基础研究的创新成果；科技报告数据来源于国家科技报告服务系统，该系统收录的是承担国家科技项目所产生的研究进展报告和研究结论报告，反映了中国在机器人核心零部件领域的政府支持情况，以及企业和高校院所的参与情况；科技成果数据来源于国家科技成果转化项目库，该项目库收录的成果信息是指财政性资金支持产生的、可转化的应用型科技成果信息，反映了在政府支持下核心零部件领域的可转化的研究成果。

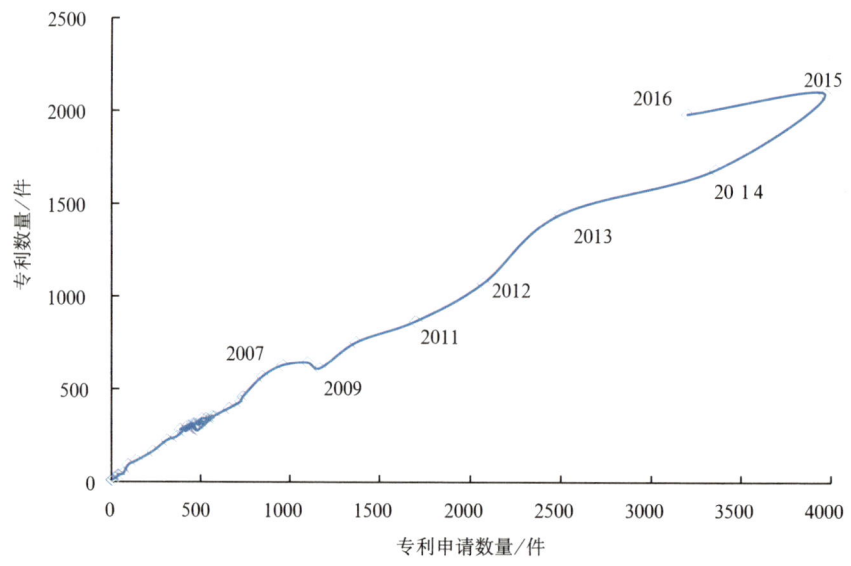

图12.6 全球机器人核心零部件专利技术生命周期

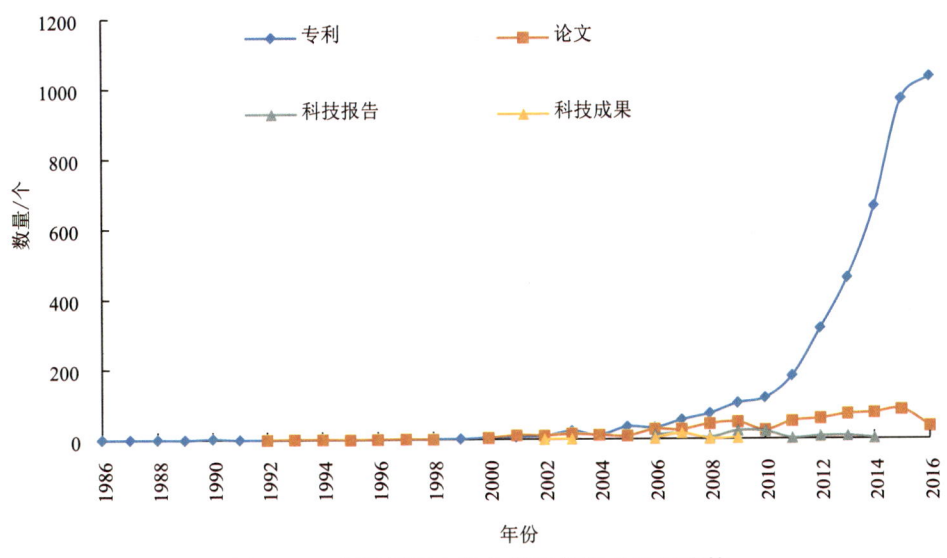

图 12.7 中国机器人核心零部件技术发展趋势

从图中可以看出,专利是核心零部件领域技术创新的主要体现形式。2010年以前,中国在该技术领域的研究处于探索状态,从2010年开始,即从"十二五"规划开始,中国加大对机器人研究的支持力度,尤其支持机器人领域的关键共性技术,而核心零部件(减速器、控制器、伺服电机)均属于机器人产业链中的上游技术,且长期被日本、德国等国家垄断。所以,对机器人核心零部件的研究迫在眉睫,相应的专利数量急速增加。相比专利的急速增加,基础研究一直处于平稳发展的态势,与图12.5全球范围内基础研究的发展趋势一致。从科技报告和科技成果的数据变化可以看出,中国政府在该领域有一定的支持力度。

12.1.2.3 工业机器人核心零部件主要研究机构

(1)全球企业

在对国家分析的基础上,进一步分析了全球不同企业在机器人核心零部件领域的专利申请排名情况,见图12.8。可以看出,日本企业在该领域的技术创新最为活跃,专利数量排在前5位的企业均来自日本,分别为发那科公司、安川电机、爱普生机器人、松下集团和日立集团,其中发那科公司、安川电机属于机器人领域全球四大家族。同样属于四大家族的瑞典 ABB 公司和德国库卡公司分列第 6 位和第 17 位。韩国重要的机器人企业三星重工排名第 7 位。值得注意的是,在专利数量排名前 20 位的企业中,没有中国企业的身影。另外,日本企业除了上述排在前 5 位的企业外,还有本田汽车集团、丰田汽车集团、日产集团等传统汽车企业,以及三菱电机、川崎重工、株式会社电装等机电企业,欧地希机电、神户制钢公司等机械领域企业,东芝公司、索尼公司、佳能公司、富士通公司等电子制造企业。表明日本在机器人制造领域呈现全方位发展的态势。

继续考察专利申请数量排名前 5 位的企业的技术发展趋势,见图 12.9。可以看出,5 家企业各自表现了不同的发展轨迹。

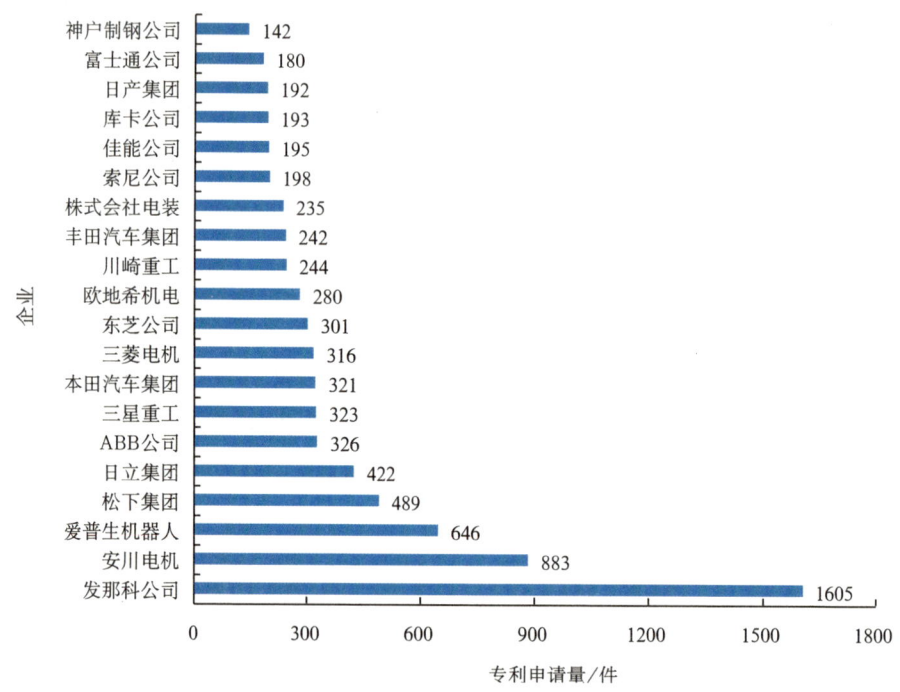

图 12.8 全球机器人核心部件主要专利申请企业情况

第十二章
服务产业：新旧动能转换的抓手

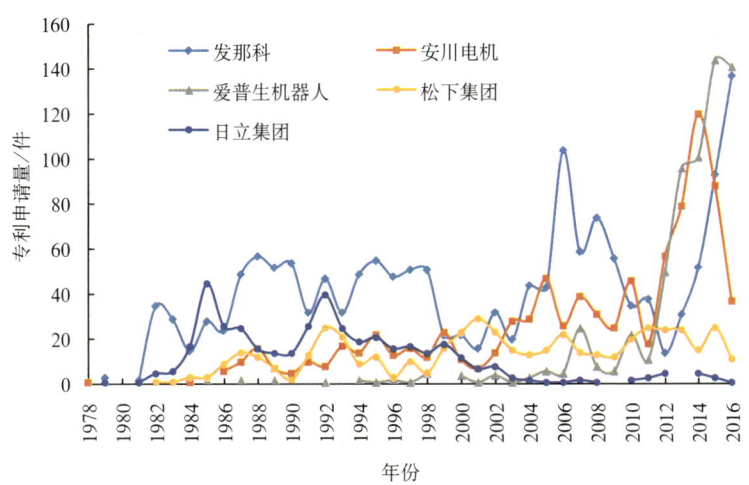

图 12.9　全球机器人核心部件主要专利申请企业技术发展趋势

发那科公司在机器人核心零部件领域的技术发展整体呈现波动发展的态势，经历了 3 个阶段，1980—2000 年为第一阶段，在这一时间段中该公司对核心零部件相关技术进行了长期稳定的创新研究，专利数量变化较小，对比其他企业的发展来看，该公司在这一时期处于全球领先的地位，该公司的第一台机器人在这一阶段问世；2001—2012 年为第二阶段，经历了抛物线式的发展，2000—2003 年该公司的专利申请数量急剧下降，技术创新步伐缓慢，2004 年开始专利数量逐步增加，并在 2006 年达到顶峰，这一波技术创新的浪潮直接提高了发那科公司的市场占有率，使其在 2008 年成为世界上第一个产量突破 20 万台机器人的厂家，并在 2011 年，该公司全球机器人装机量超过 25 万台，市场份额居全球第一，但随后技术创新遭遇瓶颈，专利申请数量又呈现下降趋势，并在 2012 年降至最低点；2013 年至今为第三阶段，专利申请数量再次出现上升趋势，迎来该公司在机器人核心零部件领域的又一次技术创新高潮，2013 年该公司推出多功能六轴小型机器人，实现了本体轻量化，手腕部负载提高，拓宽了在 IT 行业内的应用。

专利数量排在第 2 位的安川电机株式会社的专利申请数量则整体呈现逐步上升的态势。具体来看，在 2010 年以前一直处于缓慢发展阶段，每年的专利申请数量上升幅度较小，从 2011 年开始进入快速发展阶段，年专利申请数量急速上升。目前，该公司的 MOTOMAN 机器人系列产品，广泛应用于弧焊、电焊、涂胶、切割、搬运、码垛、喷漆、科研及教学领域。

专利数量排在第 3 位的是爱普生机器人公司，该公司与发那科和安川电机共同构成日本实力最强的工业机器人公司。从专利申请数量变化来看，该公司在机器人核心零部件领域主要的技术创新集中于 2005 年至今，且从 2011 年开始进入快速发展阶段。爱普生机器人公司源于精工爱普生公司的手表组装线，主要产品为小型精密组装机器人。

专利数量排名第 4 位的松下集团，历年专利申请数量变化较小，保持在每年 20 件左右，即该公司在机器人核心零部件领域的研究处于长期稳定发展的状态。

日立集团对机器人核心零部件的研究则表现了与上述 4 家企业完全不同的态势，从专利申请变化来看，该集团在该领域的研究集中在 2000 年以前，2000 年后逐步降低在该领域的研究力度。

（2）全球高校院所

全球范围内高校院所在机器人核心零部件领域的研究情况进行分析，见图 12.10。由于中国高校院所的专利申请情况在后续的内容中会有专门的分析，因此，此处仅分析了除中国外其他国家高校院所的专利申请情况，图 12.10 中显示的为该领域专利申请数量排名前 100 位的专利权人中除中国外其他国家的高校院所，共 9 家机构。可以看出，韩国和日本的机构在该领域的研究较多，排在首位的是韩国科学技术研究院，该研究院致力于韩国高新工业核心技术的研发，目前在机器人核心零部件领域申请专利 56 件，是韩国在该领域研究最多的科研院所。韩国在该领域研究最多的大学为韩国科学技术院，包含工程学院和信息科学与技术学院，这2个学院是该大学主要的机器人研究机构。日本在该领域的研究主要集中在企业，科研院所较少，具有代表性的有日本国际电气通信基础技术研究所和日本科学技术振兴机构。

从基础研究的角度考察了全球范围内高校院所的排名情况，见图12.11，图中列出了中国及其他国家论文数量排在前10位的高校院所。法国在机器人核心零部件领域的基础研究最多，主要机构为法国国家科学研究中心。中国的基础研究集中在中国科学院和哈尔滨工业大学，分别发表相关论文56篇和47篇。此外，美国的加利福尼亚大学和麻省理工学院，日本的东京大学都是各自国家主要的基础研究机构。

图 12.10　全球机器人核心部件主要专利申请高校院所情况

（3）中国企业

对中国境内机器人核心零部件企业的专利申请情况进行了分析，图12.12列出了专利申请数量排在前20位的中国企业。国家电网公司排在首位，该公司主要的研究对象为电力巡检机器人，为此专门成立了国家

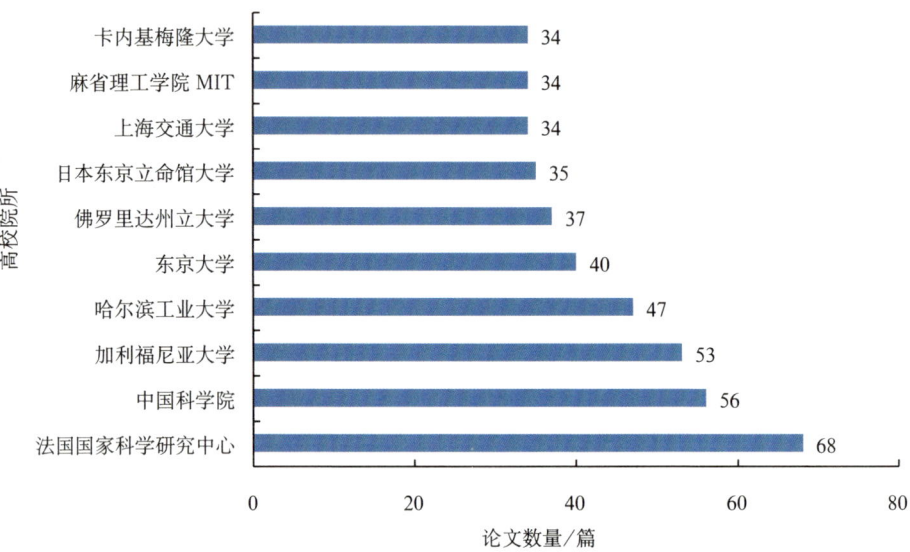

图 12.11　全球机器人核心部件主要基础研究高校院所情况

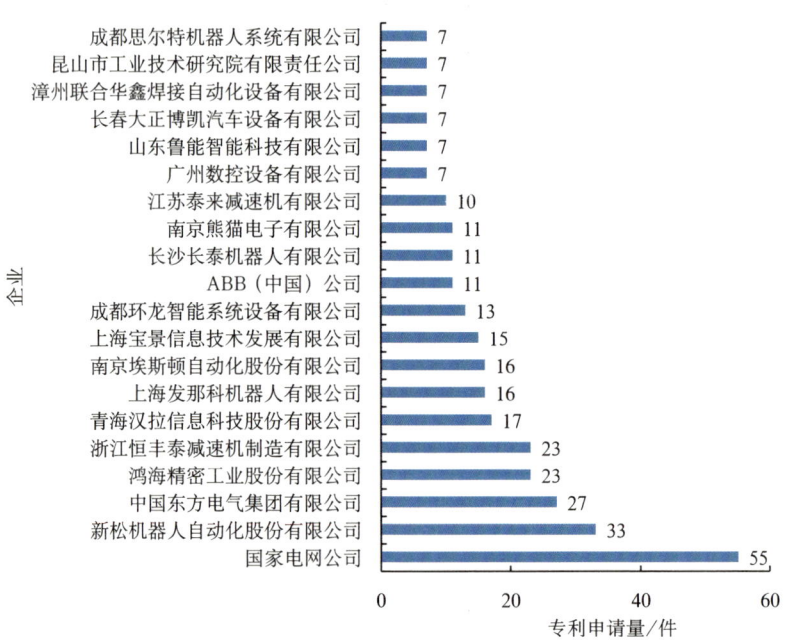

图 12.12　中国机器人核心部件主要专利申请企业情况

第十二章
服务产业：新旧动能转换的抓手

电网电力机器人技术实验室，并与清华大学、哈尔滨工业大学、上海交通大学、天津大学及中国科学院等科研机构进行了广泛的合作。排第 2 位的是新松机器人自动化股份有限公司，该公司隶属于中国科学院，产品线涵盖工业机器人、洁净（真空）机器人、移动机器人、特种机器人及智能服务机器人五大系列，其中在机器人核心零部件领域共申请专利 33 件。中国东方电气集团有限公司、鸿海精密工业股份有限公司和浙江恒丰泰减速机制造有限公司分列第 3、第 4、第 5 位，专利申请数量均在 20 件以上。

对国家科技报告服务系统中收录的参与机器人核心零部件研究的企业进行了统计，见表 12.1。国内多数机器人企业均承担了国家机器人相关研发项目，如苏州博实机器人技术有限公司、沈阳新松机器人自动化股份有限公司、上海电气集团股份有限公司、南京埃斯顿机器人工程有限公司、安徽埃夫特智能装备有限公司等。但从科技报告数量来看，每个企业参与的项目数量较少。

表 12.1 中国机器人核心部件主要提交科技报告企业情况

企业	科技报告数量 / 篇
苏州博实机器人技术有限公司	3
重庆三磨海达磨床有限公司	2
青岛诺力达工业装备有限公司	2
机科发展科技股份有限公司	2
贵阳铝镁设计研究院有限公司	2
浙江钱江摩托股份有限公司	1
伊犁农业第四师七十团	1
四川神坤装备股份有限公司	1
沈阳新松机器人自动化股份有限公司	1

续表

企业	科技报告数量/篇
沈阳飞机工业（集团）有限公司	1
上海电气集团股份有限公司	1
陕西秦川机械发展股份有限公司	1
山东山大华天软件有限公司	1
奇瑞汽车股份有限公司	1
南京埃斯顿机器人工程有限公司	1
湖北三江航天万峰科技发展有限公司	1
广州数控设备有限公司	1
佛山市顺德区乐华陶瓷洁具有限公司	1
烽火机械厂	1
大庆三维科技有限责任公司	1
北京博创兴盛机器人技术有限公司	1
安徽埃夫特智能装备有限公司	1

对国家科技成果转化项目库中收录的拥有机器人核心零部件研究成果的企业进行了统计，见表12.2。可以看出，国内企业技术创新能力较弱，在承担国家项目后难以获得预期的研究成果。

表12.2　中国机器人核心部件拥有技术创新成果的企业情况

企业	创新成果数量/个
廊坊智通机器人系统有限公司	1
湖北汉丹机电有限公司	1
南京熊猫电子股份有限公司	1
湖北省齐星汽车车身股份有限公司	1

第十二章
服务产业：新旧动能转换的抓手

续表

企业	创新成果数量/个
合肥智能机械研究所	1
山东力创科技有限公司	1
天润曲轴股份有限公司	1
南京时恒电子科技有限公司	1

（4）中国高校院所

考察了中国范围内高校院所在机器人核心零部件领域的专利申请情况，见图12.13。清华大学、哈尔滨工业大学、苏州工业园区职业技术学院、上海交通大学、中国科学院沈阳自动化研究所、浙江大学等排在前列。清华大学以100件专利排在首位，该校有多个学院从事机器人研究，包括机械电子工程研究所、清华大学自动化系、清华大学计算机科学与技术系等，在航天机器人、仿生机器人、特种机器人、工业机器人、服务机器人等领域均有研究，针对机器人核心零部件的研发，2015年，该校成立了清华大学机器人控制与驱动联合实验室。哈尔滨工业大学在机器人领域的研究起始较早，在1986年就成立了哈尔滨工业大学机器人研究所，随后在2007年改名为哈尔滨工业大学机器人技术与系统国家重点实验室，该校在20世纪80年代就研制出中国第一台弧焊机器人和点焊机器人。

从基础研究的角度对国内高校院所的研究情况进行了分析，统计了各院所SCI论文的发表情况，见图12.14。可以看出，中国科学院在机器人核心零部件领域的基础研究实力最强，其次为哈尔滨工业大学、上海交通大学、清华大学、中国香港大学、北京航空航天大学等。

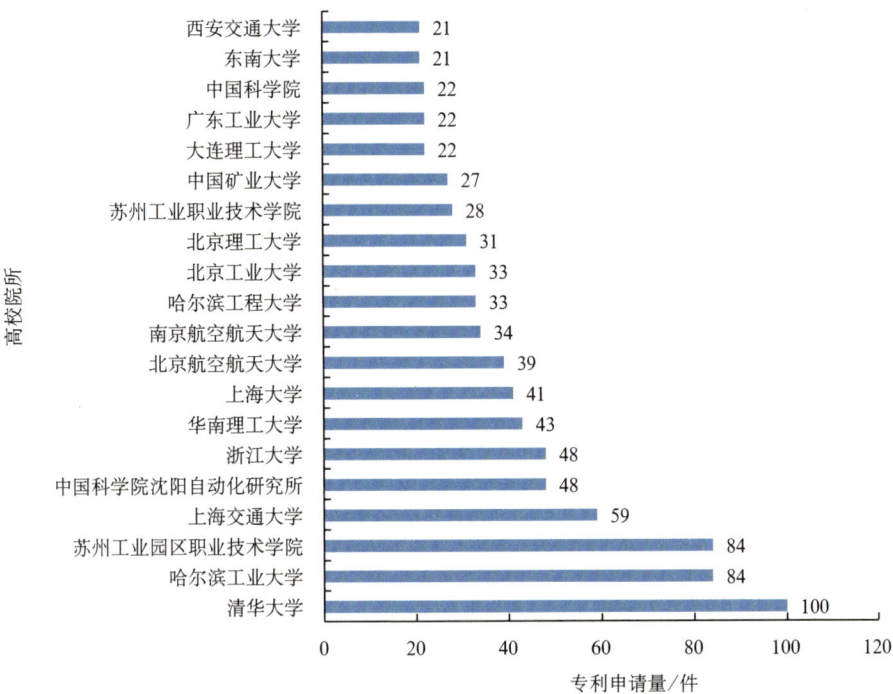

图 12.13　中国机器人核心部件主要专利申请高校院所情况

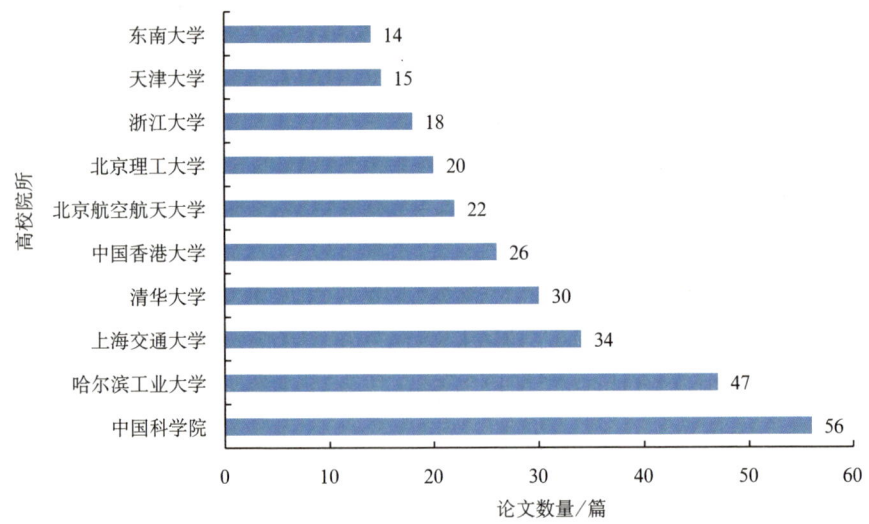

图 12.14　中国机器人核心部件主要基础研究高校院所情况

第十二章
服务产业：新旧动能转换的抓手

对国家科技报告服务系统中收录的参与机器人核心零部件研究的高校院所进行了统计，见图12.15。可以看出，哈尔滨工业大学参与国家项目最多，其次为北京航空航天大学、北京理工大学及中国科学院系统的研究所。与表12.2科技报告系统中企业的情况比较可以看出，由于拥有较强的研究实力，中国机器人领域各项国家计划的主要承担者是高校院所，即中国在机器人核心零部件领域技术创新的主体是高校院所。

对国家科技成果转化项目库中收录的拥有机器人核心零部件研究成果的高校院所进行了统计，见图12.16。可以看出，北京航空航天大学的创新成果数量最多，即在机器人核心零部件领域的技术转化能力最强，其次为江苏大学、中国科学院自动化研究所、上海大学、北京工业大学等。

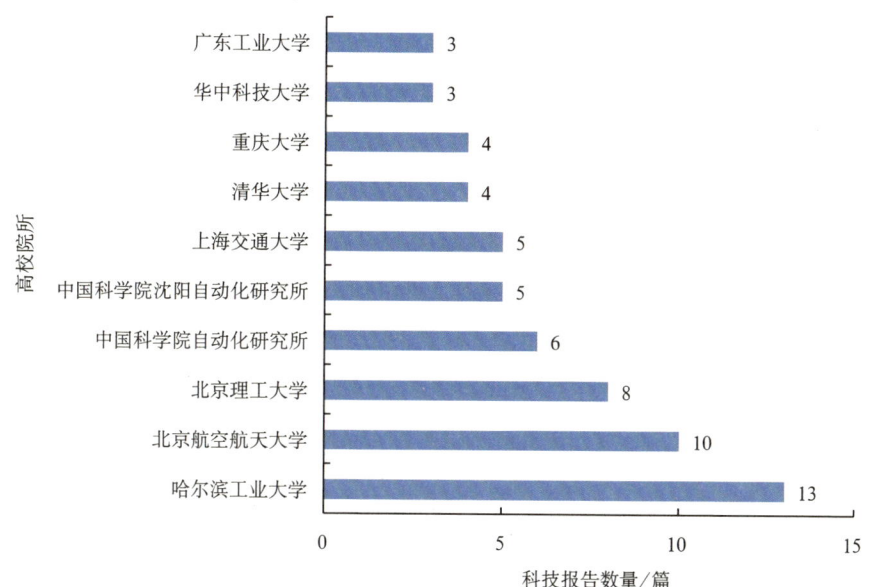

图12.15 中国机器人核心部件主要提交科技报告高校院所情况

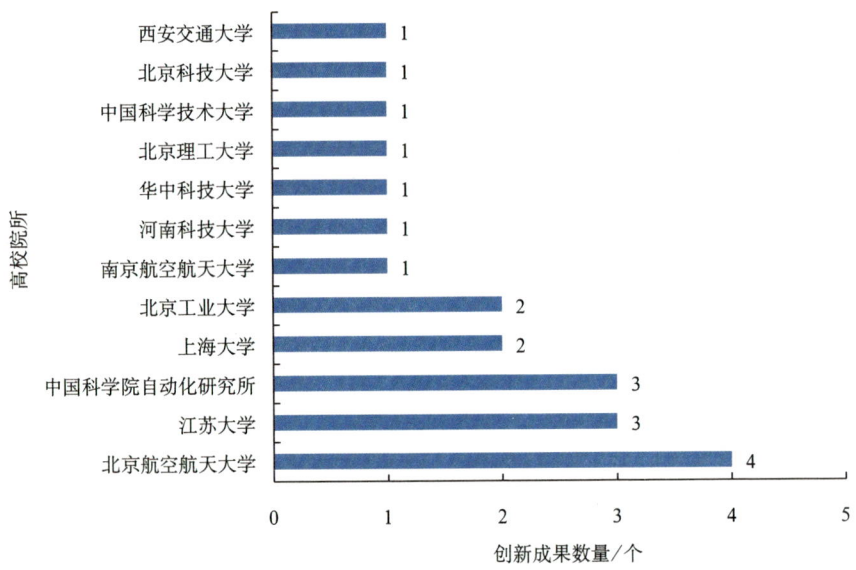

图 12.16　中国机器人核心部件拥有技术创新成果的高校院所情况

12.1.2.4　机器人核心零部件关键研究人才

国内外众多科研机构拥有机器人领域的顶尖人才，构成人才引进的资源库，如加利福尼亚大学的 Masayoshi Tomizuka 教授，麻省理工学院的 Hermano Igo Krebs 教授，早稻田大学的高西淳夫教授，清华大学的张文增教授，哈尔滨工业大学的赵杰教授。加利福尼亚大学的 Masayoshi Tomizuka 教授专注于机器人核心部件、本体设计和康复机器人领域；麻省理工学院的 Hermano Igo Krebs 教授主攻康复机器人领域研究；早稻田大学的高西淳夫教授在机器人核心部件、本体设计、上下肢康复机器人研究成果丰富（表 12.3）。

表12.3 国外机器人领域关键人才

序号	姓名	论文数量/篇	机构	职务/职称	研究方向
1	Masayoshi Tomizuka	61	加利福尼亚大学伯克利分校	加利福尼亚大学伯克利分校机械工程系控制论教授,博士生导师	机器人制造、自适应控制、数字控制、信号处理、运动控制等控制问题
2	Hermano Igo Krebs	108	麻省理工学院	麻省理工学院机械工程系,首席研究科学家	康复机器人
3	Chang Pyung Hun	37	韩国科学技术院	韩国科学技术院机器人工程系主任	手术机器人、康复机器人、生命支持机器人、机器人设计与服务机器人和微生物纳米机器人
4	Takanishi A（高西淳夫）	191	早稻田大学	早稻田大学创造理工学部综合机械工学科教授	双足人形机器人、咀嚼机器人、用于颚咀嚼运动障碍者开闭口训练机器人、脸部机器人
5	Masayuki Inaba（稻叶雅幸）	69	东京大学	东京大学信息科学与技术研究生院教授	先进机器人系统和软件架构关键技术

12.1.3 大数据支撑产业战略规划

机器人产业作为制造业转型升级的重要方向之一备受各国政府关注,美国、德国、日本作为制造业传统强国部署多项政策措施来维护其地位,中国和韩国作为制造业后起之秀也积极行动希望进入制造强国之列。从市场环境来看,全球机器人产业发展迅速、市场空间巨大,主要市场集中在亚太地区,其中,中国是最大的工业机器人市场,但中国市场长期被来自日本、德国等国的外资企业垄断,国内企业生存压力大。

从机器人领域技术发展来看，工业机器人上游核心零部件技术主要被美国、日本、德国垄断，国内企业集中在产业链的中下游，以下游技术为主，如对于精度要求高的焊接机器人的系统集成应用，国产企业主要集中在低端焊接机器人的系统集成，高端市场仍被外资企业统治，而技术差距较小的是康复机器人，该类机器人的研究集中在美国、中国、日本3国，且目前以基础研究为主，中国处于并跑的位置。此外，筛选出多家国内外机器人领域的顶尖机构，如发那科、安川电机、以色列Motorika公司、加利福尼亚大学、清华大学、上海交通大学等，以及多位顶级专家，如麻省理工学院的Hermano Igo Krebs教授、早稻田大学的高西淳夫教授、清华大学的张文增教授等。

基于以上分析结果，××市政府和机器人相关企业需同步行动、采取措施，抢占中国发展的先机。对政府而言，首先需要建立机器人产业长期跟踪监测体系，及时了解产业发展动态；其次出台相关政策，鼓励企业自我转型升级和引导国外顶尖企业落户，同时还需建立政府公共服务平台，合理利用国内科研院所的优质资源；最后促进优质人才的引进也是推动产业发展的重要手段。对企业而言，同样需要及时跟踪所在领域的前沿技术及竞争对手的研发动态，另外加强与国内科研院所的紧密合作、挖掘行业优秀人才以促进自身的技术创新。

12.1.3.1　对××市政府发展建议

机器人产业是中国制造业转型升级的重要支撑，各地方政府均制定相关激励政策支持本地区机器人产业的发展，××市作为珠江三角洲主要的制造业基地，拥有大量制造企业，尤其是机器人相关企业，具有制造业转型升级的产业基础。在具有先天优势的情况下，政府加速智能装备产业的发展，抢占先机，还需要采取以下措施：①建立产业跟踪监测预警体系，支撑智能装备产业的长远发展；②设立自主研发专项基金，扶持企业在机器人产业链中上游的技术创新；③建立企业和人才筛查机制，辅助企业并购和人才引进；④完善高精尖企业落户政策，引导国外顶尖企业落户××市；⑤建立政府公共服务平台，促进院所研发成果在××市的技术转化和产业化；⑥扶植机器人领域领军企业，带动本地区机器人产业整体升级；⑦制定人才引进和激励政策，引进国内外机器人领域顶尖人才；⑧培育服务机器人产业，尤其是康复机器人产业的发展。

12.1.3.2　对××市企业的建议

当前，××市机器人企业主要集中在产业链的下游，从事系统集成业务，从而使得发展长期陷入成本高、利润低、核心竞争力低的局面。要想打破这一局面，必须进行转型升级，而技术创新是转型升级的必经之路。对于企业来说要实现技术创新，既要努力发挥自身实力，也要有效借助外力，可以从以下几个方面入手：①加强机器人领域的技术跟踪和监测；②促进机器人技术与新兴技术的交叉融合；③加强与顶尖高校院所的技术合作；④引进机器人领域的关键人才。

12.2　新旧动能转换——大数据的服务功能

从以上科技大数据有效服务××市机器人产业升级的案例中，我们可以发现大数据在新的科技、经济和社会环境中产业发展和转型的重大支撑作用。

12.2.1　面向产业发展的大数据基础设施

大数据为服务产业发展提供了强大的基础设施，包括数据和方法工具。实时获取全面的数据资源是产业情报研究的基础。从海量的多源异构数据中可以挖掘出大量有价值的信息，为决策提供数据支撑，提高决策的科学性。先进的大数据方法工具提高了处理和分析海量异构数据的效率，提高了产业情报研究的广度和深度。

首先，大数据为服务产业发展提供了数据基础。数据是人们用来反映客观世界而记录下来的可以被鉴别的符号。大数据则强调"一切可记录的信号",其外延得到空前拓展。信息、知识本身就蕴含在大量的数据之中。运用大数据理念、技术和工具收集不同来源的实时数据,可以提高工作效率。这些数据经过累积过程,已经成为庞大的数据体系。大数据环境下,产业情报领域需要处理分析的数据源已经明显地具有大数据的复杂性、多维性、碎片化、非结构性及异构性等特征。

大数据技术能够快速采集和处理海量的多源异构数据,便于更高效地开展情报分析工作,得到更准确、更科学、更具参考价值的分析成果。随着互联网、物联网、社交网络等技术的迅猛发展,各类数据呈爆炸式增长,采集到的信息与传统信息时代的信息相比更容易失效,若不及时采集并快速预处理,相继产生的大量实时数据反而会成为负担。运用大数据技术和方法,可以对海量的数据进行扫描分析、挖掘存储、统计分析和预测决策。传感器、网络爬虫等实现海量数据汇集;机器学习、数据挖掘、自然语言处理技术等越来越成熟,实现数据的自动分类、聚类,从大量数据中学习有价值的知识;文本检索技术可以实现从海量数据中找出想要的数据,这些技术为快速处理海量数据提供了基础。

面向产业发展服务的大数据涵盖方方面面,概括起来主要有以下3个方面:第一,机器数据,主要是指通过机器自动获取的数据,如物联网感知数据、互联网用户数据等。这类数据信息数量最为庞大,可挖掘性较强,是未来大数据的核心。第二,产业数据。包括产业宏观发展数据与企业发展数据。产业宏观发展数据包括各类产业监测数据、产业发展报告、产业政策与媒体报道等。企业发展数据则是将产业化整为零,通过监测重点企业发展状况为产业发展提供支持。企业年报、媒体报道是最重要的信息来源。大数据技术的日益成熟与发展,使得企业从浩如烟海的零散文献中筛选、过滤与分析文献变得非常简便易行了。第三,科技信息数据。科学技术作为第一生产力,对产业发展的促进作用日益提升。产业的发展越来越离不开科技的进步。因此,服务产业发展

第十二章
服务产业：新旧动能转换的抓手

必须依赖于分析科技信息数据。科技信息数据包括科技文献信息资源及其描述信息（如科技报告、科技成果、学术论文、专利、图书等），科技活动过程数据（如观测数据、实验数据等），科技管理数据（如项目、机构、人才、设施、投入、产出、规划、政策等）。这些数据的规模越来越大，结构也越来越复杂，对数据深入分析与挖掘的要求也越来越高。这些丰富的数据资源通过关联与融合，呈现巨大的挖掘与决策参考价值。

其次，大数据为产业情报研究提供了先进的方法工具。大数据时代，新渠道和新载体无时无刻不产生着各类新数据。实时获取可能用到的全部数据，是服务产业发展的必要前提。因此，大数据环境下，情报人员不断为实时获取全面的数据提出新的理念、开发新的工具，并在实践摸索中改进。大数据为多源数据的处理和融合提供工具，提高情报分析的效率。一方面，待存入数据库的多源异构数据经关联与综合，消除冗余数据，减小信息量与信息价值的比值（信息熵），降低数据存储成本，提高信息检索效率；另一方面，通过半自动化方式对多源数据进行交叉印证，减少待入库信息的错误与疏漏，防止最终决策出现较大偏差。

大数据提供了新的情报分析方法。传统产业情报分析的数据大都是结构化、标准化的，而大数据格式明显具有异构性、多源性的特点，使传统分析方法在数据数量、类型上受到很大局限。大数据分析方法在处理海量的多源异构数据方面具有优势。第一，大数据分析方法能够对数据进行深度分析，充分挖掘数据间的关联性，提升数据价值；第二，大数据分析能够有效进行多源数据融合，兼容多种结构和媒体形态的数据；第三，大数据分析基于更先进的平台和开发技术，具有更高的处理效率。

大数据分析方法及所用工具呈现多样化、综合化的特点。互联网时代，来自不同领域的数据需要用不同的分析方法与工具从中挖掘出有价值的信息，否则全面却错综复杂的数据将成为负担。情报分析一方面要充分利用社会网络分析、用户信息行为分析等大数据分析常用的方法及相应工具进行课题研究；另一方面也要结合传统情报分析方法及工具加以补充和完善，对数据进行全面的分析，得出可靠性更高的研究成果。

实现精准高效的产业情报服务，需要方法与技术的支撑。基于大数据的分析除了传统的简单统计，还包括关联关系、时间变化、空间分布及差异指标等，围绕这些要素有一系列的分析方法，如科学计量、关联分析、趋势分析、聚类分析、信号分析等。在技术方面，除了分布式并行计算、多维数据关联分析技术、数据可视化展示技术等通用大数据技术外，还有多源异构数据融合技术、情报用户画像与需求探测技术、以属性计算与情景计算为主的新型计算技术、以知识抽取与本体构建为主的知识体系技术。

近年来，大数据技术与产业发展迅猛，为构建大数据基础设施提供了有力支持。在技术方面，自主研发的大数据基础平台产品陆续推出，一批信息服务企业面向特定领域研发数据分析工具，提供创新型数据服务；互联网龙头企业服务器单集群规模达到上万台，具备建设和运维超大规模大数据平台的技术实力；部分企业积极布局深度学习等人工智能前沿技术，在语音识别、图像理解、文本挖掘等方面抢占技术制高点；中国对国际大数据开源软件社区的贡献不断增大。在产业方面，大数据资源建设、应用领域涌现一批新模式和新业态；大型数据中心向绿色化、集约化发展；云计算服务逐渐成熟，为大数据提供强大的计算存储能力并促进数据集聚；大数据产业支撑能力日益增强；形成了大数据标准化工作机制，大数据标准体系初步形成；一批大数据技术研发实验室、工程中心、企业技术中心、产业创新平台、产业联盟、投资基金等形式的产业支撑平台相继建成；大数据安全保障体系和法律法规不断完善。

12.2.2 寻找产业变革中的经济发展新动能

大数据的高渗透性使其成为产业情报分析的必然选择。当前,大数据已经应用到各行各业,改变了传统的生产方式和经济运行机制,显著提升了经济运行水平和效率。大数据持续激发商业模式创新,不断催生新业态,已成为诸多领域促进业务创新增值、提升企业核心价值的重要驱动力。大数据促使产业不断产生新增长点,将对未来产业格局产生重要影响。在大数据推动下,传统产业正处于新旧轨道切换的过程中,分布式系统架构、多元异构数据管理技术等新技术、新模式快速发展,产业格局正处在创新变革的关键时期。中国经济社会发展对信息化不断提出更高要求,发展大数据具有强大的内生动力。推动大数据应用,加快传统产业数字化、智能化,做大做强数字经济,为中国经济转型发展提供新动力,为重塑国家竞争优势创造新机遇,是支撑国家战略的重要抓手。当前中国正在推进供给侧结构性改革,党的十九大提出要推动产业结构优化升级、以科技创新驱动产业发展,这为大数据产业创造了广阔的市场空间,是中国大数据产业发展的强大内生动力。有鉴于此,大数据对各行各业的渗透将不断深入。这一趋势决定了,在分析产业变革趋势,寻找经济发展新动能的过程中,必须依靠大数据。

产业变革的特征要求必须用大数据进行分析。随着经济社会的发展,产业变革越来越呈现规模巨大、结构复杂、变化加速的特征。面对这些特征,传统的情报分析方法已经越来越难以满足需求,而大数据的优势却越来越明显。第一,大数据提供更加全面、及时、关联的数据。它不仅丰富了情报源的利用价值,而且提升了产业情报分析的真实性、科学性、准确性和实时性。大数据给产业情报带来了新机遇,全面的数据有利于提高竞争情报的真实性;即时传播的数据有利于提高竞争情报的实时性;互相关联的数据有利于扩展产业情报的分析维度并便于互相验证。第二，大数据为产业情报提供了大量的技术支撑和工具支持，提高了情报分析能力，降低了海量数据分析的工作成本。传统环境下，对海量数据的全面搜集和精准分析是竞争情报工作的难点。大数据环境下，大量的数据搜集、分析技术和工具应运而生，它们使来自各方面零碎的、庞大的数据融合在一起，实现数据的集合与分享、无缝链接及跟踪分析和挖掘，大大降低了产业情报分析工作的成本。第三，大数据扩展了产业情报的服务内容和服务理念。大数据不仅带来海量数据与新的分析方法，而且还进一步丰富了产业情报的分析功能，加强了分析的深度。此外，大数据本身蕴含数据的多元性，也将为服务对象带来更为广阔的产业观察视角，促进产业的开放合作与融合创新[6]。

12.2.3　基于大数据的产业发展战略决策支撑

为产业发展战略提供决策支撑是大数据服务产业发展的重要功能之一。制定产业发展战略需要从产业发展全局的高度，通过对产业竞争环境的实时监测，对影响该产业发展的相关情报要素进行搜集、整理、加工、分析，运用专业的方法工具，结合专家智慧制定战略，从而最终为国家或地区整体产业竞争力的提升服务。大数据技术使得整合和分析海量的多源异构产业数据成为可能，进而为产业内的用户提供更加全面而精准的产业情报服务。

大数据的深入发展逐渐改变了产业情报服务的理念和运行模式，从而使得产业发展适应大数据环境，提升了整个行业的竞争力和战略决策的科学性。中国科学技术信息研究所提出"事实数据＋工具方法＋专家智慧"的情报研究方法与大数据时代的产业发展战略研究十分契合。在对海量的多源异构数据进行初步处理的基础上，建立产业大数据资源库，针对具体产业检索获得全面、及时、格式较为统一的数据，经情报分析人员采用科学的方法和工具处理并进行深入分析后，获得重大发

第十二章
服务产业：新旧动能转换的抓手

现、重要规律并找出关键因素，继而通过集成专家智慧，向政府、协会、企业等机构提供具有高价值的产业发展战略情报。

大数据为产业发展提供多种战略支撑。大数据的重点并不在于数据的获取及在此基础上分门别类的统计分析，更重要的是这些不同数据的整合及相互之间关系的分析挖掘，通过分析挖掘形成有用的情报服务系统。第一，大数据有助于更全面地描述产业发展总体状况。研究产业发展状况是制定产业发展战略的基础。随着产业发展环境的日益复杂及产业变革的日益加快，原有的产业研究方法已经无法及时准确全面地描述产业发展图景了。而大数据凭借海量、全面、及时的数据，以及先进的方法工具，为制作产业发展全景图提供了更高效的路径。第二，大数据可以服务于产业竞争战略。在经济全球化的大背景下，国家及地区之间的产业竞争愈演愈烈，提高竞争力被放在产业发展的核心位置。通过对大数据的分析，有助于分析国家或地区相应产业在全球的竞争地位，掌握竞争对手情况，洞悉市场及用户需求变化趋势，从而及时调整产业政策与生产活动，提高产业竞争力，不断开拓新市场。第三，大数据可以服务于产业创新发展。随着科学技术的不断进步，产业创新乃至产业变革的步伐不断加快。而那些不求创新的产业往往面临着被淘汰的命运。通过大数据收集产业技术创新、业态创新、模式创新数据，根据市场需要及自身优势，制定产业创新战略，可以为产业不断发展壮大提供动力。同时，通过对大数据信息的梳理，还能为产业发展匹配合作伙伴，通过合作促使产业不断做大做强。

大数据对产业发展战略的决策支撑具有以下特点。第一，由被动服务变为主动服务。传统的产业发展战略决策需求多由用户提出来，然后由产业情报人员去实现。这种方式存在实时性差、用户有时对战略决策需求描述困难等问题，需要尽快改变。通过多源数据融合及时捕获产业发展战略情报，实时监测用户需求的变化，从而主动地提供情报服务是大数据环境下产业发展战略决策支撑服务的一个新特点。第二，由单点服务变为嵌入式服务。传统的产业发展战略决策支撑服务往往是针对政策或管理过程的某一个环境提供相应的服务。随着决策方式的科学化及情报专业水准的提升,大数据情报服务嵌入到决策或业务过程将会成为一种新的趋势。以嵌入过程、快速响应为原则,通过建立有据可依的知识积累、数据采集、情报分析及报告完成的工作流程,从全领域的客观情报视角,按时、保质、保量地为产业发展提供战略情报支撑。第三,由决策参考支持向情报引领转变。产业情报从服务的层次上分为动态跟踪、态势分析与前瞻预测。在动态跟踪与态势分析的基础上,广泛利用聚类分析、演化分析等方法,分析出事物发展的规律,梳理出影响发展趋势的关键要素及要素之间的关联关系与制约关系,剖析核心技术、预测战略新兴产业、预测技术机会分析及合作关系变迁,这不仅可以看出产业的技术演进方案,还可以分析其战略部署,把握主要趋势与次要趋势,厘清长期战略与近期目标,从而实现趋势判断、动向感知、前瞻预测与前景研判,把产业情报功能从战略支撑扩展到战略引领。

12.2.4　基于大数据的产业发展动态跟踪监测

对产业动态进行跟踪监测是大数据服务产业发展的另一项重要功能。如果说战略决策支撑解决的是产业大方向问题,那么动态跟踪监测则着眼于产业发展的日常管理。大数据在各产业中的广泛应用为跟踪监测提供了基础。大数据大幅提升网络社交、电商、广告、搜索等服务的个性化和智能化水平,催生共享经济等数据驱动的新兴业态。大数据加速向传统产业渗透,驱动生产方式和管理模式变革,推动制造业向网络化、数字化和智能化方向发展。电信、金融、交通等行业利用已积累的丰富数据资源,积极探索客户细分、风险防控、信用评价等应用,加快服务优化、业务创新和产业升级步伐。通过运用大数据技术,对产业发展涉及的海量多源异构数据进行采集、整理、分析,可以实现对产业发展动态全面、及时、精确的跟踪监测。

产业发展大数据的采集根据数据的特征和来源采用不同的方法。实时产生并更新的机器数据,可以自建数据采集系统或向专业情报机构购买;传统的产业宏观发展数据、科技信息数据等,需要向专业的和信息服务商购买;对于产业政策、企业年报等更新频率较低的信息,可以自建数据库进行数据跟踪与积累。数据采集的渠道涉及物联网、互联网、商业网、人际网等多个维度。例如,通过预先设置在硬件设备上的智能传感器来搜集产品在运输、生产、销售、使用过程中产生的各种数据;通过互联网收集产业政策、企业年报、媒体报道等数据;通过商业情报机构获取市场行情、竞争对手的相关信息;通过人际网络的交谈、会议、采访等活动,获取产业上下游、竞争对手、关键人员等数据。

采集到的产业发展大数据需要进行整理。由于数据来源媒介多样化,可能存在同一类型的信息来自多个数据源,因此采集到的信息有明显的异构性及质量差别。产业发展数据来源广泛,也就意味着采集到的数据具有较高的全面性、互补性、异构性。面对这种多源异构数据,需要运用大数据的方法来解决多源数据融合的问题,包括建立数据规范、清洗规则、加工流程等工作规范。从而建立起可用的数据基础,为大数据的进一步分析和应用打下坚实的基础。

对产业发展大数据进行分析是实现动态跟踪的核心步骤,其具体内容包括产业预警、竞争对手分析、产业发展监测等。第一,产业预警是产业动态跟踪的重要目标。在现代化的产业情报系统中,产业预警的主要功能包括市场预警、供应链预警等,包含了多种产业分析方法。该系统通过跟踪和分析相关产业动向,可以及时发现潜在威胁对产业的影响。其应用对于协助政府和企业合理预测可能的结果、制定完善的产业发展策略都有着很大的益处。第二,大数据有助于系统全面地跟踪竞争对手态势。这种竞争既可以是来自其他国家或地区的同行竞争,也可以是来自同一国家或地区替代产业的竞争。通过大数据，可以全面跟踪竞争对手的市场份额、产品信息、销售渠道、企业战略、技术能力、资金实力、增长潜力等信息，掌握竞争各方的优势、劣势，为政府和企业制定合理的产业竞争与合作策略提供依据。第三，大数据有助于准确掌握产业发展总体情况。产业发展是复杂的、动态的。在产业变革快速发展的今天，准确掌握产业发展总体情况更是一项艰巨的挑战。大数据提供的全面、及时、交互、准确的客观数据为产业发展监测提供了便利。通过对机器数据、商业数据、科技数据、社交数据等各方面数据的有机融合，可以更为高效地监测产业发展。

总之，大数据技术为跟踪产业发展动态提供了有力工具。通过分析大数据，可以掌握产业市场与供应链运行状况，掌握竞争者的实力、特征与发展趋势，掌握产业发展总体运行情况，发现产业未来走向端倪。随着大数据获取渠道的扩充，数据获取变得越来越容易。对于产业发展决策者来讲，传统的产业情报服务已不能满足其需求。产业情报工作需要利用大数据集成、分析与应用工具，为用户提供动态跟踪监测与战略决策支撑等深层次专业化服务。

（王　勇　李维波　傅俊英　郑　佳）

参考文献

[1] 中共中央，国务院. 国家创新驱动发展战略纲要 [EB/OL].（2016-05-19）[2018-05-20]. http://www.gov.cn/zhengce/2016-05/19/content_5074812.htm.

[2] 国务院. "十三五"国家战略性新兴产业发展规划 [EB/OL].（2016-11-29）[2018-05-20]. http://www.gov.cn/zhengce/content/2016-12/19/content_5150090.htm.

[3] 傅雷杰. 专利文献的使用价值 [J]. 中国科技信息，1998（8）：29-29.

[4] 王旭，刘姝，李晓东. 快速挖掘核心专利：Innography 专利分析数据库的功能

分析[J]. 现代情报，2013，33（9）：106-110.

[5] 陈江帆. Web of science 数据库检索及其科学研究价值试析[J]. 情报探索，2002（1）：41-42.

[6] 刘鹏瑞，王旭. 大数据环境下我国竞争情报研究热点透析[J]. 图书馆研究与工作，2017（3）：25-28.

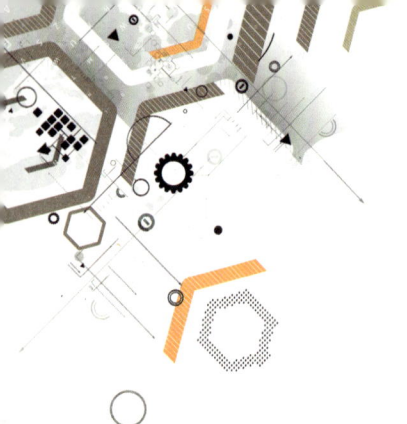

第十三章
服务中小企业：让大数据来出谋划策

中小企业一直以来都是科技情报服务的重要用户，然而长期以来其个性化、低成本、多样性的服务要求又对服务方提出诸多挑战，如何高效率、低成本、可复用地满足中小企业的情报服务要求，成为一个亟待解决的问题。本章从专利许可、相似专利识别和科技查新三个角度出发，基于网络演变特性、文本相似度和结构洞属性对科技成果转换的内在规律和独有特征进行深入研究和挖掘，从而为科技大数据环境下提升科技成果转化服务奠定良好基础。

13.1 专利许可：科技成果转化的信使

13.1.1 中国科技成果转化的困境

科技成果转化对于国家的技术创新与经济发展有着较为重要的意义，并得到了政府的高度重视[1]。早在20世纪80年代，美国政府出台了《拜杜法案》等一系列法案，将高校技术转移作为促进国家技术创新与经济发展的主要动力。日本也发布了《产业活力再生特别措施法》，其中主要的措施体现在2个方面：第一，规定高校所取得的科研成果属于高校主体——大学独立法人，大学应该对其申请专利集中管理；第二，通过政府审批的技术转移机构3年内可以减免50%的专利费[2]。同样，中国对科技成果转移转化十分重视，发布了《中共中央、国务院关于深化科技体制改革加快国家创新体系建设的意见》等多项政策文件，提出要推动科研院所、高等学校面向市场转移科技成果。

专利是技术创新产出的重要内容，是科技成果产出的一种重要形式，凝聚了大量的知识和技术，已成为世界各国和地区应对激烈竞争的重要资源。目前，中国专利申请数量增长迅速，据国家知识产权局的统计信息，2016年，中国国家知识产全局受理发明专利申请量超过130万件（同比增长21.5%），发明专利授权量超过40万件（同比增长12.5%）。但是，中国专利在数量大幅提升的同时，专利技术转化率却很低。根据国家发展和改革委员会的资料[3]，截至2013年，中国的专利转化率仅为10%，甚至更低；根据世界银行2013年的统计数据，中国的专利技术应用商品化率不到20%。造成这种状况的原因可能有很多方面，主要是：一方面，中国产学研结合不够紧密，创新活动与产业需求脱节，技术转移能力不足；另一方面，高校和科研院所与产业界之间没有畅通的技术转移渠道，供需交易不能有效发生。

13.1.2 专利许可的含义及相关研究进展

13.1.2.1 专利许可的含义

科技成果转化包括专利权转让、专利实施许可、企业技术咨询等多种方式，专利许可是其中比较重要的技术转化方式。专利许可就是专利实施许可，也称专利许可证贸易，是指专利技术所有人或其授权人许可他人在一定期限、一定地区，以一定方式实施其所拥有的专利，并向他人收取使用费用。专利实施许可仅转让专利技术的使用权利，转让方仍拥有专利的所有权，受让方只获得了专利技术实施的权利，并不拥有专利所有权。专利实施许可是以订立专利实施许可合同的方式许可被许可方在一定范围内使用其专利，并支付使用费的一种许可贸易。

《专利法实施细则（2010修订）》第14条第2款规定："专利权人与他人订立的专利实施许可合同，应当自合同生效之日起3个月内向国务院专利行政部门备案。"需要注意的是，这种备案行为是"应当"，而不是"必须"，也就意味着如果没有去进行备案，专利实施许可合同也是有效的，但是会存在一些弊端，如无法对抗善意第三人等。因此，采用专利许可数据对科技成果转化的情况进行分析在数据层面存在一定的局限性，但是却可以在一定程度上揭示隐藏在数据中的"规律"或"真相"。

13.1.2.2　专利许可的相关研究进展

在科技成果转化的方式中，专利许可是其中比较重要的技术转化方式。各国政府也鼓励大学及科研机构以许可方式而非专利权转让方式来实现科技成果的产业化[1]。查找文献分析发现，已有的专利许可分析研究大多数集中在对高校专利实施许可状况的分析[1, 4-7]，还有少数对企业专利许可状况的分析。在对国外企业专利许可状况的研究中，发现高科技企业越来越多倾向将专利作为公司的竞争武器和新的收益来源，专利许可是企业专利战略中的最核心部分。据估计，前十大制药公司在1997年获得的收益中34%来自企业获得许可的产品（1992年是29%）[8]。但是中国企业在创新成果获得方式中来自专利、技术诀窍的购买比例仍然较低，大部分借助于自主开发和引进人才方式获得，企业进行引进基础上的二次开发比例也较低，这种情形不利于中国企业提高自主创新能力[9]。与此同时，研究也发现专利许可经历会对受让企业的专利质量产生正向影响[10]。另外，还有一些从时间和/或区域角度对专利许可数据进行的分析研究[11-12]。

根据学者们的相关研究，可以发现专利许可对于促进中国的科技成果转化和知识流动，以及提高企业产业地位和自主研发水平具有重要意义，但是目前对特定技术领域的专利许可状况的研究非常少，只发现一篇新能源领域的专利许可研究[13]。另外，目前对特定技术领域的计量分

第十三章
服务中小企业：让大数据来出谋划策

析研究仍然是通过挖掘论文或者专利的属性信息进行分析，主要局限于从技术创新本身的视角描述技术领域的发展态势，尚未涉及技术创新过程中至关重要的后端转化环节。因此，基于专利许可数据对特定技术领域的分析具有重要的意义。

13.1.3 基于专利许可数据的网络演变特征分析方法

基于专利许可数据对特定技术领域进行研究，除了基本的统计分析之外，还可以采用社会网络分析的方法来研究专利许可网络的演变特征。

13.1.3.1 基于专利许可主体的许可网络的构建

专利许可意味着专利技术的所有权和使用权发生暂时分离，专利技术的实施权从让与人转移到受让人，两者是专利许可的主体，他们之间构成技术转移关系，并且这种关系带有明显的方向性[11]。专利许可所包含的多个让与人和受让人之间错综复杂的技术转移关系能够形成一定规模的技术转移关系网络。专利技术许可行为不是孤立于外界环境而发生的。当以一个产业或技术领域为边界考察的时候，以产业或技术领域内的技术许可双方为节点，以彼此间的技术交易关系为节点间的连接，可以得到基于专利许可的技术转移网络[13]。基于以上研究思想，可以采用社会网络分析和可视化方法，对专利技术转移的情况进行直观展示和计量分析。

1件专利可以被许可多次，1份专利许可合同中也可以包含多件专利。1件专利可以向1个受让人进行许可，也可以许可给多个受让人。因此，让与人可以有多个，受让人也可以有多个，许可行为也可以有多次。假设专利许可情况如表13.1所示，有3件专利（P1，P2，P3），签署过4份专利许可合同（C1，C2，C3，C4），涉及3个让与人（A1，A2，A3）和4个受让人（B1，B2，B3，B4），让与人和受让人之间构成了一个3×4的矩阵A_{34}，如表13.2所示，表格中的数字代表了相应的专利让与人和受让人之间许可的专利数量。基于该矩阵构建的专利许可网络如图 13.1 所示。

表 13.1 专利许可情况示意

专利号	合同号	让与人	受让人
P1	C1	A1	B1
P1	C2	A1	B2，B3
P2	C2	A2	B4
P2	C3	A2	B1，B4
P3	C4	A1，A3	B3

表 13.2 基于专利许可主体的许可网络矩阵的构建

让与人	受让人			
	B1	B2	B3	B4
A1	1	1	2	0
A2	1	0	0	2
A3	0	0	1	0

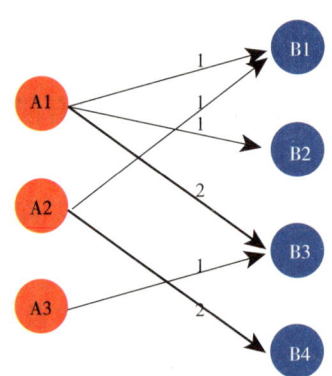

图 13.1 专利许可网络示意

在图 13.1 中，专利许可让与人 A1 向 3 个受让人（B1，B2，B3）进行了专利许可，表明 A1 的科技成果转化到 B1、B2、B3 进行了实施，知识也在不同的主体之间进行了流动。当许可主体被标记了类型的标签后，这种成果转化和知识流动的网络便也承载了类型的特色。

13.1.3.2　专利许可主体类型划分方法

专利许可涉及技术许可方和被许可方，二者通过技术交易关系实现科技成果的转化和技术知识的转移，并建立有向联系。其中，技术许可方为让与人，被许可方则为受让人。研究不同类型的主体之间的专利许可行为可以发现特定技术领域的科技成果转化特征，从而为产业规划和政府引导提供理论支撑，也为企业识别和选择可许可的专利技术提供参考。

许可主体按照资产属性及营业性质大致可以划分为 4 类：学研机构、企业、个人、医疗机构。学研机构包括高等院校和科研机构，是技术创新产出的重要来源，也是科技成果转化的主体。企业是创新的主体，企业的专利产出往往更具有产业应用意义；如果许可主体中包含国外企业的数量比较多，为了更深入了解技术转移在国内外企业之间的流动，可以把企业细分为国内企业（包含香港、澳门和台湾）和国外企业。个人申请的专利也和企业专利一样，往往以市场需求为导向来研发。医疗机构包含医院及疾病预防控制中心等，它是部分产业的一个独特的主体，既是技术产出的创造者，也是成果转化的接收者。

13.1.4　案例：中国生物医药领域专利许可网络演变特征研究

13.1.4.1　数据检索及获取

生物技术产业是中国战略性新兴产业之一。生物医药行业具有高风险、高收益、高投入和高度重视知识产权保护的特点，属于技术和知识密集型产业。同时，知识产权对生物医药企业的发展也至关重要。因此，生物医药知识产权保护中，专利具有重要的作用。

本研究使用专利实施许可数据来反映中国生物医药领域的科技成果转化现象。国家知识产权局收录了专利实施许可合同备案数据，许可合同相关的题录信息体现在专利数据的法律状态中，但是国家知识产权局的网站只能查询单个专利的许可信息，并没有提供对专利许可数据进行批量查询和下载的接口。本文所采用的专利许可数据来自于中国科学技术信息研究所自建的《中国专利许可数据库》，数据库对专利许可信息进行了深加工，可以进行检索和导出。

生物医药产业由生物技术产业与医药产业共同组成。各国、各组织对生物技术产业的定义和圈定的范围并不一致。生物医药技术属于跨学科、跨领域的技术，目前对于生物医药技术所涉及的专利范围及检索规则方面尚没有完全达成共识。经济合作与发展组织（OECD）于2008年发布了生物技术的IPC分类对照表，可以在其中挑选涉及生物医药的IPC分类号。

基于生物医药技术的IPC分类号码，在中国科学技术信息研究所自建的《中国专利许可数据库》中进行检索，得到中国生物医药技术专利许可数据。对数据进行初步察看发现2008年之前的专利许可数据非常少，可以忽略不计。因此，本研究将检索的时间范围限定为2008—2017年，以专利许可登记日期作为时间范围的依据。同时，也发现里面包含一些不属于生物医药技术的专利，可以根据相关的专利分类号或者关键词进行排除，也可以进行人工排除。排除后得到中国生物医药技术2008—2017年的专利许可数据1788条。其中，专利实施许可合同备案类型分为"生效""变更""注销"3种类型，本研究对"生效"的专利实施许可合同备案进行分析，共得到1608条分析数据。

13.1.4.2　中国生物医药专利许可网络时间范围的划定

按照专利许可备案登记的日期，对生物医药专利的许可频次逐年进行统计分析，如图13.2所示。从图中可以看到，中国生物医药专利许可年度发展趋势为先升后降，2008—2014年整体呈现上升趋势，虽然其中偶尔有个别年份专利许可数量有些下降，但总趋势是上升的，在2014年达到顶峰，2014年有261件（次）许可专利，但是从2015年开始，专利许可数量大幅下降，而且呈逐年下降趋势，2017年只有57件（次）许可专利。从许可专利的类型来看，许可的专利中发明专利最多，实用新型专利其次，PCT发明专利最少。

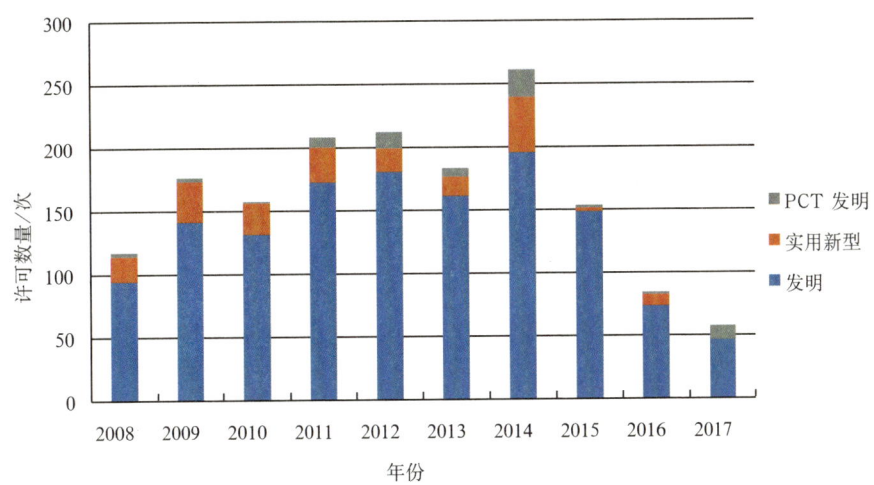

图 13.2　中国生物医药专利许可发展趋势分析

为了从动态视角分析中国生物医药专利许可网络的演变特征，我们划分时间范围，分别构建每个时间段的专利许可网络，从而揭示其网络演变的特征。在时间段的划分上，参考专利许可发展趋势（图 13.2）的分析结果，将全部时间范围2008—2017年划分为3个时间段：2008—2010年、2011—2014年、2015—2017年。其中，2008—2010年，生物医药专利许可处于起步阶段；2011—2014年，专利许可数量呈稳定上升趋势；2015—2017年，专利许可数量迅速下降。

13.1.4.3　中国生物医药专利许可整体网络演变特征分析

提取生物医药领域的专利许可的让与人和受让人，根据他们之间的许可关系绘制这3个时间段的专利许可网络，如图 13.3 至图 13.5 所示。

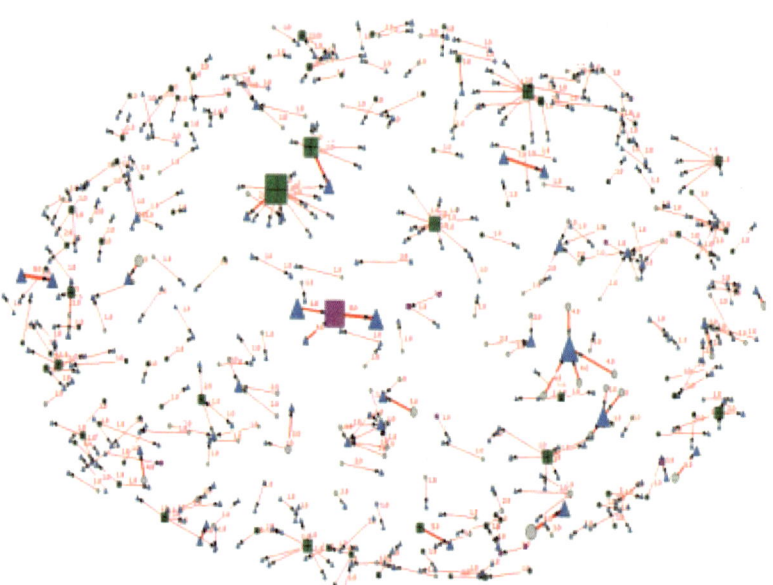

图 13.3 中国生物医药专利许可网络图谱（2008—2010 年）

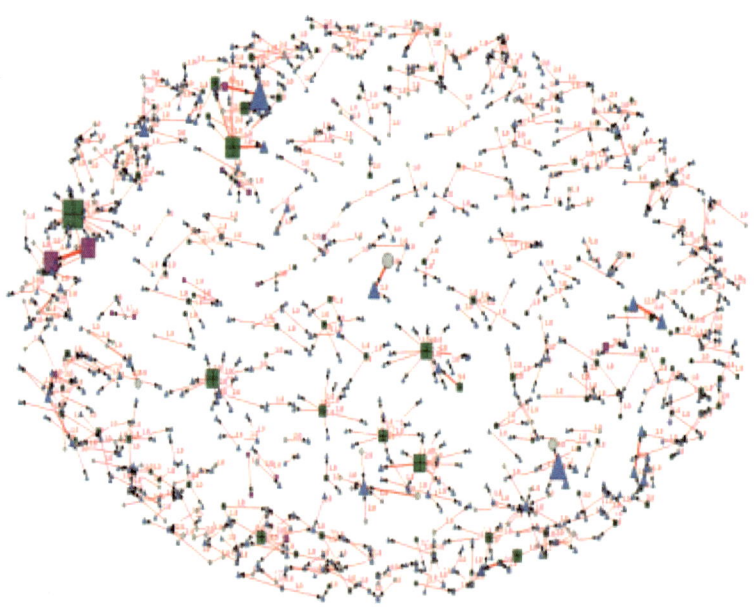

图 13.4 中国生物医药专利许可网络图谱（2011—2014 年）

第十三章
服务中小企业：让大数据来出谋划策

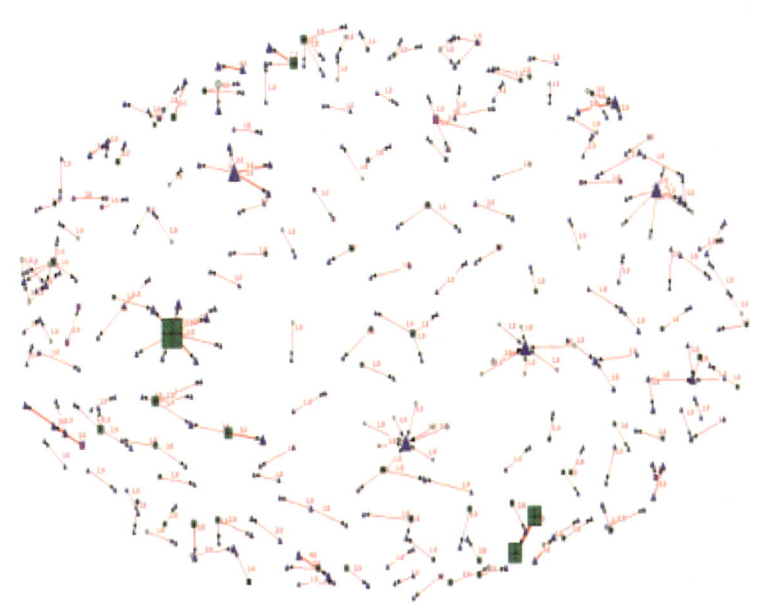

图 13.5　中国生物医药专利许可网络图谱（2015—2017 年）

为了揭示许可主体类型的变化状况，不同类型的专利许可主体采用不用的节点形状及颜色进行表示，箱形节点（绿色）代表学研机构（包括高等院校和科研院所），三角形节点（蓝色）代表国内企业，方形节点（红色）代表国外企业，菱形节点（淡紫色）代表医疗机构，圆形节点（灰色）代表个人。节点大小代表着许可人和受让人输出和吸纳的许可专利数量，节点之间的连线代表着许可关系，箭头代表许可关系的方向，连线粗细是许可专利的频次，反映技术转移关系强度。

图 13.3 至图 13.5 整体上反映了中国生物医药专利许可网络中核心节点较少，大多数节点间联系较为松散的特征。从核心节点及网络整体关系来看，第一个时间段（2008—2010 年）的核心让与人是学研机构，核心受让人是国内企业，国外企业虽然数量少，但是个别国外企业既是让与人也是核心受让人，而且其让与及受让的对象都是国内企业；第二个时间段（2011—2014 年）的核心让与人也是学研机构，核心受让人是国

内企业，但是国外企业发生变化，主要在国外企业之间发生许可关系，国外企业与国内企业之间的许可关系变弱；第三个时间段（2015—2017年）的核心让与人还是学研机构，核心受让人是国内企业，该阶段国外企业已经不是核心节点，出现了个别学研机构之间许可关系增强的现象。

由于3个时间段并非均分的时间段，我们结合网络图的指标来看网络特征的演变。测算的整体网络特征指标包括网络规模及节点类型、网络连接数及连接类型、网络密度、节点中心度、中间中心度及连通性等指标，具体结果见表13.3。根据表中网络规模（节点数）指标可以看出，与2008—2010年相比，2012—2014年的专利许可网络规模明显上升，但是2015—2017年的专利许可网络规模则明显下降，表明中国生物医药专利许可范围经历了从增加到减少的过程。通过比较让与人和受让人数量发现，3个阶段的让与人和受让人数量都经历了从增加到减少的过程，而且这种减少基本上是均衡的，这表明当前中国生物医药专利许可网络规模的下降主要是由于技术供需双方数量都在减少所致。从网络连接数（权重网络）来看，随着网络规模的变化，专利许可转移程度在发生相应的变化，经历了从增加到减少的过程。该结果表明，不管中国生物医药领域参与专利许可的主体数量如何变化，让与人与受让人之间的关联性没有明显变化，关联性一直比较低，基于市场机制的技术供需双方参与范围和联系程度均有待提升。

下面我们从许可主体的类型来看网络演变的特征。首先，从网络规模（节点数）来看，虽然3个阶段的许可主体的数量都经历了从增加到减少的过程，但是不同类别的许可主体数量的变化有明显差异。从让与人各类型的数量和所占比例来看，个人数量经历了从快速增加到迅速跌落的过程，所占比例一直在下降。国内企业的比例则一直在显著上升，目前居第1位，国外企业的比例也在缓慢上升。学研机构的比例经历了从减少到增加的过程。医疗机构的数量一直很少，比例也一直很低。从受让人各类型的数量来看，不管在哪个时间段，受让主体始终都是国内

表 13.3　中国生物医药专利许可整体网络特征指标

指标	2008—2010 年	2011—2014 年	2015—2017 年
1. 网络规模（节点数）	574	1028	370
其中：让与人数量	274	506	181
个人	102	186	40
国内企业	68	158	69
国外企业	6	16	9
学研机构	95	141	61
医疗机构	3	5	2
其中：受让人数量	316	586	190
个人	0	5	5
国内企业	306	571	179
国外企业	4	6	4
学研机构	6	1	1
医疗机构	0	3	1
2. 网络连接数（权重网络）	510	953	326
其中：让与人连接数			
个人	180	258	52
国内企业	109	281	115
国外企业	8	46	16
学研机构	210	361	141
医疗机构	3	7	2
3. 网络密度（二值网络）	0.001	0.001	0.002
4. 网络密度（权重网络）	0.002	0.001	0.002
5. 节点中心度（proportion）			
点入度	0.0264	0.0233	0.0357
点出度	0.0317	0.0242	0.0574
6. 中间中心度	0.023	0.015	0
7. 网络连通子图数	215	404	148
8. 包含两个以上节点子图数	57	107	29
9. 最大连通子图节点数	21	28	10

企业，其他类型的受让人很少。从受让人各类型所占比例来看，国内企业的比例一直很高，经历了略有增加到减少的过程；国外企业的比例略有增加。其次，从网络连接数（权重网络）来看，中国生物医药领域专利许可的让与人关联度强度依次为学研机构、国内企业、个人、国外企业和医疗机构，各种类型的让与人的专利许可关联关系虽然都经历了从增加到减少的过程，但是所占比例的变化不同。随着时间的变化，个人的许可比例在大幅下降，而国内企业则在大幅增加，学研机构也有所增加，国外企业和医疗机构的许可则维持在一定的比例。虽然国内企业的比例一直在增加，但目前其所占比例仍低于学研机构，还有明显差距。结果表明，生物医药领域国内企业已经逐渐成为技术转化和应用的主体，但在当前阶段，学研机构在科技成果转化中仍然具有重要地位。

最后，综合考虑网络节点数和连接数，测算专利许可二值网络和权重网络密度可以看出，生物医药专利许可网络的整体密度都较小，而且3个时期相比没有发生明显变化。从节点中心度来看，点入度和点出度都经历了从减少到增加的过程，但是度数都属于较低水平，说明生物医药领域的专利许可不存在明显的网络集中性、向心性，相反"离心势"较大些，比较分散。从中间中心度来看，中间中心度比较小，且呈现逐步变小的趋势，说明该网络链接基本上都呈现分散性、分布式特征。进一步考察网络的连通性可以看出，与网络密度、中心度反映的情况类似，网络连通子图数也经历了从增加到减少的过程，不管哪个时间段，网络中大多是2个节点彼此联系，包含2个以上节点子图数较少，而且比例呈逐渐下降趋势。最大连通子图节点数也呈现明显的下降。该结果反映了目前中国生物医药专利许可网络仍处于初期发展阶段，尚未形成明显的小团体和一定规模的技术转移联盟，而且这种趋势在近几年并未得到缓解。

13.1.4.4 生物医药专利许可个体网络演变特征分析

通过整体网络特征分析，发现中国生物医药专利许可的网络结构较为松散、边缘节点较多。接下来我们通过分析许可网络中的核心节点，

第十三章
服务中小企业：让大数据来出谋划策

从个体网络层面揭示不同领域技术转移网络的演变特征。Sun 和 Liu 的研究认为目前技术转移网络演变的内在机制可以归纳为 3 种[14]，包括邻近性机制、优先链接机制及路径依赖机制。马荣康和刘凤朝（2017）[13]的研究中提到了这 3 种机制，对其进行了详细阐述和分析。基于他们的研究成果，我们以生物医药专利许可网络中的核心节点为考察对象，重点揭示个体网络层面的演变特征。

首先，需要识别生物医药专利许可网络中的核心节点。专利许可网络是有向权重网络，可以根据节点的出度中心度和入度中心度来识别核心让与人及核心受让人。根据生物整体网络特征分析中的图表分析结果，并结合时间段的范围，将第一个时间段（2008—2010 年）的核心节点定义为度数中心度大于 8 的节点，将第二个时间段（2011—2014 年）的核心节点定义为度数大于 10 的节点，将第三个时间段（2015—2017 年）的核心节点定义为度数大于 5 的节点。依据该标准，提取 3 个时间段的核心节点名称及对应的度数中心度，如表 13.4 所示。

表 13.4　中国生物医药专利许可网络核心节点分析

时间段	2008—2010 年	2011—2014 年	2015—2017 年
核心让与人（出度）	江南大学（19） 南京农业大学（12） 穆海东（9） 上海主健生物工程有限公司（8） 因韦尔尼斯医药瑞士股份有限公司（8） 浙江大学（8） 中国科学院上海生命科学研究院（8）	江南大学（27） 南京农业大学（19） 艾斯巴技术—诺华有限责任公司（17） 河南农业大学禽病研究所（16） 上海裕隆生物科技有限公司（15） 华东理工大学（14） 盛司潼（13） 浙江大学（13） 四川迈克生物科技股份有限公司（12）	江南大学（22） 中国人民解放军军事医学科学院野战输血研究所（14） 苏州贝斯派生物科技有限公司（11） 南京世和基因生物技术有限公司（9） 南京医科大学（6） 清华大学（6） 南京农业大学（5）

续表

时间段	2008—2010 年	2011—2014 年	2015—2017 年
核心受让人（入度）	大连汇新钛设备开发有限公司（16） 北京牛牛基因技术有限公司（12） 上海裕隆生物科技有限公司（9） 因韦尔尼斯医药瑞士股份有限公司（9） 艾康生物技术（杭州）有限公司（8） 上海荣健生物技术有限公司（8） 宜兴市前成生物有限公司（8）	北京大北农科技集团股份有限公司（26） 德勒尼克斯治疗股份公司（17） 深圳华因康基因科技有限公司（13） 兰州民海生物工程有限公司（12） 四川迈克生物医疗电子有限公司（12） 盐城拜明生物技术有限公司（12）	军事医学科学院华南干细胞与再生医学研究中心（14） 广州洁特生物过滤股份有限公司（9） 深圳博大博聚科技有限公司（9） 江苏科德生物医药科技有限公司（7） 上海洛施生物科技有限公司（5） 北京碧澄生物科技有限公司（5） 泰兴市一鸣生物制品有限公司（5）

通过比较 3 个时间段的核心让与人和受让人及其度数中心度的变化，可以考察个体网络演变的优先链接特征。从表 13.4 中的核心节点可以看出，对于让与人而言，江南大学和南京农业大学在 3 个时间段都作为核心让与人出现，浙江大学在前 2 个时间段中作为核心让与人出现，其他核心节点都没有重复出现。对于受让人而言，没有任何受让人重复出现。该结果表明，中国生物医药领域的技术供给方和需求方都在进行频繁的新旧更替，很少有节点能够持续供给或吸纳新技术，个体网络演变中的优先链接特征并不明显。

其次，通过考察核心节点间的连接是否在 3 个时期重复出现，即技术转移关系的维持性，可以揭示个体网络演变的路径依赖特征。通过观察生物医药领域核心节点的具体专利许可关系信息，本研究发现表 13.4 中只有部分核心让与人与受让人存在对应关系，即该表中的部分核心受让人正是从核心让与人中获取的专利技术，但是也有很多专利许可关系

第十三章
服务中小企业：让大数据来出谋划策

没有出现在该表中。而且，我们还发现除了中国人民解放军军事医学科学院野战输血研究所之外，其他学研机构的专利许可关系对应的受让人都很分散，而核心企业和个人对应的受让人则十分集中。对3个时间段核心节点的许可关系的演变状况进行分析，发现核心让与人与受让人之间的关系几乎没有重复的，显然核心节点间连接并不具有明显的路径依赖特征。

最后，我们对核心许可人与被许可人的关系属性进行分析，从而了解生物医药专利许可网络演变的邻近性机制。本研究侧重考察专利许可关系的地理邻近性和组织邻近性特征，即研究专利许可关系的形成与演变是否依赖地理和组织邻近性机制。对于地理邻近性的判断，以技术许可双方是否属于同一行政区域来判断，其划分以研究方法中提到的地理区域划分方法为准；对于组织邻近性的判断，以技术许可双方是否存在资本联系或所有权下属关系进行判断，通过搜索引擎查找核心让与人及受让人的相关组织资本和所有权信息，从而进行判定。通过分析表13.4中的核心节点的地理及组织关系，发现了几种典型特征，如表13.5所示。

表13.5 中国生物医药专利许可网络核心节点邻近性特征分析

邻近性特征	许可关系类型	2008—2010年	2011—2014年	2015—2017年
组织邻近性	1.个人向所属公司许可	穆海东→上海裕隆生物科技有限公司	盛司潼→深圳华因康基因科技有限公司	
	2.跨区域学研机构向衍生研究机构许可			中国人民解放军军事医学科学院野战输血研究所→军事医学科学院华南干细胞与再生医学研究中心

续表

邻近性特征	许可关系类型	2008—2010 年	2011—2014 年	2015—2017 年
组织邻近性+	3. 同区域母子公司间或子公司间许可		四川迈克生物科技股份有限公司→四川迈克生物医疗电子有限公司	
地理邻近性	4. 企业向本区域其他企业许可	上海主健生物工程有限公司→上海荣健生物技术有限公司		
	5. 学研机构向本区域其他企业许可	南京农业大学→宜兴市前成生物有限公司		江南大学→泰兴市一鸣生物制品有限公司
	6. 外国企业同国之间的许可		艾斯巴技术—诺华有限责任公司→德勒尼克斯治疗股份公司	
其他邻近性	7. 外国企业向中国的外商独资企业许可	因韦尔尼斯医药瑞士股份有限公司→艾康生物技术(杭州)有限公司		

从表 13.5 中可以看到核心节点邻近性特征相对应的 7 类专利许可关系。其中,组织邻近性特征对应的 2 类为:个人向所属公司许可和跨区域学研机构向衍生研究机构许可。前者一般是个人为公司董事长、总经理或核心技术骨干,在发明专利后许可给所属公司,后者一般是研究机构为了研发及转化具有自主知识产权的实用性技术和产品,将研发成果进行了跨区域实施。这 2 种类型的专利许可往往是机构内部专利权属的转移和利用。组织邻近性和地理邻近性在专利许可关系中还会同时发挥作用,此情况在表 13.5 中体现为第 3 类(同区域母子公司间或子公司间

许可），这种一般是组织邻近性发挥主导作用，但同时地理邻近性会促使企业优先选择技术的本地化转化和运用。

在缺乏组织邻近性的情况下，地理邻近性会单独在专利许可关系中发挥积极作用，这种情况包括企业向本区域其他企业许可、学研机构向本区域其他企业许可及外国企业同国之间的许可。企业向本区域其他企业许可体现为位于同一区域内的2家企业借助地理邻近优势实现技术转化。学研机构向本区域其他企业许可体现为大学和研究机构借助地理邻近的便利在本地企业实现技术商业化。外国企业同国之间的许可则体现同一国家的企业借助地理邻近优势实现技术在中国的转化实施，从而占据中国市场。另外，核心节点之间的技术许可关系还有一种情况是外国企业向中国的外商独资企业许可，这种可能是出于技术发展的需要，企业对国外先进技术的引进转化实施，也可能是基于外商在国外的社会关系及合作往来更容易实现技术转移转化。

从时间维度来看，中国生物医药专利许可个体网络演变特征具备组织邻近性和地理邻近性特征。综上所述，从个体网络演变特征看，我国生物医药专利许可个体网络演变的优先链接特征和路径依赖特征均表现不明显，但是具备组织邻近性和地理邻近性。

13.1.4.5 案例结论

本研究运用2008—2017年中国生物医药技术专利许可数据，对中国生物医药专利许可网络的演变特征进行了分析，主要得到以下结论与启示。

①从整体上看，中国生物医药专利许可网络仍处于初期发展阶段，且随着时间变化专利许可的范围存在先上升后下降的趋势。当前中国生物医药专利许可网络规模的下降主要是由于技术供需双方数量都在减少所致。但是不管许可主体数量如何变化，让与人与受让人之间的关联性没有明显变化，一直比较低，基于市场机制的技术供需双方参与范围和联系程度均有待提升。目前中国生物医药专利许可网络尚未形成明显

的小团体和一定规模的技术转移联盟，而且这种趋势在近几年并未得到缓解。

②从许可主体的类型来看，个人曾经在中国生物医药技术提供中起到了重要作用，但是随着时间的推移，国内企业已经逐渐成为技术转化和应用的主体。虽然在当前阶段，学研机构在科技成果转化中的关联性比企业强，但是企业作为技术提供方已经表现强大的增长趋势，相信在不久的将来，必将超过学研机构，发挥技术创新的主体作用。

③从个体网络演变的特征来看，中国生物医药专利许可核心节点的邻近性、优先链接均不显著，其路径依赖特征在早期比较明显，但是最近几年也没有体现显著的作用。这说明由于中国生物医药网络整体上处于初期发展阶段，网络中的优先链接和路径依赖机制尚未有效体现，组织和地理邻近性在技术转移网络形成与发展中发挥了主导作用，这也在一定程度上反映了中国生物医药专利许可的范围和程度还比较有限。

13.1.5　缺点与不足

采用专利许可数据对技术领域的科技成果转化状况进行分析是一个很好的视角，可以为政府的相关政策制定、产业长期有序发展及企业提高创新水平和占领市场提供重要的参考。但是该研究也存在缺点及不足之处。

①专利许可只是科技成果转化的一种形式，只能反映部分领域科技成果转化的状况，并非全部。如果单纯考虑专利成果的转移转化，还需要对专利权属转移的状况进行分析，将专利许可与权属转移相结合将会更加全面展示技术领域科技成果转移转化的状况。

②专利许可数据来自在国家知识产权局登记备案的专利许可信息，这种登记备案并非是必需的，这就意味着有一些实际发生的专利许可行

为并没有体现在这些数据中，存在一定缺陷，但目前尚没有更好的解决办法。

③专利许可的登记备案与一些政策因素有关联性，基于这些数据进行的分析也不能完全反映真实状况，但是近年来，这种政策因素的影响在逐步减弱，这就意味着专利许可在未来或许将更加具备研究意义。

13.2 相似专利识别：专利侵权分析的利器

目前知识产权，尤其是专利已经成为企业市场竞争的重要资本，专利在社会经济发展中扮演着越来越重要的角色。伴随着专利数量的日益增长，时常发生专利侵权诉讼情况，尤其是"专利蟑螂公司""专利钓饵公司"利用专利所有权从事专利诉讼等专利钓饵行为频繁出现。然而企业一旦陷入专利侵权诉讼，通常意味着长时间大消耗的拉锯战，在时间和经济成本上甚至会被拖垮。

我们从大量复杂的专利侵权案例中发现，企业越来越依赖于通过运用专利无效制度进行专利侵权诉讼。若原告起诉被告的产品或技术方法侵犯其专利权（我们可以称之为涉案专利）时，被告最常采用的做法是对涉案专利向专利复审委员会提起涉案专利无效请求。根据谁主张谁举证的原则，无效请求人就要对自己提出的无效请求进行举证证明。而最有效的证据就是在涉案专利申请日或优先权日之前就已经有相同专利或相似专利申请或授权，根据《专利法》的规定，涉案专利就不具备创造性或新颖性，也就被宣布无效。

因此，当企业进行产品开发、专利申请、判断是否专利侵权或专利无效时，一项十分重要的工作就是从专利数据库中识别相关或相似专利。但是，对于审查人员、企业知识产权部门、专利发明人和权利人来说，从庞大的专利数据库中找出相似专利犹如大海捞针。

目前判定专利无效的基本方法是专家识别，然而由于专利数量的不断增长及技术日趋复杂，人工识别方法既浪费时间又无法达到预期效果。识别专利无效的核心在于判断专利间技术内容上的相似性。因此，需要能够以专利侵权理论为依据计算专利文本之间的相似度，识别相似专利，以便所需人员在进行专利侵权判定时进行参考。

13.2.1　专利侵权判定理论

13.2.1.1　专利侵权行为

专利（Patent）是法律上的一个概念，源自于英国国王亲自签署的带有玉玺印章的独占权利证书，在专利制度不断完善的过程中，其内容不断丰富，但专利最本质的特征始终未变：一是专利的独占权，以法律手段实施独占垄断；二是专利的公开性，以文本书面形式实现对其技术的内容信息及权利法律状态的公开。

何谓专利侵权行为？包括巴黎公约、TRIPS 协议在内的多个知识产权多边条约都只给出了专利权保护的最低标准，并没有规定一个大家都普遍接受的专利侵权标准。中国《专利法》第 11 条规定："发明和实用新型专利权被授予后，除本法另有规定的以外，任何单位或者个人未经专利权人许可，都不得实施其专利，即不得为生产经营目的制造、使用、许诺销售、销售、进口其专利产品，或者使用其专利方法以及使用、许诺销售、销售、进口依照该专利方法直接获得的产品。外观设计专利权被授予后，任何单位或者个人未经专利权人许可，都不得实施其专利，即不得为生产经营目的制造、许诺销售、销售、进口其外观设计专利产品。"[15]

我国《专利法》对专利侵权行为的定义可概括为：在专利权的有效期内，任何组织或个人在未经专利权利人的许可的情况下或者没有其他法定的情况下，擅自实施专利的行为。具体来说，实施专利的行为又可以根据专利类型分为：实施方法专利行为和实施产品专利行为。实施方法专利行为是为生产经营目的而使用该方法、依照该方法直接获得产品、许诺销售或者销售依照该方法获得的产品和进口依照该方法直接获得产品。实施产品行为是为生产经营目的而制造该专利产品、使用该专利产品、许诺销售或者销售该专利产品和进口该专利产品。

13.2.1.2 专利侵权判定原则

专利侵权判定的基本原则包括全面覆盖原则、等同原则、禁止反悔原则、多余指定原则和实施自由公知技术不侵犯等原则[16]。

（1）全面覆盖原则

全面覆盖原则是专利侵权判定原则中最基本的原则，是指将被控侵权的产品或方法的技术方案与已授权专利的权利要求书中的全部必要技术特征进行特征对比。假如被控侵权的产品或方法的技术方案包含专利权利要求书中记载的全部必要技术特征，也就构成了侵权。表 13.6 为全面覆盖原则简单示意。

表 13.6　全面覆盖原则简单示意

专利权利要求	被控侵权产品或方法	是否侵权
A、B、C、D	A、B、C、D	侵权
A、B、C、D	A、B、D	不侵权
A、B、C、D	A、B、C、D、E	侵权

全面覆盖原则的形式主要包括：第一，字面侵权，即单从专利文本的字面意思就可以判断被控侵权的产品或方法的技术方案与专利特征相同。第二，上位概念覆盖，专利权利要求书中字词是上位概念，而被控侵权的产品使用的是属于上位概念中的具体概念。第三，被控侵权的产品或技术的技术方案中的必要技术特征多于专利的必要技术特征，如表

13.6 中第 3 种情形，此时也构成侵权。

（2）等同原则

等同原则是专利侵权判定原则中另一个重要原则，也是在实践中最常见的情形。毕竟在现实生活中，完全仿制他人的专利的情形还是少数。等同原则的概念是指以实质上相同的方法或技术手段替换属于专利保护的部分或者全部必要技术特征，并且以此技术方案实际上产生了相同的效果，即并未脱离专利权的保护范围的，仍应认定为侵权。

等同原则适用的前提是在利用全面覆盖原则不能判定侵权的原则的情况下，等同对比的方法主要有 2 种：第一，整体对比方法。知识产权法官在进行判定是否侵权时，会将涉案专利作为整体与被控侵权的产品或技术进行比较。第二，要素特征逐一对比分析方法。该方法并不是将专利作为整体进行对比，而是把专利权利要求书提到的每一具体技术特征进行比较（表 13.7）。

表 13.7 等同原则简单示意

专利权利要求	被控侵权产品或方法	等同原则	是否侵权
A、B、C、D	A、B、C、E	若 D=E	侵权
		若 D≠E	不侵权

（3）禁止反悔原则

禁止反悔原则是指在专利审批、撤销或无效程序中，专利权人为确定其专利具备新颖性和创造性，可以通过向专利局做出书面声明或适当修改专利文档的方式取得专利权。同样，法院在审理专利侵权诉讼案件时，在确定专利权的保护范围后，会禁止专利权人将已经被排除、禁止或者放弃的内容重新纳入专利权的保护范围（表 13.8）。

表 13.8　禁止反悔原则简单示意

专利权利要求	被控侵权产品或方法	等同原则	无效	是否侵权
A、B、C、D	A、B、C、E	D=E	D≠E	不侵权

（4）多余指定原则

多余指定原则是指在专利侵权判定中，法院确定专利保护范围时，会将专利独立权利要求书中属于明显附加不必要的技术特征认定为多余特征。并且仅以专利独立权利要求书中的必要特征作为确定专利保护范围的依据，用来判定被控侵权的产品或技术是否覆盖了专利权的保护范围（表13.9）。

表 13.9　多余指定原则简单示意

专利权利要求	被控侵权产品或方法	多余指定	是否侵权
A、B、C、D	A、B、C	D属于附加技术特征	侵权

但是，目前对于多余指定原则是否应该适用的争论还有很多，有学者认为经过20多年的司法实践，应当重新审视多余指定原则，并谨慎适用。

13.2.2　基于相似专利识别的专利无效分析

我国《专利法》对专利权的保护范围有原则规定：发明或者实用新型专利权的保护范围以其专利权利要求书的内容为准，说明书及附图可以用于解释权利要求书的内容。而外观专利的权利保护范围以表示在图片或照片中的该产品的外观设计为准，简要说明可以用于解释图片或照片所表示的该产品的外观设计。

识别相似专利的关键在于专利文本在技术内容上的相似性,主要是判定涉案专利与检索出的专利在技术内容上,尤其是专利权利要求书之间的相似性。因此,基于专利权利要求书计算相似度,进而识别相似专利,进行专利无效和专利侵权分析。

13.2.2.1 专利权利要求书的文本结构特点

如前所述,一般来说,专利权利要求书分为独立权利要求和从属权利要求,而独立权利要求是整个专利的灵魂。专利的权利要求书虽然为非结构化文本,但也存在一般结构特点,这里以申请号为CN200720156339.6[17]专利的权利要求书文本为例进行说明。

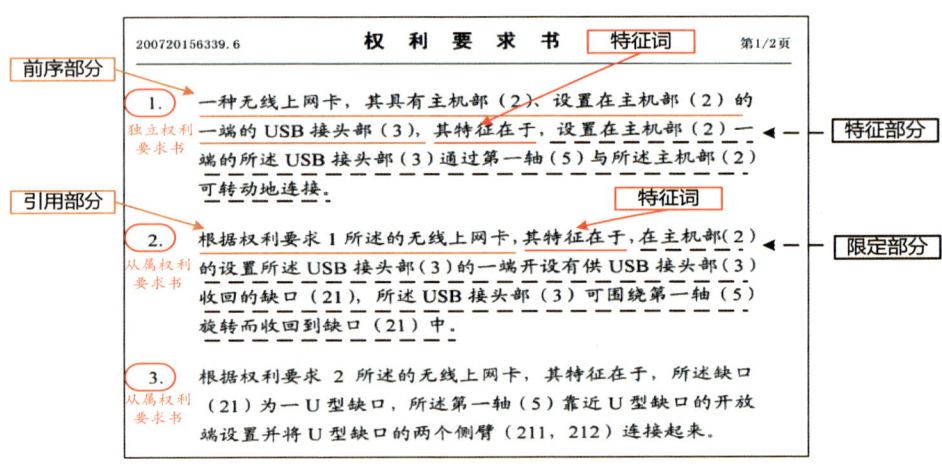

图 13.6 专利权利要求书文本结构

如图 13.6 所示,一项权利要求一般用一句话表示,以期强调权利要求的意思的完整性和独立性。权利要求书开头不用写明专利名称,可以直接撰写第一项权利要求项,即独立要求项。从属要求项紧接着独立要求项。从属权利要求书通常是以"根据权利要求××所述的"开头。所以,可以根据每句话的开始词汇很容易分辨出属于哪一种权利要求。

独立权利要求分为 2 个部分撰写:前序部分和特征部分。前序部分和特征部分包含专利的全部必要技术特征，限定专利权的保护范围。前序部分：写明与该项专利最接近的现有技术共有的必要技术特征。特征部分：写明专利区别于现有技术的技术特征，这是权利要求的核心内容。通常用"其特征在于……"等类似短语与前序部分相连。因此，可以将独立权利要求书的前序部分和特征部分利用特征词抽取出来。

从属权利要求也分为 2 个部分：引用部分和限定部分。引用部分：写明被引用的权利要求书的编号。引用部分所述的特征词通常为"根据权利要求 ×× 所述"。限定部分，写明发明或者实用新型附加的技术特征，是对独立权利要求的补充和对引用部分的技术特征的进一步限定。同样，也以"其特征是……""其特征在于……"等类似短语与引用部分相连。因此，从属权利要求书同样也可以通过类似"根据权利要求所述""其特征是……"等一系列的特征词将引用部分和限定部分抽取出来。

综上所述，虽然中文专利权利要求书表面上是非结构化的文本，但通过上述仔细分析可以看出专利权利要求书文本存在着文档结构特点。因此，我们可以通过这些结构特点，将需要的部分抽取出来，将非结构化的文本转化成半结构化甚至结构化的文本。

13.2.2.2 相似专利识别算法设计

根据专利权利要求书的文本结构特点，结合专利侵权判定原则设计了相似专利识别整体思路，如图 13.7 所示。

首先，进行专利文本预处理，这里只针对专利权利要求书，主要包括文本预处理、文本分词、去除停用词及构建专利文本语料。

其次，对预处理好的专利文本进行专利文本向量化表示，由于专利权利要求书是以文本段落展示的，这里我们主要选择了 Doc2Vec 模型进行向量化表示。

最后，在专利文本向量化的基础上进行专利文本相似度计算，这里主要选用了余弦相似度计算。

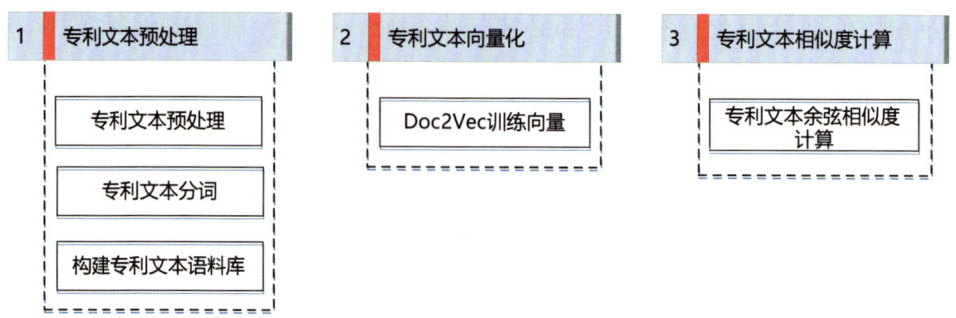

图 13.7　相似专利识别算法设计整体思路

13.2.2.3　专利权利要求书文本表示

在文本表示的部分，我们详细阐述了目前文本表示主要的模型，在对专利权利要求书进行文本表示时，采用了 Doc2Vec 模型。这里主要介绍 Word2Vec 和 Doc2Vec 2 种模型。

Word2Vec 是 Mikolov 等[18]在 Bengio 的 NNLM（Neural Network Language Model，NNLM）模型[19]和 Hinton 的 Log-Linear 模型[20]的基础上提出的语言模型。Word2Vec 模型能够根据给定的语料库，通过优化后的训练模型快速有效地将一个词语表达成向量形式，其核心架构包括 CBOW 模型和 Skip-gram 模型，如图 13.8 所示。

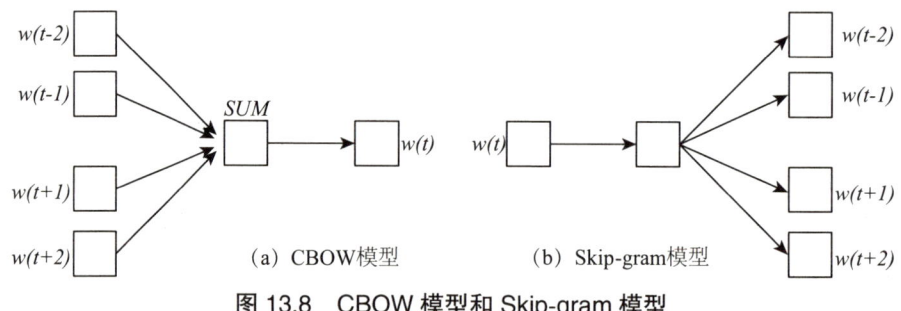

　　　　　（a）CBOW 模型　　　　　（b）Skip-gram 模型

图 13.8　CBOW 模型和 Skip-gram 模型

Doc2Vec 模型[18]与 Word2Vec 模型类似，增加了一个段落向量，可作为处理段落可变长度文本的模型。和 Word2Vec 一样，该模型也有 2 种方法：Distributed Memory（DM）和 Distributed Bag of Words（DBOW）。DM 在给定上下文和段落向量的情况下预测单词的概率，DBOW 则在仅给定段落向量的情况下预测段落中一组随机单词的概率（图 13.9）。

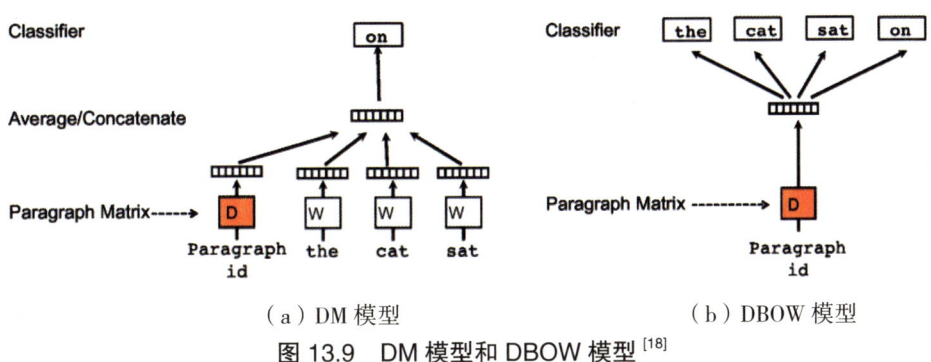

（a）DM 模型　　　　　　（b）DBOW 模型

图 13.9　DM 模型和 DBOW 模型 [18]

13.2.2.4　专利权利要求书相似度计算

利用 Doc2Vec 模型训练专利文本的向量之后，需要进行专利文本相似度的计算，采用余弦相似度计算如式（13.1）所示：

$$\mathrm{sim}(A, B) = \cos(\theta) = \frac{A \cdot B}{||A||\,||B||}, \qquad (13.1)$$

通过专利文本相似度计算，我们可以找到若干相似度较高的专利。然后将相似度较高的专利进行技术特征分解，找到可以作为专利无效的证据专利。

13.2.3　案例：以中国专利复审委员会 2014 年重大无效案件——起重机专利无效为例

13.2.3.1　案例背景

案例选取了中国国家知识产权局专利复审委员会 2014 年度十大重大

案件中"'具有位置可变的平衡重的移动式提升起重机'发明专利权无效宣告请求案"[21]，案例详情如表 13.10 所示。

表 13.10　案例详情

案例编号	专利号	发明名称	专利权人	无效宣告请求人	审查结论
4W102283	ZL200810092407.6	具有位置可变的平衡重的移动式提升起重机	Manitowoc（马尼托瓦克起重机有限公司）	三一重工股份有限公司	全部无效

该案例的双方分别是美国和中国在重型机械领域的企业，Manitowoc（马尼托瓦克起重机有限公司）成立于 1902 年，提供全方位的吊运解决方案，包括履带式、吊臂、伸缩臂或塔式起重机，提供专业化诊断和修理服务。三一重工股份有限公司由三一集团投资创建于 1994 年，产品包括混凝土机械、挖掘机械、起重机械、桩工机械、筑路机械、建筑装配式预制结构构件，其中泵车、拖泵、挖掘机、履带起重机、旋挖钻机、路面成套设备等主导产品已成为中国第一品牌。

马尼托瓦克公司 2011 年获得该专利的中国授权，并享有 2 项美国优先权。三一重工股份有限公司向专利复审委员提起无效宣告请求，最终经过专利复审委员会审理后做出无效决定，宣告其专利全部无效。

13.2.3.2　数据来源

本实验以三一重工和马尼托瓦克公司之间的专利无效案件为背景，专利号为 ZL200810092407.6（称为"涉案专利"）。以涉案专利的 IPC 分类号 B66C23/76 和 B66C23/36 为检索依据，检索并筛选出中国专利 687 件，并抽取专利的权利要求书。

本实验过程利用 Python 实现，并且调用了 jieba[22] 和 gensim[23] 等主要程序包。

13.2.3.3 专利权利要求书文本向量化

（1）预处理

首先对专利权利要求项进行了去掉一些特殊字符，如"【】、[]、/、·、"等处理。然后利用 jieba 分词组件进行分词处理，并且调用了停用词表去除相关停用词。

（2）权利要求书文本向量化

在专利文本预处理之后，针对检索到的 687 件专利，去掉涉案专利，将剩余的 686 件专利作为文本训练语料，构建专利文本语料库，最后利用 gensim 提供的 Doc2Vec 向量化模块进行文本向量化。

13.2.3.4 专利无效分析

在对专利文本进行向量化之后，利用余弦相似度计算公式（式 13.1）进行相似度计算，本实验选择与涉案专利相似度在 0.5 以上的专利，如表 13.11 所示。

通过表 13.11 可以看出，相似度在 0.5 以上的专利中，有 3 件专利和涉案专利同属于马尼托瓦克起重机有限公司，并且申请号 CN201010624732.× 和涉案专利共同享有 2 项美国优先权。此外，该公司在 2007 年已经有另外 2 件相似专利在申请。

为了更好地解释哪些专利可以作为无效证据专利，我们根据优先权日按照时间序列进行排序（若无优先权，则按照申请日进行排序），如图 13.10 所示。

从表 13.11 和图 13.10 综合可以看出，在涉案专利（P1）申请日之前共有 3 件专利（申请号分别为：CN200680041384.5（P9）、CN200710192985.2（P2）、CN201210253579.3（P3）。再结合法律状态，可以判定 CN200680041384.5（P9）和 CN201210253579.3（P3）可以作为涉案专利无效请求的证据专利。

表 13.11　与涉案专利相似度在 0.5 以上的专利

相似度	序号	申请号	申请日	优先权号	优先权日	申请人
涉案专利						
0.79	P1	CN200810092407.6	2008年4月9日	US11/733104; US12/023902	2007.04.09; 2008.01.31	马尼托瓦克起重机有限公司
0.71	P2	CN200710192985.2	2007年10月26日	US60/863265; US11/733104	2006.10.27; 2007.04.09	马尼托瓦克起重机有限公司
0.56	P3	CN201210253579.3	2007年10月26日	US60/863265; US11/733104	2006.10.27; 2007.04.09	马尼托瓦克起重机有限公司
0.55	P4	CN201010624732.X	2008年4月9日	US11/733104; US12/023902	2007.04.09; 2008.01.31	马尼托瓦克起重机有限公司
0.53	P5	CN201220729203.0	2012年12月25日	—	—	青岛滨海学院
0.52	P6	CN201310300559.1	2013年7月17日	—	—	中联重科股份有限公司
0.52	P7	CN201210229336.6	2012年7月3日	—	—	徐工集团工程机械股份有限公司
0.51	P8	CN201310653459.7	2013年12月5日	—	—	长沙中联消防机械有限公司; 中联重科股份有限公司
	P9	CN200680041384.5	2006年10月12日	DE102005055694.9; DE102006015307.3	2005.11.17; 2006.03.29	特雷克斯—德马格有限及两合公司

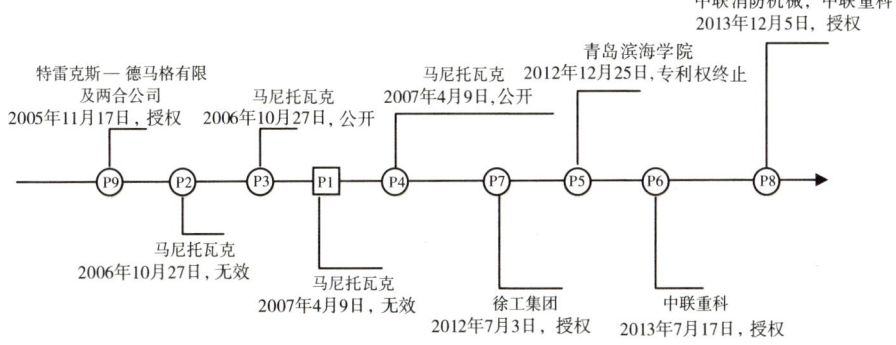

图 13.10　相似专利时间序列

13.2.4　本节小结

专利文献作为科技创新成果的重要载体和表现形式，内容新颖，蕴含了更前沿的科技信息，而企业一旦卷入专利侵权纠纷，通常会面临时间考验和经济损失。当企业进行产品开发、专利申请、专利侵权或专利无效时，一项十分重要的工作就是从专利数据库中识别相关或相似专利。

识别相似专利的关键在于专利文本在技术内容上的相似性，主要是判定专利侵权诉讼所涉及的涉案专利与检索出的专利在技术内容上，尤其是专利权利要求书之间的相似性。

基于专利权利要求书提出相似专利识别方法，选取专利数据，抽取专利权利要求书形成训练语料，并利用 Doc2Vec 深度神经网络算法，计算权利要求书文本之间的相似度，得出与涉案专利相似性较高的专利。最后，我们将相似专利识别方法应用到具体案例，选取了中国国家知识产权局专利复审委员会 2014 年度十大重大案件中 "'具有位置可变的平衡重的移动式提升起重机'发明专利权无效宣告请求案"。经过一系列的处理和分析，我们发现实验结果很好地验证了提出的相似专利识别算法的有效性，而且指出了双方潜在专利侵权纠纷的技术点。

13.3　创新之网：深度协同下的科技查新数据挖掘

科技查新是以科技文献资源为基础，以科研活动和科技管理为服务对象，通过手工检索及计算机检索等方式，运用综合分析和对比方法，对委托课题的新颖性予以评价的集信息获取、信息分析于一体的咨询工作。大数据时代的到来对科技查新提出了更高的要求，促使科技查新工作要顺应时代的发展，与时俱进，不断创新，改变原有的思维模式和运作方式，提高科技查新质量。

13.3.1　查新数据分析对象

13.3.1.1　科技查新数据来源

科技查新数据是指科技查新项目中的各项信息，是科技信息机构或图书馆在科技查新服务工作中积累形成的工作成果，是一种新型的事实性数据资源。从广义来讲，查新流程中产生的所有信息都属于科技查新数据，包括查新报告、查新委托书、查新档案等文件中的信息，这也是科技查新数据的主要来源。在查新工作开展之初，需要查新委托人按照相应的规定和要求填写《科技查新委托单》，办理查新服务；查新委托人提交委托单后，由查新人员对查新内容进行预判，以决定是否受理，若可以进行新颖性判断，即可对查新点进行检索，制定检索策略，获取检索结果，撰写《科技查新报告》；出具查新报告后，与委托人沟通，若无异议，查新机构应按照档案管理部门要求，将《科技查新委托单》《科技查新报告》及在查新过程中产生的各类文件进行归档保存，形成查新档案，做好归档记录，以便对科技查新数据进行记载和存储。

13.3.1.2　科技查新数据内容

科技查新数据来源于《科技查新委托单》《科技查新报告》和《科

技查新档案》。科技查新的内容主要包括不同科技查新文件中的信息和数据。《科技查新委托单》主要包括基本信息和技术信息2类，其中基本信息包含项目信息、委托机构的相关内容，而技术信息主要包括科学技术要点（项目所属技术领域、要解决的技术问题、采用的技术方案、应用范围及达成的技术效果等）、查新点（从科学技术要点中提取的具有新颖性的技术特征点是查新检索的前提）、参考检索词（供查新员参考的技术检索词）等。查新报告中应包括查新报告编号、项目名称、委托人、委托日期和完成日期、查新机构、查新目的、科学技术要点、查新点、查新范围要求、文献的检索范围及检索策略、检索结果、查新结论等内容。科技查新数据内容主要分为查新项目相关和委托机构相关，查新项目相关的内容包括项目学科类别、查新范围等，通过对查新项目相关信息的内容分析可以获取查新项目的学科分布、研究热点等，而有关委托机构的信息可以结合论文数据库、专利数据库、科技成果数据库等研究其属性特征。

13.3.1.3 科技查新数据特点

科技查新数据作为科技文献资源的一种，具备以下几种特性。

①内容丰富、来源广泛。科技查新数据范围广泛，涉及数理科学、化学化工、生命科学、地球科学、工程与材料科学、信息科学、管理科学、社会科学八大学科。查新类型分为成果查新、项目查新、鉴定查新、标准查新、专利查新等，立项、成果鉴定等来源于国家级、省部级各类科研项目、奖项，查新机构包括企事业单位、研究机构、高校，地域分布广泛，遍布全国各地区。

②新颖性。查新数据与其他科研数据最大的区别就是创新性，查新委托单中的科学技术要点、查新点往往反映项目或奖项中的具有创新性和新颖性的技术特征点。科技查新是对项目或奖项的新颖性做出判断的科技服务过程，因此，科技查新过程中产生的数据对于识得领域的前沿热点和研究重点具有重要意义。

③超前性。科技查新可以分为立项查新、专利查新等。立项查新是科技查新最为传统的业务，是在项目申报、开题之前对项目新颖性进行对比分析，在项目申报前进行科技查新，可以避免资源重复开发利用，对项目能否顺利进行具有预判作用。专利查新是科技查新的趋势，对研发产品技术进行专利查询可以帮助有效规避侵权风险，在引入新型产品技术前，对专利法律状态的查询有助于避免对失效专利的资金投入，对于企业而言，专利情报的充分利用，如技术生命周期分析、引证分析、热点分析、地图分析等对于企业进行专利布局，实施专利策略和规划具有重要意义。

13.3.2　从查新数据看中小企业的产学研潜在对象推荐：以生物科学与化学工程领域为例

13.3.2.1　科技查新机构的结构洞属性

查新机构作为科技中介机构和信息咨询服务机构，恰巧处在一个传递信息和传播知识的结构洞位置，如何利用这一位置的先天优势，使作为创新主体的企业和学术机构产生联系，促成产学研合作，这或许可以成为查新机构的又一创新服务模式。

结构洞（Structural Holes）理论由美国社会学家罗纳德·伯特（Ronald Burt）于1992年在其撰写的《结构洞：竞争的社会结构》一书中提出[24]，所谓结构洞，即社会网络中的某个体和其他一些个体发生直接联系，但这些个体互相之间不发生直接联系。这些个体无直接联系或关系间断的现象，从网络整体看好像网络结构中出现了洞穴。

结构洞对学术信息交流的控制方面有着重要的意义。结构洞可以控制信息的流动，如果把位于结构洞的节点及其连线删除，那么网络图中将增加更多的分支成分，破坏了整个关系的完整性。在结构洞中，将无直接联系的二者连接起来的第三者拥有信息优势和控制优势。因此，组织和组织中的个人都要争取占据结构洞中第三者的位置,并且为保持结构洞中自身的优势而不能让另外两者轻易联系起来[25, 26]。信息服务机构正是处于这样一个结构洞的位置,并且具有处于这一位置的先天优势,即使联系用户双方越过结构洞直接发生了联系,也不会放弃对信息服务机构的依赖[27]。

查新机构就具备这样的优势:一是资源优势,查新机构被认定的条件之一,就是拥有足够的数据库,包括通用数据库和专业数据库。随着开放资源的兴起,搜索引擎的便捷使用,这种优势正在消弭。但是在短期内,仍是查新机构所具有的优势之一。二是人才优势,查新机构拥有一支具有图书情报专业背景的人才队伍,并且都经过查新员培训资格认证。在人才建设中,又会应业务需求,定期进行专业的培训和参加学术交流,拓展与加深业务水平。三是用户资源优势,这是查新机构长期积累的资源优势。查新机构身处知识网络中的一个高密度区域,可通过查新档案和委托人的来往记录等,整合和分析相关信息,可以用来发掘与其研究有关的潜在合作者,从而极大地提升信息服务的质量,并且逐步向知识服务迈进。

以下将大学(University)和研究所(Research Institution)视为研究机构(Academy)[28]。图 13.11 所示的就是查新机构与企业、研究机构间形成的结构洞。图 13.11a 所示即不同类别的查新委托人与查新机构进行查新委托,从而产生联系;图 13.11b 所示则表明有些查新委托人之间存在合作关系,分别与查新机构进行查新委托,产生联系。查新机构就成为这些创新主体间的媒介,即查新机构与企业、研究机构间形成了结构洞,即使联系用户双方越过结构洞直接发生了联系,也不会放弃对查新机构的依赖,仍会寻求查新机构提供查新咨询的相关服务。

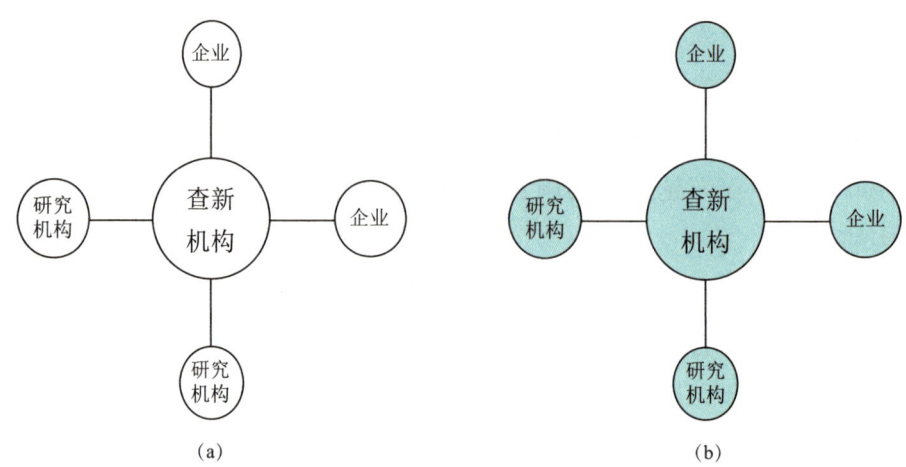

图 13.11　查新机构的结构洞

13.3.2.2　查新数据用于识别产学研潜在合作对象的影响因素分析

查新档案是查新工作过程中形成的记录，是科技档案的一种，是查新作为情报研究的最终体现形式，承载了大量的信息资源，是后续知识挖掘的重要数据来源。覃丽金等[29]对如何利用查新档案应用于学科服务进行了深入探讨。他们认为在核心保密技术不泄露的前提下，可选用不同保密级别的查新档案用于不同的学科服务类型。裴蓓[30]就利用查新报告中关键词，呈现研究领域的研究热点。另外，还有对本机构查新项目进行的统计分析[31, 32]。

目前，合作伙伴选择及识别方法是产学研合作重点研究的方向之一。温芳芳[33]从专利计量的角度，对专利合作模式进行了系统研究，她认为在社会网络视角下存在 3 种典型的专利合作模式——亲缘型、地缘型、业缘型。有的学者从企业或学研的角度分别研究选择合作伙伴的原则或影响因素[34, 35]，并采用层次分析法、模糊评价法等建立相关指标体系及模型[36, 37]。关于识别方法的研究，许海云等[28, 38]通过扩展多模数据分析，综合考虑产学研机构的技术关联分析、机构在创新链中的竞争力分析、合作网络中机构间核心边缘分析及机构类型，由此识别产学研潜在合作对象。汪雪锋等[39]通过提取文献标题及摘要中的SAO结构，绘制涵盖材料、技术与组件及目标3个维度的SAO结构图，用以识别合作伙伴。另有学者从科技文献角度对产学研合作进行了相关态势分析[40, 41]。

从科技查新工作中所能掌握的相关资源进行挖掘，得到查新机构利用查新档案识别产学研潜在合作对象的指标体系，从而为用户主动推荐或根据用户提出需求进行推荐服务。

（1）机构类型因素

机构合作有3种基本类型：研究机构—研究机构合作、研究机构—企业合作、企业—企业合作。研究机构拥有丰富的人力资源要素，侧重于基础理论与实验室研究，企业贴近市场，能够较为准确地把握现实和潜在的技术需求，着重技术研发与创新。在3种合作类型中，研究机构与企业的潜在合作机会识别重在发掘研究机构的科技创新与企业的技术需求的关联关系，如果企业恰好需要并且能够承接、实现研究机构的先进研发成果，那么就形成了潜在的研究机构与企业合作关系[38]。中国的中小企业，研发能力大多不强，需要利用研究机构的科技成果，提升自身竞争力，而其与研究机构之间的社会网络不够健全，各创新主体之间往往存在无直接联系或关系间断的情况[42]，即形成了结构洞。那么，占据结构洞的查新机构能够辅助打通创新主体之间的信息通路，从而将关系间断的创新主体联结起来，使他们之间按照"利益共享、风险共担、优势互补、共同发展"的原则[43]进行产学研合作，共同开展技术创新活动。

同类型的机构存在更多的竞争关系，而不同类型的机构更容易合作，因而，具有中介性质的查新机构利用结构洞优势可以帮助不同类型的机构牵线搭桥。这就需要查新档案记录时，对委托机构进行类型判别，标记该机构为何种类型。

（2）地域属性因素

根据温芳芳[33]的研究，地缘性合作广泛存在于科学研究领域，地理距离越近的个体之间越容易结成合作关系。地理距离接近的个体之间容易进行沟通和交流，而且交流的效率比较高，合作成本低。远距离的沟通和交流往往带来一定的时间和经济成本。因此，查新机构在识别潜在合作者时应优先选择二者在同一城市的机构。那么，在查新档案记录时，需要对委托机构所在的城市进行标记。

（3）研究方向和技术主题

在查新档案中，可以利用查新项目所在学科、查新时使用的检索词和报告中的相关文献来挖掘委托机构间是否有相同或相近的研究方向或技术主题。

首先，需要在查新档案记录时，按照统一的标准（中图分类法、IPC分类），对查新项目的学科进行标记。若查新项目A和查新项目B同属于一个学科或相近学科，则A和B的研究方向越相近。

其次，参考情报分析中的关键词相关分析方法，对检索词进行共词分析。若查新项目A和查新项目B共同拥有的检索词越多，则A和B的技术主题越相关。

最后，查新报告中的相关文献类似于科学文献中的参考文献，因而可参考引文耦合和共被引分析方法进行分析。若查新项目A和查新项目B共同拥有的相关文献数量越多，则A和B的技术主题越相关。在此，将2个查新项目共同拥有的相关文献，称为共相关文献。另外，查新报告中的相关文献分为密切相关文献和一般相关文献，因而共相关文献中的密切相关文献越多，二者的技术主题相关性越高。

13.3.2.3　主题—机构识别与指标体系构建

对于机构类型、所在地区、技术主题，可通过查新档案中的某些字段数据来确定。通过机构名称来判断机构的类型，如××公司则表明该机构是企业；通过机构地址来判断其所在地区；通过项目所属学科、检索词、查新点、相关文献等判断该项目的技术主题。在实际操作中，由于数据来源无法满足相关数据项的获取，因此，先选择一个大的学科分类后，通过项目名称、检索词、查新点来提取主题，进而构建主题—机构共现网络来识别潜在合作对象。在推荐时，则会优先选择同一地区、不同类型的机构。

根据文献计量的相关方法，将一个查新项目视为一篇期刊论文，见表13.12。进一步构建主题—机构共现网络。在此，主题包括项目名称、检索词、查新点，即类似于期刊论文中的标题、关键词、摘要。最后通过聚类结果找到潜在合作对象。

表13.12 查新项目与期刊论文数据项对应

Refwork 格式代码	期刊论文	查新报告
T1	标题	项目名称
A1	作者	委托人
AD	机构	委托单位
K1	关键词	检索词
AB	摘要	查新点
JF	来源期刊	查新机构
YR	发表年份	委托年份

机构类型不同的、所在地区相近的、技术主题相关的机构，越容易产生合作。如图13.12所示，得到查新机构利用查新档案识别产学研潜在合作对象的指标体系。

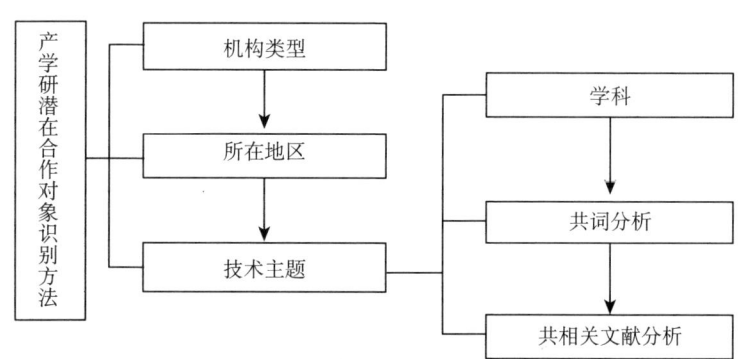

图13.12 产学研潜在合作对象识别方法指标体系

13.3.3 生物科学领域

13.3.3.1 数据来源与分析工具

中国科学技术信息研究所从 2012 年开始联合全国科技信息机构共同开展了"全国科技查新事实型数据库"构建工作。本部分从该数据库中获取了 2010—2015 年生物科学学科的数据，经数据清洗后，得到 2414 条数据。选用 CiteSpace（5.1.R1.SE.5.20.2017）进行样本数据的主题—机构网络共现。

13.3.3.2 主题—机构网络共现

根据表 13.12，对样本数据进行转化，并进一步转化为 CiteSpace 可读取的 Refwork 格式。导入 CiteSpace 后，生成主题—机构网络共现图，如图 13.13 所示。模块值（Q 值）一般在 [0，1）区间内，$Q>0.3$ 表示划分出的社团结构是显著的[44]。在此，$Q=0.7061$，表明该次样本划分出的社团结构显著。

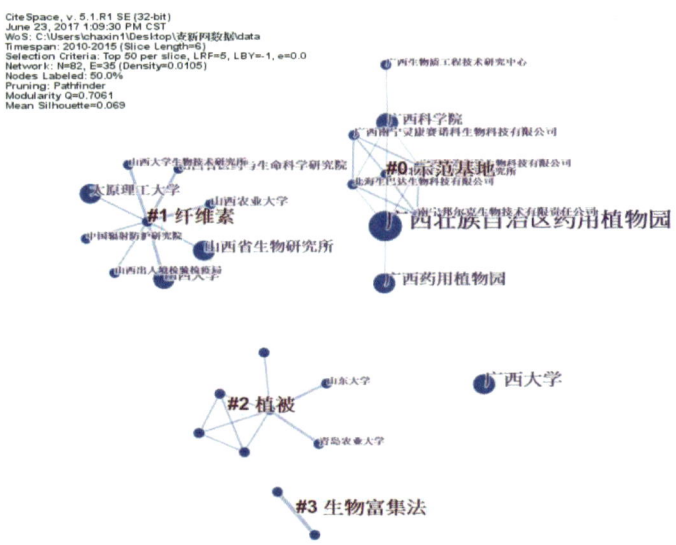

图 13.13　生物科学学科主题—机构共现网络

13.3.3.3 潜在合作关系识别

表 13.13 展示了通过主题词聚类，不同机构的研究倾向。Silhouette 值是用来衡量网络同质性的指标，越接近 1 反映网络的同质性越高，当大于 0.7 时，信度较高[45]。除了表 13.13 中的 4 类，其他机构"各自为政"，并未聚集在一起。

表 13.13 聚类结果

Cluster	Silhouette	机构	Top Terms (log-likelihood ratio, p-level)
0	1	广西壮族自治区药用植物园 广西大学 广西药用植物园 广西科学院 广西南宁灵康赛诺科生物科技有限公司 南宁邦尔克生物技术有限责任公司 广西壮族自治区海洋研究所 广西生物质工程技术研究中心 北海生巴达生物科技有限公司 广西蓝浩海洋生物科技有限公司	示范基地（10.57, 0.005）；蔗髓（10.57, 0.005）；木糖（10.57, 0.005）；甘蔗渣（10.57, 0.005）……
1	1	山西省生物研究所 太原理工大学 山西大学 山西省医药与生命科学研究院 山西农业大学 中国辐射防护研究院 山西大学生物技术研究所 山西出入境检验检疫局 山西大学生命科学学院	纤维素（128.16, 1.0E-4）；粘胶（128.16, 1.0E-4）；接枝（41.84, 1.0E-4）；结合价键（41.84, 1.0E-4）……

续表

Cluster	Silhouette	机构	Top Terms (log-likelihood ratio, p-level)
2	1	山东大学 青岛农业大学 中国科学院烟台海岸带研究所 临沂大学 青岛大学 中国科学院青岛生物能源与过程研究所 中国水产科学研究院黄海水产研究所	植被（119，1.0E-4）；黄河三角洲（83.55，1.0E-4）；湿地（66.23，1.0E-4）；淡水输入（43.8，1.0E-4）……
3	1	江西正邦生物化工股份有限公司 江西农业大学	生物富集法（22.18，1.0E-4）；鸡肉（22.18，1.0E-4）；ω-3多不饱和脂肪酸（22.18，1.0E-4）……

从聚类结果可以看出，这些机构体现了极高的地缘性，每一类都来自同一个省区。来自广西壮族自治区的10所机构倾向以示范基地、蔗髓、木糖等为研究主题。来自山西省的9所机构倾向以纤维素、粘胶、接枝等为研究主题。来自山东省的7所机构倾向以植被、黄河三角洲、湿地等为研究主题。来自江西省的2所机构倾向以生物富集法、鸡肉等为研究主题。从机构类型角度来看，每一类都有不同类型的机构出现。广西壮族自治区的机构包括大学、科研院所和企业，山西省和山东省的包括大学和科研院所，江西省的则是大学和企业。在同一省（直辖市、自治区）中，倾向于同一研究主题的不同类型机构间，潜在合作的可能性非常大，从而为这些用户做推荐。

（雷孝平　张海超　曹　燕　付鑫金）

第十三章
服务中小企业：让大数据来出谋划策

参考文献

[1] 吴笑，柳美君，李伟平，等.2008—2012年我国高校专利许可现状研究：基于普通高校与重点高校的专利许可比较[J].科技管理研究，2015，（20）：155-160.

[2] 魏阙，史琳，宋微，等.刍议拜杜法案对促进吉林省高校科技成果转化的启示[J].创新科技，2016，（2）：4-6.

[3] 发展改革委：中国科技成果转化率10%远低于发达国家[EB/OL].（2013-12-23）[2018-03-13].http://money.163.com/13/1223/10/9GPA4MTM00253B0H.html.

[4] 李强，顾新.我国高校许可专利与专利权转让专利的对比分析[J].科技管理研究，2014，（20）：88-93.

[5] 王元地，柳美君，马倩雯，等.我国高校战略性新兴产业专利许可研究[J].研究与发展管理，2015，27（4）：130-138.

[6] 罗立国，余翔，周力虹，等.基于专利许可网络的985高校知识流动能力研究[J].管理学报，2013，10（3）：458-462.

[7] 柳美君，李伟平，王元地，等.技术创造—扩散网络对比研究：基于省际2008—2012年高校数据[J].中国科技论坛，2015，（12）：101-107.

[8] CHOI J P. Patent pools and cross-licensing in the shadow of patent litigation[M]. International economic review，2010，51（2）：441-460.

[9] 王呈斌，任声策.我国制造企业的创新与专利许可行为：基于浙江省的实证分析[J].科技管理研究，2009，29（10）：491-494.

[10] 谢芳，陈劲.许可经历对企业专利质量的影响：基于专利引用的分析[J].中国科技论坛，2017，（10）：135-144.

[11] 温芳芳.我国专利技术转移的时间与空间分布规律研究：基于SIPO专利许可信息的计量分析[J].情报理论与实践，2014，37（4）：32-36.

[12] 胡欣悦，李媛媛，汤勇力，等.基于网络分析的中国跨区域专利许可关系研究[J].技术经济，2015，（6）：1-6.

[13] 马荣康，刘凤朝.基于专利许可的新能源技术转移网络演变特征研究[J].科学

学与科学技术管理，2017，38（6）：65-76.

[14] SUN Y, LIU K. Proximity effect, preferential attachment and path dependence in inter-regional network: a case of China's technology transaction[J]. Scientometrics, 2016, 108（1）：201-220.

[15] 中华人民共和国专利法 [Z]. 2018-12-27.

[16] 程永顺. 专利侵权判定实务 [M]. 法律出版社，2009.

[17] 中兴通讯股份有限公司. 无线上网卡：200720156339.6 [P]. 2007-08-09.

[18] LE Q V, MIKOLOV T. Distributed representations of sentences and documents [J]. Eprint arxiv, 2014, 4: 1188-1196.

[19] BENGIO Y, SCHWENK H, SENÉCAL J S, et al. Neural probabilistic language models[Z]. In: innovations in machine learning. Heidelberg: Springer, 2006.

[20] MNIH A, HINTON G. Three new graphical models for statistical language modelling[C]. Proceedings of the 24th International conference on machine learning. ACM, 2007: 641-648.

[21] 国家知识产权专利复审委员会. 国家知识产权专利复审委员会年度重大案件 [EB/OL]. [2018-03-16].http://old.sipo-reexam.gov.cn/ztzl/zdaj/2014/10872.htm.

[22] FXSJY. Jieba[EB/OL].[2018-03-16].https://github.com/fxsjy/jieba.

[23] RADIM REHUREK. Gensim[EB/OL].[2018-03-16]. https://radimrehurek.com/gensim/.

[24] BURT R S. Structural holes: the social structure of competition[M]. Boston: Harvard University Press, 2010.

[25] 包昌火，谢新洲，申宁. 人际网络分析 [J]. 情报学报，2003，22（3）：365-374.

[26] 邱均平，于长福，马瑞敏. 图林博客的社会网络分析 [J]. 图书情报工作，2008（11）：6-9.

[27] 袁莉，赵英. 社会网络下的知识服务 [M]. 成都：四川大学出版社，2012.

[28] 许海云，齐燕，岳增慧，等. 三螺旋模型在协同创新管理中的计量方法和应用研究 [J]. 情报学报，2015，34（3）：236-246.

[29] 覃丽金，吉家凡，唐朝胜. 基于查新档案利用的学科服务实践研究：以海南大学为例 [J]. 图书情报工作，2016，60（12）：95-103.

[30] 裴蓓. 基于社会网络的科研查新信息主题网络分析 [J]. 情报理论与实践，2013（4）：81-84.

[31] 赵霞，张敏. 从查新项目统计分析研究高校查新工作中的问题与对策：以北京理工大学教育部科技查新站 L27 为例 [J]. 图书情报工作，2012（s1）：231-234.

[32] 张群. 从查新项目看高校查新工作的现状和发展：以江南大学教育部科技查新站 L08 为例 [J]. 图书馆工作与研究，2009（10）：57-60.

[33] 温芳芳. 基于社会网络分析的专利合作模式研究 [J]. 情报杂志，2013（7）：119-123.

[34] 李柏洲，罗小芳. 企业原始创新中学研合作伙伴的选择：基于影响因素及其作用路径视角的分析 [J]. 科学学研究，2013，31（3）：437-445.

[35] 于宁. 高校协同创新合作伙伴选择研究 [D]. 哈尔滨：哈尔滨工程大学公共管理，2015.

[36] 毕丹. 产学研合作伙伴选择研究 [D]. 沈阳：东北大学，2008.

[37] 张裕稳，吴洁，李鹏，等. 创新能力视角下基于双边匹配的产学研合作伙伴选择 [J]. 江苏科技大学学报（自然科学版），2015，29（5）：488-495.

[38] 许海云，隗玲，庞弘燊，等. 产学研潜在合作对象识别方法研究 [J]. 情报学报，2016，35（5）：521-529.

[39] 汪雪锋，付芸，邱鹏君，等. 基于 SAO 分析的 R&D 合作伙伴识别研究 [J]. 科研管理，2015，36（10）：19-27.

[40] 温芳芳. 基于专利文献计量的我国校企科研合作现状分析 [J]. 情报杂志，2014（12）：71-76.

[41] 付鑫金，李伟，许海云，等. 山西省产学研合作专利态势分析及对策研究 [J]. 情报工程，2016，2（3）：69-79.

[42] 李群，白玉，许悦. 科技中介机构在创新网络中的作用研究及政策启示：基于结构洞理论的视角 [J]. 中国科技纵横，2016（13）：235.

[43] 樊霞，吴进，任畅翔. 基于共词分析的我国产学研研究的发展态势 [J]. 科研管理，2013，34（9）：11-18.

[44] 陈悦，陈超美，刘则渊，等. CiteSpace知识图谱的方法论功能 [J]. 科学学研究，2015，33（2）：242-253.

[45] 姜尚峰，王嘉铭. 高等教育学科前沿热点及关键高校研究机构分析 [J]. 中国高教研究，2017（4）：44-47.